公共生活的世界
哲学与公共事务研究（上）
政 策 科 学 卷

THE WORLD OF PUBLIC LIFE

陈振明 著

中国社会科学出版社

图书在版编目（CIP）数据

公共生活的世界：哲学与公共事务研究：全3册/陈振明著．—北京：中国社会科学出版社，2020.12
ISBN 978－7－5203－7406－4

Ⅰ.①公… Ⅱ.①陈… Ⅲ.①社会科学—文集 Ⅳ.①C53

中国版本图书馆 CIP 数据核字（2020）第 197575 号

出 版 人	赵剑英
责任编辑	孔继萍
责任校对	李　剑
责任印制	郝美娜

出　　版	中国社会科学出版社
社　　址	北京鼓楼西大街甲 158 号
邮　　编	100720
网　　址	http://www.csspw.cn
发 行 部	010－84083685
门 市 部	010－84029450
经　　销	新华书店及其他书店

印刷装订	北京市十月印刷有限公司
版　　次	2020 年 12 月第 1 版
印　　次	2020 年 12 月第 1 次印刷

开　　本	710×1000　1/16
印　　张	93.25
插　　页	2
字　　数	1681 千字
定　　价	498.00 元（全 3 册）

凡购买中国社会科学出版社图书，如有质量问题请与本社营销中心联系调换
电话:010－84083683
版权所有　侵权必究

总目录

前　言 ………………………………………………………………（1）

政策科学

◇◇ Ⅰ　学科演化 ◇◇

1-1　构建中国特色政策科学理论体系 ……………………………（5）
1-2　社会科学的生命力在于解决社会问题 …………………………（7）
1-3　政策科学的起源与政策研究的意义 …………………………（10）
1-4　政策科学的"研究纲领" ………………………………………（20）
1-5　是政策科学，还是政策分析 …………………………………（33）
1-6　政策执行研究运动的兴衰 ……………………………………（46）
1-7　政策科学的进展与政策知识的创新
　　　——《公共政策经典译丛》总序 ……………………………（51）
1-8　中国政策科学研究的现状与未来 ……………………………（54）
1-9　寻求政策科学发展的新突破
　　　——中国公共政策学研究三十年的回顾与展望 ……………（62）
1-10　中国政策科学的话语指向 ……………………………………（70）

◇◇ Ⅱ　学科范围 ◇◇

2-1　政策分析的对象、性质和类型 ………………………………（85）

- 2－2　政策系统及其运行 …………………………………………（92）
- 2－3　公共政策的类型、目标和工具 …………………………（104）
- 2－4　政策分析的构成因素、过程及程序 ……………………（114）
- 2－5　政策分析的不同模式、理论和方法论 …………………（131）
- 2－6　政策研究中的系统分析方法 ……………………………（148）
- 2－7　政策分析中的创造性思维方法 …………………………（157）
- 2－8　政策分析的职业化 ………………………………………（169）
- 2－9　政策分析的实践价值 ……………………………………（178）
- 2－10　公共政策分析的新途径与新成就 ……………………（185）
- 2－11　中国政策制定与执行的成功经验 ……………………（196）

Ⅲ　决策体制

- 3－1　政策科学与智库建设 ……………………………………（209）
- 3－2　加强智库的数据中心与实验室建设 ……………………（220）
- 3－3　地方新型智库建设的现在与未来
  ——以福建省为例 ……………………………………（228）
- 3－4　重视对公共决策科学化、民主化和法制化问题的研究 …（249）
- 3－5　民主集中制是公共决策的基本体制及原则 ……………（253）
- 3－6　市场决策与非市场决策
  ——论市场经济条件下我国公共决策的优化 ………（259）
- 3－7　市场失灵与政策失败 ……………………………………（269）
- 3－8　社会事业决策的民主化科学化 …………………………（273）
- 3－9　特区政策制定系统及其运行的优化 ……………………（282）
- 3－10　作为非程序性决策典型的危机决策 …………………（289）
- 3－11　建立健全危机预警与危机决策机制 …………………（292）

Ⅳ　政策案例

- 4－1　欧盟社会保护政策的兴起 ………………………………（297）
- 4－2　加拿大人才引进战略及政策的评价 ……………………（312）
- 4－3　高层次创新型科技人才队伍建设的战略与策略
  ——厦门市的个案研究 ………………………………（323）

4-4 厦门设立国家综合配套改革试验区的可行性研究 …………（336）
4-5 厦门实施综合配套改革试验总体方案的战略分析 …………（353）
4-6 厦门市知识产权战略的制定与实施 ……………………………（370）
4-7 转产就业政策创新的"翔安样本" ……………………………（383）
4-8 建设工程"最低价中标"政策的评估 …………………………（391）

Ⅴ 决策咨询

5-1 关于提升政府信息公开工作质量的几点建议 …………………（407）
5-2 关于建立健全干部正向激励机制的若干建议 …………………（410）
5-3 关于制定和实施公共服务创新战略的建议 ……………………（413）
5-4 关于厦门市率先基本实现教育现代化的提案 …………………（415）
5-5 关于创新老年教育服务供给机制促进老年大学
　　 发展的建议 ………………………………………………………（418）
5-6 提升福建省科技公共服务能力的若干对策 ……………………（423）
5-7 平潭综合实验区自由贸易港区管理创新方案 …………………（426）

Ⅵ 课程建设

6-1 关于《公共政策分析》教学指导纲要的几点说明 ……………（433）
6-2 《公共政策概论》课程的教学要求和教学要点 ………………（440）
6-3 "公共政策分析"课程教学内容改革 …………………………（448）
6-4 《政策科学》课程建设的过程与体会 …………………………（453）
6-5 国家级精品资源共享课"政策科学"建设 ……………………（459）
6-6 公共政策课程教学改革与学生创新能力培养 …………………（468）

政治学

Ⅰ 政治学研究的范围

1-1 中国政治学必须着重解决的三大问题 …………………………（477）

1-2	传统的政治研究及其转型	(481)
1-3	现代西方政治科学的兴起	(494)
1-4	当代西方政治学的学科视野	(509)
1-5	当代西方政治学的新知识图景
	——学科、流派与主题	(512)
1-6	什么是政治与政治学	(525)
1-7	"政治参与"概念辨析	(539)
1-8	当代西方社会科学发展的整体化趋势	(551)
1-9	马克思主义与当代社会科学的发展	(568)
1-10	马克思主义政治学的形成、主题与特征	(577)
1-11	世纪之交的国外马克思主义和社会主义研究	(586)

◇ Ⅱ "西方马克思主义"的政治理论 ◇

2-1	为什么要研究"西方马克思主义"的社会政治理论	(601)
2-2	"西方马克思主义"的由来、发展与特征	(610)
2-3	"西方马克思主义"的当代资本主义社会理论	(620)
2-4	"西方马克思主义"论当代资本主义的发展趋势与特征	(631)
2-5	"西方马克思主义"论当代西方社会变革	(641)
2-6	"西方马克思主义"视野中的科学技术与生产力
	——以哈贝马斯为例	(648)
2-7	"西方马克思主义"论科学技术与生产关系	(655)
2-8	"西方马克思主义"的意识形态概念	(665)
2-9	"西方马克思主义"如何看待科学技术与意识形态关系	(679)
2-10	"西方马克思主义"的生态危机理论	(686)
2-11	"西方马克思主义"社会主义观的形成与主题	(699)
2-12	"西方马克思主义"的"新"社会主义理论述评	(711)
2-13	"西方马克思主义"对十月革命道路的批判	(718)
2-14	"西方马克思主义"眼中的苏联模式	(724)
2-15	"西方马克思主义"的现代乌托邦理论	(734)
2-16	"西方马克思主义"对"苏联马克思主义"的批判	(747)

2-17 "西方马克思主义"对历史唯物主义的"重建" …………… (758)

2-18 "西方马克思主义"的马克思主义归属问题 …………… (770)

◇ Ⅲ "新政治经济学" ◇

3-1 政治经济学的复兴
　　——西方"新政治经济学"的兴起与意义 …………… (779)
3-2 公共选择理论的起源与流派 …………………………… (801)
3-3 公共选择理论与当代政治学研究 ……………………… (813)
3-4 政治与经济的整合研究
　　——公共选择的方法论及其启示 ……………………… (818)
3-5 非市场缺陷的政治经济学分析
　　——评公共选择和政策分析学者的政府失败论 ……… (834)
3-6 现代政府扩张的内在根源与治理对策
　　——评公共选择学派的政府增长论 …………………… (853)

◇ Ⅳ 权力制约与廉政建设 ◇

4-1 国外腐败理论研究的进展 ……………………………… (863)
4-2 转轨时期腐败与反腐败问题的再认识 ………………… (875)
4-3 政府干预与寻租行为 …………………………………… (883)
4-4 防止权力的滥用
　　——国外廉政立法的特点与我国廉政立法的框架构想 ……… (890)
4-5 发达资本主义国家的政府监督制度 …………………… (898)
4-6 行政权力、市场体制与腐败治理
　　——理论与实践的反思 ………………………………… (920)
4-7 完善我国公务员制度廉政机制的思考 ………………… (930)
4-8 以体制创新抑制腐败
　　——转轨时期特区廉政建设的新思路 ………………… (940)

哲 学

❖ Ⅰ "新马克思主义" ❖

1-1 重视对"新马克思主义"的研究 …………………………（961）
1-2 青年卢卡奇对马克思主义哲学的解释和重建
　　——《历史和阶级意识》新评 …………………………（968）
1-3 青年卢卡奇的"新马克思主义"辩证法理论 ……………（977）
1-4 青年卢卡奇的阶级意识理论 ……………………………（988）
1-5 青年卢卡奇的"新马克思主义"自然观 …………………（997）
1-6 青年卢卡奇的"物化"理论评析 ………………………（1006）
1-7 卢卡奇的"批判的科学哲学"理论 ……………………（1014）
1-8 科尔施的"实践社会主义"理论评析 …………………（1024）
1-9 科尔施对列宁哲学的批判及后期的"马克思主义观"……（1033）

❖ Ⅱ 法兰克福学派 ❖

2-1 法兰克福学派社会批判理论的形成及其特征 …………（1043）
2-2 法兰克福学派的"新马克思主义"自然观 ……………（1054）
2-3 法兰克福学派关于自然与历史关系的理论 ……………（1066）
2-4 法兰克福学派的"批判科学哲学" ……………………（1075）
2-5 法兰克福学派的科学技术社会学理论 …………………（1085）
2-6 法兰克福学派的批判理性观 ……………………………（1101）
2-7 霍克海默对实证主义的批判 ……………………………（1113）
2-8 走向一种科学技术政治学理论
　　——法兰克福学派关于科学技术政治效应的观点 ……（1125）
2-9 当代资本主义社会变化了的文化模式
　　——法兰克福学派对大众文化的批判 …………………（1136）
2-10 马尔库塞对发达工业社会意识形态的批判 ……………（1145）
2-11 法兰克福学派论理论与实践关系 ………………………（1156）

2-12 当代资本主义社会的危机趋势
——评哈贝马斯的《合法化危机》……………………（1163）
2-13 历史唯物主义还是资产阶级社会学
——评哈贝马斯的"批判社会学"……………………（1178）
2-14 科学技术进步与马克思主义"过时论"
——评法兰克福学派的观点 ………………………（1188）
2-15 法兰克福学派的"新马克思主义"理论批判 ……………（1196）
2-16 自然辩证法不容否定
——评施密特的《马克思的自然概念》……………（1205）

Ⅲ 科学技术哲学

3-1 科学发现逻辑的几个重要问题 ………………………（1215）
3-2 科学进步与合理性 ……………………………………（1226）
3-3 科学定律的形成、结构和功能 ………………………（1241）
3-4 科学技术与意识形态 …………………………………（1266）
3-5 科学中的真理与价值 …………………………………（1276）
3-6 科学与社会的关系网络 ………………………………（1286）
3-7 科学、文化与价值 ……………………………………（1311）
3-8 科技知识分子的社会角色 ……………………………（1332）
3-9 西方科学哲学之我见 …………………………………（1359）
3-10 一种另类的科学技术哲学理论 ………………………（1374）

Ⅳ 逻辑学

4-1 评黑格尔关于逻辑思想发展阶段的理论 ……………（1389）
4-2 批判理论家眼中的形式逻辑和辩证逻辑 ……………（1401）
4-3 工具理性与辩证理性
——韦伯、卢卡奇和法兰克福学派的理性观 ……（1406）
4-4 类比推理与假说 ………………………………………（1415）
4-5 评《公孙龙子论疏》……………………………………（1431）
4-6 中国逻辑史大事年表 …………………………………（1434）
4-7 西方逻辑传入初期汉译作品中英汉词语对照表 ……（1453）

前　言

作为一本个人在哲学、政治学和政策科学领域研究的文集，本书以《公共生活的世界：哲学与公共事务研究》为名。何谓"公共生活"？"公共生活"与"公共事务""公共领域"是意义相近的术语。"公共"与"私人"相对而言，公共生活与私人生活以及公共领域与私人领域相比较而存在。用哈贝马斯在《公共领域的结构转型》中的话来说，公共领域与私人领域是相对立的。私人生活一般指的是个人及家庭的生活，其基本特征是私人性、非公开性（隐蔽性）和排他性；公共生活则是指人们作为共同体成员在社会中发生的交往关系或采取的集体行动，其基本特征则是公共性、公开性（开放性）及其与公共利益或公共价值的关联（正如学者张康之所言，公共性是一个历史性的概念，是公共领域、公共部门所应有的属性）。而公共性、公共利益或公共价值要靠社会共同体成员之间的交往互动来实现。

公共生活包含了不同的领域、内容与形式，政治则是公共生活的一个基本领域。英文的"Politics"（政治）来源于希腊文"πόλις"，最初指的是人们商议公共事务的场所，后来被赋予城邦或国家（city state）之意。对于古代圣哲苏格拉底、柏拉图、亚里士多德和孔子来说，政治及哲学即是对正义、至善及美德和幸福的追求。柏拉图认为，政治的本质在于正义或公正，"理想国"即是正义之国；在理想国中，政治家应是哲学家，哲学家追求真理与至善。亚里士多德则宣称"人天生是政治动物"，城邦（政治）的目标是追求至善，而至善即是美德与幸福及其实现。孔子及儒家的"政治"概念指的也是"正"或"善"的生活，即所谓"政者，正也"（《论语·颜渊》）。这可以说开创了对政治及公共生活理解的传统，对后世的影响殊深。

公共生活或公共事务是哲学社会科学各学科共有的研究对象或共同关注的一个主题领域。政治学、公共管理学及政策科学自不待言（笔者曾多次把政治学与行政学或公共管理学称为公共事务或治国理政之学），作为智慧之学的哲学也不例外。哲学通过对自然、社会和思维的本质和规律的探索而形成知识体系，是一门关于本体论、认识论和方法论以及世界观、人生观和价值观的学问。在苏格拉底看来，哲学是德性之学，而"美德即知识"，他把美德或德性（勇敢、公正、节制和智慧）都看作是知识的表现形式。哲学家通过"格物致知、诚意正心、修身齐家、治国平天下"（《礼记·大学》），最终达成至善之境界。探索真理与追求至善，这是哲学和政治学等学科为之奋斗的共同理想。

本书汇集了笔者近三四十年来在哲学和公共事务领域研究的文稿。主要收录了本人作为唯一或第一作者发表的论文和出版的著作或教材部分章节的书稿以及少量未发表的研究报告或发言稿，还特别收录了导师作为第一作者、本人作为第二作者的 3 篇文稿。全书的文稿共计 138 篇。笔者从学科的视角对文稿加以归类，分别纳入政策科学、政治学和哲学三卷之中。各卷的基本内容如下。

1. 政策科学卷。本卷收录了笔者近三十年（1990 年以来）在政策科学（政策分析、公共政策）领域的 53 篇文稿。涉及政策科学的兴起与演化，政策科学的研究对象与范围，公共决策的系统、体制与过程，公共政策的案例分析与决策咨询，政策科学的教学改革及课程建设等主题。

2. 政治学卷。本卷收录了笔者近三十年来（1990 年以来）在政治学以及马克思主义理论研究领域的 43 篇文稿。涉及政治学的对象范围与学科范式及其历史沿革、发展趋势与前沿，"西方马克思主义"的政治理论，作为当代政治学新学科分支的"新政治经济学"，"权力制约与廉政建设"等内容。

3. 哲学卷。本卷收录了笔者从 1986 年开始到 21 世纪初的一二十年间在哲学领域尤其是科学技术哲学、逻辑学以及西方哲学领域的 42 篇文稿。涉及"新马克思主义"的哲学理论、法兰克福学派的社会批判理论、科学技术哲学以及科学技术与社会理论，逻辑学（形式逻辑与辩证逻辑）等方面。

如何对这些文稿进行分类成册的确是一个问题。本书采取从学科的视角对文稿加以分类设卷自有其理由，也便于政治学、政策科学、公共管理学和哲学等学科背景的读者阅读。但是这种分法或多或少带有主观随意性，导致同一主题或思潮及流派的文稿归入不同学科卷（笔者也曾考虑过将"西方马克思主义"或"新马克思主义"研究单独设为一卷的方案）。

本书初定的书名为《陈振明自选集》（出版合同也是这么写的），但文

前　言

稿收集整理过程中想法有所改变，改用现书名。虽然本书以"哲学与公共事务研究"作为副标题，但并未把笔者在公共事务的另一基本领域——公共管理学研究的文稿收录进来。主要原因是笔者在这一领域的文稿数量较多，合同规定的出版字数难以容纳，因此只好割爱，留待下一次再结集出版了。

作为厦门大学公共治理"双一流"学科建设成果，本书的出版得到了多方的支持与帮助。中宣部"四个一批"（"文化名家"）人才计划项目给予了经费支持；中国社会科学出版社将本书列入出版计划，孔继萍女士等策划编辑和责任编辑为本书的编辑出版付出了辛勤的劳动；先前发表本书各篇文稿的杂志社和出版社以及责任编辑们不辞劳苦编发了这些文稿；还有书中非独立撰写文稿中列出的合作者及课题组的多年共同努力。在此，一并致谢！

应该说，本书只是笔者三四十年来在哲学与公共事务领域研究与教学的粗浅体会及一孔之见。在力求保持原貌的前提下，笔者对被收录文稿的格式加以统一（如删去部分文章文后的参考文献、文章的各节或部分统一加标题），并对少量文稿的内容加以精简以及文字修正。由于收录文稿的时间跨度较大，文稿写于不同年代，相关的哲学社会科学学科处于不断发展和逐步成熟之中，报刊书籍的出版规范随时间的推移也日趋完善，用今天的眼光来审视，书中部分文稿的不足和局限性是显而易见的。本书欠妥和错谬之处，敬请诸位不吝赐教！

本书付梓之际，笔者学习、工作和生活了四十年的厦门大学百年校庆已进入倒计时。作为曾经的学生和现在的教师，谨以此书为母校百岁生日献礼！

陈振明

2020 年 7 月 28 日

于厦门大学北村寓所

目　　录

政策科学

◇　I　学科演化　◇

1-1　构建中国特色政策科学理论体系 ………………………………（5）
1-2　社会科学的生命力在于解决社会问题 ……………………………（7）
1-3　政策科学的起源与政策研究的意义 ………………………………（10）
1-4　政策科学的"研究纲领" …………………………………………（20）
1-5　是政策科学，还是政策分析 ………………………………………（33）
1-6　政策执行研究运动的兴衰 …………………………………………（46）
1-7　政策科学的进展与政策知识的创新
　　　——《公共政策经典译丛》总序 …………………………………（51）
1-8　中国政策科学研究的现状与未来 …………………………………（54）
1-9　寻求政策科学发展的新突破
　　　——中国公共政策学研究三十年的回顾与展望 …………………（62）
1-10　中国政策科学的话语指向 ………………………………………（70）

◇　II　学科范围　◇

2-1　政策分析的对象、性质和类型 ……………………………………（85）
2-2　政策系统及其运行 …………………………………………………（92）
2-3　公共政策的类型、目标和工具 ……………………………………（104）
2-4　政策分析的构成因素、过程及程序 ………………………………（114）

2-5 政策分析的不同模式、理论和方法论 ……………………（131）
2-6 政策研究中的系统分析方法 ………………………………（148）
2-7 政策分析中的创造性思维方法 ……………………………（157）
2-8 政策分析的职业化 …………………………………………（169）
2-9 政策分析的实践价值 ………………………………………（178）
2-10 公共政策分析的新途径与新成就 ………………………（185）
2-11 中国政策制定与执行的成功经验 ………………………（196）

Ⅲ 决策体制

3-1 政策科学与智库建设 ………………………………………（209）
3-2 加强智库的数据中心与实验室建设 ………………………（220）
3-3 地方新型智库建设的现在与未来
　　——以福建省为例 …………………………………………（228）
3-4 重视对公共决策科学化、民主化和法制化问题的研究 …（249）
3-5 民主集中制是公共决策的基本体制及原则 ………………（253）
3-6 市场决策与非市场决策
　　——论市场经济条件下我国公共决策的优化 ……………（259）
3-7 市场失灵与政策失败 ………………………………………（269）
3-8 社会事业决策的民主化科学化 ……………………………（273）
3-9 特区政策制定系统及其运行的优化 ………………………（282）
3-10 作为非程序性决策典型的危机决策 ……………………（289）
3-11 建立健全危机预警与危机决策机制 ……………………（292）

Ⅳ 政策案例

4-1 欧盟社会保护政策的兴起 …………………………………（297）
4-2 加拿大人才引进战略及政策的评价 ………………………（312）
4-3 高层次创新型科技人才队伍建设的战略与策略
　　——厦门市的个案研究 ……………………………………（323）
4-4 厦门设立国家综合配套改革试验区的可行性研究 ………（336）
4-5 厦门实施综合配套改革试验总体方案的战略分析 ………（353）
4-6 厦门市知识产权战略的制定与实施 ………………………（370）

4-7 转产就业政策创新的"翔安样本" ……………………… (383)
4-8 建设工程"最低价中标"政策的评估 …………………… (391)

◇ V 决策咨询 ◇

5-1 关于提升政府信息公开工作质量的几点建议 …………… (407)
5-2 关于建立健全干部正向激励机制的若干建议 …………… (410)
5-3 关于制定和实施公共服务创新战略的建议 ……………… (413)
5-4 关于厦门市率先基本实现教育现代化的提案 …………… (415)
5-5 关于创新老年教育服务供给机制促进老年大学
　　 发展的建议 …………………………………………………… (418)
5-6 提升福建省科技公共服务能力的若干对策 ……………… (423)
5-7 平潭综合实验区自由贸易港区管理创新方案 …………… (426)

◇ VI 课程建设 ◇

6-1 关于《公共政策分析》教学指导纲要的几点说明 ……… (433)
6-2 《公共政策概论》课程的教学要求和教学要点 ………… (440)
6-3 "公共政策分析"课程教学内容改革 …………………… (448)
6-4 《政策科学》课程建设的过程与体会 …………………… (453)
6-5 国家级精品资源共享课"政策科学"建设 ……………… (459)
6-6 公共政策课程教学改革与学生创新能力培养 …………… (468)

政策科学

I 学科演化

1-1

构建中国特色政策科学理论体系*

随着我国全面深化改革、国家治理现代化以及决策科学化民主化的深入推进,迫切需要系统总结和提炼党中央在治国理政实践中所形成的具有时代特色、实践特色和民族特色的政策思想,加快具有中国特色、中国风格、中国气派的政策科学理论体系及话语和学科体系的建设。

要以党中央治国理政的政策理念和思想为指导,建构具有本土化特色的政策科学理论体系。这种理论体系应该包含三个具有内在联系的层级系统:元政策理论、政策理论和政策经验。元政策理论是指政策制定的指导思想、原则和政策发展战略,表现为经过党中央长期实践是真实的、社会普遍公认的、具有高度抽象综合性的理论命题,如"一切从实际出发""坚持问题导向";政策理论是关于政策系统及其运行尤其是政策过程的理论陈述,处于元理论和具体经验命题之间,能够指导人类的经验实践,如凝聚共识的政策协商理论、"以点带面"的政策实验理论、深入基层的集体调研理论等;政策经验是指对具体的政策活动所取得的成功做法的总结和概括,如"马上就办"的福州经验、充分依靠群众的"枫桥经验"。

必须对中国特色的政策思想体系与国外的政策科学或政策分析的理论进行深入的比较,突出中国的政策理论体系和实践风格的特色和优越性。同时,根据习近平总书记关于加快构建中国特色哲学社会科学的指示,按照立足中国现实、挖掘历史文化、借鉴国外经验的思路,梳理、总结和提炼党中央治国理政的政策思想体系,探索构建具有中国特色的政策科学的理论、话

---

* 原载《福建日报》2017年4月21日"求实"理论版(作者于2017年3月29日在省委宣传部、教育厅和社科联在福州联合召开的"马克思主义为指导的哲学社会科学学科基础理论建设启动会"上的发言摘要)。

语和学科体系。还要对改革开放近四十年来特别是党的十八大以来政策实践创新的丰富案例进行分析，构建起中国特色政策科学的基本范式，包括术语、词汇、命题、原理、定理、方法、推导、媒介和话语规则等。

1-2

社会科学的生命力在于解决社会问题[*]

作为人类知识的一个主要组成部分，现代社会科学履行如下三个密切相连的基本功能：一是认识功能，即通过特定的程序和方法，揭示社会现象、社会过程的本质或规律性，形成社会科学知识，增进人类对社会生活的了解；二是批判引导功能，即揭露社会的黑暗面，抨击各种不合理的社会现象，指出社会的发展趋势，充当社会良心，引导社会前进；三是问题解决功能，即着重对特定时期全人类、一个国家（或地区）的具体社会问题的调查研究，提供政策相关知识以及解决问题的措施或办法，为政府的公共决策服务。而归根结底，社会科学的最终目的与核心功能是社会问题的解决，这也正是社会科学的现实性和生命力之所在。

近现代社会科学起源于社会问题的解决。它既是社会科学模仿自然科学尤其是物理学研究方式的结果，更是人类社会发展尤其是由农业社会向工业社会转变的产物。进入19世纪，随着西方工业化、城市化、大学改革和经验研究的成长，社会知识的产生逐步变成一种相对自主的、由自己特殊的程序和方法所指导的活动，并逐步建立在系统的经验数据基础上。工业化、城市化以及劳动分工的细化带来了更复杂的社会问题及管理问题。国家或政府需要更多、更精确可靠的知识和信息，以帮助决策和管理社会。因而，社会科学作为了解和控制日益复杂的社会的手段而成长起来。从19世纪50年代到20世纪20年代，现代社会科学的各个主要学科（经济学、政治学、社会学、心理学、人类学等）先后形成各自独立的研究框架，并制度化了（特别是在大学中扎根）。

而在当代尤其是20世纪的最后25年，伴随着社会科学的综合、交叉和

---

[*] 原载《探索与争鸣》2000年第5期。

整体化趋势的出现，当代社会科学的应用性和现实性不断增强。适应于人类社会由工业社会向后工业社会或信息社会的转变的需要，以及解决更加复杂的社会问题以及可持续发展的需要，当代社会科学中出现了"以问题为中心"的新的知识产生方式，它取代以往的"以学科为中心"的知识产生方式。近现代社会科学的各个学科基本上采用"以学科为中心"的知识产生途径，它们彼此划界，严格限定研究范围，在本身的学术框架内活动，并产生关于界定本学科问题研究的知识；当代社会科学创造了"以问题为中心"的知识产生方式，它从各学科不同的角度或侧面展开对同一现实问题的研究。这一方面促进了社会科学不同领域学者的交流与合作，拓展或加深对相关问题的了解；另一方面大大增强了当代社会科学的现实性和应用性或解决社会问题的能力。当代社会科学一如既往地追求增加人类社会知识及其客观性这一目标，但更关注当代各种复杂社会问题的解决，为更多更好地提供政策相关知识，端正社会发展方向，提高公共政策制定与执行的质量而努力。政策分析、管理科学、未来研究、区域研究、文化研究、发展研究一类的社会科学新领域的出现是当代社会科学的现实性和应用性增强的具体体现。

当代社会科学影响公共决策以及社会问题解决的方式是多种多样的。概括说来，有如下两种基本模式（借用英国学者 M. 布尔默在《政府与社会科学：相互影响的模式》一文中的说法）：一种叫作"工程模式"（或"理性途径"）；另一种叫作"启迪模式"（或称"石灰岩模式"）。前者由政府确定一个社会问题，确定解决这个问题还缺少哪些知识，并找到从事这项研究的承担者；接着，社会科学家做研究，拿出解决问题的报告，最后由决策者根据研究报告作出决策。也就是说，当政府出现某个社会问题时，直接委托社会科学家去跟踪研究，分析问题的性质、产生的原因和未来的发展趋势，并提出解决问题的对策建议，直接把研究成果交给政府。这是社会科学为政府决策服务的直截了当的途径。后者（启迪模式）则强调社会科学知识或政策相关知识传播的间接性、分散性和长期性，不主张在纯粹研究（基础研究）与应用研究之间作出明确的划分，而将社会科学对政府决策的影响视为一个缓慢、长期的过程，犹如水流入并逐渐透过石灰石层滴下来，久而久之岩石不知不觉被冲蚀掉。社会科学通过这种途径，为人们提供广泛的社会知识，提供理解社会的概念框架、理论或思维方式，创造社会精神文化氛围，影响人们（包括决策者）对问题的看法、思考问题的方式，形成处理问题的知识框架，最终影响政府决策。

社会科学的最终目的是社会问题的解决。走向 21 世纪的中国社会科学的一个重要历史使命,就是要研究我国改革开放、市场经济和现代化建设发展过程中出现的各种重大实践问题,为党和政府的决策提供智力支持和理论服务。社会科学要转变为生产力,一个主要的方面是参与党委和政府的决策,为决策服务,改善公共决策系统,提高政策制定与执行质量,将社会科学知识应用于社会问题的解决之中,以此来影响和促进社会经济的发展。

应该说,面向经济建设主战场,研究现实社会问题,为党和政府的决策服务,已成为许多社会科学工作者的共识。但是目前存在着一些制约因素,影响我国社会科学解决社会问题功能的充分发挥。例如,有些社会科学学者习惯于在书斋里做"纯"学问,研究一些远离现实的问题;有些愿意研究现实问题的学者则不知从何入手,找不到突破口;而在一些政府部门中,社会科学的地位和作用并未受到应有的重视,总是认为学者只能纸上谈兵;政府的公共决策系统也尚未完善,咨询参谋和信息不系统不健全;在政界与学界之间,往往缺乏一种社会科学研究与政府决策有机地结合起来的机制。只有努力解决这些存在的问题,走向21世纪的中国社会科学才能充分发挥其为政府决策服务、解决社会问题的功能,增强其现实性和生命力。

政策科学的起源与政策研究的意义[*]

当代西方政治科学领域的一个引人注目的变化是政策科学或政策研究的出现。从 20 世纪 50 年代初开始，美国政治学及其他相关学科的不少学者致力于研究政府的公共政策过程，考察政府公共政策的制定、实施和评价及政策机制与环境的关系等问题。到了 70 年代，这种新的研究途径最终导致独立的政策科学的形成。现在，政策科学被公认为政治学及行政学中的一个重要而有活力的部分，甚至有个别学者主张用它来取代传统的政治学及行政学的研究。从 80 年代初开始，西方政策科学开始引起我国学术界的注意，并有部分学者及实际部门的同志从事这方面的引进、研究工作，陆续有少量的相关论著出现。然而，政策科学在我国才刚刚起步。迄今为止，人们对政策科学的对象、内容和性质并没有取得共识，甚至有人对政策研究能否成为一门科学持怀疑的态度，对政策研究的必要性和迫切性没有引起高度的重视。鉴于这种情况，本文将着重讨论政策科学的起源和政策研究的意义，以澄清对政策科学的某些疑问，推进我国政策科学的发展。

一、政策科学的起源

政策科学诞生于美国。早在 20 世纪 40 年代，美国政治科学家 H. D. 拉斯韦尔（Harold D. Lasswell）便提出了"政策科学"（Policy Sciences）概念；1951 年，他和 D. 勒纳（Daniel Lener）合编了《政策科学》一书，首次对政策科学的对象、内容、性质及发展方向作出规定，奠定了政策科学的

---

[*] 原载《厦门大学学报》（哲学社会科学版）1992 年第 4 期（《新华文摘》1993 年第 2 期和《高校文科学报文摘》1993 年第 2 期论点摘要）。

基础。在《政策（学）的方向》一文中，拉斯韦尔概括了政策科学的六大特征：（1）政策科学是关于民主主义的学问，它涉及个人的选择，必须以民主体制作为前提；（2）政策科学的目标是追求政策的"合理性"，它必须使用数学公式和实证数据建立可检验的经验理论；（3）政策科学是一门对于时间和空间都非常敏感的学问，即它所选择的政策分析模型必须在时间和空间上有明确的记录；（4）政策科学具有跨学科的特性，它要靠政治学、经济学、社会学、心理学等学科知识来确立自己崭新的学术体系；（5）政策科学是一门需要学者和政府官员共同研究的学问，后者的实践经验对于政策科学的发展具有重要的意义；（6）政策科学必须具有"发展概念"，它以社会的变化为研究对象，所以必须建立动态模型。① 拉斯韦尔确立了政策科学的初步"范式"或"研究纲领"，《政策科学》则是政策科学发展史上的第一部"经典"。但是，由于种种原因，在此后十余年时间里，政策科学并没有取得突破性进展。

到了20世纪60年代中期，情况发生了很大变化，政策科学取得了迅速的发展。这首先必须提及美国著名科学哲学家库恩（Thomas S. Kuhn）1962年发表的那本名为《科学革命的结构》的著作，该书在当时起到了方法论的解放作用，给政策科学的发展注入了新的活力。但政策科学成长为一个独立的学科，在相当大的程度上与当时在美国工作的以色列学者Y. 德洛尔（Yehezkel Dror）的努力分不开。在1968—1971年短短的几年间，德洛尔发表了政策科学"三部曲"：《公共政策制定检讨》（1968年）、《政策制定探索》（1971年）和《政策科学构想》（1971年）。德洛尔的这些著作构成了政策科学发展的第二个里程碑，奠定了政策科学的新"范式"。特别是在《政策科学构想》中，他提出了较系统的政策科学理论。他批评拉斯韦尔的政策学观点，认为拉斯韦尔等人过分推崇科学方法论尤其是行为科学方法的作用；他分析了管理科学及行为科学方法的局限性及政策科学的跨学科性质问题，提倡政策科学采用系统群的研究方法。在扫除方法论的障碍后，他确立了一种包含十二项内容的"宏观政策理论"或"总体政策论"，德洛尔还提出"元政策"概念和政策系统论。

此外，林德布洛姆（Chales E. Lindblom）对于政策科学的发展也作出了很大贡献。他首先提出"政策分析"（Policy Analysis）概念，并致力于政

---

① 参见［美］拉斯韦尔、勒纳主编《政策科学》，斯坦福大学出版社1951年英文版，第3—15页。

策分析模型和政策制定过程的研究，提出了著名的渐进主义理论或"渐进调适的科学"。

到了 20 世纪 70 年代，政策科学的研究领域和方向发生了很大的变化，特别是有关的杂志、机构、论文、书籍、会议主题、大学课程、学院、拨款以及学术界和政府部门工作领域迅速增加。这表明，经过 40 余年的发展，政策科学已开始成熟。从科学哲学及科学社会学的角度来说，判断一个研究计划是否成熟，是否具备作为一个独立学科的资格，有如下三条互相联系的标准：一是看它是否有相对独立的研究对象或领域；二是看它是否取得相当规模的理论成就及完善的研究方法，即是否形成公认或被多数研究者所赞同的"范式"；三是看它是否具有较成熟的学科社会建制。用这三条标准来衡量，我们可以说，政策研究已经具备了作为一个独立学科的资格了。

首先，政策科学有它自己相对独立的研究对象。尽管政策科学家们对它的研究对象及内容的定义存在着差别，政策科学的界限尚未最后确定，但是，政策科学家们一般同意，政策科学以政府公共政策及其过程作为研究对象，主要研究公共政策的性质、原因和效果，研究公共政策的制定、实施及评价等问题。按照拉斯韦尔等人主编的《政策科学》一书的观点，政策科学是"以制订政策规划和政策替代方案为焦点，运用新的方法对未来的趋势进行分析的学问"[①]。德洛尔认为，政策研究的核心是把政策制定作为研究和改革的对象，包括政策制定的一般过程以及具体的政策问题和领域；政策研究的范围、内容、任务是：理解政策如何演变，在总体上特别是在具体政策上改进政策制定过程。[②] S. S. 那格尔（Stuart S. Nagel）则说："政策研究可以总的定义为：为解决各种具体社会问题而对不同公共政策的性质、原因及效果的研究。"[③] R. M. 克朗（Robert M. Krone）则认为，政策科学是通过定性和定量的方法，探求对人类系统的了解和改进，它研究的焦点之一是政策制定系统；政策科学把如下五个范畴作为其方法论的重点：（1）政策战略；（2）政策分析；（3）政策制定系统改进；（4）估价；（5）政策科学的进展。[④] 显然，这些政策科学家对政策科学研究的重点的强调有所不同，但是，他们都同意政策科学以政策过程为研究对象。

---

① [美] 拉斯韦尔、勒纳主编：《政策科学》序言，第 6—59 页。
② [美] S. S. 那格尔主编：《政策研究百科全书》，科学技术文献出版社 1990 年版，第 7 页。
③ 同上书，第 1 页。
④ [美] R. M. 克朗：《系统分析和政策科学》，商务印书馆 1987 年版，第 28—29 页。

其次，政策研究已经取得了相当规模的理论成就，形成了自身独特的"范式"。按照库恩的观点，"范式"是为进一步的科学研究提供模式的特定的科学成就，或说是多数甚至全部的研究者所认同的一套成文或默许的制度，包括学科的术语、理论、方法、假设、论证方式、体系原则、操作规则等。目前，政策科学的基本模式是德洛尔的政策科学理论，它包括了12项基本内容，要点是：政策科学研究政府政策的制定系统，关心政策体制的改善以及运用有效的方法和知识处理政策过程，其目标是认识和端正社会发展方向；它具有跨学科的性质，打破了许多学科之间的传统界限，吸收各学科的有益知识而丰富自身；它依靠抽象的理论结构和模型，将理论研究和应用研究密切联系起来；它不仅运用一般的研究方法发现知识，而且把个体的经验、社会常识纳入自己的知识体系中；它重视价值观的作用，并鼓励有组织的创造精神，承认超理性因素——创造力、直觉、魅力等在政策过程中的意义；它对变化的过程和动态形势十分敏感，采用历史研究法，尤其注意时间和未来的方面；它试图成为一门自觉的科学，它要建立可检验、证实的经验理论体系；如此等等。①

再次，政策科学的学科社会建制已经具有相当的规模。根据科学社会学的观点，一个学科的社会建制也就是一个学科的机构设置，包括学术团体、基金来源、出版发行渠道、教育培训、职业化等。在西方尤其是美国，政策科学的这些机构、建制已相当完备。在学术团体方面，美国已拥有不少专业学会和研究中心；在基金来源方面，既有私人资金也有政府资金；无论是政府机构还是私人组织都对公共政策感兴趣，愿意拨款或资助政策研究；在出版渠道方面，目前美国有不少政策科学的杂志，已出版了大量的政策科学方面的著作或丛书；在教育培训方面，从20世纪70年代初开始，美国出现了一批独立的公共政策学院，许多大学相继制订出政策科学课程大纲，开设相关课程，并出现了不少政策科学的学位授予点；在职业化方面，现有政策研究已被公认为一种新的职业，从业者包括政府部门的"政策分析家"、思想库的工作人员、大学及研究生院的教师等。从业人数已具备相当规模，据20世纪70年代初的统计资料，单思想库的从业人员就有近10万人，分布在5300多个思想库中。

由此可见，政策科学已经成为一个独特的学科了。然而必须指出，政策

---

① 参见吴明瑜《关于政策科学及其规范的问题》，《管理世界》1989年第2期；见〔美〕S. S. 耶格尔主编《政策研究百科全书》，科学技术文献出版社1990年版，译者序言。

科学迄今为止并没有发展出成熟、完善的理论体系，即尚未形成由概念、定理或原理组成的有机逻辑推理系统，因此，它是一门发展中的学问，它尚未达到"常规科学"阶段，只是处于由"潜科学"向"常规科学"过渡的阶段。只有将政策科学作为一门独立的学科，才能促进它更快地发展、完善。

二、政策科学兴起的原因

政策科学的产生有其深刻的背景。它是当代社会政治、经济和科学技术高度发展的必然产物，也与它的诞生地美国的特别社会发展状况相关。德洛尔、克朗、那格尔等著名的政策科学家曾对政策科学兴起的原因做过分析，他们分别强调某些方面的原因。例如，德洛尔认为，现代政策研究的发展是众多因素作用的结果，这些因素包括思想库的成熟、人们对重大政策问题兴趣的增加、核武器的冲击、公众对科学能解决政策难题的信仰、政策制定者日益增长的不安，以及经济学的示范性影响等。克朗则认为，促使政策科学兴起的原因主要是：公众对一些特殊的政策问题，诸如战争、贫困、种族关系、环境污染、交通等的关切与日俱增以及不满政府对这些问题的处理质量；对自然科学处理社会问题无能为力的状况日益增长的不安；大学生对学院式的课程设置不满以及对内外政策问题兴趣的增长；处理危机（如苏联发射人造卫星、城市暴乱、校园骚动、苏联在古巴设置导弹等）的决策要求等。

的确，政策科学的兴起是各种主客观因素相互作用的结果。笔者认为，在其中起作用的主要有如下几点：

一是社会政治原因，即政策科学的兴起既与当代人类所面临的共同问题有关，也与西方社会尤其是美国大量的社会矛盾、政治危机引起的公共政策问题的激增有关。随着科学技术的迅速发展，人类社会所面临的问题越来越多，问题越来越复杂，越来越激化，解决这些问题的政策也变得越来越重要，这就使得人类第一次将自己的命运与改善政策质量的问题直接联系起来。尤其是当代"全球问题"，如环境污染、人口爆炸、能源危机、核威胁等的出现，更使人们意识到政策研究的重要性。同时，在美国这块资本主义的土壤中，存在着尖锐对抗的社会矛盾和社会冲突，战争、暴力、贫困、犯罪、种族冲突、学生造反等成了资本主义社会所无法克服的痼疾，这就使政策问题在美国更加突出。此外，美国的两党制的政党政治传统也对政策科学的产生起到一定影响。民主党和共和党为各自的私利尤其是为执政进行着种种明争暗斗,这种政治斗争自然而然地发展成为政策方面的论战,政策问题的讨论逐渐成为政治问题的中心。因此,在关于政策科学的起源问题上有一种所谓的"政策替代方案理论"。

二是思想库或智囊团的成熟。正如德洛尔所指出的,这是促使政策科学兴起的一个重要原因。思想库不但是政治设计的有意义的发明,也是政策研究成长的摇篮。诚然,智囊及咨询机构在世界各地自古有之,但是真正的智囊团或思想库是现代的产物,它最先在美国迅速发展起来。在政策科学产生前后,美国已有大量的思想库存在,如兰德公司、巴特尔研究所、小阿瑟研究所等。这一时期思想库的特点是集中了大量高水平的各类专家和科学家,他们应用多学科的知识来研究政策制定问题,他们相对地较少受外界压力,并有良好的合作机会,可以把发现应用于政策制定。思想库对于政策研究的意义主要表现在:发展政策研究方法论,特别是论证性方法如系统分析和其他政策分析方法;思想库作为中间测试基地,可以把政策研究推广到实际运用中;它能为应用政策领域的学生提供最好的设备和学习、实践机会,为来自学术界和政府部门的专业政策学者创造一个良好的环境;它把政策研究的成果凝聚为一个独立的学科,还是产生可靠的、可能被有关部门接受的政策研究成果的主要机构。因此,德洛尔认为,思想库是政策研究的最纯粹的组织体现,每一位政策科学家都应把他的部分工作时间花在至少一个思想库中,以提高处理政策科学理论与政策制定现实之间的关系的能力。

三是科学技术的进步。第二次世界大战后,西方科学技术取得突飞猛进的发展。从20世纪五六十年代开始,科学技术出现了纵向深入分工、横向交叉融合的趋势,大量的新的学科涌现,特别是系统分析、管理科学(运筹学)等学科的发展为政策科学的产生奠定了方法论基础。当拉斯韦尔开始倡导政策科学的时候,在统计学、数学和经济学等学科中,各自独立发展出一些新的概念工具,应用的技巧也相应地得到改善,有关政府政策过程的研究以及抉择行为的了解也增加了。与系统分析和政策科学相关的一些新的学科,如系统论和控制论,当时已在生物学和数学的研究中得到进一步的发展;与系统分析并行,而且在内容上有交叉的管理科学,也正是在此时到达了战后蓬勃发展的起飞线上。到了60年代,美国政府的各机构开始广泛地采纳系统分析方法。尽管系统分析和政策科学几乎是同时发展起来的,但是系统分析事实上成为政策科学的一个组成部分。其他传统学科,如政治学、经济学、心理学、社会学、人类学、历史学、数学、逻辑和哲学等也为政策科学的发展提供了知识基础。因此,政策科学不是作为某一现存的学科的更新而出现的，而是全新的跨学科领域，它需要的知识几乎横跨了人类所创造出来的各个主要知识领域。反过来，政策科学作为一种方法可以应用于社会科学的各个领域。

四是政策科学本身的发展。政治学中研究方式或方法的革新尤其是行为主义政治学的兴起，在某种意义上可以看作政策科学诞生的催化剂。我们知道，由于传统政治学制度化、规范化研究方法的局限性，欧洲大陆的实证主义哲学的传入及社会学的经验研究方法的兴起等因素，20世纪二三十年代的美国政治学界掀起了一场行为主义研究的"革命"，以梅里安（Charles E. Merrian）为首的"芝加哥学派"（Chicago School）发动并领导着行为主义研究新潮流。行为主义政治学强调对政策过程尤其是人的行为的研究，主张采用经验科学及交叉科学方法，确立具有普遍性的、可检验的政治学理论（体系），使政治学"科学化"。行为主义政治学对政策科学的产生有着重要的影响。一般认为，随着政治学的"科学化"，人们可以在公共政策领域内对长期以来进行过规范性探讨的制度、民主化、个人的政治行为等问题进行客观的分析；同时，正因为行为主义政治学采用交叉科学的研究方法，使得政治学与其他科学（包括自然科学和社会科学）的结合成为现实，使政策科学这一跨学科的学问具有了分析的可能性。因此，可以说行为主义政治学在某种程度上成为政策科学诞生的"催化剂"。

总之，政策科学的出现并不是偶然的。尽管它最先在美国出现，与美国特殊的社会背景有一定的联系，并由此使得它现有的理论形态及内容上带有西方（资本主义）社会制度的痕迹，但是，政策科学主要是为适应人类社会发展的需要而产生的，它是人类社会的政治、经济和文化发展到一定阶段的必然产物，它是在利用全人类已经创造出来的各种科学知识的基础上形成和发展起来的。因此，政策科学不是美国的专利，而是全人类的共同科学文化成果。现有西方政策科学中的不少理论、原则及方法反映了人类社会政策过程的规律性，因而是合理的，可以借鉴的。当然，如何结合我国社会主义政策制定和实施过程的实际，总结历史经验，吸收、消化西方政策科学中的有益的东西，建立具有中国特色的社会主义政策科学，乃是摆在我国科学工作者面前的一个紧迫而艰巨的任务。

三、政策研究的意义

政策研究具有十分重大的理论上和实践上的意义。关于这个问题，国内外的不少学者做过探讨。例如，美国著名的政策科学家 A. 兰尼认为政策研究有科学的、专业的和政治的三个方面的意义：（1）科学的理由——政策研究有助于人们更好地理解政策的起因、发展过程和它给社会带来的影响，反过来有助于增加人们对政治系统和社会的理解；（2）专业的理由——了解公共政策确立的要素及知道既定政策的某些后果，可以为个人、团体和政府获取政策目标的行政提供有益的意见，以表明特定的目标要靠何种政策来实现，以及何种政治因素和环境容易导致某一特定政策；（3）政治上的理由——政策研究能够保证政府采取正确的政策以获取"合理的"目标。① 下面，我们将结合我国现阶段的实际，从几个角度或方面来着重说明政策研究的实践意义。

首先，政策研究是人类有效地处理当代复杂社会问题的需要。现代社会是一个高度组织化的社会，它本身是一个大系统，在这个大系统中的各个子系统或因素相互制约和相互作用；社会问题则越来越多、越来越复杂，社会矛盾也日趋尖锐，对特定社会问题的处理总会牵涉到其他的问题，引起连锁反应。因此，要处理好每个社会问题或矛盾，必须有理想的或最优的政策，而要得到这样的有效政策，就必须对政策过程，包括政策的制定、执行及评估等方面加以研究。但是，长期以来，人们缺乏对政策过程的研究尤其是缺乏科学的政策制定方法，基本上只是采用"试错法"这样一种经验型的政策方法，即在一组待选择的方案中，择其一而加以实施，倘若在实施中发现失误，即通过信息反馈去修正已执行的政策，或重新选择另外的政策。这种根据政策执行的实际结果来判断政策好坏的方法，往往给社会带来巨大的损失。例如，当代西方片面追求经济效益和军事目的的科技发展政策，已经给人类带来巨大灾难，造成了一系列的生态危机和社会问题。又如，我国过去人口政策上的失误，导致了人口增长过快，带来重大的经济发展压力及严重的社会问题。为了有效处理各种社会问题，使各项政策产生积极的作用或良好的效果，避免产生消极的后果，就必须发展出一套政策制定的模型、概念和方法，改进政策制定的质量，并能对政策的后果作出事先的评估。因此，必须建立政策研究科学。

其次，政策研究是完善我国政策体系及提高我国科学决策水平的需要。中华人民共和国成立后尤其是改革开放以来，党和国家制定了一系列正确的

---

① ［美］A. 兰尼：《政策内容的研究：一种选择的框架》，参见 ［美］J. E. 安德森《公共决策》，华夏出版社 1990 年版，第 9—10 页。

方针政策，极大地促进了社会主义各项建设事业的发展。但是，我国的科学决策水平还不高，在政策制定及政策体系方面尚存在一些亟待解决的问题：其一，在较长的时间里我国没有始终如一的关于政策制定的指导思想，党和国家在建设发展方面的指导思想随着各种政治斗争和意识形态领域的指导思想发展而变化。其二，我国的某些方面的政策缺乏完整性，没有形成有机体系，因此往往出现前后不一致甚至出现不同政策之间的相互矛盾。其三，缺少政策制定的科学理论和方法，程序化法制化程度不高，政策的制定和实施往往靠层层发文件的办法，缺乏完善的法律手段，政策的解释权也往往为个别的领导人所有，这就不能完全避免政治斗争、官僚主义、主观意志的影响和干扰。要克服上述这些弊端，就必须大力提倡和发展政策科学，研究政策过程的规律性，形成系统的科学理论，探索合理程序及可行的方法，以指导实际的政策工作。通过学习掌握政策科学，也可以提高领导者的决策能力及领导水平。

再次，政策研究是进一步改革开放、加快经济建设步伐的迫切需要。党的十一届三中全会以后，党和国家作出了改革开放的重大战略决策，制定出一系列具体的改革开放政策及措施，这给整个中国的经济社会带来了翻天覆地的变化。实践证明，一个国家或地方的经济能否发展、发展速度的快慢主要取决于科技和政策这两个因素，而政策因素往往起决定作用；在所给政策相同、社会状况及科技水平相当的情况下，一个地方经济发展的快慢则主要取决于对中央政策的理解程度及能否加以灵活地运用（在这方面，可以用广东与福建、深圳特区与厦门特区的比较作例子）。目前，新的改革开放大潮已经涌来，深化农村改革、国营大中型企业经营机制的转换、特区及开放城市的进一步开放，以及全国社会主义有计划商品经济体系的建立和发展，已经全面铺开，这就提出了完善以往可行的或好的经济政策、制定出一系列新的经济政策的要求，一条更重要的途径是发展政策科学，掌握现代政策科学的理论和方法！

最后，政策研究是深化行政体制及政治体制改革，加强我国民主政治建设的迫切需要。经济体制改革必定导致行政及政治体制的改革，而行政及政治体制改革是全面改革的极重要的组成部分。应该说，行政体制及政治体制改革本身正是政策科学中政策制定系统改革的研究范围，要建立更加有效、更加灵活的行政管理体制，必须依靠政策科学的有关理论和方法。当前，行政体制改革的一个核心内容是政府职能的转变，即政府由对经济活动的直接控制和管理转变为宏观的调控，这就要求政府运用各种杠杆（政治的、法律的和经济的等），特别是通过经济政策、价格政策、税收政策等来指导和干涉经济活动，因此，政府职能转变的基本内容也是属于政策的制定和贯彻问题。可见，建立政策科学，是体制改革深入发展的客观需要。同时，政策研究或政策科学有助于加强我国的民主政治建设。在当代，政治权力中科学成分的多少，被人们看作是衡量人类文明进步水平及政治民主化程度的一个标志。人类社会越进步，由少数人说了算的政治权力就越来越被大多数人说了算和科学的分析所代替。对政策进行科学的分析，无疑可以加速科学取代政治权力的进程，从而加强民主政治的建设。

总之，可以毫不夸张地说，政策研究与人类、国家及每个人的前途和命运休戚相关。政策研究的极端重要性必将会被越来越多的人所认识。可以断言，在不久的将来，政策研究将成为我国学术界尤其是政治学界的重要而有生命力的新的研究领域。

政策科学的"研究纲领"[*]

政策科学（政策研究或政策分析）是第二次世界大战后首先在美国兴起的一个跨学科、综合性的新研究领域，它的出现被誉为当代西方社会科学发展过程中的一次"科学革命"（德洛尔、里夫林语）、当代西方政治学的一次"最重大的突破"（国际政治学会主席 K. 冯贝米语）以及"当代公共行政学的最重要的发展"（罗迪语）。那么，究竟什么是政策科学？它是如何形成和发展起来的？政策科学研究的意义何在？应当如何建立起中国的政策科学学科？本文将对这些问题加以考察和分析。

一、西方政策科学的形成、演变及其背景

作为一门研究政策相关知识（即公共政策过程的知识以及这一过程所使用的其他知识）的学科领域，政策科学源远流长。它的源头可以追溯到人类文明之初，因为有了公共事务的管理，也就需要政策相关知识的研究。我们可以从古代及中世纪的历史典籍中找到大量关于政策及政策相关知识研究的论述，而近现代特别是 19 世纪和 20 世纪上半叶社会科学的发展为政策科学的诞生奠定了坚实的基础；在经济学、政治学、行政学和社会学以及运筹学和系统分析等学科领域积累起来的政策相关知识、政策研究理论和方法及技术，则构成了政策科学发展的直接先导或基础。

1951 年，斯坦福大学出版社出版了由拉纳（Daniel Lerner）和拉斯韦尔（Harold D. Lasswell）主编的《政策科学：范围和方法的新近发展》一书，被人们当作政策科学诞生的标志。此后，在美国兴起了一场旷日持久的"政策科学运动"（Policy Sciences Movement），并形成了这个研究领域的一

---

[*] 原载《中国社会科学》1997 年第 4 期，中国社会科学院科研局主办的《学术动态》1997 年第 27 期作为重点文章推荐介绍（在收入本书时，第一、三部分有所删节）。

个主导范式，即拉斯韦尔—德洛尔的政策科学传统。拉斯韦尔被誉为"现代政策科学的创立者"。在《政策科学》尤其是其中的"政策方向"一文中，他首次对社会科学中的政策研究方向即政策科学的对象、性质和发展方向等问题加以论述，奠定了政策科学发展的基础。①

虽然拉斯韦尔在20世纪50年代初就指明了社会科学中的政策研究方向，但是此后的十几年里，除了在政策分析的定量方法及技术方面，特别是运筹学、系统分析、线性规划和成本—效益分析等方法及技术上取得成就之外，政策科学的学科建设并没有取得重大突破。60年代中期以后，情况发生了改变，政策科学取得了迅速的发展。叶海卡·德洛尔（Yehezkel Dror）在1968—1971年短短的几年里，出版了所谓政策科学的"三部曲"——《公共政策制定检讨》（1968年）、《政策科学构想》（1971年）、《政策科学进展》（1971年），以及发表了一批政策科学论文。在这些论著中，德洛尔分析了当代社会科学尤其是管理科学和行为科学的局限性以及政策科学产生的必然性和必要性，讨论了政策科学的对象、性质、范围及方法论问题。

20世纪60年代末，当政策科学作为一个独立研究领域刚趋向成熟时，一些著名高等学府的学者就迫不及待地把研究生教育的眼光紧紧地盯住了这个充满希望和诱惑的新领域。从1967年到1971年短短的几年里，出现了第一批公共政策或公共事务学院或研究所（如密歇根大学公共政策研究所、哈佛大学肯尼迪政府学院、加州大学伯克利分校公共政策学院、兰德公司研究生院、杜克大学政策科学研究所等），开始了这方面的硕士生和博士生教育。这些著名学府不约而同地兴办政策科学专业的研究生教育项目，充分说明这一领域的重要性和生命力，说明它在培养政府决策、管理和政策分析人才方面的优越性，有力地推动了政策科学的进一步发展。

在20世纪七八十年代，政策科学研究获得了新的进展，在政策系统与政策过程的研究上取得显著的成就，特别是在政策评估、政策执行和政策终结方面形成了各种理论。首先，政策评估成为一个重要的研究领域。60年代美国联邦政府推行了许多重大的改革和发展政策，70年代对其中的一部分进行评估，这在客观上促进了政策评估研究的发展。其次，政策执行也成为政策科学研究的一个重要课题。针对60年代美国社会改革政策的失败，

---

① See, Daniel Lerner and Harold D. Lasswell, *The Policy Sciences: Recent Development in Scope and Method*. Stanford, CA: Stanford University Press, 1951.

政策执行的研究得到了加强。哈佛大学肯尼迪政府学院首先发表了一篇《公共政策执行问题的报告》，指出对政策执行过程的政治与官僚方面的研究往往为人们所忽视；有些学者如哈格罗夫则指出，在政策形成与政策成功之间存在着一个被忽略或错失了的环节——政策执行，只有加以补充，才能使政策生效；加州大学伯克利分校公共政策学院的普雷斯曼和韦尔达夫斯基等人则对奥克兰计划案例进行详细的跟踪研究，写成经典性的《执行》一书。他们力图解决失误的政策能否终止、如何终止以及采取何种终止策略问题，由此形成相关的政策终结及周期理论。最后，70年代崭露头角的公共选择（Public Choice）理论也可以视为政策科学在这一时期取得的一个成就，因为这种理论实质上是用经济学的途径来研究非市场决策即公共决策问题。

进入80年代中后期，政策科学研究出现了一些新趋向：一是加强了政策价值观或公共政策与伦理关系问题的研究，政策科学的研究者从政治哲学、案例分析、职业道德等角度或方面去研究政策价值观问题。二是政策科学与公共行政学日益相互融合，并出现了用公共事务（Public Affairs）来统指这两个领域的新趋向，美国政策科学或政策分析的最权威的组织——政策分析与管理学会的成立，目的就是沟通政策分析研究和管理研究，促进组织管理与公共政策的融合。三是政策研究的视野进一步拓宽，一些学者认为过去的政策科学片面强调经济理性和技术理性，无法解释丰富多彩的政策现象，因此，这些学者主张用社会、政治和法律的理性取代经济和技术的理性。

现在，政策科学在美国已经体制化了。其体制化的内容包括学术团体、基金来源、出版发行渠道、教育培训和职业化等方面都已相当完备。在学术团体方面，出现了一批学会（如"政策研究组织""评估研究会""公共政策分析与管理学会"）和大量的思想库（如布鲁金斯学会、斯坦福研究所、企业研究所和传统基金会）。在出版发行渠道方面，出现了一批政策科学或政策分析的期刊（如《政策科学》《政策分析》《政策研究杂志》《公共政策》《政策分析与管理杂志》等）以及一批周边期刊（如《美国公共行政评论》《美国政治科学评论》等）；出版了大量的论著或教科书。在教育培训方面，继第一批公共政策研究学院出现之后，许多大学纷纷效仿，设立相同或相似的学院或研究所。现在美国的主要研究性大学都设有公共政策研究生院、研究所或中心，一般的大学都开设了这方面的课程。在职业化方面，"政策分析家"已成为一种正式的职业，联邦、州和地方政府都设立了政策分析职位，再加上大学及思想库的教研职位，政策科学的职业化已达到相当的规模。总之，经过45年的发展，政策科学已成为美国及西方社会科学中的一个独立的而又有相当影响的领域。

政策科学的产生是当代社会、经济和科技以及社会科学发展的必然产物，也与它的诞生地美国的特殊社会发展状况相关。一方面，当代全人类以及各国面临着越来越多、越来越复杂多变的政策问题，解决这些问题的政策也变得越来越重要，这就促使人们开始自觉地将自己的命运与改善政策质量问题直接联系起来。尤其是当代"全球问题"的出现，更使人们意识到政策研究的重要性，各国政府为解决各种紧迫的社会政治或经济问题，需要大量政策相关知识或信息，这在客观上推动了政策科学的形成与发展。至于政策科学之所以诞生于美国而不是别的地方，与美国这个资本主义发达工业国家所面临的大量社会矛盾、政治危机（如战争、贫困、犯罪、种族冲突等）密切相关，也与美国社会科学的发展状况相联系。另一方面，第二次世界大战后，西方科学技术取得了突飞猛进的进展，科学技术出现了纵向分工、横向交叉融合的趋势，涌现出大量新学科，特别是系统分析、运筹学的发展为政策科学的产生奠定了方法基础。当拉斯韦尔开始提倡政策科学的时候，统计学、数学和经济学等学科各自独立发展出一些新的概念工具，应用的技术也相应得到改善，传统的其他人文社会科学学科如政治学、社会学、心理学、史学和哲学也为政策科学提供了知识基础。然而，当代科学尤其是社会科学的这些进展并未直接促进或提高人类对政策问题的解决能力，或者说科学的发展水平与它的解决社会问题的实际状况不成比例；现有的社会科学的片面专业化及实证主义的研究方式反而使理论与实践脱节，社会科学离开了对重大社会问题的研究和解决。因此，迫切需要一门超越社会科学的片面专门化，以人类社会的基本问题作为研究对象，以端正人类社会发展方向为目标的跨学科、综合性新研究领域，这种社会科学进步的内在动力或要求是政策科学产生的一个必要条件。此外，思想库的成熟也是政策科学兴起的一个重要因素。正如德洛尔所指出的，思想库是政策科学研究的最纯粹的组织体现，它不仅是政治设计的有意义的发明，而且也是政策科学或政策研究成长的摇篮。思想库既锻造了政策分析的基本方法和技术，又使政策研究成果凝聚为一个新的学科；它是政策研究的理想场所和政策研究成果推广应用的中间试验基地，也是政策科学的学生、政策分析者以及官员的实习、锻炼基地。

二、西方政策科学的"范式"特征

按照拉斯韦尔和德洛尔等人的理解,政策科学不是现有的某一社会科学学科的更新,而是一个全新的跨学科综合性研究领域,它具有一系列独特的"范式"。

在拉斯韦尔看来,政策科学的基本范式是:政策科学是关于民主主义的学问,它涉及个人的选择,必须以民主体制作为前提;政策科学的目标是追求政策的"合理性",它必须使用分析模型、数学公式和实证数据,建立起可检验的理论;政策科学具有时间的敏感性,强调政策的历史脉络,特别重视对未来的研究,要求从现有的事实和状况推测未来发展趋势;政策科学采取一种全球观点,将各国、各民族视为一个命运密切相关的共同体;政策科学具有跨学科的特性,它要依靠政治学、社会学、心理学等学科的知识来确立自己崭新的学术体系;政策科学是一门需要学者和政府官员共同研究的学问,后者的实践经验对于政策科学的发展具有重要意义;政策科学具有"发展建构"的概念,它以社会的变迁为研究对象,强调对变化、创新和革命的研究。[①]

德洛尔则认为,与传统的常规科学相比,政策科学具有如下一系列的新范式:政策科学主要关心的是理解和改善社会发展方向,基本目标是公共决策系统的改进和公共政策质量的提高;政策科学所研究的是公共政策制定的宏观层次,即地方的、全国的和跨国的政策制定系统;政策科学在传统的学科特别是行为科学和管理科学之间架起桥梁,它必须整合来自各种学科的知识,构成一个集中关注政策制定的跨学科系统;政策科学在通常的纯粹的研究和应用的研究之间架起了桥梁,这两种研究的整合是通过将政策制定系统的改善作为最终目标来实现的;政策科学除了使用常规的研究方法外,还将不证自明的知识和个人的经验当作重要的知识来源,它强调学者与官员尤其是政策制定者的紧密合作;政策科学既关心工具—规范的知识,又重视政策价值观的研究;有条理的创造性是政策科学各部分的一个重要的构成因素,因此,鼓励和刺激这种创造性是政策科学的一个主题和重要的方法论;政策科学对于时间非常敏感,它将现在看作是过去和未来之间的桥梁,它既强调历史发展,又注重未来研究;政策科学对于变化的过程和动态的环境十分敏

---

① *The Policy Sciences: Recent Development in Scope and Method*, pp. 3 – 15.

感，对于社会变化条件以及指导变化的政策制定的强烈关注构成政策科学的基本模式、概念和方法论前提条件；政策科学涉及系统化的知识和结构化的合理性对公共政策制定的贡献，但政策科学也明显地认识到超理性和非理性过程的重要作用；政策科学既修正已被接受的科学原则和基本方法论，又将它们扩展到已被接受的科学研究的界限之外；政策科学要成为自觉的，就必须寻求自己的范式、假定和理论；政策科学为它自己在实际政策制定中日益增加的应用性和职业化而奋斗；政策科学尽管有种种的创新，但它属于科学的事实，并为科学的传统（如实证和有效性）而努力。[①]

那么，应当如何评价拉斯韦尔、德洛尔等人的政策科学范式？应该如何看待政策科学的对象、性质、范围及方法呢？这是政策科学的最基本的理论问题，有必要加以较详细的考察。

首先，就研究对象来说，政策科学以社会政治生活中的政策领域，即现实的政策实践、政策系统及政策过程作为研究对象，它的基本目标是端正人类社会发展方向，改善公共决策系统，提高公共政策制定质量。因此，政策科学有自己相对独立的研究领域，这是作为一个独立学科的政策科学形成和发展的基本前提。

拉斯韦尔将政策科学定义为以制定政策规划和政策备选方案为焦点，运用新的方法对未来的趋势进行分析的学问；德洛尔认为政策研究的性质、范围、内容和任务是：理解政策如何演变，在总体上特别是在具体政策上改进政策制定过程。那格尔说政策研究可以总地定义为：为解决各种具体社会问题而对不同的公共政策的性质、原因及效果的研究。

我国的政策科学学者给政策科学或政策学下过一些定义，可以概括为这样四种基本看法：一是认为政策科学主要研究政策制定的理论和方法，是研究如何制定优化政策、避免错误政策的学科领域；二是认为政策科学是关于制定政策方案、规定政策的实施、评价政策的结果、预测政策的方向的一门学科；三是认为政策科学是研究政策的属性及特点、政策制定和执行规律的科学；四是从广义和狭义两个方面界定政策科学，认为广义的政策科学是对不同的公共政策的性质、原因和结果进行的研究，狭义的政策科学可以界定为对目标、方案及社会效果之间的相互关系的研究。

---

① See, Yehezkel Dror, *Design for Policy Sciences*, New York: Elsevier Inc., 1971, pp. 50 – 53; *Ventures in Policy Sciences*; New York: Elsevier Inc., 1971 pp. 3 – 4; "Prolegomenon to Policy Sciences", *Policy Sciences*, No. 1 (Spring, 1970), pp. 139 – 180.

由上述这些定义可以看出，国内外学者对政策科学的界定有所不同，但一般都承认政策科学以政策系统及政策过程作为研究对象。这正是政策科学成为一个相对独立学科的关键条件。根据唯物辩证法和科学哲学的观点，任何一门学科都以客观世界的某一类事物、现象及其过程作为自己的研究对象，它要揭示这一类事物或现象及其过程的本质联系和规律性，并通过概念、命题、原理和方法在思维中加以再现，形成学科理论体系。尽管一些传统的社会科学学科如政治学、经济学和社会学已涉及政策系统及政策过程问题，但它们并未将政策系统及其过程作为专门、唯一的研究领域，对此加以系统、全面和具体的研究，只有政策科学才做到了这一点。政策科学以人类社会的政策系统及政策过程作为专门的研究对象，它既要研究政策的本质、原因和结果，注重内容分析，又要研究政策系统及政策过程（包括政策的制定、执行、评估等环节），注重系统过程分析。因此，可以一般地将政策科学定义为一个综合地运用各种知识和方法来研究政策系统和政策过程，探求公共政策的实质、原因和结果的学科，它的目的是提供政策相关知识，改善公共决策系统，提高公共政策质量。

其次，就学科性质方面来看，政策科学作为一个全新的、独立的学科，有如下四个基本特征：

（1）政策科学是一个综合性、跨学科的新研究领域。一方面，政策科学不是现有的某一学科的更新，它的产生和发展需要以大量的知识和方法为基础，几乎所有迄今为止人类所创造的科学知识和方法都可以运用于政策研究之中。政策科学正是在吸收其他学科尤其是政治学、经济学、社会学、管理学、心理学、哲学、统计学、运筹学、系统分析等学科的知识和方法的基础上，形成和发展起来的。另一方面，政策科学并不是这些学科的知识和方法的拼凑堆积而成的，而是在新的学术框架中将种种知识和方法有机地结合起来。它将科学知识尤其是社会科学知识与公共决策过程密切联系起来，提倡以问题为中心，而不是以学科为中心的知识产生方法，政策科学的倡导者们力求指出当代社会科学尤其是管理科学和行为科学的偏狭性，提出一门能把各种知识和方法直接运用于改进公共决策系统、提高政策质量的新学科，因而各种学科的理论和方法在政策科学的新框架中获得了新的意义。

（2）政策科学是一门以行动为取向的学科，体现着理论与实践的统一。政策科学的奠基者们发现，以往的大部分科学知识尤其是应用社会科学研究并没有对政策系统的改进和政策质量的提高产生应有的积极影响。因为尽管它们有时也提出政策建议，但这些建议往往因不切实际或缺乏政治可行性而被否决。政策科学的研究对象是政策实践或实际的政策过程，它的目的和功能是提供政策相关知识，为政策实践服务。因此，政策科学不是纯理论科学或基础研究，而是一门应用性较强的学科。政策科学既在实践中产生，又在实践中得到应用和发展。它要指导执政党或国家的各项政策的制定、执行和评估的实践活动，它以实践定向，以发现和解决社会的政策问题为宗旨，为实践服务；而政策实践则为政策科学提出需要解决的问题，提供经验教训，检验政策科学理论并推动其发展。

（3）政策科学不仅是描述性学科，而且是一门规范性学科。如果说经验自然科学及传统的社会科学并不是真正价值中立的话，那么，政策科学则明确地以价值为取向。政策科学可以说是对一般选择理论的研究，而选择则以价值（观）作为基础。因此，它不仅关心事实，而且更关心价值和行动，它不仅是描述的，而且也是规范的。说它是描述的，是因为它同样追求有关公共政策的性质、原因和结果的知识；说它是规范的，是因为它重视价值取向和价值评价，它的一个重要目标是创造和批评有关公共政策价值的知识主张，或推荐应该采取的行动过程。政策科学的规范或价值批评方面可以由这样一点来加以说明，即政策科学相关知识包含了具有价值特征的因变项（目的）和自变项（手段）的互动；这些变项的选择往往涉及在健康、财富、安全、和平、正义、平等和自由一类的价值中作出取舍。选择哪一种价值，并不仅仅是一个技术判断问题，而且往往需要伦理推导。因此，公共政策价值观或公共政策与伦理的关系问题在政策科学中占有极为重要的地位。

（4）政策科学是软科学的一个重要分支。从20世纪初开始尤其是第二次世界大战结束以后，出现了一系列新兴软科学学科，包括人工智能、战略研究、系统分析、未来研究、科学学、决策学、领导科学等。在国外，有一个更正式的名称来指称这一类知识，即广义的管理科学（狭义的管理科学指运筹学）。按照我国的一些学者的说法，软科学在50年代的重点是科学学尤其是科学社会学的研究；60年代的重点是运筹学；70年代的重点是未来学及预测学；到了80年代，其重点已经转向政策科学了。政策科学实际上是构成决策科学化和民主化的主要支持学科，它对于解决政策问题和促进社会发展所起的重大作用正被越来越多的人所认识。

再次，就学科范围来说，政策科学涉及的范围十分广泛，目前尚难以划出准确的边界。它的主要研究内容包括政策系统、决策体制及政策过程，政策分析方法和技术，政策思维，政策价值观，未来研究，政策战略（元政策研究），政策规划，重大工程项目的论证与评估，从大政方针到各层次、各部门的具体政策研究等。按照克朗的说法，政策科学把如下五个方面的内容作为研究的重点：a. 政策战略；b. 政策分析；c. 政策制定系统的改进；d. 评估；e. 政策科学的进展。① 德洛尔则认为，政策科学的核心部分是在认识和端正社会发展方面，它把不同层次（跨国的、全国的、地区的）政策制定系统的改进作为追求的目标，同时也作为自己研究成果的手段。在他看来，政策科学的主要焦点有：a. 政策分析；b. 备选方案创新；c. 重大政策（基本政策）；d. 评估和反馈；e. 重大政策的改进等。② 他在80年代又把改善政策制定系统及政策制定研究与统治方式、政府中决策系统的研究结合起来，特别是在探索逆境中的政策制定、高层政策推理、超优政策分析方面取得了新的进展，这丰富了宏观政策理论的研究，拓宽了政策科学的研究领域。

最后，在研究方法上，尽管政策科学特有的方法论并未最终形成，但是它提倡跨学科的研究方法，提倡以问题为中心而不是以学科为中心的知识产生途径；既注重事实分析，又注重价值分析；强调政策研究或政策分析中理性方法和超理性或非理性方法并用；主张全球观点、未来观点、历史和比较的方法等。

拉斯韦尔和德洛尔等人所提倡的政策科学及其范式具有合理、新颖之处，的确具有某种科学革命的意味，具有重要的理论和实践意义及方法论启发。政策科学可以说是作为当代社会科学的片面专门化的对立物而出现的，它力图克服当代社会科学的专业分工以及实证主义的研究方式所产生的种种弊端，特别是克服那种忽视对人类社会重大问题的研究而局限于细小、局部问题研究的倾向，它将人类公共决策问题放在社会科学的核心地位，强调社会科学必须研究人类社会的重大或基本问题，提倡一门以人类社会的政策系统及政策过程为研究对象，以改进公共决策系统、提高公共政策质量和端正社会发展方向作为自己的目标的新学科；政策科学的倡导者们力图创立一种新的知识框架，以便综合地运用迄今为止人类所创造的各种知识和方法去为公共政策的制定及执行服务，使社会科学更好地去解决社会问题。政策科学家们力图打破传统的学科界限，希望在知识与权力、社会科学与公共政策以及学者与官员之间架起联系桥梁；政策科学家们采用跨学科的研究方法，注

---

① ［美］R. M. 克朗：《系统分析和政策科学》，陈东威译，商务印书馆1987年版，第28—29页。

② *Ventures in Policy Sciences*, p. 14.

重历史、发展（动态）和比较方法尤其是未来研究，强调在政策研究中使用创造性思维方法，要求将事实分析和价值分析统一起来。正因为政策科学的这些独特、新颖之处，使得它在20世纪六七十年代迅速发展并体制化，成为社会科学的一个重要的新研究领域。

但是，拉斯韦尔、德洛尔等人所提倡的政策科学及其范式在其发展中遇到了一些难以克服的困难并有其局限性。首先，政策科学的倡导者们将这一全新的综合性学科当作一种统一的社会科学或元社会科学，即它既整合各种学科尤其是社会科学各领域的知识和方法，又超越或凌驾于它们之上。这就必定产生在科学共同体中建立共识的困难，包括在划定研究范围边界、建立学科理论体系和形成特有的研究方法等方面的困难。正是这些困难一直困扰着政策科学家，制约着政策科学取得进一步的发展与突破。其次，政策科学避开各国的政治制度和意识形态的差别和对立，而抽象地大谈改善全人类公共决策系统，端正人类社会的发展方向，将一些资产阶级的社会政治哲学理论塞进政策科学中，因此，政策科学遭到了一些学者的批评。例如，特赖布（Lourence Tribe）在《政策科学：分析还是意识形态》（载美国《哲学与公共事务杂志》1972年第2卷）一文中批评政策科学，说它是披着科学分析外衣的意识形态；康韦（Thomas Conway）则大谈"政策科学的危机"（他以此为题写了一篇文章，收录于《社会科学、政策和国家》一书）。最后，政策科学给自己确立的目标过于宏伟，难以在短期内取得重大突破，因此，另一些学者如林德布洛姆、夸德（Edward S. Quade）、邓恩（William N. Dunn）、西蒙（Herbert A. Simon）等人则吸收拉斯韦尔的政策科学理论因素，朝着作为一门应用社会科学学科的政策分析前进（在拉斯韦尔—德洛尔的政策科学传统中，政策分析只是政策科学的一个组成部分）。这种政策分析趋势在六七十年代的美国政策科学运动中取得迅速发展，成为政策研究领域的另一个基本范式（其实，如果这种朝向政策分析的新方向只是给政策科学传统加上对检验备选方案的严格程序的话，那么，它应该是已确立起来的政策科学传统的一种有益的补充，或者说是政策科学中的一个分支学科的有益发展）。针对这一情况，德洛尔在1986年出版的新著《逆境中的政策制定》中，提出政策科学需要在以下方面加以突破，包括提供关于政策制定和政策科学的哲学与智力的理解；增加历史和比较的观点；真实地处理政策实际；寻求宏观理论；政策范式批判；探讨宏观政策创新；研究元政策制定和统治设计；考虑改善政策制定的途径；探索政策制定的输入方式；加大学科基础；开发多方面的方法论、方法和技术等。① 这说明政策科学在发展中的确遇到了不少障碍并引发出一些新的问题。

三、中国特色政策科学体系的建构

在提出中国政策科学的具体研究任务之前，有必要做一点方法论上的说明。政策科学主要是一门社会科学。既然政策科学是对一般的选择理论的研究，那么价值观、意识形态问题在这里就占有重要的地位。政策科学当然关心事实、理解和预言，提供政策的性质、原因和结果等方面的知识，追求科学的客观性和真理性，但更关心价值和行动，重视价值评价和推荐行动过程，因而它带有主观性和意识形态性。因此，在政策科学中，客观与主观、真理与价值、科学和意识形态等因素是交织在一起的。政策科学首先是在西方（美国）出现的，一方面，它是人类社会发展到一定阶段的必然产物，反映了人类政策制定和执行过程的共性及规律性，因而具有客观真理性和普遍适应性；另一方面，西方政策科学是在西方（美国）特定的政策系统及政策过程或政策实践的基础上形成和发展起来的，不可避免地带有西方政治制度和意识形态的痕迹或特点，因而带有消极的因素。由于社会经济发展水平、政治制度、文化传统和民族心理等方面的差异，各国的政策实践、政策制定系统及运行过程各具特点，所以各国的政策科学研究必须立足于本国国情及现实的政策实践。因此，我们在研究政策科学时，必须处理好政策科学中的主观和客观、价值与真理、科学与意识形态之间的关系问题，处理好政策科学的规范化（国际化）与本土化之间的关系问题；既要充分吸收、借鉴西方政策科学的理论及方法成果，又不能简单、无批判、无选择地照搬西方的东西，而必须立足于我国的国情及现实的政策实践来进行政策科学研究，批判地吸收、消化西方政策科学理论与方法，建立具有中国特色的政策科学理论体系。当前应着重做如下几项工作：

1. 深入研究马克思主义的政策和策略理论

马列主义毛泽东思想是我国的根本指导思想，中国政策科学的研究首先必须以马列主义毛泽东思想作为指导。这不仅因为它为我们的政策科学研究提供了一般的理论原则和方法论指导，而且政策和策略问题是科学社会主义理论的一个重要组成部分。因此，研究马克思主义的政策和策略理论就成为

---

① See Y. Dror, *Policymaking Under Adversity*, Transaction, Inc., New Jersey, 1986, pp. 219－240.

发展中国政策科学的一项重要任务。

马克思主义经典作家高度重视政策和策略在无产阶级革命事业中的重大作用，马克思、恩格斯和列宁在许多著作（如《哥达纲领批判》《共产党宣言》《共产主义原理》《怎么办》《社会民主党在民主革命中的两种策略》《国家与革命》《帝国主义是资本主义的最高阶段》）中，明确地阐述了政策和策略的含义，提出了无产阶级的政策和策略的基本思想，将政策和策略视为无产阶级政党行动的准则；他们论述了无产阶级制定政策和策略的依据，并阐明了无产阶级的政策和策略原则。

毛泽东同志根据中国革命的具体实践，进一步发展了马克思主义的政策和策略思想。他在许多著作（如《目前抗日统一战线中的策略问题》《论政策》《关于目前党的政策中的几个问题》《论十大关系》《关于正确处理人民内部矛盾的问题》）中，专门讨论了政策和策略问题。毛泽东同志的政策和策略理论包含了丰富的内容，其中涉及党和国家政策研究的原则和依据，总路线、总政策与具体政策的关系，政策的原则性和灵活性的关系等。毛泽东同志的政策决策理论有三个基本立足点，即立足于实际、立足于群众和立足于调查研究。

邓小平同志在改革开放的新形势下，提出了建设有中国特色的社会主义理论，丰富和发展了马列主义毛泽东思想的政策理论。他的主要贡献是，高度重视实事求是思想原则在政策制定和执行中的作用，强调政策的连续性、稳定性，强调政策的成龙配套，形成有机体系，突出政策检验的实践标准及生产力标准等。

总之，科学社会主义包含着丰富的政策理论内容，必须对这些理论内容加以深入的研究和概括，在此基础上建立中国政策科学的理论体系。

2. 大胆借鉴古今中外的政策理论和政策经验

一是必须大胆借鉴西方的政策科学的理论和方法。西方政策研究的历史悠久，西方人积累了丰富的政策经验和政策研究思想，这些经验思想是我们发展政策科学所应研究和利用的对象。更重要的是，西方政策科学的一些理论、范畴和方法反映了人类政策过程的本质或规律性，属于全人类的共同文化成果。西方政策科学理论体系为我们建立中国政策科学理论体系提供了参考框架，它的理论、方法及技术等可以为我所用。

二是必须继承和发扬我国古代政策研究的优秀传统。中华民族为全人类留下了大量的优秀政策研究遗产，研究和整理祖先遗留下来的这些政策文化遗产，是我们建立和发展政策科学的一个重要途径。中国古代典籍不仅记载了历代统治者的治国方略或政策,记载了各种实际运用的谋略和谋术,而且也记载了政治家、圣哲、贤人、谋士、军师们对政策经验的总结及关于政策研究的思想和方法。发掘、整理中国古代的政策经验及思想,可以提炼出某些带有中国政治和文化传统的政策理论及政策方法。

三是必须研究和总结中国共产党人70年来的政策经验和政策理论。中国共产党一向高度重视政策和策略在革命和建设中的作用。在长期革命斗争中,中国共产党人积累了丰富的政策经验,也留下了一些深刻的教训;同时,形成了许多政策研究的原则、理论和方法,如政策制定必须从客观实际出发,注意借鉴总结历史经验,坚持从群众中来到群众中去的群众路线;必须把党的政策变为千百万群众的自觉行动;必须在实践中检验、修正和发展政策等。可以说,毛泽东和邓小平的政策思想是中国共产党人的政策经验的最高总结。具有中国特色的政策科学理论必须充分体现中国共产党人所创造的政策经验和政策理论及方法。

3. 认真研究我国及当代世界出现的实际政策问题

政策科学是一门应用性学科,理论与实践相结合应该是中国政策科学研究的第三个基本原则。政策科学的强大生命力在于它坚定地面向实践,它来自实践,反过来又为实践服务。因此,要发展中国政策科学,就必须认真研究当前我国改革开放、市场经济发展和现代化建设中出现的实际政策问题,总结政策制定和执行的经验教训,并将之理论化,上升为原理和方法,丰富和发展具有中国特色的社会主义政策科学的理论体系。

随着改革开放的深入发展尤其是社会主义市场经济体制的确立,出现了前所未有的大量的实际政策问题,需要政策科学研究者去加以认真研究。例如,在大政方针或战略政策方面,有改革与发展的关系,市场经济体制的建立与发展,政治体制改革的方向、目标和途径,现代化道路的选择等政策问题;在经济政策方面,有大量关于产业、投资、财政、金融、价格、税收、贸易、分配、消费、就业等政策问题;在社会和文化政策方面,有科技、教育、卫生、体育、文化娱乐、社会福利与保险、人口、环境、治安等政策问题。所有这些问题都是中国政策科学必须认真加以研究的。

同时,当代世界或全人类所遇到的各种紧迫的问题,如人类社会的发展尤其是人类文明的存在和持续繁荣问题,世界政治经济格局的新变化特别是政治和经济的一体化问题,世界新秩序问题,人、经济发展和生态环境的关系问题,科学技术和生产力及社会发展问题,新型教育问题等。所有这些问题都是各国政策科学所要研究和回答的问题,当然也是中国政策科学研究的问题。

1—5

是政策科学,还是政策分析[*]

公共政策研究的成长是当代西方政治学乃至整个社会科学发展的一次突破,甚至被誉为一次"科学革命"。这个新研究领域的两个更正式的名称是"政策科学"(Policy Sciences)和"政策分析"(Policy Analysis)。人们往往将"政策科学"和"政策分析"当作同义词来使用。但实际上,这两个名称有着重要的差别,反映了对政策研究学科的对象、性质、范围和方法的两种不同的理解。换言之,从拉斯韦尔和德洛尔等人对一个跨学科的、综合性的全新政策科学的界定到另一些学者对作为一门应用性社会科学学科的政策分析的强调,体现了这个研究领域范式的变化。本文将对政策研究领域的这两种基本范式作简要的考察及评价。

一、"政策科学"范式

政策研究思想源远流长,它的源头可以追溯到古代文明,而作为一门相对独立的研究领域的政策科学及政策分析的出现则是第二次世界大战以后的事。1951年,斯坦福大学出版了拉纳(Daniel Lerner)和拉斯韦尔(Harold D. Lasswell)主编的《政策科学:范围和方法的新近发展》一书,这被人们当作现代政策科学诞生的标志。此后,在美国兴起了一场旷日持久的政策科学运动(Policy Sciences Movement),并逐步形成了这个新研究领域的两种基本范式,即拉斯韦尔—德洛尔的政策科学传统和以林德布洛姆等人为代表的政策分析传统。

拉斯韦尔被誉为"现代政策科学的创立者"。早在1943年的一个备忘录中,他就提到了"政策科学"的概念,在1950年他与卡普兰合著的《权力和社会:政治研究的框架》中首次正式使用这一概念。他在《政策科学》

---

* 原载《政治学研究》1996年第6期。

一书中则首次对社会科学中的政策研究方向即政策科学的对象、性质和发展方向作出规定,奠定了政策科学的基础。拉斯韦尔提倡政策科学的一个基本原因是他对当时社会科学的零碎专门化的不满和担忧。在他看来,哲学、自然科学和社会科学的专门化是不可避免的,但这种专门化的结果却是科学(理论)与实践的脱离。他认为,政策科学或社会科学中的政策方向可以超越社会科学的零碎的专门化,确立起一种全新的、统一的社会科学。① 政策科学将与过去决裂,它不是那种战时在华盛顿特区中所分化出来的应用社会科学,也不是社会科学家的活动主义;相反,政策科学将致力于一般选择理论的研究。② 时下局部的问题并不是政策科学所主要关心的。③ 这种以理论为方向的政策科学与在第二次世界大战期间流行起来的那种作为政府婢女的实际政策分析的传统是不同的。尽管这种实际的分析是政策科学的组成部分,但是拉斯韦尔基本上把政策科学看作某种不同于应用社会科学的东西。④ 他认为,政策科学将关心"社会中人的基本问题",是"关心解释政策制定和政策执行过程、关心搜集数据和提供对特定时期的政策问题的有关解释的学科"。⑤

在拉斯韦尔看来,政策科学具有以下几个基本特征:(1)政策科学是关于民主主义的学问,它涉及个人的选择,必须以民主体制作为前提,因此,是一门"民主的政策科学";(2)政策科学的目标是追求政策的"合理性",它必须使用分析模型、数学公式和实证数据建立起可检验的理论;(3)政策科学具有时间的敏感性,强调政策的历史脉络,特别重视对未来的研究,要求从现有的事实和状况推测未来发展趋势;(4)政策科学采取一种全球观点,认为世界的各民族构成一个共同体,它们的命运是息息相关的;(5)政策科学具有跨学科的特性,它要依靠政治学、社会学、心理学等学科的知识来确立自己崭新的学术体系;(6)政策科学是一门需要学者和政府官员共同研究的学问,后者的实践经验对于政策科学的发展具有重要意义;(7)政策科学必须具有"发展建构"的概念,它以社会的变化为研

---

① See, Daniel Lerner and Harold D. Lasswell, *The Policy Sciences: Recent Development in Scope and Method*, Stanford, CA: Stanford University Press, 1951, pp. 3 – 4.

② Ibid., p. 4.

③ Ibid., pp. 8 – 10.

④ Ibid., p. 8.

⑤ Ibid., p. 13.

究对象，强调对变化、创新和革命的研究。①

在后来的著作中，拉斯韦尔继续致力于政策科学的研究。在《政治科学的未来》（1963年）一书中，他将政策科学看作重建政治科学的主要方向，呼吁政治科学家致力于这方面的研究，特别是集中关注政策制定中选择理论的研究，更多地关注政策和社会问题。他说："政策科学要面对未来，就必须采取这样一种明确的立场，即以知识和政策的高层次上的思想和组织的创造性整合作为重要的出发点。必须认识到各种不同研究途径的有效协调已经为政治科学家提供了一种过去只是部分地被利用了的机会，即取得一种一致的看法——建立一门以社会中人的生活的更大问题为方向的解决问题的学科。"② 在《政策科学展望》（1971年）一书中，他对政策科学作了进一步的讨论，将政策科学定义为对政策制定过程的知识和政策制定过程中所需要的知识的研究，而将政策科学家定义为那些关注掌握公共和内政秩序的脉络中开明决策相关技巧的人。③ 在这里，他强调了政策分析中技巧的重要性，而关于历史的、跨文化的、多元方法的"脉络"的论述则体现出他对过去的政策科学概念的更深刻的承诺。在《决策过程》等论著中，拉斯韦尔对政策过程进行探索，并把注意力集中在政策过程中的各种功能活动上，提出了包括七个因素——情报、建议、规定、行使、运用、评价和终止——在内的"功能过程理论"。④

拉斯韦尔的政策科学理论构成政策科学发展的第一个里程碑，指明了社会科学中的政策研究方向，深刻地影响了后来美国的"政策科学运动"。许多学者特别是 Y. 德洛尔（Yehezkel Dror）直接沿着拉斯韦尔所规定的作为一门全新的、综合的统一社会科学的政策科学方向前进；而另一些学者则吸收拉斯韦尔的政策科学的某些思想，致力于作为一门应用社会科学学科的政策分析的研究。这两个方面合流构成当代美国的"政策科学运动"。

德洛尔是现代政策科学发展史上的另一个关键人物。他在1968—1971年短短的几年里，出版了政策科学"三部曲"：《公共政策制定检讨》（1968年）、《政策科学构想》（1971年）、《政策科学进展》（1971年）。在这些著

---

① See, Daniel Lerner and Harold D. Lasswell, *The Policy Sciences: Recent Development in Scope and Method*, Stanford, CA: Stanford University Press, 1951, pp. 3 – 15.

② Harold D. Lasswell, *The Future of Political Science*, New York: Atherton, 1963, pp. 38 – 39.

③ Harold D. Lasswell, *A Preview of Policy Sciences*, New York: Elsevier Inc., p. 13.

④ ［美］J. E. 安德森：《公共决策》，唐亮译，华夏出版社1990年版，第27页。

作中，他继承和发展了拉斯韦尔的政策科学理论，对政策科学的对象、性质、范围和方法等问题作了进一步具体而详尽的论证，从而形成了拉斯韦尔—德洛尔的政策科学传统。德洛尔将政策的出现看作是一场"科学革命"，认为与传统的常规科学相比，政策科学有一系列的创新，政策科学有如下新范式①：

（1）政策科学主要关心的是理解和改善全社会的发展方向，因此，它主要关注全社会的指导系统，特别是政策制定系统。政策科学的基本目标是更好的政策制定及产生更好的政策，它直接关注的并不是具体政策问题的内容，而是改进了的政策制定系统的方法和知识。

（2）政策科学所研究的是公共政策制定的宏观层次，即地方的、全国的和跨国的政策制定系统。政策制定系统的次级因素因其在政策系统中的作用而构成政策科学的主题。所以，政策科学处理个人的、团体的和组织的决策过程，并从公共政策制定的观点上看待它们。然而，政策科学与公共政策制定密切相连。

（3）政策科学在传统的学科特别是行为科学和管理科学之间架起桥梁。政策科学必须整合来自各种学科的知识，构成一个集中关注政策制定的跨学科。它特别以行为科学和管理科学的融合为基础，但也吸收来自其他相关学科的知识因素。政策科学一方面包含多元的因素，另一方面又是基本统一的。

（4）政策科学在通常纯粹的研究和应用的研究之间架起了桥梁。在政策科学中，这两种研究的整合是通过接受政策制定的改进作为最终目标而取得的。因此，真实世界构成政策科学的主要实验室，而大部分抽象的政策科学理论的最终检验是看其是否对政策制定的改进有所贡献。然而，政策科学的发展在相当的程度上还是要依赖于抽象理论的建构。

（5）政策科学除了使用常规的研究方法外，还将不证自明的知识和个人的经验当作重要的知识来源。努力提炼政策实践者不证自明的知识，并将高水平的政策制定者吸收进来作为政策科学建设的合作者，这是政策科学区别于当代常规科学（包括行为科学和管理科学）的一个重要的特征。

（6）与当代常规科学一样，政策科学关心工具—规范的知识。但是政

---

① See, Yehezkel Dror, *Design for Policy Sciences*, New York: Elsevier Inc., 1971, pp. 50 – 53; *Ventures in Policy Sciences*, New York: Elsevier Inc., 1971, pp. 3 – 4; "Prolegomenon to Policy Sciences", *Policy Sciences* 1, No. 1 (spring 1970), pp. 139 – 180.

策科学对于"价值中立的科学"的困难是敏感的。它试图通过探索价值内涵、价值一致性、价值成本和价值承诺的行为基础而对价值选择作出贡献。因此政策科学突破了当代科学与伦理学、价值哲学的严格界限，并将建立一种可操作的价值理论作为政策科学的一部分。

（7）有条理的创造性构成政策科学各部分的一个重要的因素。因此，鼓励和刺激有条理的创造性乃是政策科学的一个主题和重要的方法论。

（8）政策科学对于时间非常敏感，它将现在看作过去和未来之间的桥梁。因此，它拒绝当代科学尤其是行为科学和管理科学的非历史的方法。它既强调历史的发展，又强调未来的方面，以此作为改善了的政策制定的脉络。

（9）政策科学对于变化的过程和动态的情境十分敏感。对于社会转变的条件以及指导变化的政策制定的强烈关注构成政策科学的基本模式、概念和方法论的前提条件。

（10）政策科学涉及系统化的知识和结构化的合理性对公共政策制定的贡献，但是政策科学明显地认识到超理性过程（如创造性、直觉、魅力和价值判断）和非理性过程（如深层动机）的重要作用。为更好的政策制定而探索改善这些过程的方法是政策科学的一个整合部分。

此外，政策科学的"范式"还有：政策科学既修正已被接受的科学原则和基本方法论，又将它们扩展到已被接受的科学研究的界限之外；政策科学要成为自觉的，它寻求自己的范式、假定和理论；政策科学为它自己在实际政策制定中的日益增加的应用和职业化而奋斗；政策科学尽管有种种创新，但它属于科学的事实，并为科学的传统（如实证和有效性）而努力。

显然，德洛尔的政策科学"范式"是拉斯韦尔的政策科学理论的发展和完善，构成政策科学发展史上又一里程碑。拉斯韦尔—德洛尔的政策科学传统是美国政策科学运动的主导"范式"之一，为许多政策科学研究者所赞同和遵守。按照这种传统，政策科学不是现有的某一社会科学学科的更新，而是一个全新的跨学科、综合性研究领域，具有统一社会科学的性质。政策科学是这样一个学科：

第一，政策科学以社会中人的基本问题或一般选择理论、以人类社会的公共决策系统和决策过程作为研究对象，它要探讨公共政策的性质、原因和结果，提供政策相关知识，目标是端正人类社会发展方向，改进公共政策制定系统，提高公共政策质量。用德洛尔的话说，政策科学的核心是把政策制订作为研究和改革的对象，包括政策制定的一般过程以及具体的政策问题和领域；政策科学的性质、范围、内容、任务是：理解政策是如何演变的，在总体上特别在具体政策上改进政策制定过程。① 那格尔（Stuart S. Nagel）则说："政策研究可以定义为：为解决各种具体社会问题，而对不同公共政策的性质、原因及效果的研究。"② 克朗（Robert M. Krone）认为政策科学是通过定性和定量的分析，探求对人类系统的了解和改进，它的研究焦点之一是政策制定系统。③

第二，政策科学是一种统一的社会科学，是一个综合性、跨学科的新研究领域。一方面，政策科学是作为现有社会科学的片面专业化、零碎化、理论与实践相脱离的对立物而出现的，它强调综合地运用人类所创造的各种知识——社会科学、自然科学和管理科学的知识和方法；另一方面，政策科学并不是这些学科的知识和方法的拼凑堆积而成，而是在新的学术框架中将各种知识和方法有机地结合起来，它力图将科学知识尤其是社会科学的知识与公共政策密切联系起来，提倡以问题为中心，而不是以学科为中心的知识产生方法。政策科学的奠基者们力求指出当代社会科学和行为科学各个学科的偏狭性，提出一门能把各种知识和方法直接运用于公共政策的新学科。因而，各种学科的理论和方法在政策科学中获得了新的意义。

第三，政策科学是一门行动取向的学科。按照政策科学奠基人的观点，政策科学体现了理论与实践的统一，它是适应人类利用已有的知识和方法去改进政策制定系统，提高政策质量的需要而产生的。政策科学的倡导者们发现，以往的大部分科学知识尤其是应用社会科学研究并没有对改进政策制定系统和提高政策质量产生多大的影响，这与科学本身的发展相联系。应用社会科学的各个学科可以说是直接以解决社会问题作为目标的，但是在政策科学产生以前，它们并没有产生太大的政策意义，即使极少数对实际政策有影响的研究也是虚幻的、不切实际的。这些研究形成的往往是政策建议，而不是实际的政策，这些建议往往因不切实际或缺乏政治可行性而被否决。政策科学以公共政策作为研究对象，以改进政策制定系统和提高政策质量为目标。因此，它不是纯理论科学或基础研究，而是一种应用研究。但是，它又与那种为具体政策提供直接的政策建议或备选方案的政策分析有别，虽然这种工作也是政策科学所关心的，但不是其唯一主要的着眼点。

---

① ［美］S.S.那格尔主编：《政策研究百科全书》，科学技术文献出版社1990年版，第7页。
② 同上书，第1页。
③ ［美］R.M.克朗：《系统分析和政策科学》，商务印书馆1987年版，第28—29页。

第四，政策科学所涉及的主题十分广泛，包括政策系统、政策过程、政策分析的方法和技术、政策思维、政策价值观、未来研究、政策战略（元政策）、政策规划、重大工程项目的论证与评估，从大政方针到各层次或部门的具体政策研究等。按照克朗的说法，政策科学把如下五方面的内容作为研究重点：（1）政策战略；（2）政策分析；（3）政策制定系统的改进；（4）评估；（5）政策科学的进展。① 德洛尔则认为，政策科学的核心部分是认识和端正社会发展方向，把不同层次的（跨国的、全国的、地区的）政策制定系统的改进作为追求的目标，同时也作为自己研究成果的手段。在他看来，政策科学的主要焦点有：（1）政策分析；（2）备选方案创新；（3）重大政策（基本政策）；（4）评估和反馈；（5）重大政策的改进等。② 因此，在政策科学的倡导者们眼里，政策科学的研究范围十分广泛，政策分析只是其中的一个组成部分。

应该说，拉斯韦尔、德洛尔等人所提出的政策科学有其合理、新颖之处，甚至可以说具有某种科学革命的意味。政策科学是适应当代人类社会发展的迫切需要而产生的，它是当代社会科学发展的产物，是作为当代社会科学的片面专门化的对立物而出现的。政策科学力图克服当代社会科学的专业分工所带来的某些副作用以及实证主义的研究方式所产生的各种弊端；强调社会科学必须研究人类社会的重大或基本的问题，重视未来研究并采取一种全球观点，以改进公共决策系统，提高公共政策质量，端正社会发展方向；政策科学力图创立一种新的知识框架，采用跨学科的研究方法，以便综合地运用迄今人类所创造的各种知识和方法去解决各种重大、复杂的社会问题；它强调一种以问题为中心，而不是以学科为中心的知识产生方法，希望在社会科学与公共政策之间以及学者与官员之间架起联系的桥梁。正因为政策科学的这些独特、新颖之处，使得它在六七十年代迅速发展并体制化，成为社会科学的一个新的重要研究领域。

但是，政策科学范式及其发展也遇到了一些难以克服的困难尤其是方法论上的障碍。政策科学的倡导者们将这一全新的跨学科、综合性学科看成一种统一的社会科学或元社会科学，即它既综合社会科学、行为科学以及自然科学的知识和方法，又超越或凌驾于它们之上。这就必定产生建立共识尤其

---

① ［美］R. M. 克朗：《系统分析和政策科学》，陈东威译，商务印书馆1987年版，第28—29页。

② Y. Dror, *Ventures in Policy Sciences*, Elseiver Inc., New York, 1971, p.14.

是形成特有的研究方法上的困难，也必定产生界定研究范围的边界以及建立学科的理论体系上的困难。正是这些困难长期困扰政策科学的发展，使之在拉斯韦尔和德洛尔之后并没有取得实质性或突破性的进展。政策科学传统或范式遭到了一些学者的批评，例如，特赖布（Laurence Tribe）在《政策科学：分析还是意识形态》（载《哲学和公共事务杂志》1972年第2卷）中批评政策科学是意识形态，而不是科学；康韦（Thomas Conway）则大谈"政策科学的危机"（参看《社会科学家、政策和国家》，NY：PRAEGER Publishers 1990）。另一些研究者则吸收拉斯韦尔和德洛尔的政策科学理论的因素，朝着作为一门应用的社会科学学科的政策分析前进，这种政策分析的趋势在六七十年代政策科学运动中广为流行，大有超越政策科学之势。针对这一情况，德洛尔在1986年出版的新著《逆境中的政策制定》中分析了政策科学的近二三十年的发展，提出政策科学需要在14个方面加以突破，包括提供关于政策制定和政策科学的哲学和智力的理解；增加历史和比较的观点；真实地处理政策实际；寻求宏观理论；政策范式批判；探讨宏观政策创新；研究元政策制定和统治设计；考虑改善政策制定的途径；探索政策制定的输入方式；加大学科基础；开发多维的方法论、方法和技术等等。[①]

二、"政策分析"范式

在拉斯韦尔—德洛尔的政策科学传统中，政策分析只是政策科学的一个组成部分。然而，正是这个以量化分析为主导的政策分析领域在政策科学运动中取得迅速的发展，导致了许多学者离开拉斯韦尔—德洛尔的政策科学传统，转而提倡作为一个应用社会科学学科的独立的政策分析。可以将林德布洛姆（Charles E. Lindblom）看作这种政策分析传统的奠基者。他在1958年发表了《政策分析》一文（载于《美国经济学评论》杂志），首先使用"政策分析"一词，用它来表示一种将定性与定量相结合的渐进比较分析的类型。

由政策科学范式到政策分析范式的转变有其历史根据。第二次世界大战后，政策科学诞生的最大推动力并非来自社会科学家，而是来自运筹学家、系统分析家和应用数学家。运筹学、管理科学和系统分析的定量方法及技术

[①] See, Y. Dorr, *Policymaking Under Adversity*, Transaction, Inc., New Brunswick, New Jersey, 1986, pp. 219–240.

的发展实际上构成政策科学特别是政策分析的方法论基础。此外，这种转变也与兰德公司一类的思想库的示范性影响以及私人基金会对应用社会科学领域的支持有关。其实，如果这种政策分析的新方向只是给政策科学传统加上对检验备选方案的严格程序的话，那么这种转变也可以看作对已经确立起来的政策科学传统的一种一致的和潜在的有用补充。在50、60年代乃至整个70年代的政策科学运动中，政策分析的成长最引人注目，尤其突出的是政策分析的途径或方法的争论。按照一些西方学者的看法，这种争论是围绕"综合的"（synoptic）途径与"反综合的"（anti-synoptic）途径而展开的。综合的途径即全面理性模式，它以系统分析为缩影；① 而反综合传统的途径则是强调全面理性认识的局限性或不可能性。② 这两种观点提供了当代政策分析不同途径的鲜明对照，特别是它们构成政策分析的经验—分析方向和新多元主义（neo-pluralist）方向的区别。

按照美国学者加尔逊（G. David Garson）的说法，在50年代，这两种途径的各自理论前提可以概括如下：纯粹的理性综合模式的特征是，以认同系统分析作为元理论，以统计经验主义作为方法论和以价值的最大化作为决策标准；而纯粹的反综合途径的特征是，以认同多元主义作为元理论，脉络背景（contextual）和案例分析作为方法论和以社会合理性（利益的整合）作为决策标准。反综合的观点迅速在一般政治科学领域取得支配地位，而综合传统在公共行政学领域中更有活力。③

尽管综合传统在政治科学领域并不占有优势，但它受到了一些强有力的因素的支持。首先它耸立于政治科学和社会科学的行为主义革命的巅峰之上，它强调交叉学科研究，集中关注定量精确性和以系统的经验理论为特征。④ 其次，它保留了梅里安（Chales E. Merriam）所提倡的全国计划观点及拉斯韦尔的政策科学的科学主义因素。相反，60年代的社会气候却导致了对多元主义的强烈批评，例如罗威（T. Lowi）对多元主义的批判就受到

---

① 例如，Easton, *The Political System: An Inquiry into the State of Political Science*, New York: Knopt, 1953.

② 例如，H. A. Simon, "Comment on the Theory of Organizations", *American Political Science Review*, 1952, 46 (4).

③ See, William N. Dunn edited, *Policy Analysis: Perspective, Concepts and Methods*, JAI Press Inc., 1986, p. 10.

④ See, A Ranny (ed.), *Essays on the Behavioral Study of Politics*, Urbana, IL: University of Illinois Press, 1962.

这种气候的影响。①

60年代以后，综合理性传统变得更复杂和成熟。它的倡导者和支持者一方面力求避免全面理性综合模式的一些不切实际的假定，另一方面坚持计划的观点并严厉批评渐进主义和多元主义，力求发展出一种复杂的或折中模式，如埃泽奥尼（A. Etzioni）的混合扫描模式（1968年），德洛尔的优化模式（1968年）。经济学家使用经验方法论的成功进一步加强了综合理性传统的力量，其顶峰是肯尼迪—约翰逊政府时代所采纳的项目—计划—预算系统（PPBS）。尽管这一系统后来被废除了，但是成本—效益分析及其他项目评估方法在政府部门的政策分析中得到广泛的使用。

作为综合理性传统的对手，反综合传统也为一些有力的因素所支持。反综合传统除了在批评综合理性的不可能性这一点外，并没有太多的共识，它并没有形成统一的智力运动。如果说综合传统依赖于拉斯韦尔的政策科学中的科学主义因素的话，那么，反综合传统则依赖于拉斯韦尔的政策科学的人文主义的因素。1952年，《公共行政学评论》主编瓦尔多（Dwight Waldo）在《民主的行政学理论的发展》一文中批评将"效率"作为行政管理分析中的一个价值中立的标准，他认为那种价值中立的科学的政策评估是一种逃避更基本价值的使人误入歧途的企图。1953年，达尔（Robert A. Dahl）和林德布洛姆在《政治、经济和福利》一书中，对综合模式进行了更强有力的批评，并提出了"渐进主义"的政策分析模式。他们的观点受到了一系列有影响的公共决策的经验研究的支持。② 这些经验研究力图证明：尽管决策者可以在大学被授以综合理性方法，然而他们在实践中所采用的是渐进主义、党派相互调适和明显的渐进凑合。林德布洛姆后来不断发展和完善他的渐进主义理论，并与其他学者开展了激烈的争论。可以说，理性途径和渐进主义之争构成了六七十年代政策分析领域的最主要的论争。

应该指出，渐进主义不过是多元主义在政策分析上的一个变种。正如达尔所指出的，多元主义后来变成政治科学中关于美国政治过程的居支配地位的解释框架。由于政治科学主要倾向于因果描述，而政策分析倾向于规范，并且因为多元主义/渐进主义在描述方面规范的偏好反思更准确，所以多元主义在政治科学中的成功远远超过了渐进主义在公共行政学和政策分析中所取

---

① See, T. Lowi, "The public Philosophy: Interest group Liberal ism", *American Political Science Review*, 1967, 61 (1), pp. 5–24.

② See, Robert D. Dahl, *Who Governs*? New Haven, CT: Yale University Press, 1961.

得的成功。

沿着一个与渐进主义稍微不同的方向,西蒙(Herbert A. Simon)和马奇(James G. March)提出了一个颇有影响的模式,即"有限理性"模式。他们指出,决策过程是一系列有限搜寻的过程,这一过程接受满意的而不是最优的备选方案,它们强调对于组织的理解及政策制定过程中非理性因素的重要性。这也是一种反对综合理性的观点,但远比简单的渐进主义复杂,它对综合理性模式的批评超出了达尔和林德布洛姆的渐进主义讨价还价途径。但有限理性模式主要是为学术理论服务的,而不是为政府计划服务的。

此外,70年代崭露头角的公共选择(Public Choice)理论也可以看作是对综合理性传统的一种重要反应,这种理论力图用经济学的观点尤其是市场机制来说明公共领域中的决策。它的动力部分来自经济学家想将他们的分析输入以前只是政治学家所处理的领域,也来自政治学家将这种理论的研究视为摆脱美国公共行政学危机的出路;而其直接的理论先导则是达尔和林德布洛姆在《政治、经济和福利》一书中将市场价格作为决策机制的说明。

那么,政策分析的倡导者是如何看待作为一门应用社会科学学科的政策分析的呢?让我们看看一些名家的定义:

奎德(Edward S. Quade):"政策分析是应用研究的一种形式,旨在于获得对社会技术问题的更深刻的了解,并提出更好的解决办法。政策分析试图利用现代科学技术去解决社会问题,寻求可行的行动过程,产生信息,排列有利证据,并推导出这些行动过程的可能结果,以便帮助决策者选择最优的行动方案。"[①]

邓恩(William N. Dunn):"政策分析是一种应用性的社会科学学科,它使用各种研究和论证方法,产生并转变相关信息,以便政治组织解决政策问题。"[②]

小麦克雷(Ducan Macrae, Jr.):"政策分析可以定义为:凭借推理和证据的运用,在一组备选方案中选择出最好的政策。"[③]

[①] See, E. S. Quade, *Analysis For Public Decision* (3 edition), New York: Elsevier Science Publishing Co., Inc., 1989, pp. 4–5.

[②] William N. Dunn, *Public Policy-Analysis: An Introduction*, Englewood Cliff, NJ, Prentice-Hall, 1981, p. 9; also, *Policy Analysis: Perspectives, Concepts and Methods*, JAI Press, Inc., 1986, p. 19.

[③] Ducan, Macrae, Jr. "Concepts and Methods of Policy Analysis", 16 (6) *Society* 1973, pp. 17–23.

威廉（Walter William）："政策分析是一种综合有关政策决策研究结果的信息和决定未来有关政策信息的工具。"①

巴顿（Carl V. Patton）："政策分析是关于备选政策方案（计划或项目）的技术和经济的可行性，政治的可接受性，执行战略和政策选择结果的系统评估。"②

韦默尔（David L. Weimer）："政策分析是面向当事人提建议，这些建议与公共决策相关，并反映社会的价值观。"③

尽管这些政策分析家对于政策分析的界定范围和重点有所不同，但是，他们都将政策分析看作一门应用性的社会科学学科，说它使用各种研究方法及技术产生并转变与现实政策问题相关的知识或信息，以帮助决策者或当事人解决现实政策问题。因此，就研究对象及范围来看，政策分析不再将一般的选择理论、人类社会的基本方向问题或一般的政策系统及过程作为自己的主要研究对象，而主要关注的是现实具体的政策问题，因而政策研究或分析方法及技术在其中占有核心地位。就学科性质而言，政策分析不再是一门统一的社会科学，而是一门应用社会科学学科。与政策科学相比，政策分析的应用性程度更高，它以提供政策建议或备选方案作为核心，有具体的当事人或委托人。这种作为应用性社会科学的政策分析的研究对象比较明确，研究范围的边界清晰，在学科共同体中较容易形成有关方法论和学科理论体系方面的共识；而且第二次世界大战前后，在各学科已形成了各种较成熟的现成的分析方法和技术，这就使得政策分析比起政策科学来更容易取得突破，较快地建立起相对成熟的学科体系；再加上思想库的成功的政策分析实践的鼓舞，使得政策分析范式获得了众多支持者。

总之，拉斯韦尔—德洛尔的政策科学传统和林德布洛姆等人的政策分析传统构成当代西方（主要是美国）政策科学运动的两种基本范式。这两种

---

① Walter William, *Social Policy Research and Analysis: The Experience in the Pedernalsocil Agencies*, New York: American Elsevier, 1971, p. 23.

② Carl V. Patton and David S. Sawicki, *Basic Method of Policy Analysis & Planning*, Prentice - Hall Inc., Englewood Cliff, NJ, 1986, pp. 19 - 20.

③ David L. Weimer and Aidan K. Vining, *Policy Analysis: Concept and Practice*, Prentice - Hall, Inc., Englewood Cliff, NJ, 1992, p. 1. 类似的定义可以参见：Arnold J. Meltsner, *Policy Analysis in the Bureaucracy*, Berkeley: University of California Press, 1976; Norman, "Policy Analysis in Government: Alternative to Muddle Through", *Public Administration Review*, Vol. 37, No. 3, May/June, 1977, pp. 221 - 222。

范式各有其优点及合理性。我们认为，这两种范式实际上并不是根本对立的，而是相互补充的，尤其是可以将政策分析传统视为政策科学传统的有益的补充，是政策科学领域的方法及技术部分的具体化及发展。我们认为，发展一门综合性跨学科的政策科学更具挑战性和更具现实意义。目前，我国的政策科学正处在起步阶段。进入90年代之后，政策科学引起越来越多的学者、官员及政策研究人员的重视，学科建设迅速发展，最突出的表现是相继成立了两个全国性的政策科学研究会或学会（一个是1992年成立的全国政策科学研究会，另一个是1994年成立的中国政策科学学会）。许多大学在相关系科相继开设政策科学课程，厦门大学和北京大学相继开始了政策分析研究生教育，在行政学硕士点中设立政策分析研究方向。但是目前我国对政策科学及政策分析学科的对象、性质和方法等问题并没有展开深入的讨论，更谈不上共识。因此，考察西方政策科学中出现的上述两种基本范式，对于我们更好地了解政策科学以及政策分析的基本理论问题，建立具有中国特色的政策科学及政策分析的学科体系，具有一定的借鉴意义。鉴于目前政策研究领域的名称上的五花八门，我们建议在如下的意义上来使用三个术语：（1）"政策科学"——作为政策研究领域的总名称，并在拉斯韦尔—德洛尔所规定的方向上来理解其对象及学科性质；（2）"政策分析"——作为政策科学或政策研究领域的一个重要组成部分，以政策研究方法论或分析方法及技术作为对象；（3）"公共政策"——从属于政策科学的一个分支，以基本国策的研究、分析和评价为内容。

1-6

政策执行研究运动的兴衰[*]

20世纪七八十年代,西方尤其是美国公共政策研究领域出现了一场研究政策执行的热潮,形成了声势颇大的"执行运动"(Implementation Movement)。执行研究的学者们写下了大量的论著,提出了各种关于执行研究的途径、理论及模式,拓展了政策科学的研究范围,丰富了政策科学的理论内容。到了80年代末90年代初,随着(新)公共管理学派的兴起,执行运动便衰落了。本文简要考察西方政策执行研究运动的兴衰历程。

在政策科学或公共政策研究中,人们习惯上将政策过程划分为政策制定(规划)、政策执行和政策评估等阶段。尽管政策执行构成政策过程的中介环节,是将政策理想或目标转化为政策现实的唯一途径,因而具有十分重要的地位,但是,在西方政策科学发展的相当长时期,政策执行并没有引起政策学者们的应有重视,政策科学被认为是研究政策制定的学科,政策过程链条上缺少执行这一环节。例如,在德洛尔的政策科学范式中,政策科学被界定为对政策制定的研究,其目标是改善公共政策制定系统,提高政策制定的质量;政策过程相应被分成元政策制定、政策制定和后政策制定(包括政策执行和评估等环节)三个阶段。

政策执行不受重视的主要原因在于,人们往往将政策执行看作政策过程中的一个不重要阶段,认为只要政策一出台,便自然地得到贯彻执行而达到预期目标。米德和霍恩(Van Meter and Van Horn)将政策执行研究被忽视的原因归结为四方面:(1)一个天真的假定——执行过程是简单且人所共知的,并没有什么值得学者关注的大问题;(2)以计划—项目—预算(PPB)为焦点——强调权威决策者的作用而排除了"低层次"官员对执行过程负责;(3)任务的困难——从方法论上看,执行过程涉及严

---

* 本文的部分内容曾发表于《江苏社会科学》2000年第6期。

重的边界问题，往往难以界定相关的行动者；(4) 时间和资源的巨大消耗。①

政策执行研究是一种相对新的现象，它的兴起以 1973 年普雷斯曼和韦达夫斯基 (T. L. Pressman and A. Wildavsky) 对美国联邦政府的创造就业机会的政策项目——"奥克兰计划"执行的跟踪研究而写成的报告《执行》一书的出版作为标志。② 尽管在 60 年代，有一些组织理论家（如 Kaufman, Derthick, Bailey and Mosher）的著作已涉及公共机构如何运作政策的问题，但是真正以政策执行作为主题，并进行全面案例跟踪研究的开创性著作则是《执行》这本书（该书后来成为政策执行领域的经典，是政策科学或政策分析的学者和学生必读之书）。普雷斯曼和韦达夫斯基的研究表明，奥克兰计划并不是按政策制定者所设想的那样被执行的，它并没有取得预定的目标，问题就出在它被执行的方式上尤其是"联合行动"的困难上，他们的工作引发了政策执行的热潮，导致了七八十年代所谓的"执行运动"的兴起。

政策执行研究的兴起并不是偶然的，而是有其深刻的理论与实践上的原因。从理论上看，在美国 60 年代末 70 年代初政策科学取得突飞猛进的发展，政策科学研究的视野拓宽，要求对政策系统和政策过程的各种因素和环节作全面深入的研究。过去人们偏重于政策制定或规划的研究，而忽视了对政策执行、评估和终结的研究，这制约着政策科学的发展，必须加以纠正。从政策实践上看，60 年代由约翰逊政府所发起的"伟大社会"改革的许多政策项目并没有取得预期的结果，这在客观上向人们提出这样一个问题：为什么好的或比较理想的政策方案及项目也不能取得预期的结果？这促使人们去评估政策，并寻找政策执行方面的原因。正是在理论与实践的双重作用下，政策执行在 70 年代初以后成为美国及西方政策科学研究的一个焦点或热门话题。

西方的"执行运动"持续近 20 年，政策科学家们写下了大量的论著以及作了大量的实证案例分析，提出了种种关于政策执行研究的途径、模式或理论。纵观这一时期的执行研究文献，西方学者们所提出的政策执行研究的

---

① See D. S. Van Meter and C. E. Van Horn, "The Policy Implementation Process: A Cenceptual Framework", *Administration and Society*, *Vol.* 4, February, 1975, pp. 450–451.

② T. L. Pressman and A. Wildavsky, *Implementation*, University of California Press, Berkeley, 1973, 1979.

途径主要有如下几种：

一是"自上而下"（top – bottom 或 top – down）途径，或称为"以政策为中心的途径"或"政策制定者的视角"途径。这种途径假定，政策是由上层规划或制定的，然后，它们被翻译或具体化为各种指示，以便由下层的行政官员或职员执行。依照这种途径，政策过程被看作是一种指挥链条，其中，政治领导人形成政策偏好，而这种偏好随行政层次的降低而不断被具体化，为下层行政官员所执行。这种途径关注的焦点是政策制定者，要考察他们做什么以及如何将政策付诸实践而生效。普雷斯曼和韦达夫斯基的《执行》一书所采取的正是这种途径。

二是"自下而上"（bottom – top 或 bottom – up）途径。与"自上而下"途径相反，"自下而上"途径以组织中的个人（即参与政策过程的所有行动者）作为出发点，政策链条中的较低及最低层次被当作政策执行的基础；它强调政策或项目的成功与否依赖于参与执行项目的行动者的承诺与技巧。这一途径以韦瑟利和利普斯基（R. Weatherley and M. Lipsky）的《街道层次的官僚与制度创新》一文为代表。①

三是"政策/行动连续统"（ploicy/action continuum）途径，该途径或多或少有作为"自上而下"和"自下而上"两种途径综合的意味。按巴雷特和富奇（S. Barrett and C. Fudge）的说法，应该将执行"当作一种政策/行动的连续统"，其中，在于那些寻求将政策执行付诸实践者与那些采取行动者之间随时发生相互作用和谈判的过程。② 在这个意义上，这一过程既可以看作"自上而下"，也可以看作"自下而上"，政策制定者将作出限制其他行动者权力的决策，而行动者将作出规避决策者权力的决策。因而这一途径也可以说是以权力作为焦点的。

四是工具选择途径（instrument – choice）。这种途径从这样一个观察开始——政策执行在很大程度上包含了将一个或更多的政府的基本工具应用到政策问题上，这些基本工具被称为政策工具（policy instruments 或 policy tools）。不管我们是以"自上而下"设计的方式，还是以"自下而上"的更传统的行政管理方式来研究政策过程，给予政策决策的实质或形式的过程总

---

① R. Weatherley and M. Lipsky, "Street Level Bureaucrats and Institutional Innovation: Implementing Special Education Reform", *Harvard Educational Review*, Vol. 47, No. 2, May, 1975.

② S. Barrett and C. Fudye (eds.), *Policy and Action*, Methuen, London, 1981. p.25.

是包含着在可利用的政府工具箱中选择一种或几种工具。① 这种途径处理为什么政府从许多可供利用的工具中选择特定的工具，以及是否可以在政策执行过程中探明工具选择的模式或风格等问题。

"执行运动"的倡导者和追随者们提出了各种的执行理论。较有影响的有如下七种：（1）行动理论——政策执行被视为对某项公共政策所要采取的广泛行动；（2）组织理论——强调组织在政策执行中的地位，认为只有了解组织是怎样工作的，才能理解所要执行的政策以及它在执行中是如何被调整和塑造的；（3）因果理论——将政策看作一种假设，将政策执行看作是引导人们达到目的地的地图，关心政策过程中的因果关系；（4）管理理论——强调政策执行是一个管理过程；（5）交易理论——认为政策执行是一个政治上讨价还价的过程；（6）系统理论——将政策执行理解为政策行动者与环境的相互作用；（7）演化理论——主张在政策执行中重新设计目标和修改方案，政策的制定与执行是一个演化的过程。

西方的"执行运动"大大地拓展了早期政策科学的研究范围，将长期被人们所忽视的政策执行这一环节或阶段纳入政策科学的视野；政策执行的学者们从不同的途径、不同的方面来探讨政策执行过程，并提出了种种的理论，尤其是力图系统地了解影响政策有效执行的各项因素及其相互关系，构造相关的政策执行过程模式，这大大地丰富了政策科学的理论内容。执行研究在某种意义上可以看作是一种力求取代传统公共行政学的新行政管理研究途径，它从传统公共行政学的以机构（官僚体制）为焦点转向以项目及其结果为焦点，即把项目而不是机构作为基本分析单位。然而，由于作为研究对象的执行过程涉及的因素多而复杂、执行实践千差万别而使执行研究显得十分困难，执行运动并没有形成成熟和得到公认的理论及范式。并且，执行研究的倡导者们往往得出消极、悲观的结论，给人描绘出政策或项目很少能起作用或取得预期目标的令人失望的图景。

80 年代末 90 年代初，随着政策科学和公共行政科学的发展，尤其是政策分析与管理合流的趋势以及（新）公共管理（Public Management）学派的兴起，作为一种思潮或时髦的执行运动便衰落了。尽管执行运动的理论遗产肯定留给了政策科学、公共行政学以及公共管理学，然而，耐人寻味的是

---

① Christopher C. Hood, *The Tools of Government*, Chatham: Chatham House, 1986; Stephen H. Linder and B. Guy Peters, "The Logic of Pubilic Policy Design: Linking Policy Actors and Plausible Instruments", *Knowledge in Society* 4 (1991), pp. 125 – 151.

有的公共管理学者如凯特尔（Donald F. Kettle）声称公共管理"拒绝传统的公共行政学和执行研究"，并将此作为公共管理的一个基本特征。① 看来，公共管理途径有着不同于执行研究的某些新的东西。

---

① See Donald F. Kettle (ed), "Searching for Clues About Public Management: Slicing The Onion Different Way", In Barry Boreman, *Public Management: The State of the Art*. San Francisco: Jossey – Bass Publishers, 1993, pp. 55 – 68.

ID: 1-7

政策科学的进展与政策知识的创新

——《公共政策经典译丛》总序*

公共政策学科（政策科学、公共政策分析）是第二次世界大战后在西方首先兴起的一个全新的跨学科、综合性和应用性的研究领域，它的出现被誉为是当代社会科学和管理科学尤其是行政学、政治学发展的一个重大突破。政策科学以其一系列独特、新颖的范式以及它对现实公共决策的科学化、民主化和对社会经济发展的巨大促进作用，而备受各国学界和政界的共同关注，成为当代国外社会科学和管理科学中的一个重要的而又充满活力的新兴学科，成为20世纪60年代末以后西方公共管理研究领域的一个新方向。

20世纪70年代末80年代初，伴随着改革开放的伟大历史脚步，西方政策科学传入我国。一些高校学者和实际部门的政策研究者注意到了国外社会科学中的这个新领域，着手进行初步的介绍、引进和研究工作；80年代中期，特别是1986年，万里在全国软科学工作座谈会上作了《决策民主化科学化是政治体制改革的一个重要课题》的报告，明确提出要做"政策研究"这一重大课题，促使我国的政策科学研究逐步走上正轨；到了90年代末，我国政策科学发展的重要性和迫切性已被越来越多的人所认识，政策科学的研究与教学逐步体制化，它作为我国社会科学和管理科学研究的新兴领域的地位得以确立。经过了学界与政界近二十年的共同努力，我国的政策科学从无到有，迅速发展，无论是学术研究和学科建设方面，还是在人才培养和知识应用方面都取得了显著的成就。特别是近几年，许多高校、党校和行

---

* 本文是作者为中国人民大学出版社出版的《公共政策经典译丛》所写的序言（这里加了正标题）。

政学院纷纷开设这一领域的课程，开办相关的本科生专业和研究生专业方向以及 MPA 专业学位，使我国政策科学学科的教学和科研呈现迅猛发展的态势。

但是，我国政策科学的研究与教学刚起步不久，水平不高，仍有不少问题需要解决，有不少薄弱环节亟待加强。一个突出的问题是：学术界对于西方政策科学的引进、消化和吸收的工作做得不够。迄今为止，国内政策科学方面的译著均为零星出版，种类和数量不多。目前国内学界仍缺乏对西方政策科学理论和方法的系统了解以及对它的最新趋势的跟踪研究，批判、消化和吸收工作也就难以深入展开。因此，当务之急是要紧密跟踪国外政策科学发展的最新趋势，大胆借鉴其新理论和新方法成果。

我国改革开放和现代化建设事业尤其是市场经济的发展、加入 WTO 和政治—行政体制改革的深化，对公共政策分析或政策科学的研究提出更高的要求。我国公共决策的科学化民主化以及依法行政、依法治国更需要政策—法律的相关知识，这也为政策科学的发展提供了极好的发展机遇。新形势要求我们迅速改变政策科学的研究与教学比较落后、水平不高的局面，克服目前政策科学发展中存在的问题与困难，迅速提高我国政策科学的研究及教学水平，以适应迅速变化着的公共管理实践的需要，迎接新世纪的挑战。

政策科学（公共政策分析）的研究对象是政策实践、政策系统及其运行；它以行动取向，体现理论与实践的有机统一；它的目的和功能是提供政策相关知识，为现实政策实践服务。一方面，政策科学以各国具体的政策实践为基础，它要反映各国具体的政策系统、过程与经验，因而各国的政策科学具有自己的特色；另一方面，现代政策科学是西方的产物，西方政策科学的许多理论、范畴和方法反映了人类公共决策过程的本质或规律性，属于全人类的共同文化成果，可以为我所用。"他山之石，可以攻玉"。中国政策科学的发展必须既要立足于对中国政策实践及现实政策问题的研究，又要大胆借鉴西方的政策科学的理论和方法，充分吸收其积极成果。

正是基于上述考虑，我们组织翻译这套《公共政策经典译丛》，以便较系统、全面地反映西方政策科学发展的现状和理论成就，为我国公共政策学科的教学和科研提供参考资料与理论借鉴。

《公共政策经典译丛》选取目前在西方（主要是美国）最有影响、最新版的公共政策领域的教科书或专著，提供当代国外公共政策学科及其分支研究的概貌，并展示出其新的学科框架、研究途径和知识体系。所选教材或专著有如下两个共同特点：一是学术水准高。作者基本上都是公共政策分析领域及其分支学科的名家，这些教科书或专著是其主要的代表作或成名作，凝结了作者多年的研究心得与教学经验。它们在西方的公共政策与公共管理学界产生了广泛影响，被经常引证，并被许多大学用作教材或教学参考书。这些教科书或专著大都经过较长时间的检验，有的经过多次的修订、再版。二是理论与实践密切结合，现实感、实践性和应用性强。这些教科书或专著面向的是当代西方的公共政策实践，探讨公共政策实践中出现的新课题。作者用大量的实践经验和案例材料来说明相关的理论问题，所提出的理论与方法针对性、操作性较强，具有现实的应用价值。此外，这些教科书或专著也大都具有视野宽、视角新、内容丰富、资料可靠、富于创新、叙述简练、可读性强等特点和优点。

总之，《公共政策经典译丛》具有权威性、学术水平高和实践性强的特点。译丛展示当代西方公共政策学科的新视野与新途径，它的出版将填补国内公共政策研究领域的一些空白点，为我国的读者特别是公共管理各专业的师生、研究人员提供公共政策学科的崭新知识体系，为我国公共政策知识体系的创新提供很好的参照和借鉴；它所提供的新理论、新方法以及新的概念框架和思维方式对于我国公共部门的决策者和管理者更新观念、开阔视野和增加理论素养，对于推进我国公共决策的科学化和民主化，具有现实的理论与实践意义。我们相信，"公共政策经典译丛"的问世，必将有力地推动我国公共政策与公共管理学科的教学与研究的发展，并对市场经济条件下和入世背景下的我国公共政策与公共管理实践产生积极的影响。

中国政策科学研究的
现状与未来[*]

政策科学（公共政策学、政策分析、政策研究）是第二次世界大战后首先在西方兴起的一个全新的跨学科、应用性研究领域，它的出现甚至被说成是当代西方政治学和行政学乃至整个西方社会科学的一次"科学革命"。政策科学以其一系列独特、新颖的范式以及它对决策科学化、民主化和社会经济发展的促进作用，而备受各国学界和政界的共同关注，成为当代国外社会科学及管理科学的一个重要而又充满活力的新跨学科领域。

20世纪70年代末80年代初，随着改革开放的伟大历史脚步，西方政策科学传入我国。起初，一些高校学者和实际部门的政策研究者注意到了国外社会科学中的这个新领域，着手进行介绍、引进和初步的研究工作；80年代中期，特别是1986年，万里同志在全国软科学工作座谈会上做了《决策民主化科学化是政治体制改革的一个重要课题》的报告，明确提出要做"政策研究"这一重大课题，这成为我国政策科学研究走上正轨的一个契机。进入90年代，我国政策科学发展的重要性和迫切性被越来越多的人所认识，政策科学的研究与教学逐步体制化，它作为我国社会科学和管理科学研究的新兴领域的地位开始受到重视。

经过学界与政界二十多年的共同努力，我国的政策科学由无到有，迅速发展，无论是学术研究及学科建设方面，还是在人才培养和知识应用的方面都取得了显著的成就。这主要表现在如下几个方面：

---

* 本文是在下列两篇文章的基础上综合、整理和更新而写成的：（1）"21世纪中国政策科学的研究方向"，载《北京行政学院学报》2001年第1期（中国人民大学复印报刊资料《管理科学》2000年第5期转载）；（2）"20年后的评说：中国政策科学的过去、现在与未来"，载杨海蛟主编《新中国政治学的回顾与展望》，世界知识出版社2000年版。

首先，学术研究取得了积极成果，初步建立起中国政策科学的理论框架。二十多年来特别是近十年来，一批关于政策科学的国家和省部级课题得以完成，在国外政策科学理论和方法成果的评介、引进和消化，马克思主义经典作家以及毛泽东邓小平的政策和策略理论的研究，中国政策系统及其运行，中国政策实践经验的总结以及中国优秀的政策遗产的继承，当代中国及世界现实政策问题的研究等方面都取得明显的进展。政策科学的基本概念、理论和方法的探索已见成效，初步确立起中国政策科学的基本理论框架。这一理论框架有两种主要的表现形式：一是围绕政策系统及其运行这一核心，既研究公共政策的实质、原因和结果，又研究政策过程，尤其是通过政策过程的各个基本环节或功能活动（制定、执行、评估、监控和总结等）的研究，建构政策科学的知识体系；二是采取板块式的体系，将政策科学的知识分为基本理论、现实政策和分析方法三大块。

二十多年来，我国政策科学的研究取得显著成果，出版或发表了一批论著和译著。20世纪90年代，国外政策科学的一些代表性论著包括林德布洛姆的《政策制定过程》、安德森的《公共决策》、那格尔主编的《政策研究百科全书》、德洛尔的《逆境中的政策制定》等就有了中译本；这几年，国外政策科学论著的翻译引进速度大大地加快，一大批译著已出版或即将出版，如韦默和维宁的《政策分析——理论与实践》、帕顿和沙维奇的《政策分析和规划的初步方法》、邓恩的《公共政策分析导论》、萨巴蒂尔主编的《政策过程理论》、米切尔·黑尧的《现代国家的政策过程》等；由中国人民大学出版社推出的《公共政策经典译丛》也已经陆续出版。国内学者也出版了数十部政策科学的专著或教材，较早的代表性著作有张金马主编的《政策科学导论》、陈庆云编著的《公共政策分析》、陈振明主编的《政策科学》等。学者们还在国内外各种刊物包括《中国社会科学》《政治学研究》《中国行政管理》和《管理世界》等权威刊物发表了大量的学术论文。近十年来，我国政策科学领域的文献不断增加，这从一个方面说明它是一个迅速发展、充满活力的新学科领域。

其次，学术交流日趋活跃，学科制度化建设初具规模。从20世纪80年代末开始，中国政策科学的学术交流逐渐活跃起来，一大批国外著名的政策科学家来华讲学，例如那格尔、德洛尔、弗莱什曼等人曾到中国人民大学、中国社会科学院、国务院发展研究中心作政策科学或政策分析的学术讲座或主持研讨班；一批在国外学习政策科学的学生和访问学者相继回国服务（其中不乏取得英、美等国的公共政策博士或硕士学位者），他们带回了国外政策科学发展的大量新信息；一些高校、科研机构、行政学院以及政策研究部门与国外大学的政策科学院或思想库建立了正式或非正式的学术交流关系，使中国的政策科学发展日益与国外接轨，有力地推动了中国政策科学的国际化与规范化。国内政策科学界的学术交流也相当活跃，举办了大量的国际性和全国性的政策科学方面的学术研讨会。

与此同时，政策科学的学科制度化建设也初具规模（学科的制度化建设是指学术团体、基金来源、出版发行渠道、教育培训、职业化、图书馆收藏目录的确立等方面的建设）。例如，在学术团体方面，已成立了两个全国性的研究组织：一个是1992年成立的全国政策科学研究会（挂靠中国行政管理学会）；另一个是1994年成立的中国政策科学学会（挂靠国务院发展研究中心）。有些省市也相应成立了政策科学的研究会或学会。在基金来源方面，从"七五"开始，国家、各省市和大学、科研机构的科研基金就将政策科学或政策分析的课题列入资助范围。目前，国家自然科学基金、国家社会科学基金、教育部的社会科学规划都加大了对政策科学的资助力度（尤其是近年来国家自然科学基金已资助了政策科学研究方面的多个杰出青年基金项目）；各级政府部门则更多地资助实际政策问题的研究。在出版渠道方面，尽管目前全国没有政策科学或政策分析的正式专门杂志，但各种综合性社会科学期刊都乐意接受这方面的稿件；各家出版社也愿意接受这个领域的书稿，近期公共政策与公共管理成为一个出版热点，多家出版社已推出公共政策及公共管理的丛书、系列教材或译丛。

再次，政策科学逐步在高校扎根，人才培养的形势喜人。近十年来，政策科学的教育培训迅速发展，它在大学、党校和行政学院的教学与研究中逐步扎根，成为本科生、研究生以及干部培训的一个重要的学科领域。目前，在我国高校的公共管理、政治学等学科各专业的本科生教育中，政策科学（公共政策或政策分析）已经成为最重要的基础课（主干课）或专业课，不少高校还开出系列课程；近年来，一些高校（如中山大学、西北大学和北京大学）陆续开设了公共政策本科专业，另一些高校（如厦门大学）则在政治学或行政管理本科专业中设立公共政策专业方向。党校和行政学院也相继开设政策科学方面的单科或系列课程。20世纪末，有的学校，如厦门大学和北京大学在政治学和行政学学科中成立公共政策教研室或研究所；近期，许多大学纷纷成立公共政策研究所或公共政策系。

在研究生教育方面的情况更是令人乐观。20世纪90年代初、中期，我国的名牌大学开始了政策分析的硕士生教育，厦门大学和北京大学分别在

1993年、1994年在行政学硕士点中设立政策分析方向，培养中国的MPP（Master of Public Policy，公共政策硕士）；此后不少综合性大学也在政治学、行政学、经济学和社会学等学科的硕士点中设立政策分析或公共政策方向。政策分析的博士生教育也开始起步，在国家已设立的第一、二、三批行政管理的博士点中大多设有公共政策分析方向（如北京大学、清华大学和厦门大学等），有的大学（例如南京大学和中山大学）则在政治学等学科专业的博士点中设立公共政策分析方向。特别值得一提的是2001年国务院学位委员会批准设立公共管理硕士（MPA）专业学位，在该专业学位中，公共政策及行政管理是其最基本的学科基础；而且大部分MPA试点院校都设立公共政策分析研究方向。MPA专业学位的开办，有力地推动了政策科学的教学与研究的发展。近期，学界要求设置独立的公共政策硕士学位（MPP）的呼声甚高。

最后，政策科学知识的应用已经起步，政策科学的产业化的广阔前景开始展现。在知识应用以及产业化方面，政策科学以及政策分析的成果开始被应用到改革开放和经济建设的政策决策以及重大工程项目的研究与论证之中，在推进公共决策的科学化民主化方面起着越来越重要的作用。作为政策科学最纯粹的组织体现的思想库或智囊团在我国开始发育并发挥作用。一些官方的或民间的政策研究机构相继建立，特别是不少综合性大学以及社科院，纷纷成立公共政策研究中心（研究所）或发展研究院一类的政策参谋咨询机构。政策科学或政策分析作为咨询业的学科基础和人才培训基础的作用开始为人们所认识（这既是社会经济发展需要的推动，也是国外著名思想库或大型咨询公司成功的示范性影响所致）。简言之，政策科学的产业化前景看好。

但是，我国政策科学的研究与教学仍然处于起步阶段，研究与教学的水平不高，仍有不少问题需要解决，有不少薄弱环节亟待加强。这主要表现在：

一是政策科学的宣传普及工作做得不够，政策科学的学术价值和实践价值特别是它可以作为决策科学化民主化的直接支撑学科，对社会经济的巨大促进作用并未被人们所充分认识。与传统的人文社会科学不同，政策科学不是一门纯基础研究，而是一门实践性应用性很强的学科，对政策科学的形成和发展以及应用做出最大贡献的，并不是大学的学者，而是思想库的专家。它的发展依靠学者、专家和官员的共同努力。政府官员对这个学科重要性的认识，政府部门积极主动应用政策科学知识，是政策科学发展的一个基本条件。而由于政策科学的宣传普及工作的薄弱，至今还有不少官员和学者不知政策科学为何物（实际政策研究者中对政策科学的无知也并不是个别情况），更谈不上对它的重视和应用了。因此，如果没有政府的高度重视，如果没有官员与实际的政策分析专家的参与，单靠大学学者的力量，要搞好政策科学的研究，推动政策科学的突破是不可能的。

二是政策科学的学术研究水平不高，学科的基础不牢，研究人员的整体素质不容乐观。学术界对于西方政策科学的引进、消化和吸收的工作做得不够，缺乏对西方政策科学理论和方法的系统了解以及对它的最新趋势的跟踪研究，深入的批判、消化和吸收工作也刚刚开始；许多政策科学的基本理论问题并未得到深入系统的探讨，在政策科学的研究对象、性质，范围和方法，政策科学的学科体系及其构成，政策内容的分析和政策过程的研究，马克思主义经典作家以及毛泽东邓小平政策策略理论的研究，中国政策系统及其运行，古今中外的政策研究经验以及具有中国特色的政策实践经验的总结与提炼等方面都需进一步加强，特别是在形成有自己特色的政策科学概念、理论和方法上仍需下大功夫。同时，中国政策科学的学科分化程度较低，政策科学的分支学科尚未建立起来，政策分析方法和技术的探索、开发和引进做得不够（分析方法、技术尤其是定量分析手段缺乏，是目前政策科学发展中存在的一个突出问题），与政策科学相关的学科尤其是经济学、政治学、社会学的理论基础的探索尚未深入展开。所有这些问题使得中国政策科学的学术研究水平不高，学科的基础不牢。因此，尽管国内已有几十本政策科学的论著问世，但能真正融贯中西、特色鲜明、学术水准上档次的成果并不多见。此外，政策科学的研究者的整体素质欠佳。尽管目前队伍扩大，但缺乏政策科学研究所需要的综合知识结构以及政策分析所需要的方法论素养者为数不少，这将严重地制约中国政策科学的进一步突破与发展。

三是政策科学的制度化或学科的组织化建设存在诸多困难和问题。迄今为止，国内的大学或社科院系统中，独立的、成规模的政策科学院或政策科学研究所很少，许多建立起来的政策研究中心是虚的，而不是实的；设立本科生专业的学校的数量不多，也没有独立的研究生学位点专业（研究生专业目录名称上迄今为止仍没有"政策分析"）；政策科学的基金来源不仅渠道有限，而且资助的课题数量及资助的力度还是不够；学术著作的出版遇到了出版资金和发行量不足的问题；目前仍没有全国性的政策科学或政策分析的专门学术杂志，缺乏学术交流的专门园地（与国外相比，这方面的差距很大）。

四是对现实政策问题的研究不深，政策科学的应用性、现实性未能充分体现。政策科学的强大生命力在于它紧密地面向实践，它来源于实践，又为实践服务。为实际政策问题的解决提供政策相关知识，为这些问题的解决提供理论指导，是政策科学的基本功能和目的，而目前中国政策科学的研究与政策实践有些脱节：搞政策科学研究的注重学术，轻视应用；而从事实际政策制定和执行的官员只重视经验实践，忽视理论。因而，现阶段中国政策科学的应用性不够高、现实性不够强。

目前，中国的政策科学正处于起飞阶段。我国改革开放和现代化建设事业尤其是市场经济的发展和政治—行政体制改革的深化以及决策的科学化民主化的推进，对政策科学或政策科学的研究提出更高的要求。我国公共决策的科学化民主化以及依法行政、依法治国、建立社会主义法治国家更需要政策—法律的相关知识，这也为政策科学的发展提供了极好的发展机遇。新形势要求我们迅速改变政策科学的研究与教学比较落后、水平不高的局面，克服目前政策科学发展中存在的问题与困难，迅速提高我国政策科学的研究及教学水平，以适应迅速变化着的公共管理实践的需要，迎接新世纪的挑战。为此，必须重视下列几个研究取向：

第一，深入研究马克思主义的政策和策略理论。马列主义毛泽东思想和邓小平理论及"三个代表"重要思想是我国的根本指导思想，中国政策科学的研究首先必须以其为指导。这不仅因为它为我们的政策科学研究提供了一般的理论原则和方法论指导，而且政策和策略问题是科学社会主义理论的一个重要组成部分。因此，更加深入地研究马克思主义的政策和策略理论就成为发展中国政策科学的一项首要任务。

第二，紧密跟踪国外政策科学发展的最新趋势，大胆借鉴其新理论和新方法成果。20世纪70年代以后的西方政策科学研究取得新的进展，出现了一系列的新趋势，如对政策过程研究的重心由政策制定转向政策执行和评估，学科的主要基础由政治学转向经济学，政策科学学科的分化尤其是比较公共政策和政策伦理学（政策价值观研究）等分支的出现，政策科学作为一门统一的社会科学的范式受到作为一门应用性社会科学的政策分析范式的挑战，政策科学与公共行政学（公共政策与行政管理）的合流等。当前，必须特别注意政策科学与行政学及公共管理学的关系问题，把政策科学研究放在公共部门管理（尤其是行政管理）学科发展的背景与趋势中去考虑。从公共管理学科的视野看，20世纪60年代末、70年代初政策科学是作为传统公共行政学的替代途径或范式而出现的，在七八十年代它戎为公共部门管理尤其是政府管理研究的主导范式；80年代末、90年代初兴起的"新公共管理"范式融合了政策科学和公共行政学的一些基本理论因素，并迅速成长，大有取代政策科学而成为公共部门管理研究主流的势头。现在，政策科学既是一个独立的研究领域，又是公共管理学的一个重要组成部分或一种研究途径。了解政策科学的这一历史脉络，将它放在公共管理学发展的背景与趋势上来加以考虑，有助于开阔政策科学研究的视野，拓展政策科学研究的主题，也有助于政策科学更好地为现实的公共管理的实践服务（在这一意义上说，政策科学必须超越）。

第三，大力加强政策科学的基本理论和方法论研究，迅速提高该学科的学术水平。与传统的社会科学的各学科（如政治学、经济学、社会学等）相比，政策科学具有更广泛的学术框架，它提倡以问题为中心而不是以学科为中心的知识产生方式，围绕政策问题的解决而整合来自各种学科的知识和方法（特别是政治学、经济学、社会学、管理学、心理学、哲学、数学、统计学、运筹学、未来学和系统分析等学科的知识和方法）。因此，当前中国政策科学必须下大力气加强对基本理论和方法的探索，进行知识创新，提高自身的学术水平。当务之急是要特别重视作为当代政策科学的主要理论基础的经济学的研究，并加强政策研究或政策分析方法尤其是定量方法及技术的开发。如果说20世纪70年代以前政策科学更多的是依靠政治学途径的话，那么70年代以后，它更多地依赖于经济学途径。任何公共政策都有经济的方面，而经济政策又是公共政策的一个主要部分，因而运用经济学的假定、理论和方法来研究公共政策问题的重要性和适用性是不言而喻的（公共选择理论的兴起及成功充分说明了这一点）；而经济学在公共政策研究中的地位和作用这一点是目前我国政策科学界所重视不够的一个问题。因此，必须加以重视并深入研究。同时，目前我国政策科学研究中明显地存在着一种定性多、定量少的倾向，定量分析方法及技术严重缺乏。须知，没有定量分析手段，就没有政策科学以及政策分析。该学科在很大程度上是建立在运筹学、统计学、线性规划、损益分析和系统分析方法成熟的基础之上的。新时期的中国政策科学必须在研究方法尤其是定量分析技术的开发上下苦功，否则要取得突破是不可设想的。

第四，全面展开对政策科学分支领域的探索，建立健全政策科学的学科体系。国外政策科学在其形成与发展的半个世纪的历程中，形成了众多的主题领域或分支。"政策科学"作为学科领域的总名称，包含有政策科学总论、政策分析方法、公共政策（本国公共政策研究）、比较公共政策、政策伦理学（政策价值观或公共政策与伦理关系研究）、战略研究、未来研究以及公共选择、经济政策学、社会政策学等分支；甚至对公共决策过程（政策过程）的基本环节或功能活动的分别研究也形成专门的分支，如政策战略（元政策）研究、政策规划研究、政策执行研究、政策评估（或项目评估）研究等。而在我国，政策科学的学科分化程度相当低，基本上停留在政策科学的一般理论和方法（总论）的研究上，大部分分支学科并未分化、成形。大部分高校、党校和行政学院为学生开出的政策科学课也只有"政策科学原理（或导论）"一门。因此，针对这一缺陷，新世纪的中国政策科学必须全面展开对该学科的各分支领域，特别是政策分析方法、经济社会政策、比较公共政策、政策伦理学、政策过程、政策评估（项目评估）等分支的研究，加强学科分化步伐，建立健全中国政策科学的学科体系。

　　第五，立足于对现实政策问题的调查研究，增强政策科学的应用性、现实性和本土化。政策科学的研究对象是政策实践、政策系统及其运行；它以行动取向，体现理论与实践的有机统一；它的目的和功能是提供政策相关知识，为现实政策实践服务。一方面，政策科学反映了人类公共决策过程的本质或规律性，因而它的许多理论和方法带有客观真理性和普遍适应性，即政策科学具有一般的国际规范；另一方面，政策科学以各国具体的政策实践为基础，它要反映各国具体的政策系统、过程与经验，因而各国的政策科学具有自己的特色，即政策科学必须本土化。因此，新世纪的中国政策科学必须处理好规范化（国际化）与本土化（特色）、主观性和客观性、价值与真理之间的关系，在充分注意国际规范，吸收国外政策科学研究的积极成果的基础上，立足于对中国政策实践及现实政策问题（尤其是改革开放和市场经济发展中的重大政策问题）的研究，加强政策相关知识在政府决策过程中的应用，发挥政策科学理论在政策实践中的指导作用，凸显中国政策科学的应用性、现实性和本土化。

1—9

寻求政策科学发展的新突破

——中国公共政策学研究三十年的回顾与展望*

中国政策科学（公共政策学或公共政策分析）的研究已走过了三十年的发展道路。在这个时间节点上，有必要回顾本学科在国内这三十年尤其是近十年的发展历程，评价学科发展的成效，分析存在的问题，描述面临的机遇与挑战，并展望发展的未来，以有助于推动中国政策科学发展的新突破。

20世纪80年代初，随着政治学与行政学在我国的恢复，第二次世界大战后兴起的西方政策科学研究便引起了一些国内学者以及实际部门政策研究者的注意，他们着手对国外社会科学中的这个新领域的介绍、引进和研究工作。经过学界与政界三十年特别是近十年的共同努力，我国的政策科学从无到有，逐步发展，在学科建设、学术研究、人才培养和知识应用等方面都取得了令世人瞩目的成就，已成为我国公共管理学科以及跨学科研究的最重要领域之一。

首先，我国公共政策的学科建设及人才培养已取得长足进步。三十年来特别是近十年来，我国的公共政策学的教育及培训，在大学、党校和行政学院的教学与研究中逐步扎根，成为人才培养及干部培训的一个重要的学科专业领域。有越来越多的学者在各种场合（尤其是论著的作者简介中）表明自己从事公共政策或政策分析领域的研究与教学工作。公共政策领域的教学、研究与咨询机构大量涌现。到20世纪末，只有少数几个大学在政治学和行政学系科中成立公共政策教研室或研究所，而目前大部分的"985工程"和"211工程"学校以及MPA试点院校都设有公共政策教研室、系、研究所（研究中心）或研究院。在目前我国高校的公共管理、政治学等学科各专业的本科生教育中，公共政策学（政策科学或政策分析）已经成为

---

* 原载《中国行政管理》2012年第4期。

最重要的基础课（主干课）或专业课，不少高校还开出系列课程；一些高校（如北京大学、中山大学、西北大学）还开设了公共政策本科专业；另一些高校则在政治学与行政学专业或行政管理专业中设立公共政策专业方向（如厦门大学）。在研究生教育方面，20世纪90年代初、中期，若干重点综合性大学开始了政策分析的硕士生教育，培养中国的MPP（Master of Public Policy，公共政策硕士）。此后，许多大学也在政治学、行政学、经济学和社会学等学科的硕士点中设立政策分析或公共政策方向。2001年国务院学位委员会批准设立公共管理硕士（MPA）专业学位，在该专业学位中，公共政策及行政管理是其最基本的学科基础，"公共政策分析"被列为最重要的核心课程之一，而且大部分MPA试点院校都设立公共政策分析研究方向（到2006年为止国务院学位委员会批准的56个公共管理一级学科硕士点中，也大都设有公共政策二级学科或研究方向）。进入21世纪，政策分析的博士教育也开始起步，在1998—2002年间国家设立的第一、二、三批行政管理的博士点中大多设有公共政策分析方向（北京大学、清华大学和厦门大学等）；到2006年为止国务院学位委员会批准的13个公共管理一级学科博士点（以及随后设立的公共管理博士后流动站）大都设有公共政策二级学科或研究方向（2011年通过省级学位委员会自审设置的新一批公共管理一级学科博士点的情况也大致相同）。特别值得一提的是，在2011年国务院学位委员会新修订的学科专业目录中，公共管理一级学科唯一增加的一个二级学科就是"公共政策"，这宣告"公共政策"专业进入正式的学科目录之中，这为公共政策学科的发展创造了更好的条件。

近年来，公共政策被许多高校列入重点学科建设领域之中。例如，在"211工程"三期创新平台与"985工程"重点学科的建设项目中，不少高校设立了"公共管理与公共政策"或类似名称的创新平台或重点学科项目（目前有大约三分之一的"985"学校设立了这样的项目）。另外，国家教育与科研主管部门尤其是国家自然科学基金会和国家社科规划办公室在"十一五"和"十二五"期间规划设立了大量的公共政策研究项目。例如，国家自然科学基金会管理科学部《宏观管理与政策学科"十一五"发展战略与优先资助研究报告》将"公共政策的理论与实践"作为"十一五""宏观管理与政策学科"的四大重点发展领域之一，指出要强化公共政策的理论与实证研究，立足于我国现实的重大经济社会政策问题，关注转型期新旧体制之间的摩擦、利益多元化、资源与环境限制等多重约束条件下我国公共政策的制定和执行所面临的挑战，并对其进行分析、评估和判断；研究公共政策基本理论与方法论以及政策分析方法及技术；研究中国公共决策体制与政策过程以及公共决策中的公民参与问题；研究我国在建设社会主义和谐社会和法治国家的过程中，如何推进公共决策的科学化、民主化和法制化；跟踪西方公共政策分析的发展趋势并与我国进行比较分析，注意引进、消化和吸收当代国外的政策科学研究的积极成果。笔者为国家社科基金政治学科"十二五"发展战略提供的关于公共政策领域的重大及重点建议选题有：中国公共政策学科的理论体系构建、中国特色的公共决策经验及模式、公共政策研究的新途径及新方法、政策过程的新理论框架、决策科学化民主化与智库建设、中国社会政策创新、国外政策科学发展趋势的跟踪研究等等。

其次，公共政策的学术研究取得了丰硕的成果。三十年来特别是近十年来，我国公共政策学领域的文献迅速增加，国外公共政策学的一批代表性论著被翻译介绍过来（如中国人民大学出版社和三联书店分别推出的"公共政策经典译丛"），国内学者也出版了大量的公共政策学的专著或教材（例如，仅MPA核心课程"公共政策分析"的教材就不下几十本）。这些年来，公共政策与公共管理成为一个出版热点，许多出版社已推出公共政策与公共管理（以及MPA）的丛书、系列教材或译丛。学界在国外公共政策学理论和方法成果的评介、引进和消化，中国政策系统及其运行，中国政策实践经验的总结以及中国优秀的政策遗产的继承，当代中国及世界现实政策问题尤其是经济社会政策问题等方面的研究上取得明显的进展。目前，公共政策学的基本概念、理论和方法的探索已见成效，初步确立起中国公共政策学的基本理论框架。与此同时，公共政策的学术交流日趋活跃。大批的国外著名的公共政策学家来华访问、讲学或参加学术会议；一批在国外学习公共政策学的学生和访问学者相继回国服务，他们带回了国外公共政策学发展的大量新信息；一些高校、科研机构、行政学院以及政策研究部门与国外大学的公共政策学院或思想库建立了正式或非正式的学术交流关系，使中国的公共政策学发展日益与国外接轨，有力地推动了中国公共政策学的国际化与规范化。特别是近十来年，国内公共政策学界的学术交流相当活跃，举办了大量的国际性和全国性的公共政策学方面的学术研讨会。

再次，公共政策学知识的应用已经起步，前景看好。三十年来特别是近十年来，越来越多的公共政策学者个人及团队以各种各样的方式（尤其是以政府部门的顾问或咨询专家的方式）参与到政府的决策实践中，政策分析的研究成果被大量应用到改革开放和经济社会建设的政策决策以及重大工程项目的研究与论证之中。近年来，一批公共政策学者活跃在行政体制改革、公共服务与服务型政府建设、创新社会管理、应急管理、政府绩效评价以及经济、社会和文化等政策领域的咨询活动中,在推进我国公共决策的科学化民主化方面起着越来越重要的作用。作为公共政策学最纯粹的组织体现的思想库或智囊团在我国开始发育并发挥作用。一大批官方的或民间的政策研究机构相继建立,公共政策学或政策分析作为咨询业的学科基础和人才培训基础的作用开始为人们所认识。

还是让我们用一个具体例子来说明吧。笔者所在的厦门大学是国内较早开展公共政策学科领域教学研究的高校之一。20世纪80年代末90年代初,我校政治学与行政学系就开始自觉地跟踪政策科学领域的发展。1991年,该系在政治学与行政学系本科生专业中设立"政策科学"主干课程;1993年,在国务院学位委员会批准的行政管理硕士点中,在国内率先设立政策分析的研究方向;1999年该系成立了公共政策教研室;2001—2002年,政策分析成为行政管理博士点和MPA专业学位的第一研究方向;2005年该方向又成为公共管理一级学科博士点的第一研究方向;2006年我校通过自审,率先使公共政策成为一个独立的二级学科博士点。近几年,"公共政策与政府治理"进入厦门大学"211工程"三期创新平台建设项目,公共政策分析也列为厦门大学"985工程"公共管理重点学科建设项目的核心研究方向;还先后建立了福建省文科重点研究基地——"厦门大学公共政策与政府创新研究中心"、"福建省公共管理与公共政策研究生教育创新基地"、福建省公共政策教学团队以及国家级"政策科学"精品课程、厦门大学创新团队——"公共政策与政府治理研究"创新团队等。2011年年底,为了适应新形势下公共政策学科发展的需要,我校又决定成立全校性的跨学科的研究机构——"厦门大学公共政策研究院"。二十余年来,我校的公共政策教研团队承担了一批国家和地方关于公共政策方面的研究或咨询课题,其中包括多项国家自然科学基金和社会科学基金项目、国际合作项目与大量的政府和企业委托的调研咨询课题,已发表或出版了一大批论著及教材,其中包括"公共政策与公共管理系列丛书"(陈振明主编)以及"十一五"国家级规划教材《中国公共政策》(朱崇实主编)、《公共政策学》(陈振明主编)和全国MPA核心课程大纲及教材《公共政策分析》(陈振明主编)等,并为各级党委和政府以及企事业单位提供了大量的政策研究与咨询报告,起到了思想库或智库的作用,服务了国家及地方经济社会的发展。经过20余年的发展,厦门大学的公共政策分析已成为一个在国内有特色、优势和影响的研究领域。

尽管我国政策科学已有了长足的进步，但是，存在的问题也相当突出，有不少薄弱环节亟待加强，不能过高估计我国政策科学学科的发展水平。毛寿龙曾经对中国公共政策学科发展的总体水平作出如下评价：到目前为止，公共政策的研究依然处于比较初级的阶段，在理论和方法方面的开发尤其如此。有学者指出：公共政策的理论研究滞后于实践研究，本土化研究与独创性成果的缺乏，对国外公共政策研究成果消化吸收的不足，是目前中国公共政策研究所面临的最大困境。具体来说，目前中国政策科学发展中存在的主要问题有：

——在学术研究方面，政策科学的总体研究水平不高，学科的基础不牢，成熟的研究范式尚未形成，学术创新与学科理论构建任重道远。公共政策领域的学科定位难以确定，其跨学科整合研究的特性并未得到充分体现；大量公共政策学的基本理论问题并未得到深入探讨；学术研究中也存在定性多、定量少，定量分析方法及技术缺乏的倾向；对于国外公共政策理论和方法的系统了解与对其最新趋势的跟踪、消化和吸收做得不够；中国本土化理论的研究也刚刚起步，理论创新能力不高；中国公共政策学的学科分化程度较低，公共政策学的许多分支学科没有建立起来。

——在学科建设及人才培养方面，成规模的、相对独立运作的公共政策的教学与研究机构的数量有限，设置独立的公共政策本科专业的学校并不多，已开设的MPP（Master of Public Policy，公共政策硕士）专业与MPA（Master of Public Administration，行政管理或公共管理硕士）专业的区分度不大；公共政策的学会或研究会的建设相对滞后，跟不上学科发展步伐，基金来源及资助的课题数量还不能满足学界的日益强劲的需求；迄今为止还没有权威的全国性公共政策学科或政策分析的专门学术杂志；学术著作的出版也遇到了出版资金和发行量不足的问题。

——在知识应用方面，公共政策的理论研究滞后于实践研究，知识应用的体制机制不健全。政策科学可以说是决策科学化民主化的主要支撑学科，它对社会经济的巨大的现实促进作用，迄今还没有完全被人们所充分认识；政策科学的研究与政策实践存在脱节的现象：做公共政策学研究的注重学术，轻视应用，而从事实际政策制定和执行的官员只重视实践经验，忽视理论；政策科学知识应用的体制机制不健全，作为学界与政界联系桥梁的独立的思想库发育也还不成熟。

目前，中国政策科学正面临着新发展与新突破的良好的机遇。我国改革开放和市场经济发展急需公共政策的创新研究。随着全球化、信息化和知识经济时代的来临，当代国外公共政策的理论和实践发生了深刻变化。在我国改革开放和现代化建设实践中，产生了大量亟待解决的关于公共政策方面的重大问题，公共政策学科成为党和国家的战略需求及经济社会发展重大需求领域。近年来，党和国家领导人反复强调推进政治、行政、社会和文化的体制改革，强化公共服务及服务型政府建设，推进决策的科学化民主化的重要性和迫切性。新形势要求我们迅速改变公共政策学的研究与教学还比较落后、水平不高的局面，努力克服目前学科发展中存在的问题与困难，寻求中国政策科学发展的新的、更大的突破，以适应迅速变化着的公共政策与公共管理实践的需要。在笔者看来，中国政策科学下一步发展的关注点有：

（一）注重学术创新与学科理论构建。必须深入探讨公共政策的基本理论、方法论及分析技术问题，推动知识增长，构建学科的理论体系。加强公共政策的学科范式与学科体系的探索，政策研究方法及分析方法和技术的开发，政策系统及其运行（政策系统、政策活动者、政策过程、政策工具等）的分析。增强公共政策学研究的规范性，尤其克服重定性、轻定量，定量分析方法及技术的开发与应用不足的倾向。须知，没有定量分析手段，就没有政策科学以及政策分析，政策科学在很大程度上是建立在当代科学方法论以及运筹学、系统分析、数学、统计学、经济学的分析方法的基础之上，是一门"硬知识"。"工欲善其事，必先利其器"，必须在研究方法及分析技术的开发上下苦功，特别注意研制和引入新的研究方法及分析技术。还必须注意政策科学研究的本土化问题。在徐湘林看来，本土化涉及三个层面：价值伦理层面的价值取向和价值定位，政策实践的原创式的经验性研究，概念、理论和方法的本土化和创新。应处理好规范化（国际化）与本土化（特色）、主观性和客观性、价值与真理之间的关系，在借鉴国外公共政策学研究的积极成果的同时，加强对中国政策实践以及有中国模式及经验的总结分析，在形成有自己特色的公共政策学概念、理论和方法上下功夫。

（二）跟踪国外学科发展前沿。近一二十年来，国外的公共政策研究出现了一系列新变化与新趋势，已步入了后现代主义或后实证主义的时代。陈庆云认为，当代公共政策的研究相当程度上处在四分五裂、无法统合的状态，而众方鼎立的研究态势可以归纳为政策分析与政治的公共政策、实证主义和后实证主义之争论，后实证主义者强调公共政策的政治内涵与价值冲突。目前，公共政策研究正变得越来越多样化，在本学科领域出现了大量的新途径、新理论以及新方法，同时，也分散在其他学科领域对各种实质性政策（尤其是经济与社会政策）的研究之中。公共政策研究新途径涉及从理性主义、有限理性到理性选择及公共选择，制度分析与政策部门，政策网络及政策共同体，治理及合作模式，后现代主义及批判与话语分析等；政策科学的新理论包括政策主体或政策行为者的新研究（如国家的角色及其与市场和社会的关系、政策子系统、议题网络与政策网络等），政策过程的新理论（制度理性选择、多源流分析、倡导联盟框架、中断—平衡模式、政策扩散框架），以及对政策议程、政策执行、政策评估、政策周期与政策变迁（政策学习、政策传播、政策创新），政策分析与政治决策（政策分析设计、政策悖论、政策对话、政策论证、公民参与），政策工具（政策工具的特性、分类、选择、评价、应用和组合）等主题的拓展研究。公共决策研究方法的日趋多样化突出地表现为研究策略、调研方法尤其是田野调查、假说检验与有效性比较等方法日益广泛的应用。因此，必须紧密跟踪国外政策科学的这些发展趋势及学术前沿，深入研究并借鉴国外先进的公共政策理论与方法成果。

（三）加强跨学科研究及学科间的合作。跨学科、综合性是政策科学的一个显著特征。与传统的人文社会科学的各学科（如政治学、经济学、社会学等）相比，政策科学或公共政策学具有更广泛的学术框架。公共政策研究不只是公共管理的一个分支，它也是经济学、政治学、社会学和文化研究等人文社会科学学科的重要组成部分（如经济学中的经济政策研究、社会学中的社会政策研究都有悠久的历史）。近一二十年来，在人文社会科学的各个学科尤其是经济学、政治学、社会学和文化研究等领域，公共政策研究取得长足发展，但政策分析的学科整合以及相关学科新知识吸收的进展相对缓慢。必须拓宽研究的视野，将公共政策视为一个相对独立的跨学科研究领域，加强跨学科研究及学科间的合作，重视对来自经济学、政治学、社会学和文化研究等相关学科的公共政策研究成果的吸收，夯实学科的知识基础。同时，大力发展公共政策专业教育尤其是 MPP 教育，推动相对独立的公共政策学科建设。

（四）促进政策科学的学科分化。政策科学或公共政策研究包含着众多的分支或主题领域，如政策科学理论、政策分析方法、本国公共政策、比较公共政策、公共政策伦理、战略研究、未来研究、制度分析与公共选择等；对实质性政策的研究可以细分为政治政策、外交政策、经济政策、社会政策、文化政策及科技政策、教育政策等分支；对公共决策过程（政策过程）的基本环节或功能活动的分别研究也可形成专门的分支，如政策战略（元政策）、政策制定、政策执行、政策评估（或项目评估）、政策周期、政策实验、政策传播、政策变迁、政策创新等的研究。而在我国，公共政策学的学科分化程度还比较低，除了政策科学理论、政策分析方法和若干实质性政策领域的研究之外，大部分分支学科并未分化、成形。针对这一缺陷，必须开拓公共政策的新研究领域，展开对各分支领域的研究。在政策分析专业中，尽快开设实质性政策的主要领域和政策过程各基本环节的独立课程，加快学科分化步伐，建立健全中国公共政策学的学科体系。

（五）加大政策知识的开发与应用力度。应用性或实践性是政策科学的另一个显著特征，政策科学是一门以实践取向的学科，它将科学知识尤其是社会科学知识与公共决策过程密切联系起来，提倡以问题为中心而不是以学科为中心的知识产生方式，围绕政策问题的解决而整合来自各种学科的知识和方法，它需要学界、政界和社会的紧密合作。因此，针对目前公共政策的理论研究滞后于实践研究，知识应用的体制机制不健全的弊端，必须立足于当代中国及世界的政策实践，在切实研究我国改革开放和现代化建设中出现的各种现实政策问题（政治的、经济的、社会的和文化的问题）的基础上，加强政策相关知识在政府决策过程中的应用，发挥政策科学理论在政策实践中的指导作用，凸显中国政策科学的应用性、现实性和生命力。沟通学界、政界及社会联系的桥梁，推进思想库建设，建立健全政策知识应用的体制机制，加大政策知识的开发的力度，拓展政策知识应用的范围。

总之，中国政策科学研究三十年的成就显著、困难不少，挑战与机会并存。必须顺应科学技术发展趋势和我国经济社会发展的现实需求，推动中国政策科学的进一步发展与突破。

中国政策科学的话语指向*

构建中国哲学社会科学的话语体系是当下理论界的一个焦点话题。2013年8月，习近平总书记在全国宣传思想工作会议上的重要讲话中指出，要加强话语体系建设，着力打造融通中外的新概念新范畴新表述，增强在国际上的话语权。立足中国实践，提升中国经验，打造中国学术话语体系，这既是党和国家向学界提出的一个重大而紧迫的任务，也是我国哲学社会科学繁荣发展的必由之路。政策科学（或公共政策分析）是当代社会科学及管理科学（软科学）的一个新学科领域。如何凸显中国政策科学的话语指向，逐步建立起中国本土化的政策科学的话语体系，提升中国政策科学学科在世界学术界的话语权，这是中国政策科学下一步发展的关键所在。

一、构建中国政策科学话语体系的迫切性

政策科学是第二次世界大战后首先在西方兴起的一个跨学科、交叉学科、综合性和应用性的研究领域，是管理科学或软科学的一个重要组成部分，也被当作公共管理或政治学的一个新分支（在新修订的我国学科专业目录上，公共政策暂时被列为公共管理一级学科下的二级学科）。它的出现甚至被说成是当代社会科学的一次"科学革命"。政策科学是人类社会发展的必然产物。后工业社会或信息化时代人类所面临的社会问题的复杂性、当代科学中政策相关知识的增长、政府决策能力的不足、智库或思想库的成熟是促使政策科学兴起的几个主要因素。

政策科学以人类社会政治生活中的政策领域或政策实践，即政策系统及

---

* 原载《国家行政学院学报》2014年第5期［人民网、中国共产党新闻网（理论）2014年12月12日转载］。

其运行作为研究对象,是为解决各种具体社会问题而对不同的公共政策的性质、原因及效果的研究,其目的是提供政策相关知识,提高政策制定与执行的质量。政策科学研究的范围涉及政策系统与政策过程,公共决策的体制与机制,政策分析方法和技术以及政策思维、政策价值观、未来研究、政策战略、政策规划、政策执行、政策(或项目)评估,从大政方针到各层次、各部门、各领域的具体政策研究等。政策科学以其一系列独特、新颖的范式以及它对决策科学化、民主化和社会经济发展的促进作用,而备受各国学界和政界的共同关注,成为当代社会科学和管理科学(软科学)的一个重要而又充满活力的新学科领域。

"软科学"本身是一个颇有中国特色的话语("软"字源自计算机的"软件"名称)。从20世纪80年代开始,我国学界和政界广泛使用这一术语,用来表征一个交叉学科或学科群——指的是那些以阐明现代社会复杂性、系统性课题为目的,应用自然科学和社会科学的理论和方法,对包括人和社会在内的广泛对象进行跨学科、交叉学科研究,并提出可供选择的解决方案的知识领域。在国外,人们更多的是用"管理科学"的术语来指称这一类知识。第二次世界大战后,国外涌现了一系列新兴软科学学科,包括人工智能、战略研究、系统分析、未来研究、科学学、决策学、领导科学等。政策科学已成为软科学的一个重要组成部分,甚至可以说是当代软科学的核心。如果从20世纪初算起,软科学已走过了百余年的发展历程。在它发展的不同阶段呈现出不同的特点,并具有不同的重点。有学者认为,软科学在20世纪50年代的重点是科学学尤其是科学社会学的研究;60年代的重点是运筹学;70年代的重点是未来学及预测学;到了80年代,其重点已经转向政策科学了。政策科学实际上是由智库(思想库)与学界一起建立起来的学科,是决策科学化和民主化以及智库成长的最直接的和主要的支撑学科之一。该学科在解决当代复杂政策问题和促进经济社会发展中的巨大作用已被人们所广泛认识。

20世纪80年代初,随着法学、社会学、政治学及行政学等学科在我国的恢复,西方政策科学便引起了一些国内学者以及实际部门政策研究者的注意,他们着手进行国外社会科学中的这个新领域的介绍、引进和研究工作。经过学界与政界三十年的共同努力,我国的政策科学从无到有,逐步发展,在学科建设、人才培养、知识积累和知识应用等方面都取得了长足的进步。近年来学界关于政策科学的本土化研究与中国政策科学话语体系建设的意识已经觉醒,立足于中国政策实践及经验的政策科学的理论创新与话语体系的构建开始起步。政策科学业已成为我国社会科学以及管理学科（软科学）重要的研究领域之一。

但是，从总体上看，目前我国政策科学的发展还不成熟，还没有真正摆脱对西方政策科学的模仿以及对其话语体系的套用，学术界对西方政策科学的概念、理论和方法批判地分析、消化和吸收不够深入，基于我国政策实践、政策系统与政策过程的研究以及中国公共政策的历史传统与实践经验的总结与提炼，对现实政策问题的研究，政策科学的实践性与应用性等方面都有待进一步拓展与深化。有学者曾经指出，由于理论和方法主要是照搬其他学科和西方的体系，缺乏学科自身理论的建树和创新，这种理论上的困境导致学科整体发展缓慢，使我国政策科学学科长期停留在较低的水平（徐湘林语）。还有学者认为我国政策科学的学术语言和理论体系的西方味道比较浓，中国味道不足。总而言之，中国政策科学的本土化发展及其话语体系建设仍需下大功夫。

当前我国全面深化改革以及决策科学化民主化的推进，对政策科学研究提出更高的要求。《中共中央关于全面深化改革若干重大问题的决定》对我国在新的历史起点上全面深化改革作出了战略部署，提出了"完善和发展中国特色社会主义制度，推进国家治理体系和治理能力现代化"的改革总目标。党的十八大提出"坚持科学决策、民主决策、依法决策，健全决策机制和程序，发挥思想库作用，建立健全决策问责和纠错制度"。十八届三中全会提出要"加强中国特色新型智库建设，建立健全决策咨询制度"。2013年4月，习近平总书记就中国特色新型智库建设作出了重要批示，将智库建设提高到国家战略高度，并提出了中国特色新型智库的建设目标、要求和任务。全面深化改革，国家治理现代化，法治国家、法治政府和服务型政府建设，决策的科学化民主化以及中国特色新型智库建设，政治、经济、社会、文化和生态等各个领域的改革发展战略和政策的制定与执行，都迫切需要政策科学理论的指导以及政策相关知识更广泛的应用。这为中国政策科学的发展提供了前所未有的发展机遇，改革与发展的大量政策问题需要系统研究，政策实践及其经验需要及时总结。新形势要求我们迅速改变政策科学发展滞后于政策实践的局面，推动中国政策科学的理论创新与话语体系建设，以适应迅速变化着的中国公共政策与公共管理实践发展的需要。

二、打造中国政策科学话语体系需要处理好的几个关系

作为社会科学和软科学的一个重要的研究领域,政策科学当然关心事实、理解和预言,提供关于政策的性质、原因和结果等方面的相关知识,追求研究的客观性、真理性和学术含量,但政策科学所涉及的是政治系统、政治生活以及选择或决策行为,必须关心价值和行动,重视价值评价和推荐行动过程,因而它带有政治性、主观性和意识形态性。因此,在政策科学那里,学术与政治、科学和意识形态、客观与主观、事实与价值、传统与现代、本土化与国际化等这样一些因素是交织在一起的。打造中国政策科学的话语体系,首先需要了解政策科学的学科属性,思考、把握和处理好若干重要关系。

(一) 学术与政治以及科学和意识形态的关系

政策科学具有学术与政治的两重属性。一方面,政策科学是社会科学或软科学的一个分支,是一个学术研究领域,所有政策问题都可以在政策科学及其分析框架中加以研究和分析,政策科学的产生和发展以大量的科学知识和方法为基础,它的许多概念、理论原理尤其是研究方法及分析技术来自自然科学和社会科学特别是科学方法论。其实,第二次世界大战后政策科学诞生的最大推动力并非来自社会科学家,而是来自运筹学家、系统分析家和应用数学家以及智库专家,运筹学、系统分析和管理科学的定量方法及技术的发展实际上构成政策科学特别是政策分析的方法论基础。政策科学研究必须服从于科学的传统,遵循科学研究的程序,并具有科学的精神气质。它强调尽可能使用科学的方法及理性分析,追求科学的客观性、真理性、可检验性,并为更好的政策选择和政策结果而努力。另一方面,作为政策科学研究的政策实践、政策系统及其运行,涉及不同时代不同国家的政治制度或政府体制尤其是公共决策的体制、活动者、过程及行为。就其本质而言,政策系统是政治系统,政策过程也是一种政治过程。政策科学的研究离不开特定的政治环境,不同的政治制度、决策体制和政治文化会影响或制约政策的制定、执行、评估、监督和终结等一系列环节。这就使得政策科学带有浓厚的政治性及意识形态色彩。

如何看待政策科学中学术与政治或科学与意识形态的关系?政策科学是

不是或能不能成为一门科学？如果是，又是什么意义上的"科学"？这实际上是政策科学界内外长期争论的一个问题，特别是 20 世纪 80 年代曾有过激烈的辩论。在这场争论中，有学者坚持"科学的政策分析"的立场，而批评者则称政策分析是披着科学外衣的意识形态，不是真正的科学（由此也可以看出，西方的政策科学并非"纯科学"，而是带有强烈的政治及意识形态色彩）。

（二）事实与价值的关系

事实与价值以及事实分析与价值分析的关系是科学研究中的一种重要关系，由之决定了实证研究与规范研究的分野。经验科学注重对事实或问题的实证分析，而且往往被认为是价值中立的（实证主义所持的就是这种观点）。

政策科学在学科性质上既是实证的，又是规范的。它将事实分析与价值分析并列，作为自己的两大方法论基础。政策科学可以说是关于一般选择理论或（公共）决策的研究，而选择或决策是在两种或两种以上的备选方案中作出，选择或决策则以价值（观）作为基础。因而政策科学不仅关心事实，要求对事实或问题作实证分析，而且更关心价值和行动，重视价值取向和价值评价。它的一个重要目标是创造和批评有关的公共政策价值的知识主张，或推荐应该采取的行动过程。政策选择往往需要在公平、正义、平等、民主、自由、健康、幸福、财富、安全、和平一类的价值中作出取舍。选择哪一种价值，并不仅是一个事实分析的问题，更需要以世界观和价值观为指导，需要伦理推导与价值评价。

事实分析与价值分析贯穿于政策过程或政策行为研究的始终，包括从问题发现、问题分析到问题解决的全过程，涉及从议程设置、问题界定、方案规划、后果预测、方案的比较择优到政策执行、评估、监控和终结等活动环节。注重价值分析与价值评价，这正是政策科学区别于一般的经验科学的重要的一点。

（三）理论与实践的关系

政策科学是一门以行动为取向的学科。政策科学将科学知识与公共决策过程密切联系起来，提倡以问题为中心，而不是以学科为中心的知识产生方法，提倡一门能把科学知识和方法直接运用于改进公共决策系统及提高政策质量的新学科。政策科学既在实践中产生，又在实践中得到应用和发展，可以说体现了理论和实践的统一。政策科学的研究对象是政策实践，它的目的和功能是提供政策相关知识，为政策实践服务。它要为执政党、国家或政府政策的制定、执行和评估的实践服务，它以发现、分析和解决社会问题为导向；而政策实践则为政策科学提供研究的场域以及政策实验基地，提出需要解决的问题与提供实践经验，检验政策科学理论并推动其发展。政策科学的目的不仅是了解和解释政策系统及其运行，而且要更好地影响和改造现实世界。

中国政策科学的学术话语体系建设要以中国的政策实践以及政策问题的解决作为立足点，在回应实践的关切和解决问题的过程中进行理论创新和话语体系构建。必须善于用中国政策话语讲述中国的政策故事，用中国政策科学理论解释中国现实的政策实践，并在政策实践中，加强政策相关知识在决策过程中的应用，发挥政策科学理论在政策实践中的指导作用，凸显中国政策科学的问题导向以及应用性、现实性和生命力。

（四）传统与现代的关系

政策科学的理论与实践的历史悠久、源远流长，几乎与人类文明同样古老。在阶级和国家产生之后，公共政策总是统治阶级意志的集中体现，是统治阶级或集团进行政治统治和社会管理的基本手段。因此，不论是哪个历史时代和哪个统治阶级或统治集团，政策的制定和实施总是他们首要关心的事务。而政策研究的经验和思想也随政策实践的历史发展而不断演化。伴随着近现代工业革命的兴起和经验研究的成长，政策研究或政策相关知识的产生逐步变成一种相对自主的、由它自己的特殊程序所指导的活动，并逐步建立在系统的经验数据的基础上，最终在20世纪中后期形成一个相对独立的政策科学或政策分析领域。

政策科学的理论与实践是不断发展和变化的，不同时代和不同国家有着不同的政策文化及其话语传统。现代政策科学产生之后，其学科范式、话语及话语体系也是处于不断变化之中的。特别是近二三十年，国外政策科学出现了由实证主义（或现代主义）向后实证主义（或后现代主义）的转变——"后实证主义者强调公共政策的政治内涵与价值冲突"（陈庆云语）。在这一转变过程中，出现许多新的话语，如公共治理、政策网络、政策共同体、建构主义、性别、解构与批判、话语分析、公共能量场、制度理性选择、多源流、倡导联盟、中断—平衡、政策扩散、政策悖论、政策对话、政策论证、批判性评估等。

中国政策科学的话语建构不仅要关注当下现实的政策实践，而且要有历史分析的视角，坚持古为今用、推陈出新，对中国公共政策的历史传统及思想遗产加以审视，促进中国公共政策历史传统及思想遗产的创造性转化和创新性发展。

（五）本土化与国际化的关系

话语及话语系统植根于特定的政治、经济、社会、文化及语言系统之中，各国或地区（区域）的话语系统的不同或差别是非常自然的事。由于社会经济发展水平、政治制度、文化传统和民族心理等方面的差异，各国的政策实践、政策制定系统及运行过程的内容和方式有别。因此，各国的政策科学研究必须立足于本国国情以及现实的政策实践和政策传统。

从政策科学的科学性角度看，政策科学反映了人类政策过程与政策行为的某些共性，揭示了政策系统及其运行的规律性，因而它的某些概念范畴、理论原理、分析方法具有普遍适用性。然而，由于现代政策科学是先在西方尤其是美国特定的政策背景下形成和发展起来的，因而不可避免地包含西方政治制度和意识形态的内容及特征，带有非科学的、消极的成分，必须加以批判、分析与辨别。

因此，在建设具有中国特色的政策科学话语体系过程中，要注意处理好本土化与国际化的关系。有学者认为，中国哲学社会科学的话语建构过程中，既不能割裂中国问题与世界问题的联系，用世界问题来裁剪中国；也不能过分强调中国的独特性，陷入"自言自语"中国特色话语体系。这个说法适用于中国政策科学的话语体系建构。

三、如何推进中国政策科学的话语体系建设

那么，应该如何突出中国政策科学的话语指向，推进中国政策科学的话语体系建设呢？基于上述几大关系的分析，我们提出如下几点思考。

（一）中国政策科学话语体系建设的指导思想

世界观和价值观是话语体系形成的基础。中国政策科学话语体系建设必须以马克思主义、毛泽东思想和中国特色社会主义理论及其政策和策略理论为指导。首先，作为我国的根本指导思想，马克思主义、毛泽东思想和中国特色社会主义理论为中国政策科学话语体系建设提供了世界观、方法论和价

值准则。其次，政策和策略理论是马克思主义、毛泽东思想和中国特色社会主义理论的一个重要组成部分，是中国政策科学的理论基础。因此，深入学习、研究和掌握马克思主义、毛泽东思想和中国特色社会主义理论及其政策和策略理论就成为政策科学的话语体系构建的首要任务。

马克思主义经典作家高度重视政策和策略在无产阶级革命事业中的重大作用，马克思、恩格斯和列宁在许多著作（如《哥达纲领批判》《共产党宣言》《共产主义原理》《怎么办》《社会民主党在民主革命中的两种策略》《国家与革命》《帝国主义是资本主义的最高阶段》）中，明确地阐述了政策和策略的含义，提出了无产阶级的政策和策略的基本思想，将政策和策略视为无产阶级政党行动的准则；他们论述了无产阶级制定政策和策略的依据，并阐明了无产阶级的政策和策略原则。

毛泽东思想中包含着丰富的政策和策略的理论内容。毛泽东同志的名言是"政策和策略是党的生命"。他的许多著作（如《目前抗日统一战线中的策略问题》《论政策》《关于目前党的政策中的几个问题》《论十大关系》《关于正确处理人民内部矛盾的问题》等），可以说是专门讨论了政策和策略问题。毛泽东的政策和策略思想涉及党和国家政策研究的原则和依据，实事求是、调查研究、民主集中制、从群众中来到群众中去、具体问题具体分析、抓主要矛盾的思想方法、领导方法和工作方法，总路线、总政策与具体政策的关系，政策的原则性和灵活性的关系等等。

中国特色社会主义理论中的政策与策略思想丰富多彩。邓小平理论中的政策与策略思想包括"以经济建设为中心"的党和国家工作重心转移、改革开放的战略设计、"摸着石头过河"的改革路径选择，在政策制定和执行中实事求是、解放思想原则，重视政策试验（先试验后推广），政策的连续性、稳定性，以及政策的成龙配套，形成有机体系，政策检验的实践标准、生产力标准和人民满意标准等等。

在新的历史时期，党的第三代历届领导集体提出了"三个代表"重要思想、"科学发展观"和实现中华民族伟大复兴的"中国梦"，丰富和发展了中国特色的社会主义理论及其政策与策略思想。特别是党的十八大以来，以习近平同志为核心的新一届的中央领导集体形成了治国理政的新理念、新观点、新论断、新思路与新风格。

习近平总书记的系列重要讲话包含着丰富的战略、政策和策略创新思想。例如，关于战略和政策制定与执行的指导思想、原则和方法方面，习近平同志强调实践发展永无止境，解放思想永无止境，改革开放也永无止境；强调全面深化改革要有强烈的问题意识，以重大问题为导向，抓住关键问题，着力推动解决我国发展面临的一系列突出矛盾和问题；指出要善于从纷繁复杂的事物表象中把准改革脉搏，把握全面深化改革的内在规律；把握全面深化改革的重大关系，处理好解放思想和实事求是的关系、整体推进和重点突破的关系、顶层设计和摸着石头过河的关系、胆子要大和步子要稳的关系、改革发展与稳定的关系。又如，关于中国特色新型智库建设方面，习近平总书记将智库建设提高到国家战略的高度，被视为国家软实力的重要组成部分，指出我国智库发展相对滞后，应发挥更大作用；提出中国特色新型智库的建设目标；要求探索中国特色新型智库的组织形式、管理方式；要求加强智库自身建设，为中央的科学决策提供高质量的智力支持。

从价值维度看，中国政策科学话语体系还必须吸纳社会主义核心价值观的内容。由 24 字组成社会主义核心价值观包括 3 个层面：富强、民主、文明、和谐（国家层面的价值目标）；自由、平等、公正、法治（社会层面的价值取向）；爱国、敬业、诚信、友善（公民个人层面的价值准则）。这 24 个字尤其是前两个层面的 16 个字集中地体现了中国公共政策的基本价值追求。

（二）中国政策科学话语体系建设的实践维度

中国政策科学的学术话语体系构建必须着眼于当代中国政策实践的发展，坚持理论与实践的统一，立足政策实践、表达政策实践，并推动政策实践发展。必须立足于当代中国的政策实践，切实研究当代中国政策系统与政策过程；强化问题意识或问题导向，研究改革开放和现代化建设中提出的重大政策问题；把握当代公共政策发展趋势，分析总结中国公共政策的实践经验特别是改革开放以来的鲜活经验，发现、寻找、概括和提炼中国政策科学的本土化话语表达以及提出新概念、新范畴、新命题、新理论、新方法及新技术。在研究和解决现实政策问题中推进政策科学话语建构与理论创新，用新的话语和理论成果引领新的政策实践。具体来说，包括下列三个方面的内容：

——立足于中国政策系统及其运行。政策系统涉及政策主体（政策活动者）、决策体制机制、政策客体（政策对象）、政策环境等因素。政策系统的运行体现为政策过程。由于历史与现实的原因特别是社会发展水平、政治制度选择、文化传统基因等的差别，各国政策系统及其运行情况不同。例如，中西方的政策主体或政策活动者的构成因素、它们在政策过程中的地位与作用以及发挥作用的方式，公共决策的体制机制（决策权力运行，决策程序与决策方式等），政策运行的具体过程环节等各不相同（我们在《政策科学》等论著中曾对此做过较为详细的比较分析）。近年来学界有不少对中国的政策系统及体制机制和政策过程及其基本环节研究的论著（如最近中国人民大学出版社出版的王绍光、樊鹏的《中国式共识型决筞："开门"与"磨合"》、胡鞍钢的《中国集体领导体制》等）。这是中国政策科学的话语体系构建的源头活水，必须加强这方面的工作。

——突出对当代中国政策问题的研究。中国政策科学必须以问题为导向，并从问题意识到问题倒逼。顾海良认为，从"问题意识"到"问题倒逼"是习近平经济思想的重要特色。改革是由问题倒逼而产生，又在不断解决问题中得以深化，从"问题意识"到"问题倒逼"，既是解决中国现实经济问题的科学方法，也是中国经济改革的路径。《中共中央关于全面深化改革若干重大问题的决定》描绘出当前及今后一段时期全面深化改革路线图，涵盖政治、经济、社会、文化和生态等各个政策领域，涉及政府、市场和社会的关系，简政放权与转变政府职能以及行政审批制度、财政体制、投融资体制、国有企业、农村土地制度、户籍制度、教育及招生制度、养老保险制度、医疗卫生、科学技术、计划生育、生态文明、司法体制等方面的改革与发展的政策问题。

与此同时，新一届的中央领导集体在治国理政的实践中，创造出大量鲜活的政策实践经验。例如，近期国务院开展政策督查工作，全面检查政策落实情况。李克强总理强调：要打通政策措施贯彻落实的"最后一公里"，力破"中梗阻"，确保政令畅通、令行禁止，推动政策措施尽快落到实处、取得实效，并要求这次政策督察引入了第三方评估和社会评价。这是政策过程尤其是政策执行和评估的重大创新举措，也是政府管理方式的一大创新。这些现实的政策实践给中国政策科学的发展提供了广阔的舞台、丰富的理论源泉和经验材料。这些年来，地方各级党委和政府也积累了大量的政策实践经验。政策科学界要为政策问题的解决提供政策相关知识及信息，为政策实践服务，并在对这些政策问题的分析与研究中打造中国政策科学的学术话语体系（"政策督察"本身就是一个很好反映中国特色政策过程环节的政策科学的话语体系）。

——注重总结中国共产党人的政策经验和政策理论。中国共产党人一向高度重视政策和策略在革命和建设中的作用，把决策及政策的正确与否提高到革命和建设事业能否取得成功的高度来认识。特别是改革开放以来，党和国家不断地探索并积累适应于改革开放和现代化建设以及市场经济发展需要的公共决策的民主化、科学化和法制化的基础。在长期革命与建设实践中，中国共产党人积累了丰富的政策经验，形成了许多政策研究的基本原则、理论和方法。毛泽东思想和中国特色社会主义理论中的政策和策略思想可以说是中国共产党人的政策经验的最高总结。具有中国特色的政策科学话语体系必须充分体现中国共产党人所创造的政策经验、政策理论和方法。

（三）中国政策科学话语体系建设的传统维度

在漫长的历史发展过程中，中华民族积累了丰富的公共政策的实践经验与思想遗产，形成了独特的政策研究文化及传统。习近平同志在2014年2月24日中共中央政治局第十三次集体学习时的讲话中指出："博大精深的中华优秀传统文化是我们在世界文化激荡中站稳脚跟的根基。中华文化源远流长，积淀着中华民族最深层的精神追求，代表着中华民族独特的精神标识，为中华民族生生不息、发展壮大提供了丰厚滋养。"他说对历史文化"要坚持古为今用、推陈出新，有鉴别地加以对待，有扬弃地予以继承，努力用中华民族创造的一切精神财富来以文化人、以文育人"。优秀的政策文化传统是中华优秀传统文化的重要组成部分，要建立具有中国特色的政策科学话语体系，就必须认真研究、大胆借鉴迄今为止全人类特别是中华民族所创造的政策理论和经验。这是建立中国政策科学话语体系的一个重要途径。

中国古代政策研究的成就辉煌，中华民族为全人类留下大量的优秀政策研究遗产。中国古代典籍不仅记载了历代统治者的治国方略或政策，记载了各种实际运用的谋略和谋术，而且也记载了政治家、圣哲贤人、谋士军师们对政策经验的总结及关于政策研究的思想和方法。在中国漫长的历史中，涌现了一大批与政策和政策研究密切相关的著作。诸子百家的著作中有大量治国安邦的至理名言；《孙子兵法》不仅是兵书，而且还是国策（虽然主要是军事谋略的研究，但也有大量的一般政策思想）；《史记》《三国志》《资治通鉴》等不朽名著记载了许多政策研究的真知灼见；明朝冯梦龙的笔记文学作品《智囊补》记录了从先秦到明代惊心动魄的政策案例凡1238例。

中国古代的谋略谋术可以说是现代政策研究的先导，而谋士、智囊则是古代的政策研究者。在我国，辅助统治者审时度势、选择时机，进行政策咨询的智囊出现很早。上可追溯到夏商之家臣，西周之命士。春秋战国时期，群雄争霸，各据一方。诸侯们为独揽天下，纷纷招贤纳士，养聘食客。有识之士则挟术怀策周游列国。《史记·吕不韦传》记载："当是时，魏有信陵君，楚有春申君，赵有平原君，齐有孟尝君，皆下士，喜宾客以相倾。"这些食客中有不少杰出智囊人物，他们为诸侯争霸立下汗马功劳。《战国策》专门记述了这些策士的言论和行动，可以说是我国历史上第一部较为完整的政策研究及咨询的著作。我们的祖先为我们留下了大量的与政策相关的至理名言及成语（如"凡事预则立，不预则废""运筹帷幄之中，决胜千里之外"等）。

因此，中国政策科学的本土化话语体系建设，必须发掘、整理、研究和提炼祖先遗留下来的这些政策文化遗产以及话语，取其精华，去其糟粕，并赋予其时代内涵，实现中国政策研究学术传统的现代转换。

（四）中国政策科学话语体系建设的世界视野

中国政策科学的发展与话语体系构建需要突出本土化及其传统，采取中国立场，解决中国问题，发出中国声音，与此同时也需要具有全球视野，面向世界，开放包容，兼容并蓄，海纳百川。正如习近平总书记在2014年2月17日省部级主要领导干部学习贯彻十八届三中全会精神全面深化改革专题研讨班上的讲话中所指出的："中华民族是一个兼容并蓄、海纳百川的民族，在漫长历史进程中，不断学习他人的好东西，把他人的好东西化成我们自己的东西，这才形成我们的民族特色。"他强调"把继承优秀传统文化又弘扬时代精神、立足本国又面向世界的当代中国文化创新成果传播出去"。中国政策科学的发展与话语体系构建既要研究中国的政策实践和政策问题，也要研究全球性或世界性的政策实践和政策问题，并将两者联系起来，从全球的视野审视本国的实践；同样，对政策遗产及政策传统批判、继承和发扬，既要凸显本土的，也要关切全球的。

世界各国包括西方的政策研究历史悠久，同样积累了丰富的政策经验和政策思想遗产。中国政策科学发展及话语体系构建应该学习研究和批判借鉴这些成果。现代政策科学毕竟是先从西方兴起的，西方的话语具有先发优势，而且迄今仍然居于主导地位。政策科学中既包含了科学概念、理论和方法的话语以及反映了人类政策过程的共性或规律性的话语，也包含反映西方政治制度及体现其意识形态的话语。因此，必须认真地加以分析、批判与鉴别。在中国政策科学的话语体系建设过程中，既要具备世界的视野和开放的心态，继续紧密跟踪研究国外政策科学的发展动态与学术前沿，注意借鉴和吸收全人类包括西方政策科学的理论和方法的成果，又要防止盲目地照搬照抄其概念、理论原理和分析框架。必须立足于我国的国情及现实的政策实践进行深入研究，批判、改造、消化和吸收其中的科学成分以及话语体系中的合理因素。

总之，中国政策科学的话语体系建设是一个复杂的系统工程，不可能一蹴而就，需要长期努力，也需要学界与政界的密切合作。要以探索的勇气与创新的精神，大力推进中国政策科学的话语体系建设。必须立足于当代中国公共政策的实践，植根于中华民族的优秀政策文化传统，有全球视野或世界眼光，凸显中国政策科学的话语指向，形成中国政策科学的术语、词汇（或语汇）、命题、原理、定理、推导、媒介和话语规则等，逐步建立起具有中国特色、中国风格和中国气派的政策科学的话语体系，提升中国政策科学在世界学术界的话语权。

II 学科范围

2-1

政策分析的对象、性质和类型*

政策分析（Policy Analysis）是第二次世界大战后在西方（主要是美国）首先发展起来的跨学科的、应用性的研究领域。在我国，这个领域的研究才刚刚开始，对于政策分析的基本理论和方法论问题尚没有太多的研究。鉴于这种情况，本文将主要依据西方的文献，对政策分析的研究对象、性质和类型作简要的介绍。

一、什么是政策分析

"政策科学"（Policy Sciences）、"公共政策"（Public Policy）和"政策分析"是几个经常用来表示政策研究领域的术语。在西方文献中，这些术语有时被当作同义词而加以交替使用，有时则被有区别地加以界定。在这里，我们将它们先粗略地加以区别如下："政策科学"是整个政策研究领域的总称，它是"政策分析"和"公共政策"的上位概念；"公共政策"表示对现实具体政策的研究；而"政策分析"则主要是对产生政策相关信息及其方法论的研究。作这样的不严格的界定，可以避免不必要的混乱。

一般认为，"政策科学"概念是美国政治科学家拉斯韦尔（Harold D. Lasswell）首先提出的。早在1943年的一个备忘录中，他就提到了"政策科学"的概念，而正式提出这个概念则是1950年他与卡普兰（A. Kaplan）合著的《权力和社会：政治研究的框架》一书。[1]

---

* 原载《岭南学刊》1995年第1期（中国人民大学复印报刊资料《政治学》1995年第4期转载），原标题为《论政策分析》。

[1] See Ronald D. Brunner, "The Policy Movement as a Policy Problem". in Advances in Policy Studies Since 1950, Vol. 10, *Policy Studies Annual Review*. ed. William N. Dunn and Rita Mae Kelly（New Brunswick, NJ: Transaction Books, 1991）, p. 189, note 2.

1951年，拉斯韦尔在与拉纳（Daniel Lerner）合编的《政策科学：范围和方法的新近发展》一书中，对政策科学的对象、性质和研究任务等作了较具体的规定。"政策分析"一词则是美国经济学家林德布洛姆（Charles E. Lindblom）首先使用的，他在1958年发表了《政策分析》一文，用"政策分析"表示一种将定性与定量相结合的渐进比较分析的类型。[①] 许多年之后，"政策分析"在不同的学者及分析家眼里，获得了不同的意义。

西方政策分析家对什么是政策分析、它的研究范围并没有一致的看法。奈格尔和戴伊的定义对政策分析作了最广义的理解，将它等同于政策科学，他们的定义明显地反映拉斯韦尔和德洛尔（Yehezkel Dror）所提倡的政策科学传统；奎德和邓恩等人对政策分析作了次广义的理解，将政策分析看作一种应用性的（社会科学）学科，强调使用科学研究方法去解决社会问题，产生政策相关知识或信息，其范围涉及从问题发现到问题解决的整个过程；小麦克雷和巴顿等人则对政策分析作了较狭义的理解，即认为政策分析主要研究备选方案的评估和选择；而 D. 韦默尔等人则强调政策分析的职业化方向，即政策分析以当事人为方向，并突出政策分析与价值（观）的相关性。

我们倾向于采用奎德和邓恩等人的次广义的政策分析概念，将政策分析定义为：政策分析是一个跨学科的、应用性的研究领域，它采用各种研究或论证方法，产生和转变与公共政策相关的信息，以便帮助决策者或当事人发现和解决公共政策问题。政策分析所涉及的是整个政策过程，包括问题界定、目标确定、方案选择和效果评估等环节。在政策分析中，方法论占有主导地位。

应当注意，"政策"和"分析"两个概念有不同的理解。在这里，我们将"政策"理解为："政策是国家机关、政党及其他政治团体在特定时期为实现一定的社会的政治、经济和文化目标所采取的政治行为或规定的行为准则，它是一系列谋略、法令、措施、办法、方法、条例等的总称。"而"分析"一词也从它的广义上来理解，而不是用在严格的量化分析或与"综合"相对的意义上。这里的"分析"不仅包含定性、定量的理性分析，而且包含判断、直觉的超理性思维的运用；不仅包含着将一项政策分解成其构成部分来加以考察，而且包括新的备选方案的设计和综合。它所包含的活动涉及从研究到理论，从提供对一个问题的洞见到一个完全项目的评估。

---

① Charles E. Lindblom, "Policy Analysis". *American Economic Review* 48, No. 3, Jun. 1985, pp. 298 - 312.

政策分析可以包括大量不同的分析和研究，但我们这里所论及的是公共政策分析，即政府部门的政策分析。这种分析的目的在于帮助公共政策的制定者去解决所面临的问题，它并不是单独的知识研究；它所主要关心的并不是社会的或环境的问题的原因和性质或对行为的解释，除非这样的研究对形成决策是必不可少的。政策分析是政府的政策研究部门，或政府部门聘请大学、研究所、思想库或咨询公司所进行的正式研究。这种研究的产品可能是一组结论，可能是一些建议，可能是一个书面报告，也可能是一个口头结论。"政策分析"一词既可应用于活动过程，也可以用于这种活动过程的产品。显然，我们在这里所注重的是过程，而非产品。

在西方文献中，有几个与政策分析相近的概念如运筹学（Operation Research）、系统分析（System Analysis）和决策分析（Decision Analysis）等。这些概念与"政策分析"密切联系，而又有差别，但这种差别往往是由历史的原因造成的。奎德对政策分析、运筹学和系统分析三者的关系作了具体的说明，我们采用他的说法。

运筹学（管理科学）的一整套程序是第二次世界大战前在英国作为一种防卫手段而开始发展起来的。在50年代以前，它在国防以外的领域并没有多少运用，但它现在已成为工商业领域的最广泛而有用的分析形式。运筹学最初寻求运用科学方法去帮助决策者利用资源和作出决策。这与科学不同，目的不是单纯的预言，而是更有效地处理真实世界，但它与科学一样依赖于模式的建立。在过去的二三十年里，运筹学的范围已经拓宽，先是加上经济方面的考虑，后来又加上社会方面的考虑。在当代西方，许多运筹学家认为，运筹学与政策分析在本质上是相同的。然而，这个词经常被用在它原初的意义上，即表示应用数学或逻辑分析去帮助当事人改善操作效率。

当运筹学在第二次世界大战刚结束被应用于军事领域之外时，它往往表示对"低层次"的问题即决策者心中有明确目标的问题的研究。然后，"系统分析"一词被广泛地用来表示"高层次"的问题的研究，这种研究寻求运筹学通常当作"给定了"的方面（如目标），并考虑未来的经济因素，也接受了一些并非"科学的"方法。然而，不久以后，这两个词被人们交替地使用。为了避免混乱，有的学者建议将"运筹学"研究限于"效率"问题，而"系统分析"则限于"优化选择"问题。但这种建议并没有被广泛接受。现在，人们对这两者所作出的区别是，运筹学处理"低层次"的问题，而系统分析处理"高层次"的问题。在政府部门或其他组织的层次越高，越需要确定目标，但混乱仍然存在。给定任一问题，目标越高，越相互冲突，就越需要考虑更多的参数和因素，就越少依赖于量化分析和计算机，越需要依靠判断和直觉，研究工作就越可以贴上"系统分析"而非"运筹学"的标签。由于系统分析产生和表达信息，并帮助决策者作出更好的决策，所以，它的目标与政策分析是相同的。因而这两个概念依据于不同的背景情况可以互换地加以使用。然而，"政策分析"一词更多地运用于政治和社会因素占主导的情况尤其是公共决策方面。

因此，奎德认为，政策分析是作为系统分析的扩展而发展起来的，而系统分析是作为运筹学的扩展而发展起来的。关于这三者之间关系的基本特征可以描述如下："运筹学寻求帮助把事情做得更好；系统分析也试图做到这一点，但它还要将正确的事情做得既好又便宜；政策分析试图做到系统分析所想努力做到的所有事情，但它还要使事情做得公平。因此，系统分析可以看作包括了运筹学（原初意义上的），加上经济上的考虑以及对目标及其与手段的互动的研究；政策分析可以看作既包括了系统分析，又关心政策的分配性影响。此外，政策分析更强调执行及政治和组织方面的考虑。"①

二、政策分析的学科性质

作为一个新学科，政策分析具有下列几个基本特征：

1. 政策分析是一个跨学科的、应用性的研究领域。政策分析是在当代科学技术进步的基础上产生和发展起来的。作为一个应用性学科，政策分析不仅借助于社会科学及行为科学尤其是经济学、政治学和社会学的理论和方法，而且也借助于哲学、数学和系统分析及运筹学等的理论和方法。然而，政策分析与传统的学科尤其是经验科学不同，政策分析的目的是创造政策相关的知识，关心社会问题的发现和解决。它超出了传统学科对经验规则的解释，它不仅结合和转变相关学科的理论和方法，而且也产生可以用来解决特殊政治背景中的问题的相关信息。经验科学主要关心的是追求真理，并寻求理解和预言；政策分析追求的是似真性（plausibility）或合理的知识，而不是一定要确定的真的知识，它寻求帮助决策者作出更好的抉择。因此它的主要目的不是对政策过程的精确的了解，而是要更好地操纵现实世界，这甚至可以在对世界现象没有更完全的理解的情况下来进行。不过政策分析运用科学的方法，并为科学的传统而努力：由过程所获得的结果可以重复，所有的

---

① E. S. Quade, *Analysis for Public Decision*. p. 27.

假定、计量和数据必须明确并服从批评与检验，必须具有客观性。但是政策分析的方法并不都是科学的。事实上，我们有时必须做一些我们认为是正确的事情，而不管它们是否可以检验。

2. 政策分析既是方法论，又是艺术。政策分析主要是方法论的研究和应用。在这里方法论是指创造、评估和交流政策相关知识的标准、规则和程序的体系。这就是哲学家们尤其是科学哲学家们所称的"研究的逻辑"（logic of inquiry）。经过近五十年的发展，政策分析已经形成了一系列在政策分析者中取得认可的方法，如成本—效益分析、计算机模拟、操作博弈等。然而，并不存在固定不变、普遍适用的方法论。由于社会环境、政治传统、意识形态等方面的差别，不同的政策问题需要采用不同的分析方法。既要有定量的方法，也要有定性的方法；既要有理性的方法，也必须有超理性的方法，特别是必须依赖直觉、灵感和判断的创造思维活动。在这个意义上，政策分析与其说是一门科学，倒不如说是一门艺术。关于这一点，许多著名的西方政策分析家都作了明确的论述。①

3. 政策分析涉及的是从问题发现到问题解决的整个政策过程。人们过去往往片面强调政策分析是解决政策问题的方法论一面，而忽视它同时也是问题构造或问题发现的方法论的一面。诚然，问题解决是政策分析的关键因素之一，也是政策分析的归宿之所在。然而，要真正解决问题，必须首先正确提出或构造问题，正确提出问题等于成功了一半，解决错误的问题等于白白浪费精力。因此，政策分析既是解决问题的艺术，也是提出问题的艺术。问题发现本质上是一种概念和理论的活动，它所关心的主要是问题的性质，而不是解决问题的行动；问题的解决主要关心的是行动过程的选择以及这种行动过程是否被恰当地执行，而不是问题的性质。在某种意义上说，提出问题比解决问题更重要。因此，邓恩将问题构造的方法论称为"元方法论"。韦达夫斯基（A. Wildavsky）将政策分析看作一种以问题为中心的活动，即分析以政策制定者所面临的问题为主题，并旨在通过创造性、想象和技巧的过程来改善这些问题。②

4. 政策分析不仅是描述的，而且也是规范的。事实和价值的分离或追

---

① See Peter W. House, *The Arena of Regulation and Resource.* Beverly Hill: Sage Publications, 1982); Aaron Wildavsky, *Speaking Truth to Power: The Art and Craft of Policy Analysis*; Arnold J. Meltsner, Policy Analyst in the Bureaucracy; Edward S. Quade, Analysis for Public Decision.

② See Aaron Wildavsky, *Speaking Truth to Power: The Art and Craft of Policy Analysis.* p. 17.

求价值中立性,曾一度被当作经验科学的目标,这实际上是实证主义不切实际的科学理想。如果说经验自然科学及传统的社会科学学科并不是真正价值中立的话,那么政策分析则明确以价值为取向。政策分析不仅关心事实,而且也是价值的。说它是描述的,是因为它同样追求对事实的说明或解释,即追求有关公共政策的性质、原因和结果的知识。说它是规范的,是因为它重视价值评价或分析,它的一个重要目标是创造和批评有关公共政策价值的知识主张或推荐行动的过程,政策分析的规范或价值批评的方面可以由这样一点来加以说明,即政策相关知识包含了具有价值特征的因变项(目的)和自变项(手段)的互动,这些变项的选择往往涉及在健康、财富、安全、和平、正义、平等和自由一类的价值中作出取舍。选择哪一个价值,并不仅仅是一个技术判断问题,而往往需要伦理学推导。因此,政策分析往往采取了应用伦理学的形式。邓恩认为,政策分析要求产生的信息和似真性论证涉及三个方面的内容:(1)价值——它的获得是对一个问题是否已被解决的主要检验;(2)事实——它的出现可以限制或加强价值的获得;(3)行动——它的采纳可以导致价值的获得。相应地,政策分析有如下三种主要的分析途径:(1)经验途径涉及的是事实,关心公共政策的原因和结果,产生的是描述性知识;(2)评价途径涉及的是价值,关心某些公共政策的价值问题,产生的是评价性知识;(3)规范途径涉及的是行动,关心解决公共问题的未来方案的推荐,产生的是规范的信息。[①]

三、政策分析的三种基本类型

政策分析的形式并不是单一的,它有不同的类型。政策分析可以在政策被执行之前进行,也可以在政策被执行之后进行,或者我们可以将事前的分析和事后的分析结合起来。因此,可以一般地将政策分析分为未来的分析(Prospective analysis)、回溯的分析(Retrospective analysis)和整合的分析(Integrated analysis)三种基本类型或形式。

未来的政策分析也称为事前(pre hoc)分析或预期(anticipatory)分析。顾名思义,这种分析是在政策发起和执行之前进行的,它要期待或预言政策结果,产生和转变有关信息,目的主要是对备选方案的选择。这种先于政策执行的分析又可以分成两种次属类型:预见的政策分析和规范的政策分

---

① See William N. Dunn, *Public Policy Analysis.* pp. 62 – 63.

析。前者表示由采纳特殊的政策方案所产生的对未来状况的分析；后者则表示对推荐行动方案的分析，因为这些方案将产生某种特殊的结果。规范的政策分析包括了展示分析结果和提出建议。这里的假定是，分析者了解当事人的价值和目标，并且当事人期待或至少容忍提出建议，而不只是一系列的备选方案。未来的政策分析主要以经济学家、系统分析家和运筹学家的操作风格为特点。

回溯的政策分析又称事后（post hoc）分析或描述的（descriptive）分析，它是在政策执行后进行的，既可以表示对过去政策的历史分析，也可以表示一项被执行的新政策的评估。因此，回溯的政策分析又可以分为两种次属类型：描述的分析和评估的分析。前者表示对过去政策的描述和解释，提出的问题是"发生了什么事？"；后者表示项目评估，提出的主要问题是："政策的目的达到了吗？"回溯分析主要以政治科学家和社会学家的操作为特征。

未来的政策分析与回溯的政策分析常常被结合起来使用，这就产生了第三种政策分析类型：整合的政策分析。它将实践者对事前信息的产生和转变的关心与对事后信息的产生和转变的关心结合起来。它不仅要求分析者将分析的未来阶段与回溯阶段相结合，而且要求分析者在一个令人满意的问题解决方法被发现之前，反复转变信息。因此，整合的分析是不断的、重复的和无限的（至少在原则上是如此）。这种分析可以由以公共选择的回溯评估为一方和以政策或项目实验为一方的对照来加以说明。在教育、医疗保健和社会福利等领域的政策或项目的回溯分析中，要评估的是现有的政策或项目的绩效；相反，政策或项目实验根据实际的结果评估新的政策或项目的绩效。为了评估现实政治与行政条件下政策行动的新形式，有必要在政策分析的每个阶段上产生及转变相关信息。尽管未来的分析和回溯的分析是在不同的点上发起和终结分析，但它们仅仅要求分析者完成分析周期的一部分。整合的分析的运作方式是多学科的。

2-2

政策系统及其运行[*]

政策科学或政策分析以公共决策系统及其运行（政策系统与政策过程）为研究对象。政策系统是由政策主体、政策客体和政策环境三种因素及其相互作用所构成的社会政治系统。在该系统中，政策主体是最基本或首要的因素，而政策系统的运行即是政策过程，它由若干活动环节或阶段所组成。因此，要理解公共政策，首先要了解公共政策的实质、政策主体和政策过程等一般的问题。

一、什么是公共政策

什么是公共政策？政策研究学者并没有形成一致的看法。下面是若干典型定义：

拉斯韦尔（Harold D. Lasswell）和卡普兰（A braham Kaplan）：公共政策是"具有目标、价值与策略的大型计划"。（《权力与社会》，1950年）

托马斯·戴伊（Tomas R. Dye）："凡是政府决定做的或不做的事情就是公共政策。"（《了解公共政策》，1987年第6版）

罗伯特·艾斯通（Robert Eyestone）：公共政策就是"政府机构和它周围环境之间的关系"。（《公共政策的线索：政策领导研究》，1971年）

戴维·伊斯顿（David Easton）："公共政策是对全社会价值作权威性的分配。"（《政治系统》，1953年）

夏坎斯基（IraSharkansky）："政府的重要活动即为公共政策。"（《公共行政学：政府机构中的政策制定》，1972年）

詹姆斯·安德森（James E. Anderson）："公共政策是由政府机关或政府

---

* 本文原为普通高等教育"十一五"国家级规划教材《中国公共政策》（中国人民大学出版社2009年版）"绪论"第一节的内容。

官员制定的政策";而"政策是一个有目的的活动过程,这些活动过程是由一个或一批行为者,为处理某一问题或有关事务而采取的。"(《公共决策》,1979年第2版)

我们姑且抛开上述定义的差异及优劣不论,综合公共政策的基本含义:(1)公共政策是由政府或其他权威人士所制定的计划、规划或所采取的行动;(2)公共政策不只是一种孤立的决定,而且是由一系列的活动所构成的过程;(3)公共政策具有明确的目的、目标或方向,并以一定的价值观作为基础;(4)公共政策是对全社会的有价值之物所作的权威性分配,即涉及人们的利益关系。

参考国外学者的看法,我们可以将公共政策界定为国家(政府)执政党及其他政治团体在特定时期为实现一定的社会政治、经济和文化目标所采取的政治行动或所规定的行为准则,它是一系列谋略、法令、措施、办法、方法、条例等的总称。公共政策具有如下四个基本特征:

第一,公共政策由特定的主体,即由国家或政府、执政党及其他政治团体所制定及执行。它是一种公共决策,是统治阶段意志的集中体现,与个人决策、企业或市场决策不同,具有法定的权威性。

第二,公共政策具有特定的价值取向,要实现特定目标或目的,政策主体尤其是执政党和政府总是试图通过制定和执行政策来实现自己的价值目标。同时,政策总是在一定的时期起作用,具有很强的时效性。

第三,公共政策是政府为解决特定社会问题以及调整相关利益关系而采取的政治行动,是与谋略、法令、措施、办法、规定等密切相关的政治行为。公共决策是一种政治过程,按照政治的程序和原则运转,这又明显地区别于企业或市场决策。

第四,公共政策是一种行为准则或行为规范。它总有具体的作用对象或客体(即目标团体),规定目标团体应做什么或不应做什么,鼓励或限制这些团体去做某事。政策作为一种规范或准则,带有强制性,必须为目标团体所遵守。

政策的本质及功能集中地体现在三个方面:一是它集中反映或体现统治阶级的意志和愿望,是执政党、国家或政府进行政治控制或阶级统治的工具或手段;二是政策作为执政党、国家或政府的公共管理的手段,服务于社会经济的发展和文化的进步;三是政策作为分配或调整各种利益关系的工具或手段,是各种利益关系的调节器(所有政策最终都表现为对利益关系的处理,总要给一些阶级、阶层或团体带来好处,而对另一些阶级、阶层或团体带来损害或不增加利益。当然,也有少量的政策会给全社会都带来益处)。

二、政策主体

一般而言,政策主体是指直接或间接地参与政策制定、执行、评估和监控的个人、团体或组织。尽管各国的公共决策体制和政策过程存在区别,政策主体的构成因素一般都包括立法机关、行政机关、司法机关、政党、利益团体、思想库、大众传媒和公民(选民)等。在西方,人们习惯于将政策主体尤其是政策制定者分为官方的主体和非官方的主体两大类,例如安德森在《公共决策》一书中就是这样划分的。在他看来,官方的政策制定者是指那些具有合法权威去制定政策的人,包括立法者、行政官员、行政管理人员和司法人员;非官方的政策决定的人或组织包括利益团体、政党和作为个人的公民等。① 下面我们将根据西方和我国的情况,简要介绍政策主体的构成及其行为。

1. 立法机关

立法机关在西方指国会、议会、代表会议一类的国家权力机构;在我国则是指全国及地方各级的人民代表大会及其常务委员会。立法机关是政策主体的最重要的构成因素之一,它的主要任务是立法,即履行制定法律和政策这一政治系统中的主要职责。在西方尤其是美国,立法机关通常能够在独立决策的意义上行使立法权。例如,国会的各种常设委员会对提交上来的法案常常拥有生杀大权,它们甚至可以不顾所在议会的大多数成员的反对而行事。通常,关于税收、人权、福利和劳动关系等方面的政策在很大程度上由国会加以制定(似乎可以说,在内政政策方面,国会的权力比总统要大)。在我国,人民代表大会是权力机关和立法机关,它是我国的政策制定及立法的主要机关,也是政策执行的监控机构。就其法律地位来说,人民代表大会的地位是至高无上的,它决定着我国社会发展的基本方向。人民代表大会作为国家最高的权力机关和决策机关,有两个重要职能:一是把执政党即中国共产党对国家和社会的政治领导及其政治路线、政治纲领、政治意志以国家法律的形式体现出来,使其成为国家的意志——国家权力的灵魂;二是建立政府权力体系——国家行政机关、司法机关等。此外,它担负着审议批准政府机关所提出的重要政策方案或法案的职责尤其是审查和批准国家的预算和

---

① 参见[美]詹姆斯·E. 安德森《公共决策》,华夏出版社1990年版,第44—45页。

预算执行情况方面的职责，并监控政府行政机关的政策执行。

2. 行政机关

行政机关（政府）及其官员是政策主体的另一个关键因素。尤其是在当代，行政权力扩张，出现了"行政国家"或"以行政为中心"的时代，政府全面干预社会经济生活，它在政策过程中的地位和作用就显得特别突出。在西方尤其是美国，无论是政策的制定，还是政策的执行，政府的效能从根本上取决于行政领导尤其是总统。现在，总统在进行立法和政策领导方面的权威已大大加强了，国会的立法往往将重大的决策权授予总统，特别是在决策权难以分散的国防政策和外交政策领域更是如此。行政机关在政策过程中的作用巨大，这不仅在于它是政策执行的主导机构，而且在于它在当代日益参与政策制定的事务，行政部门可以制定某些法规和政策，还可以使别的国家机关制定的法律或政策不起作用。此外，英美等西方国家的行政部门还是立法或政策建议的重要来源，它不仅积极提交法案，而且主动进行游说，向立法机关施压，让其采纳有关的建议。在我国，中央人民政府（国务院）作为行政管理机关享有立法权、提案权、人事权等职权，它统一领导全国的内政、外交事务。主要内容有：编制并执行国民经济和社会发展计划及国家预算，领导和管理经济工作和城市建设，领导和管理教育、科学、文化、卫生、体育和计划生育工作，领导和管理国防与外交事务等。国务院以及各级人民政府不仅是政策执行的主要机构，而且它有权根据总方针和总政策制定出具体的政策法规（尤其是行政法规），将党和国家权力机关的政策具体化，或对党和国家权力机关所没有涉及的领域，制定出补充性的政策规定。

3. 政党

政党尤其是执政党是政策主体的一种核心力量，公共政策在很大程度上可以视为执政党的政策。现代国家的政治统治大都通过政党政治的途径来实现，在现代社会中，政党常常履行某种利益聚合的功能，即政党努力将利益集团的特定要求转变为一般可供选择的政策方案。也就是说，政党的主张转变为国家或政府的政策是靠选举来实现的，只有在大选中获胜，取得政权的政党才能成为直接的政策制定者，把它的纲领、主张转变为公共政策。在实行两党制的国家中，政党希望获得更多选民支持的愿望，迫使两党在其"一揽子"的政策意见中体现更多的利益和要求，并尽量避免与势力强大的社会阶层和利益团体的利益相左。在我国，中国共产党是政策主体的核心因素，它在政策过程中起着领导作用，作为执政党，它代表着广大人民群众的根本利益和普遍意志。中国共产党在政策过程中的主要作用是政治领导和向国家机关尤其是政府部门推荐重要干部。党对国家事务实行政治领导的主要方式是：使党的主张经法定的程序变成国家的意志，通过党组织的活动和党员的模范带头作用，带动广大人民群众，执行党的路线、方针和政策。因此，政策方面的领导是党的政治领导的主要内容。在我国实行的共产党领导下的多党合作制度下，各民主党派是参政党，而不是在野党。与这一政党制度相适应，我国实行政治协商制度，人民政协是国家机构的有机组成部分。人民政协以及各民主党派在我国的决策过程中发挥着重要作用，不仅直接参与国家重大政策的讨论与决定，而且更经常地更大量地进行调查研究，提出政策建议，参与政策的监控与评价，充分发挥参政议政的作用。

4. 利益集团

利益集团是非官方政策主体的最重要的构成因素之一，它在公共决策过程中起着显著作用。所谓的利益集团也就是由具有共同的立场、观点和利益的个人所组成的社会组织，它的职责是履行利益聚合功能，以保障或增进其成员的利益作为最高目标。公共决策过程表现为利益或价值的分配过程，为了保证或增进自己的利益，个人往往参加利益集团；各种利益集团向政府提出要求和愿望，希望政府更多地考虑或照顾其利益。这就是为什么渐进主义的政策制定模式将公共政策看作利益集团之间的互动、争斗和妥协的过程的原因之所在。在西方国家，利益集团成为最主要的社会组织形式之一，利益集团之间的争斗成为政治过程的一个基本内容。按照安德森的说法，在美国，利益集团经常要求政府采取政策行动，它们是政策行动要求的主要来源之一。西方社会的多元化性质导致利益集团数量众多，以及利益、规模、结构和活动方式的多样化。利益集团影响公共决策的途径或方式有游说、宣传、捐款、示威抗议等，其中游说是一种主要的方式。游说也被称为"院外活动"，指的是代表利益集团的说客向立法者（政治家）、政府官员进言，希望他们支持利益集团所希望的政策。在我国，随着市场经济的发展，必定出现利益多元化的趋势，各行各业、各个地区、各阶层的人民会形成各种各样的利益团体。这些团体通过各种途径表达其要求，希望党和政府在公共决策中考虑其利益，要求放权让利。因此，利益集团对我国的公共决策过程的影响力将日益增长，党和政府的决策在协调各方面的利益关系上也将面临更复杂的局面。

5. 思想库

思想库（智囊团）是指由各种专家、学者和社会贤达所构成的跨学科、综合性的政策研究组织。布鲁金斯学会,胡佛战争、革命与和平研究所,对外关系协会,兰德公司,企业公共政策研究所,野村综合研究所等是西方著名思想库的几个例子。思想库是政策主体的一个独特而又重要的构成因素,在现代公共决策中发挥着举足轻重的作用,人们称之为"现代决策链条中不可缺少的一环"。思想库(尤指民间的思想库)专门以改进政策制定为目标,它以人员构成的多学科性,擅长于现代的科学分析方法及手段,政策研究和咨询的相对独立性、客观性和创造性(不受长官意志左右,切近民意等)为特征。思想库在现代公共决策系统及其运行中处于一种承上启下的地位,是联结政府与社会、决策者与利益集团的中介,也是决策支撑系统的一种核心力量。它在公共决策中的主要作用是:第一,提供政策建议,充当咨询参谋机构。用那格尔(S. S. Nagel)的话来说,"思想库是产生可靠的、可以被有关部门接受的政策研究成果的主要机构"。第二,提供学术思想,充当认识机构。思想库的任务不仅在于提出具体的政策方案,而且在于发现和传播新思想、新观点,在于追求长远目标,面向未来。第三,提供政策结果信息,充当评估机构,即注重评估政府的各种政策和计划,在政治生活中发挥"社会医师"作用。第四,向政府机构输送官员和专家,充当人才交流、储备机构,在西方,许多政府要员来自思想库。有学者说,研究人员参加政府使其研究成果直接为制定政策服务是思想库影响政府决策最大的方面。第五,制造舆论,传播观点,充当宣传机构。思想库通过各种传播媒介、出版渠道和各种会议,及时传播其观点和主张,影响公众和政府,形成主流政策思想。

6. 大众传播媒介

现代大众传播媒介(广播、电视、电影、报纸、杂志、书籍、电子信息网络等)是政策主体的一个组成部分,是政府与社会之间的另一个主要中介。在当代信息社会,大众传媒对政府的公共决策有着重要的影响,有时甚至是决定性的影响。它们的主要作用是传播信息、引导舆论、交流思想和传播知识,是政府、政党和其他利益团体的宣传工具。现代传媒具有覆盖率高、信息量大、影响面广、冲击力强的特点,它能营造社会的文化氛围,形成或改变人们对事物的看法,引导或左右公共舆论,传播政府或其他政治团体的观点,聚焦问题,从而影响政府的政策制定与执行。大众传媒影响政府公共决策的途径或方式各种各样。例如,通过报道相关的问题,引起政府或公众对问题的重视,尤其通过预测性的报道来为决策者提供决策依据;及时反映社会的各种问题和信息,把民情民意传达给政府或决策者,又把政府的政策传播给公众，充当一种中介或桥梁作用；通过传播信息和知识尤其是新思想和新观念，制造公共舆论，影响政府决策；作为社会的"第三种权力"，监督政府的政策制定及执行等等。

7. 公民（选民）

公民或选民是政策主体的一个重要而又广泛的构成因素。在现代民主社会中，公民通过各种政治参与途径，去影响或制约政府的公共政策制定与执行。这些途径主要有：一是以国家主人或主权者的身份，对某些重大政策问题直接行使主权，如对宪法修订、领导人的选举、基本国策或重要的地方性政策，采取直接投票的方式来加以决定；二是利用间接或代议的方式，选出自己的代表去参与公共政策的制定与执行；三是使用各种威胁性的方式（如请愿、示威游行、罢工、罢课等）去反对某些政策，迫使政府修改或废止这些政策，或表达制定新政策的要求，迫使政府将问题提上议事日程；四是通过参加利益集团，借助团体的力量去影响政策，或通过制造舆论或游说的方式去影响政府决策；五是对政府通过并实施的政策采取合作或不合作的态度，以此影响政策结果等。在西方，公民的确有时可以通过这些途径去影响政府的公共决策，但是，在西方代议民主制度下，公民的政治参与及其对公共决策的影响是有限的，甚至是微不足道的。在我国的社会主义民主制度之下，人民群众是国家的主人，他们在政策过程中起着重大作用，人民群众参与国家的公共事务管理以及公共决策活动，参与政策的制定、执行、评估和监控，党和政府的政策实质上反映了广大人民群众的根本利益，是他们的意志和要求的集中体现。

此外，作为国家机构组成部分的司法机关，是官方政策主体的构成因素之一，它在公共决策过程中也占有重要的一席之地。例如，在美国，司法机关（法院）能够通过司法审查权和法令解释权对公共政策的性质和内容产生很大的影响；通过司法判例对经济政策（财产所有权、合同、企业、劳动关系等）和社会政策（如福利、基础设施建设等）产生影响。法院不仅参与政策制定，而且在其中扮演重要角色，它不仅规定政府不能做什么，而且规定政府应该采取何种行动以符合宪法和法律的要求。在我国，司法机关也在政策过程中起到某些类似的功能，它也是我国政策主体的一个有机组成部分。

那么，各种政策主体在政策过程尤其是政策制定中是如何行为的呢？西方公共选择理论家对此进行了探索，他们力图概括出政治家（立法者）、政党、行政官员、利益团体和选民在政策过程中的一般行为模式。他们用经济人假说来说明各种政策主体的行为，认为所有政策主体在公共决策或公共选择过程中都是以"经济人"的面目出现的，其动机和行为都是追求自身利益的最大化。例如，政治家或立法者在政策过程中所追求的最大化利益是赢得选举或再次当选。因此，其行为是为了在选举中获得更多的选票或支持率。而为了获得选民的支持就必须许诺制定并执行某些能够给选民带来利益的政策或提供更多的公共服务；政治家在公共政策及项目的拨款预算中，也往往支持最大化的预算方案，以便有更多的资金来回报支持他的选民。顺便说，政党在政策过程中的行为类似于政治家的行为。实际上，政治家是政党的代表。在西方，各政党在选举中通过某些政策承诺来获得更多选民的支持，以确保本党在选择中获胜。在许多情况下，这种迎合部分选民需要的政策倾向导致出现"短视效应"，即追求近期目标而牺牲长远利益，导致政策失败。

又如，政府官员尽管不是由选民选出，而是由行政机关任命的，但这些官员同样按"经济人"的原则行事，追求自身利益的最大化，他们在公共行为的动机中包含了自利的动机。按照尼斯卡宁（W. A. Niskanen, Jr.）的说法，一个官员可能追求的主要目标有："薪金、职务津贴、公共声誉、权力、任免权、机构的产生、容易改变事物，容易管理机构。"[1] 为了达到这些目标，就必须扩大自己所属的行政部门的规模，由此可以提高影响，增加晋升的机会，而这一切最终必须靠预算的最大化来实现，即通过尽可能多地增加预算，扩大机构，增加公共服务，其结果则是公共物品及服务超过社会需求，导致政府扩张（公共选择学者还认为，利益集团的行为动机与原则也是按"经济人"行事的，即同样追求自身利益的最大化。政治家、政府官员和利益集团在公共决策过程中相互勾结，形成一个"铁三角"，一起追求预算的最大化，以满足各自的私利，其结果是政策失败，损害公共利益、浪费社会资源）。

再如，政治领域中的选民和经济领域中的消费者的动机是一样的，即出于利己主义的最大化原则，他们在政治领域中的投票行为取决于投票获得的收益和投票所支出的费用之比。选民所期待的收益取决于他们对自己所希望的政策得到实施的期望值，即只有自己所支持的候选人当选时才能使所希望的政策得到实施。这种概率越高，就越能吸引选民去投票；同时，选举所花费的成本（包括信息收集成本、机会成本和交通费等）较低，选民总会去

---

[1] W. A. Niskanen, Jr., *Bureaucracy and Representative Government*. Chicago: Aldine-Atherton. 1971. p. 38.

投票。当预期的费用超过预期的收益尤其是信息收集费用过高时，选民会不收集信息，而直接投票或弃权，这就是所谓的"合理的无知"。

应该说，公共选择学者对西方政策主体在政策过程中的行为动机及行为方式作了颇为深刻的分析，揭露了西方政治制度下政治家（立法者）、政府官员和政党在公共政策过程中的利己本性，粉碎了他们为公共利益服务的神话。但是，能否将西方代议民主制之下的政策主体的行为推广到所有政治制度下的政策主体身上，成为一种普遍的行为模式，则是一个需要认真分析和研究的问题。

三、政策过程

政策主体、政策客体及其与政策环境的相互联系和相互作用，使得政策系统呈现一个动态的运行过程。按照伊斯顿的政治系统论观点，政策系统的运行表现为一个系统的不断输入、转换、输出的过程。政策环境首先把种种要求和支持传导给政策主体，从而输入政治体系。在这里，所谓要求是指个人和团体为了满足自己的利益而向政府提出采取行动的主张；所谓支持，是指团体和个人遵守选举结果、交纳税收、服从法律以及接受权威性的政府为满足要求而做出的决定或所采取的行动。这些要求和支持通过政治体系内部转换，变成政策方案输出，作用于环境，引起环境变化，产生新的要求。而这种新的要求反馈到政治体系，进一步导致政策输出。在这种循环往复中，使政策源源不断地产生。政策系统的运行得以持续进行。

政策系统的运行即是公共决策的过程或政策过程，它本质上是一种政治过程。公共决策（非市场决策）可以一般地定义为国家、政府及执政党为公共物品（Public goods）的生产及供应，为宏观调控经济及社会的运行而作出决策。它不同于市场决策（个人决策和企业决策）。后者是市场主体（作为消费者的个人和企业）根据市场供求关系来决定私人物品（Private goods）的生产和供应，即企业决定生产什么、如何生产和为谁生产。作为消费者的个人决定购买什么和消费什么产品服务等。公共决策的主体是国家、政府及执政党，它通过政治过程决定资源在不同公共物品之间的配置或决定全社会价值、利益在不同阶层、团体或个人中的分配。公共决策作为集体行动，表现为政治权力的运行过程，它按照政治的程序和规则而运转。

那么，公共决策所遵循的政治程序、规则及方式是什么呢？公共决策程序或规则是公共决策体制的一个基本组成部分。在现代社会中，有两种基本的公共决策体制,即民主的决策体制和非民主的决策体制。非民主决策体制的典型是独裁决策体制。在这种体制下,公共决策或公共物品的供给取决于独裁者本人的偏好,由他(们)说了算,且他(们)宣称自己是为社会或公众作决策,标榜其偏好与公众的偏好相一致,做出的决策符合公共利益,但实际上并非如此。独裁制往往难以反映多数人的偏好,违背公共利益,给全社会带来灾难与损失。民主的决策体制则有两种形式,即直接民主制和代议民主制。在直接民主制条件下,公共决策或公共物品的需求由选民或公民直接投票决定,即由选民的倾向性或偏好来决定政策方案及公共物品的供给。这种直接民主制能全面反映选民的偏好,但决策成本高。在代议民主制条件下,公共决策或公共物品的需求决定是由选民或投票人选举出代表(议员、人大代表等),再由这些代表做公共决策。依照这种决策程序,选民所选择的并不是公共政策本身,而是那些被认为能较好代表其利益的政治家。因此,代议民主制实际上是一种公民间接参与公共决策的程序,它力求在决策成本和公民偏好的一致性程度上寻求一个合适的平衡,是一种较通行的决策体制。

在民主决策体制中经常使用的投票规则(表决方式)有一致同意规则、过半数规则、最优多数规则和加权投票规则等。每一种投票规则均有其优劣,它是否有效取决于其成本的高低。投票规则的成本有外在成本和决策成本两种。所谓的外在成本(或称预期外在成本)是指在决策规则的选择中,由于其他人的行动而使单个参与者预期个人所承担的成本。或者说,是一项政策方案的实施将给那些偏好与之不一致的人所带来的损害,这种成本是通过集体决策的内在强制性而施加给单个参与者的。所谓的决策成本是指单个参与者为使集体决策得到所需的同意人数而耗费的时间和精力,亦即决策过程所耗费的人力、物力和时间成本。

用上述两种标准,可以衡量各种投票规则的相对优劣。例如,一致同意规则指所有投票人都对某项公共政策方案投赞成票或不反对(投弃权票)的表决方式,其特征是每个决策者形式上都享有平等的决策权,任何一个否决行动都对方案能否最终通过具有决定性的意义,而且这一规则导向帕累托最优,即所有投票者都可以获益,或者至少没有一个投票者的利益受损。因此,一致同意规则的外在成本极小乃至零成本;但是其决策成本太高,即为达到一个大家都满意、互不损害对方利益的"最优"方案,不得不进行反复的讨价还价,多方再三协商,因而时间、精力、财力耗费大,甚至贻误决策时机。

又如，过半数规则是指对于一项政策方案，需要超过二分之一的投票人赞同方算通过的表决方式。其特征是决策过程中无须人人投赞成票，只要超过半数即可。同时，它要求全体参与者服从已通过的决策，少数反对者必须服从多数赞成者的决定，因而产生"多数人对少数人的强制"或压迫。尽管过半数规则不完全是民主的，但与多数服从少数的独裁制相比，是一种巨大的进步，其外在成本和决策成本都居中，因而是一种现实可行，较有效率，且为大多数现代国家所采用的一种常用表决方式。

我国所实行的民主集中制原则是一种公共决策体制（代议制的一种形式），也是一种民主基础上的集中和集中指导下的民主相结合的表决方式或决策规则。它充分吸收了现代民主决策体制及方式的各种优点，体现了现代民主决策体制的基本精神，而且民主集中制更考虑到我国政治制度的实质及社会主义条件下的公共决策的特点，力求贯彻马克思主义的思想路线和我党的群众路线，弘扬党和国家在长期公共决策实践中积累起来的优良传统与经验，以避免或克服西方国家代议民主制的种种弊端。具体说，作为一种公共决策的体制及方式，民主集中制要求党和国家在公共决策过程中，必须坚持马克思主义的思想路线，一切从实际出发，调查研究，实事求是；必须坚持从群众中来到群众中去的群众路线，充分听取广大群众的意见，集中和吸收广大人民群众的智慧和力量，并在决策中充分反映广大人民群众的根本利益；必须坚持少数服从多数的原则，要求在公共决策中采取集体决策而非个人决策，在集体充分讨论的基础上，通过"少数服从多数"原则做出最终决策。民主集中制的这些特点和要求，可以有效地避免西方国家代议民主制的一些局限性，可以更好地、更真实地反映广大人民群众的利益和要求，减少因议而不决、长期的讨价还价而耗费的人力、物力和时间，减少外在成本和决策成本，提高公共决策效率，因此，民主集中制是一种最合理、便利和有效的决策体制。正如邓小平同志所说："民主集中制是我们党和国家的社会制度，也是最合理、最便利的制度"，"民主集中制也是我们的优越性。这种制度便利团结人民，比西方的民主好得多。"

公共决策作为一个集中行动过程，是由一系列的功能环节或阶段所构成的。叶海卡·德洛尔（Yehezkel Dror）在《公共政策制定检讨》（1968）一书中将政策过程分为四个阶段：元政策制定阶段、政策制定阶段、后政策制定阶段和反馈阶段。拉斯韦尔在《决策过程》（1956）这一论著中将政策过程的功能活动划分为如下七个范畴，即情报、建议、规定、行使、运用、评价和终止。安德森在《公共决策》一书中则将政策过程的功能活动划分为如下五个环节：问题的形成、政策方案的制定、方案的通过、政策的实施和政策评价。①

参考国外学者的看法，结合我国的政策实践情况，我们将政策系统的运行看作是由政策制定、政策执行、政策评估、政策监控和政策终结五个功能活动环节所组成的过程，这些环节构成一个政策周期。

（1）政策制定——从发现问题到政策方案的出台的一系列功能活动环节所组成的过程，包括建立议程、界定问题、设计方案、预测结果、比较和抉择方案以及方案的合法化等环节。

（2）政策执行——将政策方案付诸实践，解决实际政策问题的过程，也就是将政策理想转变为政策现实的过程，包括政策宣传、政策分解、组织和物质准备、政策实验以及指挥、沟通、协调等的功能活动环节。

（3）政策评估——指依据一定的标准和程序，对政策的效果做出判断，确定某项政策的效果、效益及优劣，并弄清政策的成功或失败的原因、经验和教训的活动，包括制定评估方案、收集和分析评估信息、处理评估结果、撰写评估报告等环节。

（4）政策监控——为达到政策方案的预期目标，避免政策失误而对政策过程尤其是执行阶段的监督和控制，以保证政策的权威性和严肃性，包括监督、控制和调整等功能活动环节。

（5）政策终结——指在政策执行并加以认真评估后，发现该政策的使命已经完成，政策已过时，不必要或不起作用，采取措施予以结束的过程或行为。

---

① ［美］詹姆斯·E. 安德森:《公共决策》，华夏出版社1990年版，第31页。

公共政策的类型、目标和工具[*]

公共政策是政府管理社会公共事务尤其是社会经济生活的基本手段或工具,在一个国家或地区的社会生活的各个领域中起作用的政策数量众多、类型各异;而这些政策往往又相互制约,相互联系,形成一个有机的政策体系。在这一体系中,有终极目标、中介目标、政策手段或政策工具之分。就每一项政策而言,也有它自己的政策目标和政策手段或工具。因此,对政策的类型、目标和手段的讨论构成公共政策的另一个理论基础。

一、政策分类

公共事务的管理是一个极其复杂的系统工程,作为国家或政府管理手段或工具的政策也是复杂多样的,它的数量之多、范围之广、内容之复杂和形式之多样,乃至于如何将它们加以合理的分类变成了一个值得注意的问题。在公共政策文献中,人们从不同的侧面或以不同的标准对政策加以分类。下面我们介绍若干种分类方法。

(一) 分配性的、调节性的、自我调节性的和再分配性的政策

根据政策对社会和有关人们之间关系的影响,可以将公共政策划分为分配性政策、调节性政策、自我调节性政策和再分配性政策四种类型。这种分类方法是美国政策科学文献中较为常见的分类方法之一,它是由著名政治学家罗威(T. Lowi)等人提出的。

分配性政策涉及将服务和利益分配给人口中的特定部分的个人、团体、公司和社区。这类政策有时为社会中众多的个人、团体提供利益(如美国

---

[*] 本文原为普通高等教育"十一五"国家级规划教材《中国公共政策》(中国人民大学出版社2009年版)"绪论"第二节的内容。

的农业价格补贴计划、房屋抵押付款税和降低、免费公共学校教育等）；有时则仅为少数甚至一两个团体或单位提供利益（如20世纪70年代初洛克希德贷款担保）。分配性政策只会产生得利者，而不会产生受害者，尽管的确有人（全体纳税人）付出代价。

调节性政策与将限制、约束加之于个人和团体的行动有关，它减少那些受调节者的自由和权利，这使它明显区别于分配性政策，后者的实施只会增加受调节者的自由和权利。用罗威自己的话来说，"调节性的政策涉及谁将得到满足，谁将被剥夺"。这类政策的形成通常涉及两个团体或团体联盟之间的冲突，其中的一个团体试图将某种控制强加于对方。控制污染条例、反垄断法、食品和药物管理条例、消费者权益保护法等都属于这种政策。

自我调节性政策如同调节性政策一样，涉及对某一事物或团体的限制或控制，但这种政策与调节性政策不同，它不是别的团体强加上来的，而是受调节的团体主动要求，并作为保护和促进自我利益的手段而出现的。职业和专业营业执照发放就是这类政策的一个典型例子，某一专业或职业团体从政府部门中寻求关于营业执照发放的立法。

再分配性政策涉及政府在社会各阶级（层）或团体中进行有意识的财富、收入、财产或权利的转移性分配。如累进所得税、向贫穷开战、医疗照顾计划以及其他社会保障措施都属于这类政策的范畴。由于这类政策直接涉及财产和权利的再分配或调整，因此，它的制定和执行往往引起激烈的争论和冲突（尤其是所谓的自由派和保守派之间的争论）。

（二）总政策、基本政策和具体政策

从政策层次的角度，可以将公共政策划分为总政策、基本政策和具体政策三种基本类型。

总政策是一个国家或地区的带有全局性、根本性、决定社会发展基本方向的政策，包括总路线、总方针、总纲领、总任务、基本路线等。例如，以经济建设为中心、坚持改革开放、坚持四项基本原则、建设社会主义现代化国家、建立社会主义法治国家等是我国现阶段的总政策。

基本政策是次于总政策而在社会生活的各个领域、部门或方面起主导作用的实质性政策。一般可以将基本政策称为基本国策（有些总政策也被称为基本国策），例如计划生育（人口领域），环境保护（环境领域），政治和行政体制改革（政治领域），建立社会主义市场经济体制（经济领域），独立自主、和平共处（外交领域）等都是基本政策。基本政策处于政策金字

塔的中间层次,是介于总政策和具体政策之间的中介环节:一方面,它是根据本领域、部门的实际情况,对总政策的细化;另一方面,它又是本领域本部门的各项具体政策的依据和原则(对后者起指导作用)。

具体政策处于政策金字塔的底部,是实现基本政策目标的手段,或说是基本政策的具体规定,是为落实基本政策而制定的具体实施细则。它体现基本政策的精神,它的条文具体而明确,该干什么、不该干什么、怎样干等都有明确的规定。由于社会生活及社会活动极为纷繁复杂,因而具体政策的内容、形式也极为广泛复杂,每个领域、每个地方、每个部门、每个行业、每项任务都有大量的具体政策规定。

(三) 政治的、经济的、社会的和文化的政策

按照所涉及的社会生活领域及其问题的不同,可以将公共政策划分为政治政策、经济政策、社会政策和文化政策。政治政策就是政府处理政治问题或调整政治关系方面所采取的行动或规定的行为规范。属于政治领域的问题,有政治体制、政党、行政、人事、民族、阶级、国防、外交等,因而相应地就有政治体制政策、政党政策、行政政策、人事政策、民族政策、阶级关系政策、国防政策、外交政策等。经济政策是政府处理经济问题或调整人们的经济利益关系的手段。或用沃特森(D. S. Watson)的话说,经济政策是"政府采取的以影响经济生活为目的的行动"。经济政策本身是一个庞杂的体系,有各种各样的经济政策:从生产过程看,有生产、流通、分配和消费四种类型的政策;从产业部门看有第一、二、三产业方面的政策,或工业、农业、商业等方面的政策;从经济领域看有财税、金融、产业、投资、贸易、分配等方面的政策。社会政策是指政府用来处理狭义的社会(社会学意义上的社会)问题所采取的行动或行为规范,人口、环保、治安、社会保障以及社会救济一类的政策都属于社会政策的范畴。文化政策即是政府用来处理文化问题以及发展文化事业方面的政策,包括科技、文教、体育、卫生等方面的政策。

此外,可以从其他的角度或侧面来划分公共政策。例如,根据是否涉及政府的实质性行动,可以将公共政策划分为实质性政策和程序性政策——前者与政府准备采取的实际行动有关(如高速公路建设、福利的发放);后者涉及由谁采取行动或怎样采取行动(如行政管理程序法)。又如,根据所分配利益的种类而将公共政策划分为实质性政策和符号性(象征性)政策——前者将分配有形的资源或实质性的权力,或给目标团体带来物质性利

益或伤害；后者所分配的有利的条件很少对人们产生实际的效果，它们并不交付表面上承诺的东西。再如，根据政策问题的起因而将公共政策划分为外交政策和内政政策（后者的内容极为广泛，包括了绝大部分的经济、社会、文化和政治政策）。

二、政策目标

政策目标是决策者凭借政策手段所要达成的目的，它涉及"是什么"和"应该是什么"的问题。大到总路线、总方针、总政策，小到各项具体的政策规定都有其要达到的目标。例如，到21世纪中叶，我国要基本实现现代化，达到中等发达国家的水平，是我国长期发展战略所要达成的目标。对政策目标的澄清和认定是决策者和政策分析者所要解决的中心问题之一。

（一）政策目标的价值前提

政策目标涉及主观和客观两个方面，既要解决"是什么"的问题，又要解决"应该是什么"的问题。一方面，确立政策目标要以社会的事实或客观条件作为基础，从实际出发，以事实为依据，即人们选择什么样的政策目标是由社会现实所决定的。因而，许多政策目标往往是可以进行量化分析的，有一些定量指标来刻画它们。但是另一方面，公共政策作为政府对社会政治经济生活的干预措施或解决问题的手段，要达到何种理想状态（即政策目标应该是什么），关键取决于全社会及社会成员个人的价值判断或价值观。

按照《简明帕氏新经济学辞典》的解释："价值判断可以定义为对所认定的客观效力的赞成或不赞成的判断。"即对社会现象、事实的好坏、满意不满意、善恶等的一种判断。价值因素成为政策目标不可或缺的前提条件。在公共决策及政策分析中，往往需要把某种现实的状况与理想的境界（或期望状态）加以比较，这就需要确定理想境界的指标或尺度，这些指标或尺度不可能具有相同的权重，必须排列出优先顺序，而顺序的排列取决于价值判断。这种理想的状态的总和就是政策目标。因此，价值判断就成为政策目标的重要组成部分。

价值观或价值判断取决于个人或集团在社会中的经济和政治地位、利益、伦理道德、传统与历史等因素，因而主要是一种主观判断。不同的个人、集体或阶级具有不同的或根本对立的价值观。肯尼思·阿罗（K.

Arrow）的不可能定理认为，不可能从个人的偏好顺序中推导出社会的偏好顺序，因而实际上不存在每个个人都认可的、统一的社会价值判断，而仅仅存在部分人或某些利益集团的价值判断。价值观的冲突实际上是不同的个人、集团或阶级利益的冲突。政府在确定政策目标时，所依据的实际上总是部分人的价值判断，有时这种价值判断代表多数人的看法，有时则只是少数人的观点。例如，有的经济学者认为，在各国经济发展的早期，往往将效率放在首位，而不太注意公平问题，这一目标的确定所依据的是从经济增长中获利最多的富人的价值判断，而不是广大的劳动人民的价值判断。在独裁或专制制度下，统治阶级的价值观被当作全社会的价值观；在民主制度下，不同的价值观相对地受到重视。由于代议民主制并不能完全代表人民的意志，通过民主程序所确定的政策目标，往往只代表某种利益集团的价值观或是对不同利益集团价值观的折中。当然，民主体制下决策所依据的价值判断能反映多数人的看法。

（二）基本政策目标

政策目标取决于决策者及分析者所要处理的具体政策问题。政策问题的不同决定了政策目标的千差万别。尽管如此，在当代公共决策中，特别是经济社会政策中，却有一些最基本的或一般的政策目标，掌握这些基本政策目标，对于我们确定具体的政策目标是会有所帮助的。

关于一个国家或地区的基本经济政策目标，经济学家尤其是经济政策学家作过不少论述。美国学者博尔丁（K. E. Bonlding）在《经济政策原理》(1959)一书中将基本政策目标归纳为四个：经济进步、经济稳定、经济公正和经济自由。他在该书1974年的新版序言中又增加了两个——经济和平和持续的可能性。阿罗认为，经济政策目标按某种方法可以归纳为经济稳定、资源配置优化和分配的公平三种。尤默（M. J. Ulmer）指出，经济的均衡、经济的公正和经济增长是经济政策的三个基本目标。日本学者长谷川启之等人所著的《经济政策的理论基础》一书认为，经济政策的基本目标有资源有效配置、经济增长与稳定、公平的分配、社会资本的扩大以及国际经济关系的协调。综合学者们的观点，我们将基本经济政策目标归纳为增长、效率、稳定和公平。

1. 增长（Growth）

经济增长是各国政府尤其是向现代化过渡的国家长期追求的主要经济政策目标。增长问题的实质在于，为了提高包括下一代在内的子孙后代的消费水平，应该在多大程度上抑制现在的消费，将有限的生产物更多地用于投资，进一步发展生产。人们普遍认为，经济增长是实现充分就业的一个重要条件。例如，人们认为，经济增长既提高工资，促进劳动供给的增加，又使劳动需求增长。这样，经济增长可以促使经济实现更高水平的均衡。因此，为了保证生活水平不至于下降，单考虑收入分配公正是不够的，必须使经济达到更大的规模。

然而，由于实现方式的不同，经济增长既可以为人们带来利益，也可能使人们付出沉重的代价。例如，如果将经济增长看作只是单纯地扩大生产规模的增长，那么就很容易造成对环境的破坏，为此付出高昂的代价；又如，为片面追求经济增长而采用劳动集约型技术，就难以解决失业问题，达成充分就业这一目标。因此，经济增长这一基本目标，绝不是单纯的生产规模的扩大，同样的增长率，可以由不同的方式来实现。现阶段我国政府提出的实现经济增长方式由数量型、粗放型向效益型、集约型的转变是十分正确的。

2. 效率（Efficiency）

经济效率是经济政策的另一个基本目标。按照经济学的理论，稀缺资源的有效配置就是效率。在经济学中，一般把帕累托原则（Pareto principle）作为经济效率的标准。如果实现帕累托最优（Pareto optinmun）就达到了最高的效率。所谓的帕累托最优是指经济中的资源配置已经达到这样一种状态，在该状态下，资源配置的改变不会在任何一个人效用水平至少不下降的情况下使其他人的效用水平有所提高。处于这种状态下的资源配置就实现了帕累托最优或经济效率。反之，如果经济可以在不减少某个人效用的情况下，通过资源的重新配置而提高他人的效用，则这种资源配置状态就被称为"帕累托无效率"（Pareto inefficiency）。帕累托原则涉及效用或福利。效用或福利取决于主观感受，因而也就取决于价值判断。由此可见，效率标准与价值因素有关。

传统经济学假定市场机制是实现帕累托最优的最佳途径，即在完全竞争的条件下，由价格这只"看不见的手"所指引，通过完全竞争来达到帕累托最优。然而，现代经济学理论又证明，完善的市场机制或完全竞争只是一种理论假设，在现实市场经济实践中并不存在。由于公共物品、外在效应、不确定性、收入分配不公等因素的存在，使得市场机制的运行过程中必将出现资源浪费与资源配置失误，即市场机制的内在缺陷使它难以实现帕累托最优。

3. 稳定（Stability）

在市场经济条件下，如果让市场机制自发地加以调节，经济就不能稳定发展，而是在繁荣与萧条的周期性交替中前进。这种周期性波动造成宏观经济的不稳定，会带来各种问题，最突出的是繁荣时期所出现的通货膨胀问题和萧条时期出现的高失业率问题。失业和通货膨胀都引起资源配置失调、效率降低，并可能造成社会不稳定。因此，经济政策的一个基本目标就是维持经济环境的稳定或保持经济稳定增长。这一目标包括如下三个方面的内容：

——充分就业。经济学所讲的充分就业并非指人人都有工作，而是要把失业率保持在一定的水平之下。这种失业率要在社会可允许或可接受的范围之内，实现充分就业时的失业率称为"自然失业率"。经济学家根据引起失业的原因的不同而将失业分为四类：自然失业，自愿失业，周期性失业（或非自愿失业），隐蔽失业。充分就业并不是要消灭各种失业，而主要是要消灭由于需求不足所引起的周期性失业。

——物价稳定。各国在经济发展过程中都会出现不同程度的通货膨胀。通货膨胀尤其是严重的通货膨胀是经济不稳定的主要原因之一。它使市场机制扭曲，资源配置失误，减少人民的实际收入，加剧收入与财富分配的不公，甚至引发社会动乱。同时，通货膨胀增加了投资风险，减少储蓄，最终不利于经济增长。在开放经济中，国内价格上涨还会引起国际收支失衡。第二次世界大战后，许多国家的通货膨胀，给经济、社会发展带来了恶果。因此，消除通货膨胀、维持物价稳定是经济稳定目标的一个基本内容。

——国际收支平衡。全球经济的一体化成为当代人类社会发展的一大趋势。一国国际收支状况对国内经济的稳定有相当的影响。从长期看，国际收支的盈余或赤字都对经济的稳定不利，也会引起国际经济关系的紧张。国际收支的盈余会使一国的汇率上升，进口增加，失业增加。国际收支赤字会使一国汇率下降，货币贬值，通货膨胀加剧，各国为维持国际收支均衡往往采取贸易保护主义，从而引起国际贸易战。因此，在国际收支不平衡的条件下，国内经济难以稳定。在开放经济的条件下，维持国际收支平衡成为经济稳定目标的一项内容。

4. 公平（Equality）

分配的公平是一个基本的经济政策目标。它指的是收入与财富的分配的平等问题，涉及个人、团体的经济利益的调整。人们一般认为，市场机制能较好地解决效率问题，不能解决收入和财富的分配不公问题。较之于效率问题，公平问题更受到人们的注意。在当代，公平问题成为一个争论的焦点，备受社会各界的重视。公平标准在相当大的程度上依赖于价值判断,不同的个人、团体和阶级的价值尺度不同,所以在作为基本政策目标的问题上就很难达成一致。

从公平方面看,市场体制是有严重缺陷的。虽然这种体制力求公平,但无法真正做到公平(在合理的机会均等意义上的公平)。一方面,由于市场能体现人们以及思想的那种非个人的相对客观的过程,因而能较充分地获得公正;但另一方面,由于具有不同条件的人们在面对市场的非个人化的筛选过程中,具有不同起点和天赋以及不同的机遇(运气),因而产生了不公平。市场不会保证这些天赋既平等又随意地分配给每个人,如拥有富裕的父母或遗产,受良好的教育尤其是毕业于名牌大学,结交有才能、有影响的朋友等。

人们对公平标准有三种不同理解,或者说,有三种不同的公平标准:一是贡献标准;二是需求标准;三是机会均等标准。一般而言,实现公平的分配采取了与这三个标准相一致的形式,而不是以其中之一作为唯一的标准。但在实践中,各国对公平标准的侧重有所不同,有些国家(如瑞典)更重视需求标准;有些国家(如美国、日本)则更重视贡献标准。

应该指出,增长、效率、稳定和公平四大政策目标之间,并不是各自独立、彼此互不相关的,而是相互依存、相互联系的。如果我们把经济政策的最终目标确定为社会经济福利的最大化,那么,这些基本政策目标也都具有手段的性质。在特定的条件下,这些目标可能是能够协调一致的。但是在另一些特定条件下,这些基本目标又可能是相互矛盾的、对立的,难以同时达成的。

(三)政策目标的认定

政策目标的认定或确立是公共决策及政策分析中的一项重要任务。公共决策者以及政策分析者要作出决策或选择一项备选方案,一个基本的要求是必须对所要达成的目的或目标做到心中有数。当决策者及分析者认定或确定目标时,实际上就隐含了要采取的行动过程。政策研究或政策分析的任务是要使政策目标及取得目标的方案明晰起来,认定或辨明政策目标是政策分析的一个关键。为了给方案的选择提供可靠的基础,必须首先弄清楚采取特定政策方案或行动所要达到的目的。除非明确一项政策或行动所要取得的是什么目标,否则,关于备选方案、成本、利益一类的信息就没有太多的价值。在确定应该做什么时,知道什么样的事情可以做显然是相当重要的。

认定或确立政策目标在公共决策及政策分析过程中的确重要。然而，这又是一件十分困难的任务。这不仅在于政策目标以价值判断作为前提或基础，做价值分析十分困难，而且在于这项工作还存在种种政治上的障碍以及目标的多重性与冲突。公共政策目标是政治过程的产品，而不是个人决定的产品。因此，政治上的考虑是一种不容忽视的因素。各种利益集团为了自身的利益而通过各种途径去影响政策过程，决策者在确定政策目标时就会受到这些集团的影响，甚至受其操纵。现实政治过程中利益集团的存在及其对公共政策所施加的影响是造成目标认定困难的一个因素。此外，政策目标的多重性以及政策目标之间的冲突也是导致目标认定困难的一个方面的原因。现实的公共政策目标往往是多重的，而非单一的。这种多目标及目标冲突，使得政策目标的认定和取舍十分复杂和困难。

三、政策工具

政策手段也就是为达到特定的政策目标的具体政策措施或政策工具。手段与目标（目的）总是相对而言的。除终极目标和最底层的政策手段之外，目标和手段可以互换，即对于下一层次是目标的东西，对上一层次则是手段。

关于工具概念的最常见的定义是："一个行动者能够使用或潜在地加以使用，以便达成一个或更多目的的任何事物。"（A. Hoogerwerf 语）简单地说，政策工具就是达成政策目标的手段。尽管"内部管理""人力资源政策""网络管理""政策实验"等东西在某种意义或角度上可以看作政策工具，但最好是将政策工具限定在实现政策目标或结果的手段这一特性上。事实上，政策工具既可以界定为一种"客体"（object），也可以界定为一种活动（activity）。一方面，我们可以将工具看作一种客体。例如，在法律文献中，人们往往将法律和行政命令称为工具；另一方面，工具也可以看作是活动，因而有学者将政策工具定义为"一系列的显示出相似特征的活动，其焦点是影响和治理社会过程"（A. B. Ringeling 语）。这种定义扩大了工具的范围，将某些非正式的活动也纳入工具之中，然而，却使"政策"与"工具"的界限更加模糊。

政策工具的种类繁多，形式多样。胡德提出了一种系统化的分类框架。他认为，政府通过使用其所拥有的信息、权威、财力和可利用的正式组织来处理公共问题。麦克唐纳尔和艾莫尔（L. M. McDonell and R. F. Elmore）根据工具所要获得的目标将政策工具分为四类,即命令性工具、激励性工具、能力建设工具和系统变化工具。英格拉姆(H. M. Ingram)等人也作出了类似的分类,将政策工具分为激励、能力建设、符号和规劝、学习四类。加拿大公共政策学者霍莱特和拉梅什(M. Howlett and M. Ramesh)在《公共政策研究》(1995)一书中根据政府工具的强制性程度来分类,将政府工具分为自愿性工具(非强制性工具)、强制性工具和混合性工具三类(如表 2—1 所示)。① 与其他分类方法相比,他们的分类框架更具解释力、更合理。

表 2—1　　　　　　　政府介入层次(低—高)

自愿性工具	混合性工具	强制性工具
家庭与社群	信息与劝告	管制
自愿性组织	公营事业	补助
私有市场	征税与使用者付费	直接提供服务

我们将基本的政策工具分为市场化工具、工商管理技术和社会化手段三类。市场化工具指的是,政府利用市场这一资源有效配置手段,来达到提供公共物品和服务目的的具体方式,民营化、用者付费、合同外包、特许经营、凭单制、产权交易、放松管制、税式支出、内部市场等都可以用来帮助政府达成政策目标。作为政策工具,工商管理技术是把企业的管理理念和方式借鉴到公共部门中来,吸取有效经验达成政府的政策目标,它包括战略管理技术、绩效管理技术、顾客导向技术、目标管理技术、全面质量管理技术、标杆管理技术和企业流程再造技术等。社会化手段是指政府更多地利用社会资源,在一种互动的基础上来实现政策目标,如社区治理、个人与家庭、志愿者组织、公私伙伴关系等。

在政策执行中,选用何种政策工具、用哪一种标准来评价该政策工具的效果等问题对政府能否达成既定目标具有决定性影响。政策工具的选择涉及两个主要问题,即影响工具选择的因素及如何进行工具选择。影响工具选择的因素主要有政策目标(或政府目标)、工具的特性、工具应用的背景、以前的工具选择和意识形态五种主要因素。

---

① Michael Howlett and M. Ramesh, *Studying Public Policy: Policy Cycles and Policy Subsystems*. Oxford University, 1995, p. 82.

政策分析的构成因素、过程及程序*

政策分析并没有严格不变的固定框架、程序或模式,它依赖于具体的问题以及经验、直觉和判断的运用。然而,透过这些具体的差别,我们仍然可以找出政策分析的基本因素,政策分析过程的逻辑顺序。对于这些因素和过程的研究,可以为我们提供政策分析的指导性策略,即解决问题的合理思路。

一、政策分析的构成因素

一般而言,政策分析的基本任务及程序是:(1)帮助决策者确定政策目标;(2)找出达成目标的各种可能的办法;(3)分析每个备选方案的各种可能的结果;(4)依一定的标准排列各种备选方案的顺序。这些基本任务决定了政策分析中的各种因素及分析过程。

小麦克雷(D. MacRae Jr.)认为,政策分析有下列四种基本因素:(1)问题的界定;(2)抉择的标准;(3)备选方案、模式与决策;(4)政治可行性。[①]按照奎德的说法,政策分析包括五个基本因素,即目标、备选方案、模式、效果和标准。他说,从抽象的和一般的意义上说,当面临一个选择问题时,人们首先必须确定他的目标(goal)或目的(objective),即他想要得到什么,以便他能够寻找各种备选方案(alternatives)或达成目标的

---

* 本文的部分内容曾以《政策分析的过程》和《政策分析的基本步骤》为题,发表在《管理与效益》1997年第2期和1998年第1期。

① D. MacRae Jr., "Policy Analysis Methods and Government Function". in Stuart S. Nagel ed., *Improving Policy Analysis*. Beverly Hill, California: Sage Publications, Inc., 1980, pp. 131-132.

可能手段。然后，他应研究各种备选方案，尽可能确定每一方案被采纳后的各种效果（impacts）或结果（consequences）。在大部分问题中，所需的资源和成本以及方案所要达成的目标范围是主要的效果。在任何复杂的问题中，要知道效果，分析者必须制定出一个或多个框架（schemes），即模式（models），以便帮助决策者作出决策。此外，他需要确定一种标准（criterion or standard），根据这一标准，他可以运用已经掌握的有关效果的信息，去排列各种备选方案的偏好顺序。①

下面，我们将根据小麦克雷和奎德等人的论述，简述政策分析的如下七个基本因素：问题、目标、备选方案、效果、标准、模型和政治可行性。

1. 问题（issues or problems）

问题是一般科学发现的逻辑起点，同样也是政策分析的逻辑起点。政策分析中的问题是指政策问题，即政策分析者所要分析、研究或处理的对象。政策分析所要处理的问题是公共问题，而非私人问题。关于什么是私人问题和公共问题，这是难以明确区分的。按照琼斯（Charles O. Jones）的观点，如果一个问题没有对未受影响的人提出要求，则这个问题本质上是私人的，反之则是公共问题。②一般地说，那些影响全社会或相当部分社会成员的问题是公共问题。

人们往往认为，社会问题是既定的、客观的，它们自然而然地成为政府所要力求解决的对象。然而，政策分析家的研究表明，政策问题不仅是客观的，而且也是主观的，它们在很大程度上是由决策者和分析者以及其他社会群体创造出来的，问题的性质依不同的人或群体而有所不同：对某一群体的人来说是问题，对另一群体的人来说则未必是问题，甚至是利益。现在，一些政策分析家已抛弃了"社会问题是一种客观条件"的观点，甚至认为"社会问题是集体行为的后果"。③ 问题界定构成了政策分析的一个极为重要的组成部分，好的开端等于成功的一半，即成功地界定问题等于完成分析任务的一半。

---

① E. S. Quade, *Analysis for Public Decision*. Chapter 3. NY: Elsevier Science Publishing Co., Inc., 1989.

② Charles O. Jones, *An Introduction to the Study of Public Policy*. California: Brooks/Cole Publishing Company, 1984, p. 39.

③ Herbert Blumer, "Social problem as Collective Behavior". *Social Problem*, Vol. 18. (Winter 1971), pp. 298 – 306.

因此，小麦克雷指出，政策分析必须首先将各种问题界定，转换成单一的"分析家的问题"，即重新以明确的语句写出问题，以便于分析，并且以决策者和执行者所了解的方式予以建构。邓恩则指出，相同政策的相关信息常常造成各种相互冲突的问题界定与解释；同时，在问题的形成过程中，已经包括了解决问题的各种备选方案。①

2. 目标（goals or objectives）

目标或目的是决策者凭借决策手段所要取得或达成的东西。分析者遇到的一个困难是弄清楚决策者真正所要达成的目标。因为这些目标往往被决策者以抽象的语句或笼统的方式所陈述或隐含，以至于相当模糊。如果决策者还没有一定的目标的话，那么分析者就应认真地分析研究，并在目标应该是什么的问题上与决策者或当事人达成一致。尽管这很重要，但不幸的是在实践中对目标的完全的研究是不太可能的，或者决策者或当事人不赞同进行这种研究，或者特别的信息资料难以获得。

3. 备选方案（alternatives）

备选方案是决策者用来达到目标的选择或手段。在不同的场合，它们可以是政策、策略、项目或行动等。备选方案之间不必是明显地相互排斥（相互取代）或起着相同作用的。因此，教育、娱乐、警察监视、家庭补助（每个选择以及它们的结合）可以是防止青少年违法的备选方案。此外，备选方案不只是那些决策者从一开始就知道的选择，而且也包括那些后来才被发现的选择。

4. 效果（impacts）

指明一个特殊的备选方案作为取得目标的手段意味着一系列的结果，我们称这些结果是与备选方案相联系的效果。有些效果是对实现目标的积极贡献，即利益；另一些效果则是与备选方案相联系的消极结果，即成本，它们是决策者要力求避免或减少的东西（当然，在一些人看来是利益的东西，在另一些人看来可能是成本）。与备选方案相联系的还有另一种效果，我们称之为外在的结果，即经济学所讲的外部效应或外部性（Externalities）。不管这些外在结果的影响是大还是小，也不管它们是正的还是负的，我们在政策分析中都必须加以认真考虑，因为它们可能制约某些政策参与者的其他目标。另外，成本在政策分析中指的是执行一个备选方案所需的各种资源，有

---

① William, N. Dunn, *Public Policy Analysis: An Introduction*, Prentice - Hall Inc., 1981, p. 97, p. 40.

些成本可以定量化，有些则不能定量化。

5. 标准（criteria）

选择标准又称决策标准或决策规则，根据这些标准，我们可以"衡量各种备选方案达成目标的程度"（奎德语），它们是"用以支持所推荐的行动方案并加以明确陈述的各种价值"（邓恩语）。小麦克雷认为，不管是哪一种分析方法，都必须假定并运用明确的且有价值的选择标准，以便比较各种备选方案的结果。选择标准提供了一种将目标、备选方案和效果联系起来的方法。它们有时可以为目标的取得程度作出数字上的衡量。按照邓恩的看法，一般的决策标准有效能、效率、适当性、公平性、回应性和合适性等。在资源有限的条件下，政策分析常常采用成本—效益分析（损益分析）或成本—效能分析，以这两种分析的结果作为方案比较选择的标准。针对单一的政策目标，可资运用的标准常常不止一个。以个人购买小汽车为例，这一决策行为除了考虑成本价格外，还常常考虑汽车的外观、驾驶的舒适、省油与否、保养费用等等。

6. 模型（models）

政策分析的焦点是一个可以预言或至少表明从一个备选方案的选择所能推出结果过程的存在或创造。也就是说，如果要实施一个行动过程，那么必须有一个框架或过程告诉我们会产生什么样的结果以及在何种程度上达成了目标。这个作用靠模型来完成。抽象地讲，模型不是别的，不过是一系列关于世界及其过程的概括或假定，一个关于实在的简化了的图像。它可以用来研究一项行为的结果，而不必采取实际的行动。模式有各种表现形式，如公式、物理结构、计算机程序等，甚至不过是一个心灵的图像而已。模型不仅可以用来预测备选方案的结果，而且可以应用于问题的建构或界定,[1]甚至可以应用于整个分析过程。[2]

7. 政治可行性（political feasibility）

对于什么是政治可行性，学者们并没有一致的定义。按照马杰（G. Majone）的说法，政治可行性是指符合在解决问题的限度内。限度指环境的因素，即影响政策结果的因素和不受政策制定者所掌握的因素。他

---

[1] See W. N. Dunn, *Public Policy Analysis: An Introduction*. New Jersey: Prentice Hall Inc., 1994 (Second Edition), Chapter 5.

[2] M. J. Dubnik and B. A. Bardes, *Thinking about Public Policy: A Problem - solving Approach*. Canadan: John Wiley & Sons, Inc., 1983, pp. 35 - 38.

将政治可行性分为三个方面：（1）政治资源限制——包括政治支持度，政治和行政技术；（2）分配限制——政治是整个社会对价值所作的权威性分配，分配的差距有一定限度；（3）制度的限制——政策分析不能为所欲为，必须在一定的制度限制之内进行。[①] 政策分析必须考虑政治可行性问题，这种可行性是不能靠系统分析或定量分析方法得到的。小麦克雷认为，政策分析应注意所选择的方案是否经得起立法通过及执行的考虑，必须借用政治科学及社会科学的知识，同时更应注意特殊政治形势的有关信息及实际工作人员的技术能力。迈耶尔（R. R. Mayer）则指出：事实上，在政策规划的各个阶段都应注意各种政治限制，必须注意各个方案是否被接受或拒绝，并凭借修改过程增加其被采纳的机会；政治可行性的判别几乎可以说是一种艺术，我们可以采纳脚本写作的技术来增强可行性评估。

二、几种有代表性的政策分析框架

政策分析是如何进行的？迄今为止，并没有单一的、普遍同意的过程程序、框架或格式。许多研究者和实践者提出了各种分析过程框架，其中的大部分属于政策分析的理性主义模式。

1. 奎德的模型

奎德（E. S. Quade）在《公共决策分析》一书中认为，政策分析的过程与其他系统过程一样，可以看作一个由初始阶段、持续阶段和终结阶段所组成的过程。政策分析过程中先做什么、后做什么依赖于被研究的问题及其脉络。分析过程一般包括如下五个逻辑上相联系的环节：（1）规划（Formulation）——澄清和约束问题，并决定目标；（2）搜索（Search）——辨别、设计和筛选方案；（3）预测（Forecasting）——预测未来的环境或运行情况；（4）模拟（Modeling）——建立和应用模型去决定结果；（5）综合（Synthesis）——比较和排列方案。具体来说，政策分析是包括了如下活动及其循环反复的过程（见图2—1）：[②]

[①] G. Majone, "On the Nation of Political Feasibility". In S. S. Nagel (ed.), *Policy Studies Review Annual*. Vol. 1 (1977), pp. 80–95.

[②] E. S. Quade, *Analysis for Public Decision*. p. 49.

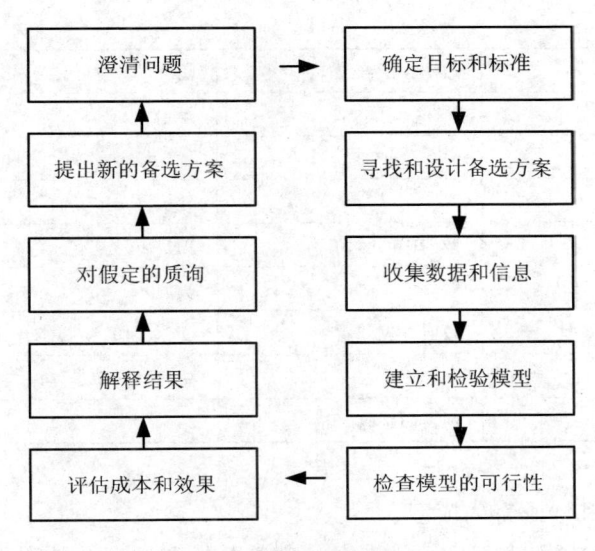

```
澄清问题     →    确定目标和标准
   ↑                  ↓
提出新的备选方案    寻找和设计备选方案
   ↑                  ↓
对假定的质询        收集数据和信息
   ↑                  ↓
解释结果            建立和检验模型
   ↑                  ↓
评估成本和效果  ←    检查模型的可行性
```

图 2—1　奎德的模型

2. 琼斯的模型

琼斯在《公共政策研究导论》一书中提出了一个详尽的政策分析框架模型。他认为,过程是一系列准确地实现一个目的的行动或操作,政策分析过程包括如下一些功能因素:(1) 感知/定义(Perception/Definition);(2) 集合(Aggregation);(3) 组织(Organization);(4) 代议(Representation);(5) 确定议程(Agenda setting);(6) 规划(Formulation);(7) 合法化(Legitimation);(8) 预算(Budgeting);(9) 执行(Implementation);(10) 评估(Evaluating);(11) 调整/终结(Adjustment/Termination)。[1] 可以把这些功能因素列成表 2—2。[2]

表 2—2　　　　　　　　　　琼斯的模型

功能活动	政府中的归类	潜在的产品
感知/定义		问题
集合		
组织	问题进入政府	需求

---

[1] Charles O. Jones, *An Introduction to the Study of Public Policy.* pp. 27–28.
[2] Ibid., p. 29.

续表

功能活动	政府中的归类	潜在的产品
代议		渠道
确定议程		优先性
规划		建议
合法性	政府中的行动	项目
预算		资源
执行	政府处理问题	变化（服务、开支、设备、控制）
评估		变化（调节、建议、变化、解决）
调整/终结		项目回到政府

3. 帕顿和沙维奇的模型

卡尔·帕顿、大卫·沙维奇在《政策分析和计划的基本方法》（华夏出版社的中译本译为：《政策分析和规划的初步方法》）一书中提出了一个包括六步的过程。这六个步骤分别是：证实、定义和详述问题，确定评估标准，查明备选方案，评估备选方案，展示和选择备选方案和监控政策结果（见图2—2）。

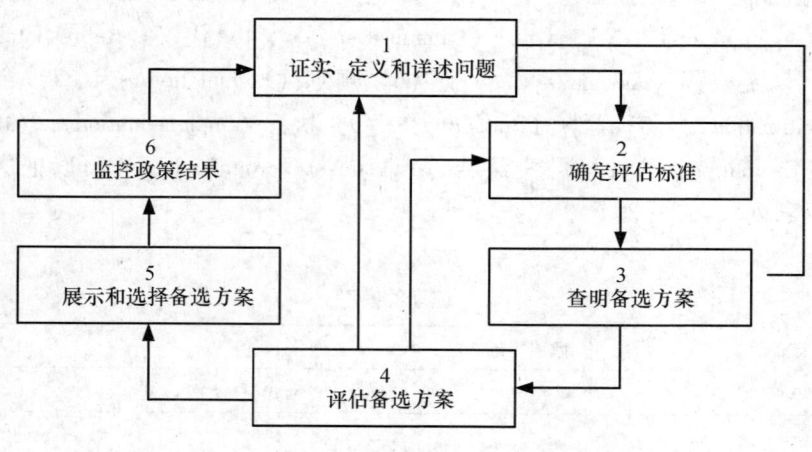

图2—2　帕顿和沙维奇的模型

4. 韦默和维宁的模型

戴维·L.韦默和艾丹·R.维宁在《政策分析：理论与实践》中提出了

一个改进了的理性主义政策分析模式。他们认为，巴顿和萨维斯基等人的政策分析模型（定义问题、制定评价标准、明确备选政策、展示备选方案并从中挑选、监督并评价政策结果）常常是从"定义问题"开始，接下来的步骤可以说属于"解决问题"。这一模型没有给予定义或解释问题应有的地位，未能充分考虑到定义、解释和模拟问题的复杂性和困难。因此，韦默和维宁提出了一个将分析过程分为问题分析和解决方案分析两个主要部分的框架（如图2—3所示）。

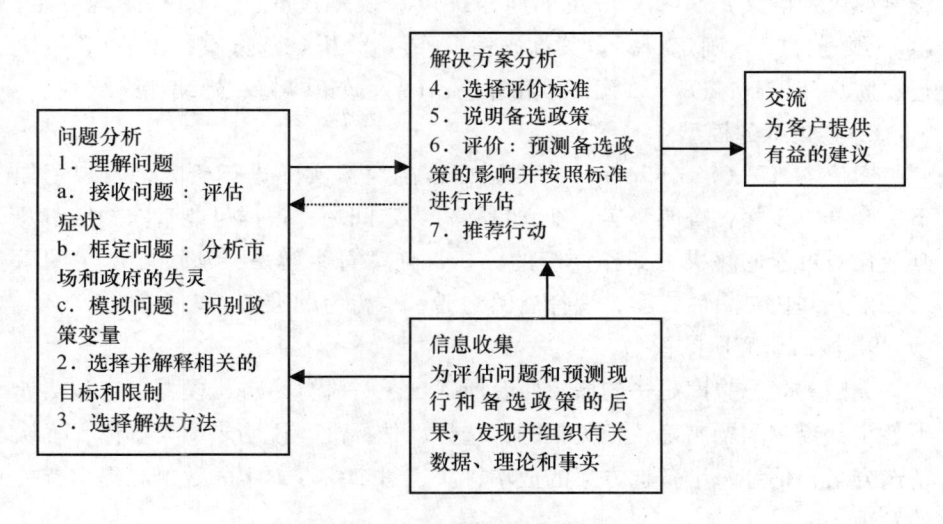

```
┌─────────────────┐     ┌──────────────────┐     ┌──────────┐
│ 问题分析        │     │ 解决方案分析     │     │ 交流     │
│ 1. 理解问题     │     │ 4. 选择评价标准  │     │ 为客户提供│
│ a. 接收问题：评估│────▶│ 5. 说明备选政策  │────▶│ 有益的建议│
│    症状         │     │ 6. 评价：预测备选│     │          │
│ b. 框定问题：分析│     │    政策的影响并按│     └──────────┘
│    市场和政府的失灵│   │    照标准进行评估│
│ c. 模拟问题：识别│     │ 7. 推荐行动      │
│    政策变量     │     └──────────────────┘
│ 2. 选择并解释相关│              ▲
│    的目标和限制 │     ┌──────────────────┐
│ 3. 选择解决方法 │◀────│ 信息收集         │
│                 │     │ 为评估问题和预测 │
└─────────────────┘     │ 现行和备选政策的 │
                        │ 后果，发现并组织 │
                        │ 有关数据、理论和 │
                        │ 事实             │
                        └──────────────────┘
```

图2—3 韦默和维宁的模型

5. 斯托基和扎克豪斯模型

斯托基（Edith Stokey）和扎克豪斯（Richard Zeckhauser）在《政策分析入门》一书中提出了一个五步的过程模型，即决定重要问题和追求目标、确定备选的行动过程、预测每个备选方案的结果、确定衡量备选方案成就的标准、表明偏好的行动选择。他们认为，政策分析可能以从一步到另一步的循序渐进的方式进行，并且必须在各个步骤中循环反复，但在分析过程中，这些基本步骤是不可或缺的。①

6. 西蒙的模型

西蒙（Herbert A. Simon）在《管理决策新科学》一书中对决策分析活动

---

① Edith Stokey and Richard Zeckhauser, *A Primer for Policy Analysis*. New York: W. W. Northon, 1978, pp. 5-7.

过程进行了分析,认为任何问题的解决,都可以分成如下三个阶段:(1)情报活动(intelligence activity)——寻找需要作出决策的环境因素;(2)设计活动(design activity)——探索、发展和分析可能的行动方案;(3)抉择活动(Choice activity)——从可行的行动方案中选择较佳的一个。①

7. 霍格伍德和冈恩的模型

霍格伍德和冈恩在《现实世界中的政策分析》一书(1981,1984)中认为,一个完整的政策过程应包括以下九个环节:(1)决定作决策(议题搜索或议程确立);(2)决定如何作决策(议题过滤);(3)问题界定;(4)预测;(5)确定目标及其优先性;(6)分析备选方案;(7)政策执行、监督和控制;(8)政策评估和评论;(9)政策维持、延续和终结。②

8. 索伦森的模型

索伦森(T. C. Sorensen)对美国白宫的决策实际进行研究,发现了如下一套分析步骤:查明事实,确立目标,界定问题,根据可能牵涉的细节及其变化对可能的解决方案作详细的分析,列举每个解决办法可能产生的后果,推介并抉择最后方案,抉择后的沟通,执行上的准备。③

9. 城市研究所的模型

美国著名思想库之一的城市研究所提出了一种分析进程模型,它包括如下各步:界定问题,确认相关目的,选择评估标准,说明当事人群体,确认备选方案,估计每个备选方案的成本,决定每个备选方案的效果和提出有关的发现。④

在政策分析的文献之外,在一般的决策理论、商业管理、行政管理、经济发展、城市与区域计划等学科领域的教科书中,我们也可以发现类似的决策或分析过程模式。例如,一本关于多学科决策的教科书所定义的分析过程包括下列各步:界定问题、寻找备选方案、使备选方案合法化、使用决策辅

---

① Herbert A. Simon, *The New Science of Management Decision*. NY: Haper & Row, 1960, p. 12.

② Brian W. Hogwood and Lewis A. Gunn, *Policy Analysis for Real World*, London: Oxford University Press, 1984, p. 4.

③ T. C. Sorensen, *Decision-Making in the White House*. NY: Columbia University Press, 1963, pp. 18–19.

④ Harry Hatry etc., *Program Analysis for State and Local Government*. Washington, DC., The Urban Institute, 1976, pp. 10–11.

助手段、选择一个备选方案和执行决策。①又如，在工商管理的著作中，也可以看到熟悉的过程模型：诊断问题、界定目标、派生备选方案、评估结果、选择"最好的"备选方案、试验并实施最好的备选方案。②再如，在公共行政学领域，也有类似的决策过程模型：尼格罗（F. A. Nigro）在《现代行政学》一书中首先讨论流行的决策顺序：认定问题、搜集资料、分类分析、发现解决办法、列举方案、评估方案、作出决策、执行、追踪与反馈。然后他把这些步骤归纳为四大步：尽可能掌握各种合适的行动方案；分析各种方案以及被采纳方案可能产生的各种后果；权衡各种可能的行动方案所能产生的利弊；从这些行动方案中择其较佳的一个作出决策。③

上述种种的分析过程模型基本上属于理性分析模型，它们都以"理性"或"合理性"概念为基础。政策分析过程中的理性，是指政策分析中人们能够选择最适当的手段或备选方案去实现政策目标，并使政策目标的整合价值最大化。政策分析的理性模型是指决策者和政策分析人员在分析过程或决策过程中可以使分析或决策符合逻辑且客观；他们有清晰的目标，而且在决策过程中所有行为都能导致选择那种最能实现目标的备选方案。理性的政策分析包含了如下的几个基本假定：目标取向；知道所有可能的选择方案；偏好明确；偏好持续不变；没有时间或成本的限制；最后的抉择将使结果最大化。

理性模型的主要缺陷有：第一，社会上没有一致公认的价值存在，只有特殊群体与个人的价值，而且许多价值是彼此相互冲突的，这些冲突着的价值难以比较和衡量；第二，决策者的环境尤其是权力与影响系统使决策者无法观察到或正确衡量各种社会价值，决策者本身的动机和目标往往是难以捉摸的；第三，决策者有时并不扩大目标成就，只期待满足进一步的要求，他们一旦找到一个可行的方案，就不想继续寻找最佳的途径了；第四，决策者受个人能力、需要和资料的限制，这妨碍了他们进行理性决策；第五，现行政策的沉积成本（投资）大大减少了决策者考虑其他政策方案的机会；第六，现有的科学技术尤其是社会科学的预测能力，不足以帮助决策者了解每

---

① Percy H. Hill ed., *Making Decision: A Multidisciplinary Introduction* (Reading). MA: Addison - Wesley, 1978, p. 22.

② Harvey J. Brightman, *Problem Solving: A Logical and Creative Approach*. Atlanta: Georgia State University, College of Business Administration, 1980, pp. 219 - 221.

③ F. A. Nigro, *Modern Public Administration*. NY: Haper & Row, 1966, p. 174.

一政策方案所产生的后果。所以，若要遵守政策分析的理性模式的话，理性模式与大致正确的决策之间必须妥协。

理性模式是一种理想型模式。即使现实不可能完全依此行事，该模式也提出了进行分析的基本框架。当我们解释如何进行分析时，目的是指出它所包含的一些基本步骤，而不是说，分析的每一步都要按照这些模型或框架所说的去做。通过一个过程模型，政策分析的入门者或学生有一个关于如何进行分析的框架或指导。

三、政策分析过程的基本步骤

综合政策分析家们的观点，我们提出一个包括如下八步的政策分析过程模型：问题界定、目标（标准）设定、方案搜寻、未来预测、方案抉择、执行与监测、结果评估和政策变迁。下面，我们参考奎德、帕顿和沙维奇等人的论述，对政策分析过程的这几个步骤作出简要的说明。

1. 问题界定

有如一般的科学发现一样，政策分析同样始于问题，即问题构成政策分析的起点。有了问题，我们才要去分析和解决，正确提出或发现问题等于成功解决问题的一半。政策问题并不仅仅是一种客观的情况或"事实"，而且也是一种感知活动的过程，涉及人的利益和价值观。决策者所面临的往往不是一个既定的问题，他们必须首先界定所面临的问题及发现问题的根源，然后才能对症下药，解决问题。问题的真正性质和它的表面现象可能有着差距，所以不能毫无保留地接受最初的问题陈述，它可能只是冰山一角，一个更大的问题的一部分，或者是一个当事人或决策者左右不了的问题。由于客观情况在不断地变化，政策分析中的问题也在不断地变化，因此，分析者应该不时地提醒自己：要加以分析的问题是否仍然存在着？它出现了什么新的变化或显现出什么新的方面？政策分析过程中往往需要重新界定问题。按照一些政策分析家的说法，界定问题以便解决它，这种过程就叫作"向后的问题解决"（backward problem solving）。分析问题最初可利用的数据，确定将用来评估备选方案的标准，思考可能的备选方案，然后重新界定问题，以便靠手头上的信息和资源使问题得到控制或解决，这种途径往往是问题的直接性和分析问题的时间期限所要求的。

公共政策问题通常是复杂的，问题的界定也是困难的，直到我们提出解决办法之前，问题的真实性质不可能十分清楚。困难的原因是多方面的：当事人的目标不清楚或陈述的目标是相冲突的；有时当事人和分析者由于使用不同的术语而互不理解；更经常的情况则是相关的组织不愿意作出明确的目标陈述。对于公共组织特别是政府组织来说，这更是一个特别的问题，因为这些组织有多种多样的使命，服务的对象也不相同，并试图反映变化着的或发生冲突的公众感知。此外，权力包括决策权力在组织中是分散的，并且竞争着的不同部门都在追求某种权力。

在界定问题的过程中，分析者力图孤立或解决问题，固定问题被解决的脉络背景，找出主要的作用因素，获得它们之间关系的某些感觉。假如问题是存在的，那么，分析者必须首先确定问题的范围大小及严重程度。其次，分析者必须了解不同的个人、团体的立场和影响决策的力量有多大等问题。最后，分析者必须知道是否有可供利用的足够信息，以及能否获得更多的信息。

政策分析必须要求确定问题的边界，这很重要，又很困难。问题往往是错综复杂的，对一个问题的解决依赖于其他问题的解决（如环境污染问题）。因此，在问题界定的过程中，要注意被分析问题与其他问题的关联，把所有问题看成一个整体，把被分析的问题看作所有问题总体的一个组成部分，放在问题系统中去加以考察。

政策分析过程中的问题界定这一阶段的任务是：消除不相关的信息资料，用数字来说话，抓住焦点或关键因素，明确界定问题；然后，分析者应弄清当事人可能解决的问题是否存在，应该能够提供第一手的关于问题的陈述，应该能够估计分析者所需的时间和资源；当备选方案被派生和分析时，问题的其他方面可能要加以界定，这就出现问题的重新界定任务。

2. 标准设定

为了比较、测量和选择备选方案，必须设立相关的评估标准。通常使用的标准有：成本、净收益、效果、效率、公平、容易管理、合法性和政治上的可接受性等等。例如，一个备选方案可能比其他方案花更少的成本，或可能受资金预算的限制；一个方案可能比其他方案产生更大的净经济利益；一个方案可能是获得特定目标的最便宜的方法；一个方案比其他方案可能更会使某些个人、团体或组织受益或受损；有的方案可能比其他方案更难以执行；有些方案可能需要比可供利用的要多得多的技巧和时间；有些方案可能需要改变法律；有些方案可能对所涉及的所有人都是不可接受的。影响问题解决办法的政治方面也必须弄清楚，因为备选方案在政治上的可接受性上也是不同的。

分析者从哪里获得决策或评估标准呢？有时，当事人能够提供这样的标准，或者直接作为目标、尺度，或者间接地通过关于目标或目的的陈述。在前一种场合，分析者应做的工作是使标准足够明确，以便它们的获得是可以测量的；在后一种场合，分析者必须推导出标准，并与当事人一起确证它们。有时，决策者不能确认目标、目的或标准，因此，分析者必须推导出这些目标或标准；分析者还必须明确说明与公共利益相关的标准。很少出现所有标准都相等的情况，所以，分析者必须指明那些与涉及团体最相关的标准。在后来，当备选方案被评估时，重要的是必须注意那些对涉入的个人或团体来说十分要紧的标准，这是备选方案必须满足的范围。由此可见，决策标准的相对重要性变成了分析的中心问题。

分析者必须辨明那些对被分析的问题具有核心作用以及对决策过程的主要参与者来说具有关键性的标准，寻找满足这些方面的各项标准。但有时这些标准是由可利用的数据得到的。然而，具体说明评估标准以及决定备选方案测量的方向，能够使得分析者澄清感兴趣和受影响的党派或团体的价值、目标和目的，并使可预料的和不可预料的结果明确起来，及早确定评估标准也有助于避免后来合理化偏好选择的企图。新的标准可能在分析的后面阶段被发掘出来，但是，分析者必须明确地认识这些附加的标准。

3. 方案搜寻

到了分析过程的这一步，分析者应清楚当事人及相关党派或团体的价值、目标和目的。设定标准、知道当事人想要什么东西，有助于分析者产生备选方案。分析者也许已经掌握了一系列的备选方案。通常寻找附加的备选方案（包括已经知道的方案的混合或修正的方案）比寻找更精确的方案更有效。显然，如果我们没有任何备选方案和没有任何关于发现备选方案的思想，那么就没有什么可分析和选择的了。如果我们最后偏向于一个特殊的行动过程，那么，我们在早些时候就应发现这一过程的存在。因此，尽可能考虑备选方案的广泛范围是非常重要的。决策者自身就是一个重要的资源，他可能有解决问题的思想财富，但没有在真实世界中实现它们，他更没有办法将好的思想与坏的思想加以区分；政策过程的其他参与者的思想也可能是有用的。同时，非行动的备选方案（维持现状）和现状的最小变化的备选方案也是值得考虑的。一系列备选方案应该包括作为基本案例的现行的政策，通过将其他政策（方案）与现行的政策比较，就有可能决定一个新的政策（方案）是否更好，并估计可以期待的改善有多大。此外，通过类比，借鉴别的地方（其他国家、地区）解决类似问题的办法，可能也是一个很好的备选方案的来源。

解决一个已界定了的问题的备选方案往往是很多的，如果我们考虑这些方案的不同组合时更是如此。例如，人口爆炸问题可以由计划生育、提高教育水准、发展社会经济等方案来加以解决。政策问题一经界定，往往就蕴含了某些行动方案，而排斥另一些行动方案。决策者和分析者乃根据政策问题的资料，包括背景、范围等，透过相关程序，将其转换成政策方案的信息。这个事实表明，方案的选择受制于最初界定问题的方式。因而重新界定问题是必要的，因为新的信息、重新表述问题的可能性将使评估标准增加、减少或修改。分析过程中的这一步应该注意的一点是避免过早地敲定有限的备选方案。

勤于思考可能是搜寻备选方案的一个最有效的办法，尤其是在时间紧迫的情况下更是如此。备选方案可以通过研究、分析和实验，通过头脑风暴技术和脚本写作等方法来寻找。描述那些可能被影响的不同团体的类型显示出对特定团体有意义的备选方案，表面看来似乎行不通的备选方案往往会被忽略，过去不可接受的东西在现在或未来未必不可接受。因为参与者的价值观和假定总是在变化，所以，过去不可接受的备选方案不能不加分析就简单地抛弃。

4. 未来预测

政策未来或政策结果的预测是政策分析过程的另一个关键环节，它构成政策方案的评估、比较与抉择的基础。对政策的未来或结果的预测能力及水平的高低直接影响政策分析能否成功以及政策执行能否取得预期结果。通过预测，我们可以获得有关政策方案的前景及结果的信息，加深对政策问题、目标和方案的认识。

可以采用不同模式来进行预测。然而，在政策分析中，基于统计技术和明确的量化模式的应用是相当有限的。因此，在预测社会政治态度和技术变化时往往必须依靠直觉和判断。在预测结果的过程中，当时间比较充分时，可以通过民意测验等技术来估计对各种不同方案的支持；当时间不允许时，就必须采用预测技术及基本模式来说明各种备选方案的结果，用敏感性分析来估计基本假定和参数变化的影响，用快速的决策分析来提供关于不同决策序列的结果的概率统计。在政策分析中，对未来环境的预测也可以使用脚本写作方法来进行。

预测毕竟是在政策执行前、在行动的进程及结果发生以前进行的，社会行动是一个复杂的过程，其中存在着各种各样的难以预料的事件或情况，加上预测的理论、假定、措施、方法和技术也远非是尽善尽美的,因而政策前景的预测是一项困难而又易错的工作。

5. 方案抉择

在这一阶段,要根据预测的结果,对备选方案加以比较分析,并作出抉择。必须对备选方案技术可行性、经济可行性和政治——行政可行性加以比较。根据分析者——委托人(决策者)的不同关系,评估的结果可以表述为一系列的备选方案、标准的列举和一个关于每个备选方案满足标准的程度的报告。在结果的表述中,标准的顺序、备选方案的前后次序以及留给不同方案的余地都有可能影响决策。矩阵往往被用作比较的格式来展示评估的结果,脚本的形式也经常被应用;有时,结果也以一个数字上的概要表示出来;有些当事人则要求分析者提供一个优先选择的强有力的论证。

政策规划——备选方案或政策选择的设计和评估——旨在恰当地定义问题,找出可行的和有效的解决办法。这些解决办法是否能被执行,本质上是一个政治问题,这是政策分析过程中的评估阶段必须注意的问题,因为政策方案不能没有考虑执行方面的因素而被比较。因此,在方案的抉择中,必须注意技术上优越的备选方案和政治上可行的方案之间的差别。有时技术上偏好的备选方案是已知的,任务是处理政治上的反对意见。必须应用政治可行性分析来展示这些备选方案,回答如下一类的问题:相关的决策者对政策执行有兴趣、有影响力吗?一个次优的方案有较好的成功机会吗?新的行政管理机构是必要的吗?

很少只有唯一的一个可接受的或合适的备选方案这种情况。不仅不同的方案诉诸不同的利益群体,而且两个或更多的备选方案可能产生大概类似的结果。在这些备选方案中,可能没有一个是十全十美的,因为问题很少能被完全解决,常见的情况是它们的严重性被缓和,负担被均分,或被不太严重的问题所取代。

6. 政策执行与监测

政策执行是介于政策规划和政策评估(结果评估)之间的中介环节,是将政策理想变为现实的过程。为了有效地管理国家和社会事务,政府必须根据社会政治、经济、文化发展的需要和态势,针对现实生活中的重大政策问题,及时、正确地制定政策方案。而正确的政策方案要变成现实,则必须靠有效的政策执行。如果没有政策执行环节,再好的政策方案也只能是纸上谈兵。

影响政策执行的因素有多方面,可以一般地概括为政策问题的特性、政策本身的因素和政策以外的因素三种。美国学者史密斯（T. B. Smith）则认为，政策执行过程中所涉及的重大因素有四个方面：第一，理想化的政策，指合理、正确的政策；第二，执行机构，指政府机构中负责政策执行的单位；第三，目标群体，亦即政策对象，政策的直接影响者；第四，环境因素，指政治、经济、文化等环境中那些影响政策执行的、受政策执行影响的因素。

在政策执行中，选用何种政策工具，用哪一种标准来评价该政策工具的效果等问题对政府能否达成既定目标具有决定性影响。政策工具的选择涉及两个主要问题，即影响工具选择的因素及如何进行工具选择。关于政策工具选择的影响因素，学者作出了不同的分析，他们各自强调影响工具选择的某一或某些方面的因素，而忽略其他因素。一般说来，影响工具选择的因素主要有政策目标（或政府目标）、工具的特性、工具应用的背景、以前的工具选择和意识形态五种。

在政策执行过程中，由于信息不充分、有限理性、既得利益偏好、意外事件等因素，使得政策方案被误解、曲解、滥用或执行不力，直接影响到了政策执行结果。因此，必须对政策执行过程加以监测，以保证正确的政策能得到贯彻实施，并及时发现和纠正政策偏差。关于政策监测有哪些方式的问题，邓恩认为，政策监测有社会系统核算、社会实验、社会审计和综合实例研究四种方式；罗西等人在《项目评估方法与技术》一书中则认为，项目监测（政策监测）有如下三种主要的形式：过程或执行评估、日常项目监测和管理信息系统、绩效测量和监测。

7. 结果评估

即使一项政策（方案）被执行之后，仍然会产生诸如政策问题是否已被恰当地解决了以及被选中的方案是否被恰当地执行了一类的问题。这要求在政策执行中必须对政策及项目加以监控，以保证它们不被任意改变而偏离原来目标；必须测量它们现有的效果，看看是否取得预期的结果，决定它们是否继续、修正或终止。我们既注意政策分析中的事前评估的方面，也注意事后评估的方面。进行事前评估必须了解以往的政策是如何失败的，预先设计恰当的控制和评估框架，可以预见某些失败。事后评估的意义在于，它是探讨政策是否达成目标，政策执行中所采取的各种措施、行为是否按事先的设计来进行的基本手段。事后评估所得到的信息是采取对应措施的基础，它为解释或说明某一特殊政策效果或影响提供依据，以及成为解释政策成败的理由。

政策分析者必须认识到，政策可能因项目不能按事先设计的那样被执行而失败，也可能因为按原来设计的要求来执行，但由于基本理论的错误而达不到预期的结果。政策或项目的评估主要关心理论上失败的方面，但必须不能忽略项目未能按原来的设计要求而被执行的可能性。可能的评估设计包括政策执行前后相关比率的比较，"试验状态"和"控制状态"的比较、评估时间序列分析等形式。

上面我们介绍了政策分析中的七个阶段（步骤），它们是政策分析过程的七个基本环节。此外，政策过程还有一个环节，这就是政策变化或政策变迁。决策者通过政策评估及监测，在获得政策执行及政策结果的信息之后，必须对政策去向作出判断和选择：是维持、延续、调整这项政策，还是终止该政策？如果决定终止，这就意味着该政策生命的结束和新政策的开始。

必须强调指出，上述只是政策分析的逻辑过程或逻辑结构，它是实际政策分析过程的抽象。所以，并非所有的政策分析的每一步都一定要按照这个过程进行不可。在实践中，这些阶段的先后次序是相对不重要的，重要的是它的覆盖面的宽度和广度。这些阶段及过程必须重复进行，必须通过分析问题的循环和再循环，以便答案愈来愈集中和更具穿透力。在政策分析中，事物很少是整齐划一的，目标经常是多元的、冲突的和模糊的；没有任何一个可行的备选方案足以达成多种目标；人们对政策系统运行的最初了解总是和数据不一致；从模式中得到的预见充满了不确定性；其他看来与被选择的标准同样可行的标准可能导致不同的偏好顺序。当发生这种情况时，就必须再努力获得一个满意的解决办法。一次性的尝试很少是足够的，成功的政策分析依赖于一个对问题的界定、选择目标、设计备选方案、抉择备选方案和结果监控等环节的不断循环往复，直到当事人满意或缺乏资金和时间而不得不走捷径为止。

2-5

政策分析的不同模式、理论和方法论[*]

经过近半个世纪的发展,现代政策分析形成了不同的模式、理论和方法论。了解这些模式、理论和方法论,有助于我们把握当代政策分析的总体画面,进一步加深对于什么是政策分析学科的认识。

一、政策分析的基本模式

模式(models)是真实世界的某些方面或研究过程的简化了的表述。在现代政策分析的发展过程中出现了许多分析模式。对此,政策分析学者作了不同的概括。例如,T. R. 戴伊(Thomas R. Dye)概括为八种:体制模式、过程模式、团体模式、精英模式、理性模式、渐进模式、博弈模式和系统模式。[1]而 Y. 德洛尔则将以往的政策模式概括为六种:纯粹理性模式、经济合理性模式、序列决策模式、渐进—变化模式、满意模式、超理性过程模式,并在对这些模式批判的基础上提出了自己的最优模式。[2]在这里,我们着重介绍如下几种基本模式。

1. 全面理性模式

全面理性模式(Comprehensive – rational model)又称纯粹理性模式(Pure – rationality model),泛指决策者能够依据完整而综合全面的资料作出

---

* 原载《岭南学刊》1995 年第 2 期(内容有所扩充)。

[1] See Thomas R. Dye, *Understanding Public Policy*. Englewood Cliff, NJ: Prentice – Hall, Inc., 1987, pp. 20 – 42.

[2] See Yehezkel Dror, *Public Policymaking Re – examined*. Scranton, Pennsylvania: Chandler Publishing Company, 1968, p. 131.

合理性的决策。很难确定是谁提出了这一模式，但是在经济学、管理学、政治学等学科中可以发现这一模式的广泛使用。

概括林德布洛姆的论述，全面理性模式的要点是：（1）决策者面对一个既定的问题；（2）理性人首先应该清楚自己的目标、价值或要点，然后予以排列优先顺序；（3）他能够列出所有达成其目标的备选方案；（4）调查每个备选方案所有可能的结果；（5）比较每个备选方案的可能结果；（6）选择最能达成目标的备选方案。①

这一模式意味着决策者能完全客观而合乎逻辑地看问题，他心中有明确的目标；在决策过程中，他的所有行动，不断地使他选择有效达成目标的备选方案。也就是说，决策者作为理性人，具有下列特性：（1）目标导向，在理性决策中，不存在任何关于目标的冲突；（2）所有选择皆为已知，决策者能认出所有相关标准，能够列出所有备选方案，知道每一方案的所有可能结果；（3）偏好明确，标准和方案均能排列出偏好顺序；（4）偏好一致，决策标准一致，而且在心目中所给予的权重总是不变；（5）决策者在进行决策时，没有时间成本的限制，可以得到完全的信息；（6）最好的选择可使报偿价值最大化，理性决策者会选择评分最高的方案，而得到最大的利益。②

总之，政策分析的全面理性模式主张，为了一个理性的决策，政府的决策者必须知道所有的社会价值偏好及其相对权重，所有可能的备选方案，每一个备选方案所可能产生的后果；必须能够估计每一个政策方案可能得到或者失去的社会价值比例，能够选择最经济有效的政策方案。③

全面理性模式遭到了来自各个方面的批评，许多学者批评它的不可能性或指出它的局限性。概括来说，全面理性模式的主要难题有：第一，在政策制定中，决策者往往并不是面对一个既定的问题，而是需要根据一些现象的表征去探查问题的所在，这往往是一件相当困难的事；第二，在政策制定中，目标、价值的排列往往因目标不清晰及价值冲突，使得决策者犹豫不决；第三，要列出所有达成目标之备选方案及每个方案的所有可能后果，在

---

① Charles E. Lindblom, *The Policy - Making Process*. Englewood Cliff, NJ: Prentice - Hall Inc., 1968, p. 13.

② Stephen P. Robbins, *Management: Concepts and Practices*. Englewood Cliff, NJ: Prentice - Hall Inc., 1984, p. 77.

③ Thomas R. Dye, *Understanding Public Policy*. p. 32.

人类能力有所限制、环境不确定影响及时间成本受限制的情况下也难以做到。因此，全面理性模式虽然是政策分析的完善境界，但在实际的政策分析中难以做到全面理性的要求。

全面理性模式构成以后的几乎所有政策分析模式的出发点。可以说，后起的各种政策分析模式是在批评全面理性模式以及吸取它的某些成分的基础上发展起来的。

2. 有限理性模式

有限理性模式（Bounded rationality model）是西蒙（Herbert A. Simon）和马奇（James G. March）在批评全面理性模式及对行政决策的研究的基础上提出的。它的要点是决策者在决策过程中对备选方案的选择，所追求的不是最优的方案，而是次优或令人满意的方案。决策者在"满意"标准和有限理性之下，面对一个简化了的决策，不必再去检视"所有的"可能备选方案。

西蒙认为，"全面理性"或"完善理性"模式所依据的是古典经济学理论和统计决策论所发展起来的理论概念，它包含了下列四个先决条件：（1）存在着数种可以相互取代的行为类别；（2）每类行为都能产生明确的结果；（3）经济主体行为产生的结果拥有充分的信息或情报；（4）经济主体拥有一套确定的偏好程序，以便让他依其所好，选择他认为适当的行为。西蒙指出，这种"完善理性"或"全面理性"在实际中是不存在的，主要的理由是：（1）知识的不完备性。按照全面理性的要求，行为主体应具备每种抉择后果的完备知识和预见，而实际上，我们对后果的了解总是零碎的。（2）预测的困难由于后果产生于未来，在赋予它们以价值时，就必须凭想象来弥补其时所缺少的体验，然而，对价值的预见不可能是完整的。（3）可能行为的范围。按照理论的要求，行为的主体要在全部备选方案或行为中进行选择，但对于起初的行为而言，人们只能想到全部可能的方案中的很少几个。

因此，西蒙认为，人类行为所依赖的是有限理性，而不是全面理性，也不是弗洛伊德等人所讲的非理性，而是介于理性和非理性之间的东西。人们在实际活动中，由于受能力、信息、时间、知识等因素的制约，只能在有限的且是力所能及的范围内去从事决策。在此基础上，西蒙提出用有限理性模式去取代全面理性模式，认为这种模式更符合实际，更适用于行政决策行为。

根据西蒙和马奇的看法，有限理性的决策步骤是：（1）确定需要解决的问题或所要订出的目标；（2）决定最低标准或水准，使所有被接受的方案都能符合这一标准；（3）选择一个可行的方案；（4）评估这一方案；（5）决定这一方案是否已符合所确定的最低标准；（6）如果此方案无法接受，再检查其他的方案，并要逐一通过评估过程；（7）如果这一方案是可行的，即可开始行动；（8）执行之后，评定此方案及难易程度，并将资料作为提高或降低标准之参考。

西蒙和马奇的有限理性模式对全面理性模式作了深层次的批评，并强调政策制定中非理性因素的重要性。这个模式在经济学、管理学和公共行政学中有广泛的影响。但是，这一模式主要是为学术理论服务的，而不是为实际的政策分析服务的。

3. 渐进模式

渐进模式（Incrementalist Model）是由美国著名经济学家、政策分析家林德布洛姆提出的。这一模式的大意是，政策制定所依据的是过去的经验，经过渐进变迁的过程，而获得共同一致的政策。它以现行的政策作为基本方案，在与其他新方案相互比较后，制定出对现行政策的修改、增加的新政策。

林德布洛姆的"渐进主义"模式经历了几十年的发展演变（1953—1979年），这一模式的名称也随时间推移而变化。1953年他在与达尔合著的《政治、经济和福利》一书首次提出"渐进主义"（incrementalism）概念，该书将社会政治系统及过程分为四种基本形态，即价格体系、层级体系、多元体制和议价。除了在层级体系形态中决策者可以比较不讲究"策略"，可以随心所欲达成决策之外，其余三者都不可能由决策者独立作出决策，而是由相关的决策者之间互动而作出。在这种情况下，如果要进行决策，必须讲究"策略"，在达成共识的基础上逐渐推展，便是"渐进主义"。1958年，林德布洛姆在《政策分析》一文（载于《美国经济学评论》1958年第3期）中把传统的政策分析称为"第一种方法"，而将他自己的政策分析方法称为"第二种方法"。1959年，他在《"渐进调适"的科学》一文（载于美国《公共行政学评论》1959年第2期）中，进一步批评传统的政策分析模式——全面理性模式，阐述他的连续有限比较模式，即所谓的"渐进调适"（Muddling Through）。1963年在《决策的战略》一书中，他将传统的理性模式称为"全面分析"（Synoptic Analysis），而将他自己的政策分析模式称为断续渐进主义（disjointed incrementalism），他分析了全面理性不适应的八个原因，并提出了政治决策的四种形态。1965年，他在《民主的智慧》一书中进而将他的方法称为"党派相互调适"（partisan mutual adjustment）。直到1979年他还在《公共行政学评论》上发表了《尚未达成，仍需调适》一文，对自己的模式进行了系统的辩护和补充。

尽管在不同时期的著作里，林德布洛姆对渐进模式的表达有所不同并不断发展，但这一模式的基本思想则保持一致，它的基本内容是：（1）目的或目标的选择，对为实现目标所采取的行动进行经验分析，两者是相互交织、密不可分的；（2）决策者只考虑解决问题的种种可供选择方案的一部分，这些方案同现行政策只有量上或程度上的差异；（3）对每一可供选择的方案来说，决策者只能对其可能产生的某些"重要"后果进行评价；（4）决策者所面临的问题经常被重新鉴定，渐进主义允许对目的—手段和手段—目的进行无限的调整，从而使解决问题的"正确方法"并不是唯一的；（5）考察一个决策的优劣并不要求各种各样的分析者一致认为这一决策是否为达成既定目标的最有效的手段，而是看他们是否直截了当地一致同意这一决策；（6）渐进决策的形式，从本质上来说是补救性的，它更多地是为了改革当今的具体的社会弊病，而不是为了未来的社会目标。

林德布洛姆的渐进模式具有相当的影响力，并拥有不少的支持者。一方面，这一模式的合理之处在于，比较符合政策分析的实际，承认政策制定者缺少时间、信息和其他资源，而这一切都是对解决现实问题的各种可供选择的方案进行全面的分析时所必需的。同时，人们总是注重实际的，并不总是寻求解决某一问题，而是寻求解决"将起作用的某些问题"的最佳方法，通过渐进方式作出的是有限的、注重实效并容易被人接受的决策或政策。但是，另一方面，这一模式也存在着重大缺陷。它倾向于保守主义，安于现状和忽视社会变革尤其是革命；它注重短期目标，而忽视长远目标；不适应于政治性和战略性决策。因此，渐进模式受到来自各个方面的批评，批评者中有许多著名人物，如德洛尔和埃泽奥尼等。

4. 混合扫描模式

混合扫描模式（Mixed–Scanning）是哥伦比亚大学社会学教授A. 埃泽奥尼（Amitai Etzioni）提出的。他在《混合扫描理论：决策的第三种方法》（载《公共行政学评论》1967年第5期）一文中，对林德布洛姆的渐进模式以及传统的全面性模式加以批判，提出他所谓的第三种方法"混合扫描"理论。他同意林德布洛姆对全面理性模式的批评；同时，他分析了渐进主义模式的缺陷。他指出由渐进主义者所作出的决策仅仅反映了社会势力中最强大而且政治上有组织的那部分人的利益，而社会底层、政治上无组织的那部分人的利益被忽视了；渐进主义把注意力集中在短期的目标上，只是改变现行政策的某些方面，因而往往忽视基本的社会变革；对于重大的、带有根本性的决策，如宣战等，渐进主义是无能为力的。

埃泽奥尼试图将全面理性决策和渐进主义模式的优点结合起来，提出他的"混合扫描理论"。他对自己的理论作了如下描述："假定我们准备用气象卫星建立一个全球性的气象观察网，若采用理性主义的方法，那么，我们将利用能用来作为细微观察的摄像机，尽可能安排对所有空间的考察，以使对气象情况作穷尽一切的探索。这种做法会产生多得不计其数的细节，分析代价高，而且很有可能为我们的活动能力所不及（例如，能产生飓风或能给干旱地区带来雨水的人工降雨云的形成），而渐进主义则要求把注意力集中在过去我们对其气候状况比较熟悉的地区，或许还包括邻近地区。这种做法会使我们忽略产生在未曾想到的地区而本应引起我们注意的气候现象上"。"混合扫描运用了两种摄像机而包括了上述两种途径：一个广角摄像机能观察全部空间，只是观察不了细节；另一个摄像机能对空间作深入细致的观察，但不观察已为广角摄像机所考察了的地区。尽管混合扫描有可能忽略只有用第二个摄像机才能找出乱子的地区，但与渐进主义相比，它不太容易忽略情况不熟悉地区出现的很明显的乱子"。[①]埃泽奥尼宣称混合扫描理论把理性决策和渐进决策两方面都考虑到了，高级的理性决策过程确定了行动的基本方向，而渐进决策形成过程则为理性决策做准备，并在根本性的决策作出后加以实施。混合扫描理论允许同时使用理性模式和渐进的决策模式。在一些场合，全面理性模式是合适的；而在另一些场合，渐进模式是合适的。这一理论也考虑到决策者能力的差别，一般而言，决策者能用来实施他们的决策的力量越大，进行越多的扫描是现实的；而扫描的范围越广，决策也就越有意义。一言以蔽之，混合扫描理论是渐进主义和理性主义相结合的产物。

应该指出，混合扫描模式主要是建立在理论推导的基础之上，这一模式如何运用于实际并不清楚。不过，它毕竟提醒人们注意到这样的一些重要的事实，即就决策的重要性、范围的不同而决定应使用不同的决策模式。

5. 最优化模式

最优化模式（Optimal model）或规范最优模式（Normative optimal model）

[①] Amitai Etzioni, "A Third Approach To Decision – Making". *Public Administration Review*. No. 5, 1967, pp. 388 – 389.

是德洛尔提出的带有综合性质的模式。德洛尔在批评全面理性模式和渐进模式并吸收这两种模式因素的基础上，提出了他的最优模式。他认为，全面理性模式的要求过于理想化，在现实世界中难以达到。而渐进主义模式虽然更贴近实际，更适应于人类的本性，理论上更成熟，但是它也有着很大的局限性。他指出，渐进主义模式有三个先决条件，即"（1）现行政策的结果大体上能满足决策者与社会各阶层成员的需要，边际变化在政策成果上才能显示其已达到一种可接受的改善；（2）问题的性质必须保持高度的连续性；（3）能够用来处理问题的手段必须具有高度的连续性"。[1]然而，这三个先决条件只有在高度稳定的社会中才存在，而在社会处于变革或动荡时则不存在。因此，渐进模式仅仅适用于高度稳定的社会，而不适用于急剧变迁的社会，其适用范围有限；同时这一模式对于实际政策的影响在理念上助长维持现状，反对变革，因而是保守的。

针对全面理性模式和渐进主义模式的缺点，德洛尔提出了他的最优化模式或规范最优模式。这种模式的四种基本假设是：（1）优化的政策制定包含了一种增加合理性内容的努力，这种努力可以透过对目标的更详细的说明，对新的备选方案的广泛追求，对期待的精心设计以及明确的政策范围和决策标准来完成。（2）在复杂的最优化政策制定中，超理性的过程起着重要的作用，这不仅因人类缺少完全理性的资源和能力而不可避免，而且事实上也为更好的政策制定作出肯定的贡献。直觉、判断、总体印象和新的备选方案的创造性发现是最优政策制定的超理性各阶段的例证。（3）这些超理性的政策制定阶段可以由各种手段如案例讨论、敏感性分析和头脑风暴法来加以改善；类似地，理性的政策制定也可以通过增加输入（尤其时间）、增加知识和政策实践者的水平等而得到改善。（4）在现代国家中的实际政策制定虽然倾向于因循守旧、渐进变化、维持现状与常规，但与政策所面临的问题、人们的抱负水平、可利用的备选方案和政策过程自身的知识等的变化速率相比，大部分当代的政策制定的实践已经滞后，这能够而且应该改善。[2]

德洛尔将最优化模式的分析过程分为三个阶段18个步骤。这三个阶段是：（一）元政策制定；（二）政策制定；（三）后政策制定。这18个步骤

---

[1] Y. Dror, "Muddling Through: Science or Inertia?" *Public Administration Review*, No. 3 (Sep. 1964), p. 154.

[2] Y. Dror, *Muddling Through: Science or Inertia?* op. cit., pp. 155–156.

是：(1) 处理价值；(2) 认识现实；(3) 界定问题；(4) 调查、处理和开发资源；(5) 设计、评价与重新设计政策制定体系；(6) 分配问题、价值与资源；(7) 决定政策策略；(8) 细分资源；(9) 以优先性顺序确定运作目标；(10) 以优先性顺序确定一系列的有意义的其他价值；(11) 准备一组主要的备选方案，包括一些好的方案；(12) 对各种不同方案的利益与成本进行可靠的预测；(13) 比较不同备选方案已预见出的利益与成本，并指出"最好"方案；(14) 评估"最好的"备选方案的利益和成本，并确定它们是"好"还是"坏"；(15) 鼓励政策的执行；(16) 执行政策；(17) 在政策执行后评估政策制定；(18) 联结先前各个阶段的沟通和反馈的渠道。在这里 (1) — (7) 是元政策制定阶段；(8) — (14) 是政策制定阶段；(15) — (17) 为后政策制定阶段；(18) 将各阶段联系起来。①

德洛尔的最优化模式试图克服全面理性模式的缺陷，确定一个更全面和合理的模式，尤其是力图将决策过程的理性因素和非理性因素结合起来。但是，这一模式也有着明显的局限性，是一个折中的模式。有的学者认为德洛尔在结合超理性因素的同时，强调全面理性的许多因素，这并不恰当；另一些学者则提出，德洛尔的模式重述了全面理性模式的许多步骤，但是加上一些警告，以避免说它不切实际的批评。此外，当决策者依德洛尔的模式从事价值、目标、期望等的初步评估时，应该使用什么样的标准都不明确。C. 琼斯提出："德洛尔希望尽可能地做好决策，但他的意思却难以理解。'最优'的意思可能是利用理性和超理性的手段，使决策做得更好，然而更好到什么样的程度，达到何种目标，则无法得知。"②

6. 垃圾桶模式

人们倾向于把大型组织决策者看成是复杂、动态的，而不是把它看成是顺利进行理性分析的过程，这一倾向如今在管理学著作中占据统治地位，而它的极端应该是垃圾桶思考模型了。③ 这种模式是由容克尔·科恩、詹姆斯·马奇、约翰·奥尔森创立的。他们认为，适合垃圾桶决策的组织有三个

---

① Y. Dror, *Public Policymaking Reexamined*. op. cit., pp. 163 – 164, 312 – 318.

② Charles O. Jones, "State and Local Public Policy Analysis: A Review of Progress". in Jones ed., *Political Science and State and Local Government*. Washington D. C.: American Political Science Association, 1973.

③ [美] 海尔·L. 瑞尼：《理解和管理公共组织》，王孙禹、达飞译，清华大学出版社2002年版，第174页。

特征。一是有疑问的偏好。目标、问题和解决方案很难明确化,决策过程的每一步具有模糊的特点。二是不明确、难以了解的技术。组织中的因果关系很难鉴别,无法使用应用决策的复杂数据库。三是职位的变动。组织中的职位是可变动的,此外,员工们非常忙,他们只有有限的时间被分派一个问题或决策,参与任一特定决策是流动的、有限的。①

这种模式的基本假设是:组织是由问题、方案、参加者和由参加者联合问题和解决方法的选择机会结合而成。这些要素在垃圾桶里随意地混合在一起,这就意味着方案可能在问题之前产生,也可能是方案与问题在等待一个选择机会,或者当一系列特别参与者集合在一起时,方案和问题才结合在一起。②

理性主义把决策描述成界定问题、制定方案、评估方案、选择最优方案、解决问题的过程。垃圾桶模式对此提出了批评。但垃圾桶模式不是暗示组织完全非理性,它仅仅建议参与者的注意是分散的,决策不是像理性主义描绘的那样是单向的、直线过程的,相反,垃圾桶模式是组织中复合决策的模式或流程。

这种决策模式具有相当大的直觉魅力,能正确地描述各种组织之中的决策过程。但是马奇和奥尔森强调指出,他们并不希望这一模型成为其他决策的理论的替代品,而是希望它成为一种补充……他们并不认为这一思考模式能够解释所有的决策过程和决策环境,并不排除在某些例子中会有相对较理性的决策方法出现,另外,这一思考模型并不暗示着所有的决策都涉及不可避免的纷乱和混沌。③

二、政策分析的多种途径

经过长期的发展,西方政策分析形成了多样化途径或理论基础,包括精英理论、团体理论、参与理论、公共选择以及前述的渐进主义等。

---

① [美]查理德·L.达夫特:《组织理论与设计》(第六版·英文版),东北财经大学出版社2002年版,第315页。

② Lee Roy Beach. *The Psychology of Decision Making: People in Organizations*. SAGE Public, Inc. 1997, p. 128.

③ [美]海尔·L.瑞尼:《理解和管理公共组织》,王孙禹、达飞译,清华大学出版社2002年版,第175页。

1. 精英途径

精英决策模式与渐进主义决策模式的共同点在于二者都认为公共决策是由组织的精英作出的,但是不同之处在于,渐进主义认为,公共决策虽然是由精英作出,但是,精英在作出决策时依旧会受到来自一个多元社会中各种力量包括人民的影响。精英决策理论则认为精英在制定决策时,完全不受公众的影响。精英决策理论基础主要有:社会总是划分为有权势的少数人和无权势的多数人,社会资源分配是由前者掌握的;少数人并不代表被统治的大众,精英是不平等地从上层社会中挑选出来的;非精英向精英位置的转变是缓慢的,并且精英位置可以保持稳定而避免发生革命;精英们在社会系统中的基本价值行为和维护社会系统方面有较为一致的看法;政策所反映的是精英的流行价值取向而非群众的要求,政策的变化是渐进而非革命的;活跃的精英很少受麻木不仁的群众的影响。①

托马斯·戴伊是精英决策理论的代表人物。他在《谁掌管美国:卡特年代》一书中写道:"在美国,大权集中在极少数人手里。两亿一千五百万美国人当中,决定战争与和平、工资和物价、就业和生产、法律和司法、税收和利润、教育和学术、卫生和福利、广告和通讯、生活和休息,不过几千人。在一切社会里——原始的和发达的,集权制和民主制,资本主义和社会主义——掌握大权的都不过是很少数的人。不论是否假借人民的名义来行使这种权力,一概如此。"②

精英决策理论关心领导人物的作用,它揭示了当今大众参与民主的内在不足,但同时,"少数精英操纵一切"的断言又受到多方面的批判。多元理论、混合主义理论、职业化理论、专家政治论、马克思主义理论都对此提出质疑。③

2. 团体途径

团体理论模型对我们最大的启示是,公共政策是团体间利益均衡的结果。这里的团体是指利益集团。而所谓利益集团是由在利益多元化的社会中具有相似观点或利益要求的人们组成,并企图通过参与政治过程、影响公共政策来实现或维护其利益的社会团体。④ 团体理论主旨是将所有重大的政治

---

① 陈振明:《政策科学》,中国人民大学出版社1998年版,第39页。
② [美]托马斯·戴伊:《谁掌管美国:卡特年代》,梅士等译,世界知识出版社1980年版。
③ 谢明:《行政透视:细微之处见行政》,机械工业出版社2002年版,第220页。
④ 陈振明:《政策科学》,中国人民大学出版社1998年版,第244页。

活动都描述为利益集团及政治组织之间的相互斗争，政策制定被视为一种处理各自利益集团压力的活动，政策则是这些利益团体之间的斗争、妥协的结果。① 在团体和团体之间互动与相互反映的过程中，政府扮演一个重要的角色。团体（利益集团）最终希望政府制定的政策能够采纳其所争取的利益，其结果是，团体"必然为政府所吸引……而政府的功能，就是在处理团体之间的目标或利益的冲突"。②

但是，林德布洛姆却认为利益集团在政府决策中的作用并非如此强大。他分析到，政府在决策过程中是主动的，并不是受利益集团的控制，相反是政府控制利益集团。他认为主要原因有：利益集团之间的冲突抵制了每个集团的影响力；由于许多公民同时依附于好几个有组织的或无组织的利益集团，其中任何一个利益集团都不能驾驭他们的成员；社会任何地方的既定关系和期望所受到的扰乱，可能从无组织集团中产生一个新的利益集团来纠正这一扰乱；一个利益集团大部分组织的活动都在为它的成员澄清一些政策的含义，因此，这种活动甚至不打算去直接影响决策者。③

3. 参与途径

德鲁克曾言："管理者除了制定决策外还有许多事情要做。但是，只有管理者才有权制定决策。因此制定有效决策是他们首先需要具备的管理技能。"这种把决策完全看作组织高层领导的思想现在完全不能适应组织的发展。研究告诉我们，管理者要花40%甚至更多的时间在会议上。不用怀疑大部分时间都包括界定问题、为问题制定方案、决定实现这些方案的方法。④ 团队能比个人提供更多的信息，两个脑袋比一个脑袋好使经常是正确的。而起源于20世纪70年代的新公共管理运动的一个重要内容就是要求打破等级森严的官僚体制，实现政府的变革。在公共组织内部，下级公务员不只是忠诚地执行上级的命令与决策，相反，上级应该充分授权，一方面给予下级参与、制定决策的权力，另一方面，"要实现上下级政府间的沟通，上级政府制定政策时应认真听取来自上级公务员的意见及建议，对公共组织的员工来说，有效参与……是通过增强员工独立决策和影响组织决策方向的能

---

① 陈振明：《政策科学》，中国人民大学出版社1998年版，第38页。
② 朱志宏：《公共政策》，三民书局1995年版，第40—41页。
③ ［美］林德布洛姆：《决策过程》，竺乾威等译，上海译文出版社1988年版，第110页。
④ ［美］斯蒂芬·P.罗宾斯、戴维·A.迪森佐：《管理学基础》（英文版），机械工业出版社1998年版。

力来实现的。……这种来自基层的开放性影响,有助于政府更客观地作出决策。因为这些参与者最了解相关情况,并能反映组织参与者的知识。即便这些决策在客观上不一定最好,但对参与决策的人来说,它还是一个较佳的决策,至少在执行上会较为顺利"。① 在公共组织外部,决策的参与权应该授予组织所服务或规范的对象(顾客),即纳税人;全体公众,至少是有投票权的公众。② 政府全面质量管理也充分体现了公务员及公共参与决策的要求。全面质量管理的核心概念有三方面:一是强调与供应商协作。二是工作人员对工作过程持续不断地分析,解放工作人员的创造力。③ 我们应该相信从事具体工作生产的人往往最善于找出影响整个生产过程完成的问题和障碍。他们总是能详细地描绘生产过程,这种专业程度远非管理人员所及。三是与客户协商。这主要表现在要求分析顾客对组织工作的需要,善于倾听公众对组织针对所提供服务中的不足而提出的意见。

当然,参与决策模式亦存在着不足:首先时间消耗太多,团队里的相互作用常常导致低效率。其次,团队里的成员是不平等的。他们在组织中等级、经验、关于问题的知识、对其他成员的影响力、语言技巧、自信、喜好是不同的,这种不平衡为某人或某些人利用他们的优势去支配团队里的其他人创造了机会。其他问题主要集中在一致同意的压力,即团队思维上。最后,责任模糊问题,团队成员分担责任,但不清楚谁为最后产出真正负责。

4. 公共选择途径

公共选择(理论)可以定义为对非市场决策的经济学研究,或者简单地说,是将经济学应用于政治科学……公共选择的方法论是经济学的方法论。如同经济学一样,公共选择的基本行为假定是,人是关心个人利益的,是理性的,并且是效用最大化的追逐者。公共选择理论认为政府官员和其他任何人一样是利己的。私人利益会促使他们规避风险和发展事业,这就意味着他们会寻求扩大项目和增加预算。因此公共选择经济学家认为一个充斥利己主义官僚的组织可能会导致一个既低效又背离公众利益的大

---

① [美] B. 盖伊·彼得斯:《政府未来的治理模式》,吴爱民等译,中国人民大学出版社2001年版,第82页。

② [美] 詹姆斯·W. 费斯勒、唐纳德·W. 凯特尔:《公共行政学新论:行政过程的政治》,陈振明等译,中国人民大学出版社2002年版。

③ [美] 史蒂文·科恩、罗纳德·布兰德:《政府全面质量管理》,孙宪遂等译,中国人民大学出版社2002年版,第18—35页。

政府。基于此，公共选择支持者提出了政府失灵理论，即政府与市场一样同样会失灵，市场失灵不是政府干预市场的必然要求。公共选择理论有助于解释政府机构膨胀、赤字增加、效率低下等问题。公共选择理论对当代政府变革产生了深远影响，成为西方新公共管理运动的三大理论基石之一。公共选择学派的支持者认定，只要有可能，政府的职能就应由私人部门来承担。① 这个观点深为西方国家所接受。从英国撒切尔政府、美国克林顿政府到新西兰、澳大利亚的工党政府，私有化浪潮席卷了西方主要发达资本主义国家。民营化大师萨瓦斯认为，根据物品的特点（排他性和竞争性），不同的公共物品可以选择不同的提供机制。这种做法在很大程度上改变了政府的决策模式，减少了政府为了追求私利牺牲公益的行为。公共选择理论的拥护者认为，不论是在市场还是在像合同这样以市场为基础的机制里，类似市场的竞争都会使效率最大化。决策者被迫去寻求正确的信息并作出最优的决策，否则他人将赶超他们并使其失业。②

对公共选择理论的批评主要有：行政官员不是仅专注于个人目的，而没有丝毫职业荣誉感，行政官员有为公共利益服务的职业道德；公共服务、政府职能的市场化会带来许多问题，如私人垄断、民主缺失等。

三、政策分析的不同理论

根据奈格尔（Stuart S. Nagel）和米尔斯（Miriam K. Mills）的观点，公共政策分析或政策评估的理论可以由政策分析过程中涉及的基本理论问题来加以概括，这些基本问题涉及相关概念、知识获得、原因和规范四个方面，相应地政策分析有如下四种基本理论类型，即概念理论、认知理论、因果理论和规范理论。下面我们根据奈格尔和米尔斯在《政策科学的职业化发展》这一新著中的论述，简要地介绍这四种理论。③

1. 概念理论

在概念理论（Conceptual theory）中，涉及的一个关键问题是与如何界

---

① [美]詹姆斯·W. 费斯勒、唐纳德·W. 凯特尔：《公共行政学新论：行政过程的政治》，陈振明等译，中国人民大学出版社2002年版，第269页。

② 同上书，第271页。

③ See Stuart S. Nagel and Miriam K. Mills, *Professional Development in Policy Sciences*. Greenwood Press, Westport Connecticut, 1993, pp. 183–192.

定政策分析或公共政策评估相关。概念化这个领域可能也包括界定什么是构成好的政策分析或政策评估的东西,这些东西包括有效性、重要性、有用性、创新性和可行性等。有效性是一个关键的因素,它包含了主要的目标、备选方案、为描述其关系的与经验实在的外在一致性,以及逻辑上由目标、政策和关系中推出结论的内在的一致性等。好的政策分析或政策评估依赖于它所处理的问题的重要性,对决策者影响的有用性、创新性和可行性等因素。当然,意识形态方向是一个与技术上好的政策分析无法分开的问题。

2. 认知理论

认知理论(Theory of knowing)也称知识获得理论(Theory of knowledge‐acquisition)。这一理论认为,政策分析或政策评估从权威、统计观察分析,演绎推理和敏感性分析等方面获得目标政策和各种关系。一个要获得政策建议的好的系统必须能够处理认识过程中的各种障碍,这些障碍主要包括五方面:(1)有关多元目标的多元方面,这是一个"苹果和橘子"的问题;(2)多元错失的信息;(3)过多的、不能确定每一个效果的多元备选方案;(4)多元的和可能冲突着的限制或约束;(5)不管所有这些多元性,对推导和表述结论中的简单性的需要。这五个方面构成决策中的五个方法论问题。

3. 因果理论

因果理论(Causal Theory)主要关心为什么一些政策建议被采纳,而另一些政策建议不被采纳。有的答案与下列因素有关:较少反对与较多支持的结合,交给了合适的决策者,转向预定的目标方向和取得好的效果。因果理论也关心为什么一些被采纳的政策取得成功,而另一些却遭受失败。相关因素包括原初目标的高低,提供什么样的诱因来保证服从,在遇到问题之前,是如何规划和执行分析的。

4. 规范理论

规范理论(Normative theory)部分地关心某些政策分析的职业化伦理问题,例如,谁的目标被最大化了?对于有效性和其他好的分析的标准应负多少义务?如何处理好人们冒险地置于政策实验中的问题?以及在何种程度上分析者应当规范而不是仅仅描述。规范理论也关心澄清全社会的价值观,这些价值观有:为最大多数人的最大幸福(这是英国功利主义者边沁、密尔和美国实用主义者詹姆斯、戴维等人的观点),社会底层的教养(罗尔斯的观点),做事情要使每个人过得更好或至少不能更糟(V. 帕累托的观点)以及展开公共政策的其他新的全社会价值观。

四、政策分析的多元方法论

作为一个跨学科的应用型研究领域，政策分析吸收并应用了当代科学各学科所发展起来的各种研究方法。因此，政策分析方法论具有多样性。政策分析者来自不同的学科，所以，他们可能强调或偏重于他们所专长的学科的方法。根据奈格尔和米尔斯的概括，政策分析有五种主要的方法论，即数学优化、计量经济学方法、准实验方法、行为过程方法和多元标准决策方法。这五种方法各有侧重，并以某些学科作为基础。我们可以根据它们是如何有效地处理前述的五个政策分析的障碍来对这五种方法论进行评价。下面根据奈格尔和米尔斯等人的论述，简要介绍这几种方法。①

1. 数学优化

数学优化（Mathematical Optimizing）以运筹学、管理科学和决策科学为基础。数学优化既与数学和工程学有关，因为它是工业工程学的一部分，也与商业有关，因为它是管理科学的一部分。数学优化有各种不同的形式，基本的常用形式有如下四种：（1）报偿矩阵（payoff matrices）；（2）决策树（decision trees）；（3）最优化水平曲线（optimum level curves）；（4）微分曲线和函数曲线（indifference curves and functional curves）。

这四种数学优化形式可以部分地根据它们的数学特征来加以描述。报偿矩阵和决策树与有限数学和概率决策论有关，而最优化水平曲线、微分曲线和函数曲线则与古典微积分最优化和线性/非线性规则有关。

数学优化在处理决策过程中遇到的五个方法论障碍上具有如下明显的缺点：（1）试图通过形成单一的目标函数来消除多元目标；（2）它徒劳无功地寻求错失的信息或做错误的假定；（3）通过古典的微积分优化的规则来进行分配；（4）对于冲突着的约束无能为力；（5）倾向于强调方程和非方程，难以处理和解释几何形式。

2. 计量经济学方法

计量经济学方法（econometric approach）以经济学和统计学为基础（计量经济学是现代经济学的基础，或说是现代经济学中最有成就的部分），它强调统计回归分析，这种方法可以用来预言。一般包括如下几步：（1）列出案例或案例类型；（2）列出试探性标准；（3）根据预言标准列出每个案

---

① See Stuart S. Nagel and Miriam K. Mills, *Professional Development in Policy Science*. pp. 99 – 114.

例的分数；(4) 累加出每个案例的总分数；(5) 将这些案例的一系列总分数与过去的案例或案例类型的实际的或假定的结果联系起来；(6) 进行敏感性分析。

统计回归分析缺乏：(1) 简单性；(2) 预言的准确性；(3) 在试图描述经验实在时的有效性；(4) 预言多重关系时的相关性；(5) 在表述为权重的总的关系时的完全性；(6) 对小抽样的可应用性；(7) 在允许人们改变预言权重上的灵活性；(8) 处理大量记录时的方便性。

3. 准实验方法

准实验方法（a quasi-experimental approach）以心理学和社会学特别是坎贝尔（Donald Campbell）的心理学理论、弗里曼（Howard Freeman）和罗西（Peter Rossi）的社会学理论为基础，也与美国评估学会所发展起来的教育评估方法有关。它强调努力安排前试验（pretest）和后试验（posttest），控制团体和非随机的、准实验的团体。公共政策分析中的一种常见的因果关系是相互因果关系，即公共政策影响社会指标，而社会指标可能更会影响公共政策的采纳。准实验方法的本质是对那些采纳一项公共政策的地方与不采纳这项政策的地方加以比较，但它与在真实的实验中不同，政策的采纳并不是随机的。

准实验方法在某些场合是有用的，但是，它存在不少方法论和规范上的缺点，如，往往会出现无意义的实验群体和控制群体，缺少"事前"数据和"事后"数据，甚至没有或缺乏已经采纳政策的地方。准实验方法也要求在实验之前对可能有害的政策的采纳，以与演绎模式相对照，为了避免准实验方法以及时间序列分析方法的缺点，人们可能试图从经验上检验过的前提中推出政策效果，这种演绎模式采取了不同的形式，并且以可以处理个别决策的各种模式作为基础。

4. 行为过程方法

行为过程方法（behavioral process approach）以政治科学为基础，它深入政治科学中行为和过程方向的中心，这种方向可以与立法的、新闻的、历史的和哲学的方向相比较。这种方法强调政策的制定和执行的过程。

公共政策分析的一个重要方面是考虑政策被采纳的政治过程和政策执行的管理过程。因此，行为过程分析使政策分析对于政治可行性和管理可行性具有敏感性，因而它是有价值的。但是，最好的政策并不仅仅是政治和管理上可行的东西，它还必须具备其他的条件，如技术上的可行性。

5. 多元标准决策方法

多元标准决策方法（multi – criteria decisionmaking）是跨学科的，它以所有社会科学作为基础。这种方法强调处理这样一些问题：（1）所要取得的全社会目标；（2）取得这些目标的备选方案；（3）目标和备选方案的相互关系。目的是要分析最好的备选方案，并加以结合和分配。

多元标准决策方法的本质是通过如下各步来分析政策问题：（1）在一个两维的矩阵的各排上列出可利用的备选方案；（2）在这个矩阵的各栏列出判断这些备选方案的标准；（3）在各格中插入显示每个备选方案是如何与每个标准相关的分数；（4）转变这些分数，如果必要的话，考虑从不同的方面来测量这些目标；（5）累加由每个标准得到的转变了的分数，以便得到每个备选方案的总的分数；（6）推导出关于采纳那个备选方案可能最有用的政策分析方法。它力求克服上述各种方法的缺陷，能够有效地处理政策过程中的五个方法论问题（或障碍）。因此，也可以将它厡作判断其他分析方法优劣的标准。

最令人激动的是有关上述五种方法的微型计算机程序的发展，这些有意义的易于使用的软件将政策分析的多样化方法从方法论理论的王国带到有效应用的领域，这些方法论观点和软件现在处于迅速发展的状态，这使政策分析领域呈现勃勃生机。

2-6

政策研究中的系统分析方法^{*}

政策科学是在运筹学和系统分析（System analysis）的基础上形成和发展起来的。系统分析构成政策研究的方法论基础。何谓系统分析？很难给它下一个全面而准确的定义。按照美国政策科学家 R. M. 克朗的说法，系统分析可以被视为由定性、定量或两者相结合的方法组成的一个集合，其方法论源于科学方法论、系统论以及为数众多的涉及选择现象的科学分支。应用系统分析的目的，在于改进公共的和私营的人类组织系统。系统分析既是一种解释性的，又是一种规定性的方法论。

一、系统分析概述

（一）系统分析的诞生

系统分析最早是由美国兰德公司在第二次世界大战结束前后提出并加以使用的。1945 年，美国的道格拉斯飞机公司，组织了各个学科领域的科技专家为美国空军研究"洲际战争"问题，目的是为空军提供关于技术和设备方面的建议，当时称为"研究与开发"（Research and Development，缩写为 R & D）计划。1948 年 5 月，执行该计划的部门从道格拉斯公司独立出来，成立了兰德公司，"兰德"（RAND）是"研究与开发"英文的缩写。

从 20 世纪 40 年代末到 70 年代的 30 年中，系统分析沿着两条明显不同的路线得到迅速发展。一条路线是运用数学工具和经济学原理分析和研究新型防御武器系统。60 年代初期，美国国防部长麦克纳马拉把这套方法应用于整个军事领域，并很快在各政府部门推广，形成了著名的"计划—规划—预算系统"（PPBS）方法。在军事和政府部门的带动下，美国民间企业也开始应用系统分析方法来改善交通、通信、计算机、公共卫生设施的效率

---

* 本文原为作者 2003 年为全国 MPA 核心课程《公共政策分析》教学指南的一节文稿。

和效能,在消防、医疗、电网、导航等领域,系统分析方法也得到了广泛的应用。

另一条路线体现在与大学相联系的研究与教学的活动之中。沿着这一路线,存在着一种把众多的学科加以系统理论化的倾向:开始是在生物学和自动控制研究领域,其后扩展到工程学、通信理论、一般系统论、政治结构、国际关系、管理系统、生态系统、心理和精神分析以及教育系统等研究领域。到了 70 年代中期,系统分析从作为分析经济合理性的应用和作为研究对象的理论体系这种相互分离状态,逐步走向相互结合、相互补充,发展成为一种有效的方法体系。

目前,系统分析作为一种一般的科学方法论,已被各国所认可和采用,运用于广泛的研究领域之中,特别是在解决有风险和不确定性的经济社会政策的制定以及公共决策系统的改进上。随着应用数学以及运筹学的进一步发展,高容量、多功能的电子计算机的出现,系统方法自身及应用范围不断深化和扩展,构成了政策研究以及政策分析的主导性或基础性的方法。

(二) 系统分析的概念

系统是系统分析的最基础的概念。按照一般系统论的创立者贝塔朗菲(L. von Bertalanffy) 的观点,系统是处于一定的相互关系并与环境发生关系的各个组成部分(要素)的总体(集)。我国著名科学家钱学森则主张把"极其复杂的研究对象称为系统,即相互作用和相互依赖的若干组成部分合成的具有特定功能的有机整体,而且这个系统本身又是它所从属的一个更大系统的组成部分"。因此,我们可以一般地将系统界定为是由若干处于相互联系并与环境发生相互作用的要素或部分所构成的整体。

世界上的一切事物都是作为系统而存在的,是若干要素按一定的结构和层次组成的,并且具有特定的功能。系统普遍存在于自然界和人类社会之中。它是由要素所构成的整体,离开要素就无所谓系统,因而要素是系统存在的基础;系统的性质一般是由要素所决定的(有什么样的要素,就具有什么样的系统及其功能),但系统又具有各要素所没有的新功能;各种要素在构成系统时,具有一定的结构与层次,没有结构层次的要素的胡乱堆积构不成系统;系统的性质取决于要素的结构,而在一个动态结构的系统中,结构的好坏直接是由要素之间的协调体现出来;系统与环境之间也存在密切的联系,每个系统都是在一定的环境中存在与发展的,它与环境发生物质、能量和信息的交换(这是开放系统的一个基本特点)。系统的各要素之间,要素与整体之间，整体与环境之间存在着一定的有机联系，从而在系统内外形成一定的结构与秩序，使得系统呈现出整体性、有机关联性、结构层次性、环境适应性（开放性）和有序性等特征，这些特征就是所谓的系统的同构性。

系统分析或系统方法，就其本质而言，是一种根据客观事物所具有的系统特征，从事物的整体出发，着眼于整体与部分、整体与结构及层次、结构与功能、系统与环境等的相互联系和相互作用，求得优化的整体目标的现代科学方法以及政策分析方法。拉兹洛认为，系统论为我们提供了一种透视人与自然的眼光，"这是一种根据系统概念，根据系统的性质和关系，把现有的发现有机地组织起来的模型"。贝塔朗菲则将系统方法描述为：提出一定的目标，为寻找实现目标的方法和手段就要求系统专家或专家组在极复杂的相互关系网中按最大效益和最小费用的标准去考虑不同的解决方案并选出可能的最优方案。我国学者汪应洛在《系统工程导论》一书中则认为，系统分析是一种程序，它对系统的目的、功能、费用、效益等问题，运用科学的分析工具和方法，进行充分调查研究，在收集、分析处理所获得的信息基础上，提出各种备选方案，通过模型进行仿真实验和优化分析，并对各种方案进行综合研究，从而为系统设计、系统决策、系统实施提出可靠的依据。

（三）系统分析的作用

系统分析是政策研究尤其是政策分析的最基本的方法。它的主要作用是：帮助人们理解政策系统及对不同的政策系统加以比较；鼓励人们对系统的不同部分进行同时的研究；使人们注意系统中的结构和层次的特点；开拓新的研究领域，增加新的知识；突出未知东西的探索，使人们从过去和现在的基础上了解未来；使人们转换视角，从不同的角度或侧面看问题；迫使人们在考虑目标和解决问题的要求时，也同时注意考虑协调、控制、分析水平和贯彻执行的问题；诱导新的发现，注意进行从目的到手段的全面调查等等。

但是，必须注意，系统分析仅仅是政策研究及政策分析方法的一部分，而非全部（顶多是后者的定量分析模型和技术的主要部分），系统分析尤其是定量分析模型及技术并不能解决所有的政策研究或政策分析的问题。对于诸如带有极强的政治色彩、在决策过程中的非理性或超理性作用突出、必须在价值观和实际价值之间加以权衡一类的问题，系统分析的定量分析模型和技术往往是无能为力的。必须靠政策研究或政策分析的其他方法，如组织一政治分析、价值分析等。在系统分析的成长过程中,曾有一些系统分析家期望用系统分析来解决现实世界的一切问题以及解决政策问题的一切方面。他们过分依赖于定量的分析方法与技术,忽视理性、政治、文化、价值及意识形态等方面的超出系统分析范围的东西,导致了系统分析的滥用,达不到预期的目的。

二、系统分析的内容

根据系统的本质及其基本特征,可以将系统分析的内容相对地划分为系统的整体分析、结构分析、层次分析、相关分析和环境分析等几个方面。

(一) 整体分析

整体性是系统的最基本的属性或特征之一。因而,整体分析也就构成系统分析的一个主要内容。根据系统论的原理,任何系统都是由众多的子系统所构成的,子系统又是由单元和元素所构成的。系统的性质、功能与运行规律不同于它的各个组成部分在独立状态时的性质、功能和运动规律,它们只有在整体意义上才能显示出来。系统的整体体现了各个组成要素所没有的性质、新功能和整体运行规律,这就是"整体大于各部分之和"的原理(加和定理);另一方面,作为系统整体的组成要素的性质和功能也不同于它们在独立时的性质与功能,当它们作为系统的一部分与周围环境发生作用时,并不是代表孤立的要素本身,而是代表系统整体。拉兹洛在谈到这个问题时指出:系统整体所独具的"某种特点不能简单地还原为它们各个组成部分的性质","复杂整体的特点实际上不可能还原成各部分的特点"。

用整体分析法进行政策研究的核心是:从全局出发,从系统、子系统、单元、元素之间以及它们与周围环境之间的相互关系和相互作用中探求系统整体的本质和规律,提高整体效应,追求整体目标的优化。因此整体及其目标的优化是整体分析的主要内容。面对一些复杂的、较大的系统时,要求我们把系统分解为一组相关联的子系统,在整体的指导下,协调各个系的目标,从而达到系统所要求的总目标,即通过求局部最优化得到的局部解,经过协调而得到整体的最优解。

系统的优化从整体与局部的关系看有如下三种情况:(1)局部的每个子系统的效益都好,组合起来的系统整体也最优。(2)局部子系统的效益好,但系统整体的效益没有达到最优。(3)局部的子系统的效益并不最优,而系统的整体效益较优。从近期与长远的关系看，系统的优化也表现为各种情况，如对近期与长远都有利；对近期有利，对长远不利甚至有害；对近期不利，而对长远有利等。因此，整体优化的原则是：根据已确定的目标，在整体利益最优的前提下，处理好局部与整体、近期与长远的关系。例如，在追求经济社会发展尤其是经济增长的政策目标时，不能为了局部（地方）和近期的利益，片面追求经济增长率，而以牺牲资源和环境，以及整体（全国）和长远的效益作为代价。因此，党和国家所制定的经济增长方式由粗放型向集约型的转变以及可持续发展战略是正确的，它追求的是国家、整体、长远的利益。

人们已经发展出一系列的定量分析方法或技术，可以用来作整体优化分析尤其是整体分析，这些方法和技术有线性规划、非线性规划、动态优化和排队论等。

（二）结构分析

结构分析是系统分析的一个组成部分。所谓系统的结构是指系统内部诸要素的排列组合方式。同样一些要素，排列组合的方式不同，就可能具有完全不同的性质、特征与功能。对于一个复杂的系统来说，如果没有一个确定其合理结构的方法，没有一个考虑整体优化的方案，那么，系统的分析和设计也就无法进行，也将对系统的运行产生不良的后果。因此，正确掌握结构分析法，对于确定政府系统的合理结构，要求各种政策的有机配合，是政策研究工作的一个内容。

结构分析是寻求系统合理结构的途径或方法，其目的是找出系统构成上的整体性、环境适应性、相关性和层次性等特征，使系统的组成因素及其相互关联在分布上达到最优结合和最优输出。人们提出了如下两个公式来表达结构分析的基本原理：

$$E^{**} = \max P(X, R, C)$$
$$P \to G$$
$$P \to O$$

$$S_{opt} = \max \{S/E^{**}\}$$

（其中 X 是系统组成要素的集合；R 是系统组成要素的相关关系的集合；C 是系统要素及其相互关联在各层次上的可能分布形式；P 是 X、R、C 的结合效果函数；"P→"表示这个函数对应于某种条件，例如 P→G 表示 P 函数对应于系统目标集的条件，P→O 表示 P 函数对应于环境因素约束集的条件；E 表示 P 函数在两个对应条件下所能达到的最优结合效果；Sopt 的关系式表示具有最佳结合效果的结构中能给出最大输出的系统)。结构分析的任务，就是寻求 X、R、C 之间最优结合形式，使系统稳定条件下结合效果最优，系统输出最大。

（三）层次分析

系统论认为，任何复杂的系统都具有一定的结构层次。系统结构的层次性既指等级性，又指侧面性。前者是指任何一个复杂系统，都可以从纵向把它划分为若干等级，即存在着不同等级的系统层次关系，其中低一级的结构是高一级结构的有机组成部分。如我国政府体制上从中央人民政府（国务院）到省、市、县、区、乡地方各级人民政府；军队编制从军、师、团到营、连等。后者是指任何同一级的复杂系统，又可以从横向上分为若干相应联系，相互制约，又各自独立的平行部分，如国务院分各部、委，省级人民政府划分厅、局等。系统的结构层次性是系统的稳定性和连续性的重要保证，也是系统发挥其最佳功能的前提条件之一。

系统分析中的层次分析法产生于 20 世纪 70 年代，是美国著名运筹学家萨蒂提出的。层次分析的基本思路是：明确问题中所包含的因子及其相互关系，将各因子划分为不同层次；从而形成多层次结构，通过对各层次因子的比较分析，建立判断矩阵，并通过判断矩阵的计算将不同政策方案按重要性或适用性大小排列，为最优方案的选择提供依据。层次分析首先要解决系统分层及其规模的合理性问题，层次的划分要考虑到系统传递物质、能量和信息的效率、质量和费用等因素；其次要使各个功能单元的层次归属合理。

（四）相关分析

系统论告诉我们，构成系统的各个子系统、单元和要素之间以及它们与环境之间是相互联系和相互作用的，这一特征叫作系统的相关性（有机关联性）。相关性首先体现在系统与要素之间的不可分割的联系。在系统整体中，各要素并不是孤立存在的，而是由系统的结构联结在一起，相互依存、相互作用。如果其中一项发生变化，就会影响其他要素也发生变化（人体各种器官之间就是相互关联的）。其次，相关性体现在要素与系统整体的关系中。要素与系统整体相适应，一旦要素改变，整体必然发生改变；同样，系统整体发生改变，系统要素也必然发生变化（要素与系统之间的相互作用是通过结构这一中介来实现的）。再次，相关性表现在系统与环境的关系方面，即系统的改变引起环境的变化，环境的变化也会导致系统的变化；系统创造自己的环境，环境又规定着自己的系统。最后，相关性还表现在系统发展的协同性上。协同性是指系统发展变化中各部分发展变化的同步性，即系统的变化必然引起各要素以及环境的变化，这种变化又不是杂乱无章的，而是有规律可循的，这个规律就是同步性（顺便说，协同学是系统论在当代的新成就，它以协同性作为研究对象）。

相关分析要求我们在政策研究的过程中尤其是问题界定、目标设定和方案规划中，要充分注意到各种问题及问题的各个方面之间、各个目标之间、各个方案之间、子目标与总目标以及子方案与总方案之间的关系，注意问题目标和方案与社会、经济和政治环境之间的相互联系和相互作用，考虑各种因素对政策执行效果可能产生的影响，从而设计出理想的或较优的政策方案。例如，我们在设计改革与发展战略时，用相关分析的方法，就是要紧密注意各个领域、各条战线、各个方面的改革与发展措施的相关配套、同步进行；或者说，在进行了某个（些）领域的改革之后，必须及时进行另一些领域的改革，否则，将影响全面的改革与发展。近代"洋务运动"之所以不成功，有各种原因，其中的一条是缺乏系统改革思想，洋务派主张引进西方科学技术和工业设备，使之与封建主义的政治体制协调起来，即所谓的"中学为体，西学为用"。这种幻想不改变封建主义的生产关系、政治制度和社会结构，而仅靠引进西方科技及设备来发展生产力的做法是难以成功的，不变革前者，再好的机器设备也发挥不了作用。

（五）环境分析

系统论认为，系统与环境是处于相互联系和相互作用之中的。系统以外界的条件或环境作为存在和发展的土壤。环境是指系统之外的所有其他事物或存在，即系统发生、发展及运行的生态条件或背景。一个系统总是处于更大的系统之中，成为更大系统的子系统，因而更大的系统则构成该子系统的生态环境。系统与环境的相互联系和相互作用表现在：一方面，环境是系统的存在和发展的前提条件，环境影响、制约，甚至决定系统的性质与功能；另一方面，系统的存在和发展也改变着周围的环境，系统作用的不同将引起环境发生变化。系统与环境这种不断进行着的物质、能量和信息的交换，使系统具有环境适应性特征。

环境分析是系统分析的一个重要内容。因为系统的状态，系统的问题同环境存在着这种相互联系、相互作用的特征，所以，分析环境与系统的关系是接近系统问题的必要步骤。要确定系统及其问题的边界和约束条件，必须对环境作出分析，系统分析的许多资料也来源于环境，因此，环境分析是系统分析中的一项不可或缺的工作。就政策研究来说，我们将政策研究的对象视为一个系统，一个高度开放的社会系统，政策环境产生了需求和支持这样一些输入，通过政治系统（决策系统）的加工处理转变为政策方案，这些方案的输出（执行）又作用了环境。这是政治系统论向我们展示的政策系统及其运行的简要图景，在这里，无论是政策的制定，还是政策的执行，环境因素的地位和作用都是极其显著的。因此，环境分析对于政策研究来说，其意义也是不言而喻的。

环境分析涉及的内容很广，包括自然环境或物理技术环境分析、社会经济环境分析、文化心理环境分析等等。在系统分析中，要对环境加以因时、因地、因人的分析，找出相关的环境因素，确定其影响的范围和程度，以便在方案的制定和执行中予以考虑，这正是环境分析的任务与目的。

三、系统分析中的定量技术

克朗在《系统分析和政策科学》一书中根据决策类型的不同将系统分析中的定量技术分为两类，即确定型的分析技术和随机分析技术。

（一）确定型的分析技术

所谓的确定型，是指那些可用于只有一种态势，并在作出可接受的假定之后其变量、限制条件、不同的选择都是已知的、确定的，按一定的统计置信度可以预见的方法或技术。克朗将线性规划、排队论、规划管理技术、马尔柯夫分析、对抗分析、质量保证、损益分析列入这类技术之中（见表2—3）。

表2—3　　　　　　确定型的定量模型、方法和技术

模型、工具或技术	应　用	基础知识
线性规划	解决在商业、交通、库存、建筑、后勤及网络中的配置、分配和优化问题	计算机科学、敏感性分析、代数解法、单纯形表、经济学
排队论	人或事物或事件的等待服务问题	蒙特·卡罗法、模拟、统计学

续表

模型、工具或技术	应用	基础知识
规划管理技术	生产和建设计划	PERT（成本或时间）、CANTT图、网络分析（CPN）、决策树
马尔柯夫分析	销售经营、预测	矩阵代数、经济学
对抗分析	商业、心理学、国防研究	博弈论
质量保证	工业、国防	科学、技术
损益分析	资源分配	经济学、统计学

（二）随机分析技术

随机分析技术则是应用于不确定型或风险决策的分析方法及技术。当存在一个以上的态势，并且需要估计和确定每一种可能的状态时，就要碰到随机模型问题。这时还要计算在每一种态势下用每一种决策选择所得的输出结果。因而可供选择方案的数量将很大，这时可以用数学、统计推论和概率论等学科的方法，在可以接受的假定条件下减少不确定性。有时，随机的局面可以化为确定模型来加以处理，比如选择一种最有可能发生的未来态势，或者只分析最坏的或最好的方面等等。克朗将动态规划，计算机模拟，随机库存论，随机模型，取样、回归、指数平滑，贝叶斯定理，损益分析，决策树列入随机分析技术之中（见表2—4）。

表2—4　　　　　　随机定量模型、方法和技术

模型、工具或技术	应用	基础知识
动态规划	在生产、配置活动中的多阶段决策	计算机科学和概率论
计算机模拟	系统内部的相互作用	计算机科学和蒙特、卡罗法
随机库存论	需求或提前时间是随机的情况	概率论和期望值统计量
随机模型	计算系统转换的概率	矩阵代数、微积分
取样、回归、指数平滑	大总体的问题解	统计学和概率论
贝叶斯定理	条件概率下的预测、相关和因果分析	代数、概率论以及有关先验概率和知识
损益分析	资源分配	经济学和统计学
决策树	系统行为	代数和统计学

2-7

政策分析中的创造性思维方法*

理性分析方法（尤其是定性分析方法）仅仅是政策研究或政策分析方法论的一个组成部分，而非全部。政策研究或政策分析并没有固定的模式和一成不变的方法，它是一个复杂的创造性思维活动过程。在这一过程中，理性思维与超（非）理性思维、定性方法与定量方法、事实分析与价值分析、形式思维与辩证思维交替、综合地发挥作用。因此，对于超（非）理性思维或创造性思维在政策研究中的作用的研究应该成为政策研究方法的一个主题。

一、政策分析中的理性思维与非理性思维

理性思维尤其是定量分析是当代政策分析的主流。政策分析不能单凭经验、想象、臆断或直觉，在许多情况下，必须有准确可靠的数据资料的分析作为依据。定性分析以及创造性思维方法只能是单测度的，其结果只能指出大致的方向或区间范围，无法得出精确的结论。这个工作必须靠理性分析尤其是定量分析来完成。现代政策科学及政策分析的奠基者们为了提高决策的科学化、合理化和可靠性，从一开始就从运筹学、系统分析、统计学、数学、计量经济学等定量化学科中借鉴和发展出一些适应于政策研究领域的新方法和工具。尤其是60年代以后，系统分析方法在政策研究领域中得到了广泛的应用，从而使定量化（分析）成为现代政策研究中的重要标志。

定量分析是政策分析的一种不可或缺或基础性的方面。因为所有的政策问题如同其他事物一样，都具有质和量两个方面，或者说是质和量的统一，量的方面的探索和质的方面的探索同样重要，而且从认识论的角度看，量的

---

* 本文原为《政策科学》（陈振明主编，中国人民大学出版社1998年版）第九章之一节（有所改动）。

方面的认识是在质的方面的认识基础上进行的，因而是一种更高层次或深化的认识。在当代，几乎所有重大政策问题的研究都毫不例外地要运用定量分析方法。随着理性方法尤其是定量分析方法及计算机技术的日益成熟，其应用不只局限于技术性和经济性的政策研究，而且也同样应用于政治性和社会性的政策研究。不只应用于政策制定的阶段，同样应用于政策的执行、评估及监控的阶段。正是定量分析方法的成长及其广泛的应用，才使得人类实现从传统的经验型决策向现代的科学化决策的飞跃。

理性分析方法尤其是定量分析方法有其局限性和适用范围，它不能处理所有的政策问题或政策问题的所有方面，不能取代其他分析方法，如定性方法、创造性思维方法、价值分析和组织（政治）分析方法的作用。这种方法的局限性主要表现在如下几个方面：

——用理性方法尤其是理性模型（定量分析模型）得出的政策并不是在任何时期或任何情况下都是最优的，每个理性模型都是建立在一定的假定和研究框架的基础上的，如果时间、空间或其他方面的条件改变了，则原有的假定和框架可能不再与实际情况相符，结果原为最优的方案，未必再是最优，甚至可能是错误的方案。

——理性方法大都是静态的方法，结果得到的方案或答案大都是长期性的；而有的政策从长期看可能是有问题的或错误的，但从短期看可能是正确的、必要的；同样，一种从长期看是最优的政策，如果不考虑许多其他因素，在短期内实施，可能导致严重的不良效果。

——公共政策深受制度化和社会化了的过去的政策和价值标准的影响。这些制度化了的政策的存在，可能妨碍政策分析者达成合理的研究结论。即使能找到最优的方案，这些现存的旧政策也可能成为采纳并执行新政策的阻力。

——政策分析者用理性的、科学的方法去分析一个政策问题，有时可能得出两个同样优良的政策方案，而靠分析者用理性方法难以确定应当选择哪一个。政府必须在科学或理性的方法以外去决定哪一个方案是最优的，并加以采纳。

——理性方法遇到的最大困难则是如何对各种不能量化的因素加以处理的问题，人类行为、心理因素，社会政治制度及过程、价值观、意识形态等是难以靠定量分析来处理的。在当代，如果不能将非量化的因素加以处理，要想得到最优的、合理的政策方案就是十分困难的。

因此，必须充分认识理性方法以及定量分析的局限性和应用范围，不要片面夸大其作用，将它们当作政策分析的唯一的方法，而必须在各种场合辅以其他的方法。在政治问题、社会问题、经济上的分配问题、军事战略等领域，理性的计算或定量分析的局限性更是明显，甚至在环境问题、犯罪问题、交通问题的应用上，政策分析者也常常感到定量分析方法的作用有限。无视定量分析方法的局限性并排斥其他分析方法的作用，必将产生恶果。在这一点上，西方的政策分析有不少的经验教训。

非理性思维对人的行为和决策有着直接的、重要的影响。人们往往认为理性思维或逻辑分析比依据非理性过程作出的决策能够得到更好的结果，因而忽视或低估非理性思维的作用。实际的情况是，人类的决策既依赖于理性或逻辑分析，也依赖非理性的分析。在一些场合，决策主要是依靠非理性过程作出的。因此，在政策研究中，应注意到非理性因素的作用，把理性分析的科学与非理性分析的艺术很好地结合起来。理性分析能提供工具，却难以提供智慧；非理性分析虽不能提供工具，却可以提供智慧。

非理性思维（超理性思维）的方法并不排斥理性思维或定量分析方法的运用。正如台湾学者伍启元在《公共政策》一书中所说的："非理性不是指没有理性，而是指没有办法达到理性方法所追求的最佳的解决办法，并且没有办法达到有限理性方法所追求的次佳次适的或可满意的解决办法。但决策者还是会利用精细的计算和科学方法，去分析若干部门的政策的。"

二、创造性思维及其表现形式

什么是创造性思维？要回答这个问题并不是件轻而易举的事。从古到今并没有一个关于它的令人满意的定义。有人把直觉、灵感、顿悟等看作创造性思维的几种主要形式；有人则把这几种形式看成同一东西，而把创造性思维称为直觉思维或灵感思维，并与逻辑思维和形象思维相对照。而对直觉、灵感、顿悟同样没有明确的定义。例如，对于直觉，柏拉图认为是一种直接的认识方式；柏格森认为是一种通过理智体验把握实在生命的本能；莱布尼兹则看作一种认识自然的理性的真理能力；贝弗里奇在《科学研究的艺术》一书中则综合了一些科学家的观点，把直觉定义为突然跃入脑海的能阐明问题的思想。

有学者认为，创造性思维有狭义和广义之分。狭义的创造性思维是指人们在创造活动中直接形成创造成果的思维活动，诸如发明技术、提出假说、创建新理论等；广义的创造性思维是指人们在提出问题和解决问题的过程中，一切对创造成果起作用的思维活动。①在政策分析中，一切具有创新性质的思维过程，都是创造性思维。无论广义的创造性思维还是狭义的创造性思维，都有其限定性，当然狭义理解的限定性要比广义理解的限定性更强，预设的条件更多。②

创造性思维主体不仅指高层决策者，民主与科学的决策环境鼓励决策系统中所有政策参与者提供信息，提供具有创新性的构想、意见。创造性思维是一种多层次协同进行的思维整体过程，并非只局限于孤立的高层次思维活动。③吉尔福特、阿瑞提、高桥浩等人探讨创造性思维理论以及创造性思维的培养、发展往往从日常生活、生长环境中来着手。同样，研究政策分析中的创造性思维，不仅要研究对国家、社会产生重大影响的重要政策及重要人物，也要研究普通政策中组织与个人对创造成果起作用的思维活动。

人们对于非理性思维或创造性思维的拒斥，往往基于对这种思维的本性的误解。因此，有必要了解创造性思维的一些基本特征：④

——创造性思维既是心理的过程，又是逻辑的过程，是心理过程与逻辑过程的统一。创造性的直觉、灵感、顿悟等并不是神秘莫测的东西，也不是事物的表面现象的生动直观，而是对事物本质或规律的洞察性猜测。

——创造性思维既是突发的、偶然的，又是渐进的、必然的，它是突发和渐进、偶然与必然的辩证统一。创造性思维往往以爆发的形式出现，即所谓的"豁然开朗""茅塞顿开"。

——创造性思维既以创新性为目标，又以传统性为基础，它是创造性与传统性的统一。在科学研究及政策研究活动中，创造性思维的目标是发现新概念、新定律和新理论，因此，新颖性、独特性和求异性是它追求的目标。

克朗对超理性的过程（非理性的过程）在政策分析中的作用作了分析，他列出了超理性过程的各种表现或形式，并给这些形式下定义。在他看来，超理性过程包括：（1）判断——从经验中获得的决策智慧；（2）直觉——不依靠逻辑推理而在头脑中领悟到的知识；（3）创造力——产生形式、构造和关系的脑力过程；（4）灵感——通过非理性的方式而得到的偶然发现；

---

① 田运主编：《思维辞典》，浙江教育出版社1996年版，第208页。
② 刘卫平：《创造思维》，浙江人民出版社1999年版，第4页。
③ 同上。
④ 转引自陈振明《科学发现逻辑的几个重要问题》，《求索》1990年第6期。

(5) 隐含的知识——通过生活体验而获得的知识；(6) 信仰——未经理性检验而接受为真理；(7) 洞察力——理解能力；(8) 意志——达到目的决心；(9) 超感交流——越出感觉的正常范围的交流；(10) 预见能力——预见未来事件的能力。此外还包括爱情、欢乐、歉意、憎恨、恐惧、领袖的魅力、政治等等。① 可以说，创造性思维的主要表现形式有联想、想象、直觉和灵感等。

——联想。指的是从一个概念或事物到其他事物或概念的心理活动。联想在政策中的作用首先表现在，它可以帮助研究者和决策者提出有价值的决策目标。决策目标并不容易确定，有时决策目标是研究者把观察到的事物或现象与已有某个政策问题或社会需要联想到一起而提出来的。其次，联想是围绕创造目标，搜寻和调动头脑中贮存的有关知识的途径。头脑中储存的知识元素并不是杂乱无章，而是有机联系的。当调动这些知识时需要联想检索。最后，通过联想，可以把记忆中的知识的丰富内容再现出来，也可以把许多知识与信息联系起来，从中把握事物的本质。

——想象。指的是在认识世界、改造世界的过程中，根据需要，对头脑中的信息进行重组、改造，形成新的意象。政策分析中的许多不可预测的因素或不确定性因素需要发挥想象的作用，帮助决策者或政策研究者掌握政策问题的动态发展。而且想象可以转化为激发创造者奋斗不息的动力，使决策者或研究者看到迷人的目标和前途，从而激发出不懈的努力。

——直觉。是指对情况的一种突如其来的领悟或理解。哈佛大学认知研究中心创始人布鲁纳说：直觉思维和分析思维相互补充，一个人往往通过直觉思维对一些问题得到澄清，而这些问题借助分析思维将无法解决，或者充其量只能慢慢解决。直觉思维者甚至可以发明或者发现分析家所不能的问题。直觉在政策研究中的作用就是在于帮助决策者或政策研究者构建问题，分析问题的原因、性质并界定问题的边界，预测问题的环境变化，抓住问题与其他问题及环境的联系，形成政策问题的大致图景。

——灵感。指的是对问题突如其来的领悟，属于创造思维过程的认识飞跃的心理现象。在科学史上，有许多通过灵感解决难题的例子，灵感也因此被许多科学家推崇备至。在政策分析过程中，决策者或政策研究者可能因问题的某个症结而陷入了思维困境，而灵感能使人们在思维的困境中突然抓住

---

① 转引自［美］R. M. 克朗《系统分析和政策科学》，陈东威译，商务印书馆1987年版，第38—39页。

问题的本质,产生意想不到的创造性设想,设计出解决问题的新方案,或者在方案的论证、比较和抉择中提供线索。

创造性思维对人的行为和决策有着直接的、重要的影响。人们往往认为理性思维或逻辑分析比依据非理性过程作出的决策可以得到更好的结果,因而忽视或低估非理性思维的作用。实际的情况是,人类的决策既依赖于理性或逻辑分析,也依赖于非理性的分析。在一些场合,决策主要是依靠非理性过程作出的。例如,在世界各地,都存在着所谓的"经验型"决策,即纯粹由有经验的领导者根据直觉和基于经验的判断,而不是靠逻辑分析作出的决策,这种决策类型往往也能作出高质量的政策规定;相反,单靠逻辑分析做出合理的、高质量的决策的情形,反而不多见。当然,纯粹靠经验决策,靠非理性过程作决策也往往会使人类陷入灾难。因此,在政策研究中,应注意到非理性因素的作用,把理性分析的科学与非理性分析的艺术很好地结合起来。理性分析能提供工具,却难以提供智慧;非理性分析虽不能提供工具,却可以提供智慧。

三、创造性思维在政策研究中的作用

理性思维方式尤其是定量分析方法是政策研究方法论的基础,但是理性及定量分析方法有其明显的局限性,不可能解决全部的政策研究问题,必须有另外的分析途径尤其是非理性或创造性思维方法及价值分析途径来加以补充。下列几种情况需要我们采用非理性或创造性思维方法:第一,在公共决策及政策分析过程中,分析者经常面对不适宜定量分析技术的情况。例如教育、福利、卫生、文化、城市规划、环境保护等问题,这些问题涉及广泛的社会、政治、文化、组织因素和宗教、民族、意识形态、伦理道德因素,使得定量分析难以进行或难以收到预期的效果,因而必须靠非理性或创造性思维方法及价值分析来加以研究。第二,有的公共政策问题尽管可以用定量分析方法来解决,但仍然存在某些难以量化的因素。因此,当一个公共政策问题包含社会、政治、组织、意识形态、伦理道德因素时,就不能单纯靠理性或定量分析方法解决,必然要结合创造性思维尤其是专家的经验、直觉、灵感和判断来进行分析和解决。第三,即使是那些能够进行完善分析的问题,在进行定量分析以前,也要注意听取专家的意见,充分利用他们的直觉和判断,否则定量分析有可能失去方向或意义。因为并非每个政策分析者都具备与问题有关的所有方面的知识,因此,他们需要请教有关方面的专家,听取专家的意见与判断。

由此可见，非理性或创造性思维方法对于政策研究方法论的重要意义就在于，它们可以弥补理性方法尤其是定量分析方法的不足，凭借专家以及决策者的直觉和判断、智慧和经验，根据政策问题的性质及其所处的外部环境，通过直观归纳，对相关政策问题的过去、现在的状况、发展变化的过程进行综合研究，找出其一般的发展、变化规律，从而对问题及环境的未来发展趋势作出预测判断，并在此基础上提出解决问题的可行性方案，供决策者参考。近半个世纪以来的政策分析实践表明，非理性方法或创造性思维的方法在政策研究中，发挥着越来越重要的作用。这是它能够迅速发展，并且与定量分析技术并驾齐驱的一个重要原因。

创造性思维的各种基本形式（如直觉、灵感、判断和顿悟等）在政策研究过程的各个环节中都起着重要作用。例如，直觉（预感、洞察力、直觉判断等）在政策研究过程中的作用就在于，帮助研究者和决策者构造问题，分析问题的原因、性质并界定问题的边界，预测问题及环境的变化，抓住该问题与其他问题及环境的联系，形成政策未来的大致图景，帮助决策者和研究者确定政策目标和形成方案。有时，解决政策问题的方案及所要达到的目标并不是靠严格的逻辑分析获得的，相反，是决策者、研究者和咨询者的直觉捕获的。直觉还有助于方案的抉择，有时多种方案的优劣靠理性分析是难以确定和选择的，这时候决策者及研究者靠直觉和经验可以作出抉择。又如，灵感（顿悟）对政策研究过程中的作用也是十分明显的，它有助于启发思路，提供新设想或解决问题的新途径，并在方案的论证、比较和抉择中提供线索。

四、创造性思维方法举隅

在政策研究或政策分析过程中，建立在直觉、判断、灵感和类比等形式基础上的创造性思维方法的应用相当广泛，很难将这些方法加以系统、全面的概括与总结，我们仅仅简要介绍几种比较成熟和常用的创造性思维方法。

1. 个人判断法（Individual judgment）

个人判断法是指依靠专家个人对政策问题及其所处环境的现状和发展趋势、政策方案及其可能结果等作出自己的判断的一种创造性政策研究方法。这种方法先征求专家个人的意见、看法和建议，然后对这些意见、看法和建议加以归纳、整理而得出一般的结论。个人判断方法的优点是保证专家在不受外界影响、没有心理压力的条件下,充分发挥个人的判断和创造力。但是,这种方法受专家个人的知识面、信息来源及其可靠性、对涉及问题是否感兴趣,甚至个人的先入之见等因素所囿,也缺乏相互启发的氛围。因此,专家得出的个人判断容易带有片面性。个人判断法可以运用于政策研究过程的各个环节之中。

2. 头脑风暴法(Brain storming)

头脑风暴法是一种专家会议法,是用来产生有助于查明和概念化问题的思想、目标和策略的方法。它是1948年由创造性思维专家奥斯本(Alex F. Osborn)首先提出的一种加强创造性思维的手段,它可以用来产生大量关于解决问题的潜在解决办法的建议。[1] 它通过召集一定数量的专家(通常在10—15人之间)一道开会研究,共同对某一问题作出集体判断。头脑风暴法的优点是:(1)它能够发挥一组专家的共同智慧,产生专家智能互补效应;(2)它使专家交流信息、相互启发,产生"思维共振"作用,爆发出更多的创造性思维的火花;(3)专家团体所拥有及提供的知识和信息量比单个专家所拥有的知识和信息量要大得多;(4)专家会议所考虑的问题的方面以及所提供的备选方案,比单个成员单独思考及提供的备选方案更多、更全面和更合理。这种方法的主要缺点是:与会专家人数有限,代表性是否充分成问题;与会者易受权威及潮流的影响;出于自尊心等因素,有的专家易于固执己见等。

为了给专家提供一个充分发挥创造性思维的良好环境,获得真知灼见,采用头脑风暴法组织专家会议时,应遵守如下基本原则:第一,提出论题或议题的具体要求,限制议题的范围,并规定提出设想时所用的术语,使主题突出,而不至于漫无边际;第二,不能对别人的意见或建议品头论足、提出怀疑,不要放弃和中止讨论任何一个设想,而要对每一个设想加以认真研究,而不管它是否适当或可行;第三,鼓励与会者对已提出的设想或方案加以改进和综合,给予准备修改自己的设想者以优先发言权;第四,支持和鼓励与会者解放思想,创造一种自由讨论的氛围,激发其想象力和创造力;第五,发言要简练,不要详述,冗长的阐述将有碍创造性气氛,使人感到压抑;第六,不允许参加者宣读事先准备好的建议一览表。

头脑风暴法有各种类型,如直接的头脑风暴法——这是依一定的规则,鼓励创造性活动的一种专家集体评估的方法;质疑的头脑风暴法——这是一

---

[1] Alex F. Osborn, *Your Creative Power*. New York: Charles Scribner, 1948.

种同时召开两个专家会议的集体产生设想或方案的方法（第一个会议按照直接的头脑风暴法的要求进行，第二个会议对第一个会议提出的设想或方法加以质疑）；有控制的产生设想的方法——这是一种利用定向智力活动作用于产生设想的过程，用于开拓远景设想和独到设想的方法；鼓励观察的方法——其目的是在一定限制条件下，就所讨论的问题找出合理的方案；对策创造方法——即就所讨论问题寻找一个统一的方案。

实践证明，利用头脑风暴法进行政策研究尤其是政策结果预测，通过专家的交流、切磋，激发想象力和创造力，有可能在较短的时间里获得富有成果的方案或设想。

3. 德尔菲法（Delphi technique）

德尔菲方法是一种直觉预测技术，它是1948年由兰德公司的研究人员首先发明的，以古希腊神话中的神谕之地、可预卜未来的阿波罗神庙"德尔菲"（Delphi）命名。这种技术最初是为军事策略问题的预测而设计的，后逐步为政府部门和工商业所采用，并扩展到教育、科技、运输、开发研究、太空探测、住宅、预算和生活品质等领域。

传统的德尔菲方法采用函询调查的形式，向与预测问题有关领域的专家分别提出问题，使专家在彼此不见面的情况下发表意见、交流信息，而后将他们的答复意见加以整理、综合。这样经过多次反复循环，经过技术处理，最后汇总得出一个比较一致的、可靠的预测结果。这种方法有效地避免了专家会议及头脑风暴法中出现的沟通不良，专家易于屈从权威和随大流、人格冲突以及产生敌对情绪等弊端，有助于专家更充分地发表己见以及彼此交流和信息反馈。传统德尔菲法强调这样几个基本原则：第一，匿名原则——所有参与的专家，以个人身份发表意见，遵守匿名原则，不把身份公开；第二，循环往复原则——由主持人收集参与者的意见并加以公开宣布，如此循环往复数次（一般为四个回合），允许参与者在参考别人判断的资料之后修正自己的看法；第三，控制反馈原则——让参与者回答事先设计出的问卷，并使其对收集归纳出的判断论证作总体的衡量；第四，团体回答统计原则——对所有参与者的意见作综合判断时，通常必须考虑中数、趋势及次数分配等情况；第五，专家共识原则——德尔菲法的主要目的是使专家达成共识，得出最后预测结果。

20世纪60年代之后，一些政策分析者在传统的德尔菲技术基础上加入价值分析等因素，发展出政策德尔菲法，突破传统德尔菲法的局限，以便分析更复杂的政策问题。政策德尔菲法除了保持传统德尔菲法的循环反复和控制反馈两个原则外，修改或改进了其他几项原则，如有选择的匿名、信息灵通的多方面的倡导，回答统计的两极化，冲突的建构和电子计算机的辅助。①

4. 脚本写作（Scenario writing）

按照奎德的说法，脚本是对所要分析、设计和评估的系统或政策被设想将要实现的各种条件的描述或预言；脚本写作就是准备一系列的从现在到未来的某个时候的假设可信事件的逻辑序列。脚本有各种表现形式，在一些场合下，脚本可能由计算机的语言来加以表达；而在另一些场合，它看起来可能像一篇历史论文，有丰富的细节，传达的不仅仅是有形的状况，而且有作者的语调和心情。

脚本有其不同于其他政策分析方法的特征：一方面，脚本写作以一系列的假设作为基础，而不是以某一假设作基础，这些假设是对未来特定时间内（3年、5年、8年、10年等）系统或政策及环境的发展趋势或状况的描述或预测；另一方面，由于未来的系统、政策及环境存在着各种不确定因素，而任何脚本只能描述一种可能的前景，因此，在政策分析中，往往要编写几个可能的脚本，而不只是单一的脚本。一些脚本规定典型的任务、典型的条件和典型的限制；而另一些脚本则规定独特的、不可能的，甚至是极端的条件（在这些条件下，政策仍可能运行）。一个常见的做法是同时准备三个脚本，"无突变"的脚本 A（即假定目前趋势不会产生重大改变的未来情况的脚本）、备选脚本 B 和 C（条件可能发生大的变化、时间更长、范围更广的脚本）。

作为政策分析中的一种有用的创造性思维方法，脚本写作为研究者提供关于未来的洞见或信息，让研究者弄清某项特殊政策的潜在结果；可以帮助分析者更好地处理问题的各个方面，以辨别出一种可能状况中的各种因素的关系，并消除不相干的因素。脚本写作的最典型的运用场合是探索潜在的军事和外交上可能出现的危机情况，但它可以应用于几乎所有的政策问题领域。通过提供一个未来的偶发事件的样本，一系列脚本可以提醒未来可能出

---

① 关于政策德尔菲法的讨论，可以参看如下论著：Murray Turoff, "The Design of a Policy Delphi", *Technological and Social Change*. 2, No. 2（1970）；Harold A. Linstone and Murray Turoff (ed.), *The Delphi Method*: *Techniques and Application*. New York: Addison—Wesley, 1975；William N. Dunn, *Public Policy Analysis*: *An Introduction*. Englewood Cliffs, NJ: Prentice–Hall, 1994. pp. 243–244.

现的危险，提供灵敏的未来预测。

除了在政策分析的应用之外，脚本写作也被用于其他领域（如组织行为研究）。脚本主要是一种交流手段，一个好的分析脚本——通过对实际数据的逻辑的和想象的使用伸展了可能的世界——的戏剧性的诉求已被证明在军事、工业、商业中拓宽偶发性是非常有用的。

5. 运筹博弈（Operational gaming）

博弈论又称对策论。博弈是指利害关系对立的各方按照一定的规则行动，每方都为使自己获胜，根据他方所采取的策略或手段来确定自己的对策的活动或行为（它类似于下棋一类的游戏，故称为博弈）。运筹博弈是由人参与的模拟活动，博弈的局中人（参与者）通过扮演各种角色来相互影响，从而模拟个人、团体或社会经济部门的行为。

博弈论起源于军事领域，军事人员发现，地图上的演习——在其中敌对的双方相互因应对方的策略和行动——对于检验战争计划和后勤供应的充分性是有用的。现代博弈论的诞生以美国数学家诺伊曼和经济学家摩根斯坦的合著《博弈论与经济行为》（1949）的问世为标志。它的迅速发展则是在50年代以后。由于电子计算机的发展，博弈论被广泛应用于军事、外交、工商业管理以及社会科学的研究领域中，成为一种有用的分析方法。

运筹博弈有两种基本类型，即人—机博弈（man－machine gaming）和人工博弈（manual gaming）。前者是同时使用计算机和人工的博弈类型，其中包含了计算机和在一个被研究的系统中扮演角色的人。例如，人们已经在实验室中研究了军事后勤的某些部分的运作，通过让分析者扮演决策者的角色而进行。人工博弈本质上是一种实验，在实验中，人们力求了解决策者的行为，并通过观察模拟者在控制条件下的活动来改善他们的行为。后者（人工博弈）是不需要由计算机模拟而是由人直接参与的博弈。奎德在《公共决策分析》中曾用一个研究对付有组织犯罪的政策选择的博弈例子来说明这种博弈方法的应用。[1]

上面我们介绍了政策研究中的五种创造性思维方法，这些方法常常被人们称为定性分析方法。应当注意，这些创造性思维方法属于超理性的方法，但它们并不排斥理性或定量分析方法的运用。正如台湾学者伍启元在《公共政策》一书中所说的："非理性不是指没有理性，而是指没有办法达到理

---

[1] See, E. S. Quade, *Analysis for Public Decision* (3rd., ed.), New York: Elsevier Science Publishing Co., Inc., 1989, pp. 201-202.

性方法所追求的最佳最适的解决办法,并且没有办法达到有限理性方法所追求的次佳次适的或可满意的解决办法。但决策者还是会利用精细的计算和科学方法,去分析若干部门的政策的。"① 无论是专家决策技术(前三种),还是脚本写作和运筹博弈,都少不了定量分析技术以及数学模型和计算机技术的恰当运用。简言之,这些创造性思维方法是理性分析与非理性分析、定量方法与定性方法的有机综合。

---

① 伍启元:《公共政策》,商务印书馆(香港)有限公司1989年版,第460页。

政策分析的职业化*

政策分析的职业化从一个侧面反映了政策分析及政策科学这一学科的发展演化及其广阔的前景。作为 20 世纪后半期兴起的知识工业的一个重要的组成部分，政策分析日益成为一个热门的职业。在西方尤其是美国，政策分析已成为一种正式的职业并具备了相当的规模；在我国，许多人在政府机关或研究单位从事着实际的政策分析工作，只是他们很少自称为"政策分析者"而已。随着市场经济体制的建立和完善，政策分析及其职业化将在我国迅速成长壮大。

一、职业化及其标准

"政策分析者"（policy analysts）的历史悠久，世界各地自古以来一直有"智囊"或"谋士"人物存在，但他们在历史上人数有限，只是当代政策分析职业角色的雏形而已。政策分析的正式职业化开始于 20 世纪六七十年代。根据一些西方学者的观点，在 60 年代后期，"政策分析者"一词便经常被人们用来表示政策研究的实践者或学术家的身份。[①]

几乎所有的社会成员都会自觉或不自觉地进行某些政策分析的活动，他们通过大众传播媒介如报刊文章、电视、广播新闻或通过参加各种政治活动或会议，对国内外形势和政府的政策加以思考以及发表自己的看法。政策分析的职业化与此有所不同，它表示将政策分析或评估、因果解释作为自己日常工作的大部分或全部。政策分析的职业化是指在政府部门、研究机构、咨

---

* 原载《岭南学刊》1995 年第 3 期。

① See Aronold J. Meltsner, *Policy Analysts in The Bureaucracy*. University of California Press, 1976, pp. 1 – 2, note 1; Yehezkel Dror, "Policy Analysts: A New Professional Role in Government Service", *Pubic Administration Review* 27 (sept. 1967), pp. 197 – 203.

询公司、大专院校中从事专门的政策分析或政策研究活动。

职业化具有其标准和过程。为了使一件工作或获得收入的活动成为职业，它必须满足一些基本条件，并经历一定的过程。根据奈格尔和米尔斯的观点，一件工作尤其是指那些需要较高专业化知识的工作要成为职业，必须包括下列几种基本的因素：①

（1）必须有专门的教育培训机构或项目，如法学院、医学院、公共政策学院等，以便人们为准备从事一项职业而参与学习，由这些机构或项目毕业的人，必须经过某种考试获得某种证书，才能被承认为这种职业的正式成员，如律师考试、医师考试、政策分析学位等。

（2）在工作描述中，必须有某种表示这种职业的工作，这样的描述可以是律师、医生、政策分析者或项目评估者等等。

（3）必须有那些从事这一职业的人自己的组织或专业行会，如美国律师协会、美国医生协会、政策研究组织或政策分析与管理学会，这些组织致力于发展、改善本专业或行业的理论和技艺，特别热衷于专业杂志、论著及其相关文献的出版。

（4）必须有一种明确的或被认可的职业伦理规范，这种职业伦理规定就业者应如何对待当事人、一般公众及同行。

一些社会学家则研究了职业化的一般过程，从而揭示职业化的某些本质属性。怀伦斯基（Harold L. Wilensky）认为，已经确立起来的各种职业都经历了这样一种典型的过程：人们开始全日制地从事一件工作，并逐步划定此项工作的管辖范围；早期的技术大师及追随者建立起培训学校；然后，教师和活动家们在促进更有效的组织先是地方性的，后是全国性的方面获得成功；后来，出现技术垄断的法律保护；最后，采纳了一种正式的职业伦理规范。②

二、政策分析职业化的现状

根据奈格尔等人上述的一般职业化的四个基本要求或标准，我们来衡量

---

① Stuart S. Nagel and Miriam K. Mills, *Professional Development Policy Sciences*, Greenwood Press, Westport, Connecticut, 1993, pp. XIII - XIV.

② Harold L. Wilensky, "The Profession of Everyone?", *American Journal of Sociology*, Sept. 1964, pp. 145 - 146.

作为现代政策科学发源地的美国目前的政策分析职业化情况。

首先，美国的政策分析的教育培训已经得到充分的发展。在20世纪60年代末70年代初，美国开始兴起政策分析或公共政策教育，出现了最早的一批政策分析或公共政策的硕士和博士学位点及公共政策学院。现在，几乎所有主要的大学都设有公共政策研究生院、研究所或研究生培养项目（program）。例如，哈佛大学、加州大学伯克立分校、普林斯顿大学和兰德公司都设有公共政策或公共事务的研究生院；杜克大学、密执根大学、康乃尔大学都设有公共政策或公共事务研究所；还有一些大学在政治科学系或管理学院中设有政策分析的学位项目。值得一提的是，在美国大学的研究生教育中，公共政策或公共事务硕士（简称MPP、MPA）与工商管理硕士（简称MBA）几乎同样热门；公共政策研究生院与管理学院、法学院、医学院等成为齐驱并驾的职业研究生教育机构。政策分析的教育培训机构或项目为政策分析职业输送合格的专门人才，同时也担负培训政府部门的官员和政策分析人员的任务。

其次，政策分析就业者的人数不断增加，"政策分析者"在职业描述中作为一种正式职业逐渐为人们所接受。在相当长的时间里，那些实际上从事政策分析职业的人很少将自己称为"政策分析者"，而宁愿将自己称为经济学家、计划者、项目评估者、预算分析者、运筹学家、统计学家等等。近十年来，情况有所变化，"政策分析"作为一种正式的职业名称已开始出现，在许多政府机构，标上"政策分析"的职位已很常见，电视新闻人物以"政策分析者"的头衔出现的也很普遍。当然，这些政策分析的职位并不一定由政策分析或公共政策项目的毕业生担任，这个领域仍年轻，大部分的人仍不标榜为政策分析者。这种情况的彻底改变，仍需要时间。

在美国，政策分析日益成为一种热门的职业，它的就业者散布于不同的组织背景，主要有政府机关包括联邦、州和地方政府的行政、立法机构，大学和研究所，咨询公司，贸易协会以及其他代表利益团体的组织、商业和非获利的公司等。政府机关的政策分析者是一个主要的部分，在联邦政府的执行和立法机构有大量的政策分析人员。在白宫，国家安全委员会、国内政策委员会、管理和预算办公室、经济咨询委员会等机构是主要的政策研究或分析的单位；政策分析者在所有其他的联邦机构也占有一席之地，除少数的私人职员外，各机构的头头都有一个直接向他们报告的办公室，这些办公室有各种各样的名称，通常是一些这样的词的组合："政策""计划""管理""评估""经济""预算"等。政策分析者也充满联邦立法机构，作为整体的国会和它的个别成员都是服务的对象。他们在总会计办公室、国会预算办公室、国会研究服务处、技术评估办公室等机构为国会工作;国会议员都有自己的私人职员包括政策分析人员。在州和地方政府,也有大量的政策分析人员,例如,州长和各机构的头头都有做政策分析的专门咨询职员,各州都有预算办公室,在州的立法机构中,有私人的或委员会的做政策分析的职员。

政策科学家梅尔兹纳(Arnold J. Meltsner)提出了一个分类概念框架,他将美国官僚体制中的政策分析者分为三类,即技术员(technician)、政治家(politician)和企业家(entrepreneur)。这三类政策分析人员有不同的期望,这些期望来自他们的职业培训规范、他们所受的正式教育、他们关于实在的信念以及对政策影响的动机。①技术员是指那些具备优越的分析技巧但缺乏政治技巧的分析者;他们感兴趣的是作出高质量的政策分析研究,当同僚喜欢其工作时,他们就有成就感;这类分析者在本质上是官僚机构中的学者。政治家是指那些官僚的分析者,他们为自己的升迁而奋斗,所关心的是自己的晋升和个人的影响,感兴趣的是与此有关的分析;这类分析家以自己的顶头上司的满意程度作为成功与否的标准,他们与政治的一致多于与分析的一致。企业家则是指那些拥有分析的技巧和政治的技巧的分析者,他们感兴趣的是运用分析手段来影响公共政策和改善政策效果;他们以是否改变资源的配置和使人们活得更好作为分析成功与否的标准。这类分析者懂得如何用数字来工作,不受当事人的直接限制;他们以公共利益作为当事人,对政府活动范围有强烈的规范观点;既关心分配又关心效率,比其他的分析者更清楚偏好指导分析问题的选择和解决。②梅尔兹纳发现,官僚机构中的分析者很容易受官僚机构的影响,因为:"(1)他们是一种正在出现的、没有强有力的标准和约束力的职业的成员;(2)他们缺乏充分的知识基础和相关的理论规范;(3)他们的交流脉络模糊不清;(4)他们是低资源低地位的政治行动者。"③由于缺乏来自官僚机构外部的社会的和政治的支持,他们往往屈从于官僚体制的力量、习俗和各种诱因。政策分析者有可能变成某一特殊政策的辩护者,但是,他们更主要是分析者,他们要为雇主或当事人提供有关对各种方案的评估,其职责是提供建议,而非作出决策。

---

① Arnold J. Meltsner,《Policy Analysists in the Bureaucracy》, p. 4.
② Ibid., pp. 36 - 37.
③ Ibid., pp. 11 - 12.

思想库、咨询公司和大学及研究生院是非官方的或半官方的政策分析者云集的几种重要的机构。思想库、咨询公司的工作人员和大学的公共政策学院或公共政策研究所的研究人员的人数不少。据20世纪70年代初的估计，单思想库的就业人员就有近十万人，分布在大约5300个思想库中，著名的有兰德公司、布鲁金斯研究所、美国企业研究所、城市研究所、未来资源研究所、国防分析研究所等等。思想库和大学的研究人员既提供高层次的政策学术或战略思想，也提供具体政策咨询服务，他们是政府机构雇用的主要对象。

另外，还有大量的政策分析者既不在政府部门工作，也不在大学和思想库一类的学术机构工作，而是在诸如以获利为主要目的的受政府调节的公司、贸易协会、工会等一类的部门为某些特殊的立法领域工作，或在一些具有公共使命的非营利的公司中工作。[①]

再次，在职业化组织方面，美国政策分析的学术研究团体及职业协会已有相当的规模。从20世纪70年代初开始，先后建立起一些与政策研究及应用相关的学术研究团体。如，"政策研究组织"（Policy Study Organization，1977），偏重于政治科学方面；社会问题研究学会（The Society for the Study of Social Problems），偏重于社会学方面；"评估研究学会"（The Evaluation Research Society，1977），偏重于社会学和心理学方面。到了80年代，政策分析职业的组织化得到了进一步的发展，出现了多学科的规模较大的职业协会，包括"公共政策分析与管理协会"（Association for Public Policy Analysis and Management）跨经济学与政治科学两大学科；"社会—经济学会"（The Society for Social – Economics）跨社会学和经济学两大学科。

这些学术团体或职业协会通过创办期刊、出版论著及丛书、举行定期或不定期的学术讨论会来推动政策分析及其职业化的发展。20世纪70年代初以来，出现了一大批政策分析专业刊物，如《政策分析》《政策科学》《公共政策》《政策研究杂志》《公共利益》《政策研究评论年刊》《政策分析与管理杂志》等。特别是作为公共政策与管理协会会刊的《政策分析与管理杂志》加宽和加深了以前出版的政策分析杂志的内容，是一本最有权威的杂志。此外，这些研究团体或协会积极推动学术著作和丛书的出版，并经常召开各种学术研讨会，有效地促进了政策分析的理论与方法及技术的发展、

[①] David L. Weimer and Aidam R. Vining, *Policy Analysis: Concepts and Practice.* Englewood Cliff, NJ: Prentice – Hall Inc., 1992, pp. 9 – 12.

推广和应用。

最后，在职业伦理方面，由于政策分析职业化发展历史很短，加上政策分析的从业者来自不同的专业和组织背景，要形成一整套为所有的或大多数政策分析者所认同和遵守的职业伦理规范并非易事。然而，这个问题一直是政策科学家或政策分析者争论的热点问题，他们已经提出了一些值得考虑的意见。例如，德洛尔认为，政策科学家或政策分析者不应为那些其目标与民主和人权等基本价值相矛盾的当事人工作，应该为目标的实现设计方案，而不是致力于目标的实现。[1]有的政策分析家认为，政策分析的职业伦理的合理途径应该是充分认识对当事人的责任以及整合各种指导道德行为的价值分析。还有一些学者认为，目前与其等待完善的职业伦理规范的出现，倒不如探讨政策分析的精神气质（ethos）；政策分析者应该明确地认识到要保证支持宪法所规定的民主过程，并促进分析和人性的整合；在一般的价值评估中，这些价值应该支配我们对于当事人的责任。[2]

综上所述，我们可以断言，政策分析作为一种新的职业已经在西方（美国）出现，并达到了一定的规模。但是，政策分析的职业化尚不成熟，它还处于迅速的发展之中。

顺便说，我国的政策分析职业已开始起步，这主要表现在：其一，在我国目前有大量从事实际政策分析职业的人员，他们主要分布在党政机关特别是党中央及地方各级党委的政策研究室、国务院和地方各级人民政府的体改委、社会经济发展研究中心以及各职能部门的政研单位、学术研究机构和大专院校、科协和社科联一类的协会以及其他半官方的或民间的咨询机构。其二，我国的政策分析教育已开始步入正轨，许多高校、党校已开设了政策分析或政策科学及其他相关课程，政策分析专业及学位点的设置已提上议事日程，有的大学已设立研究生的政策分析研究方向。其三，全国性的政策分析或政策科学的研究组织已经出现。如，1992年中国行政管理学会成立了政策科学研究会，1994年则成立了以马洪为理事长的全国政策科学学会。此外，已经出现专门的政策研究期刊，政策分析文章也逐步增多，学术活动日趋活跃，学术研究和应用开发取得显著成果。可以预言，随着我国市场经济

---

[1] Yehezkel Dror, *Designs of Policy Sciences*. New York: American Elsevier, 1971, p. 119.

[2] Mark T. Lilla, "Ethos, 'ethics' and public Interest", *Public Administration Review*. No. 63 (spring 1981), pp. 3–17; J. Partrick Dobel, "Intergrety in public service", *Public Administration Review*, No. 3 (May/June 1990), pp. 154–366.

体制的完善和政治体制改革的深入，政策分析的职业化将迅速发展。在我国，政策分析或迟或早将成为一个热门职业。

三、政策分析职业化意义的两种解释

政策分析的职业化究竟意味着什么？应该如何看待政策分析者的地位和作用？显然，随着当代社会问题的复杂化，越来越需要政策相关知识，政策分析者或研究者的地位及作用也将日益提高。然而，这是否意味着当代（西方）社会的政治权力和政策制定已发生质的变化？是否意味着政治权力已逐步由传统掌权者向政策分析者的转移？在解释政策分析的职业化及政策分析者的作用问题上，西方学者形成了两种对立的观点，即所谓的"技术统治领导论"（technocratic guidance）和"技术统治咨询论"（technocratic counsel），这两种观点都力图对当代西方政策分析的职业化及政策分析者在当代社会中的作用作出解释。

技术统治领导论的支持者主要是项目—计划—预算系统（PPBS）和系统分析的倡导者们。这种观点认为，政策分析的职业化意味着权力已经从政策制定者的手里转移到政策分析者的手里。① 这种观点与定量分析的偏见密切相关，这个偏见是："改善公共选择的最可靠的方法是让更多的分析者产生更多的分析。"②根据技术统治领导论者的观点，政策相关知识是一种日益稀缺的资源，对它的拥有不可避免地会加强政策分析者的权力和影响。技术统治领导论可以概括为如下五个基本命题：③

（1）当代社会日益增长的相互依赖、复杂性和变化步伐使现有的知识迅速过时，因此，对政策相关知识的新形式的要求也随之日益增加；

（2）当代社会问题的解决必须依赖于职业的政策分析者所产生的专门知识；

（3）政策选择的复杂性促进了职业的政策分析者在更高层次上直接卷入政策决策中；

---

① See Amitai Etzioni, *The Active Society*. New York: The Free Press, 1968.

② Allen Schick, "Beyond Analysis", *Public Administration Review*, No. 37 (1977), p. 259.

③ See Jeffrey D. Straussman, "Technocratic Counsel and Societal Guidance", *in Politics and the Future of Industrial Society*. ed. by Leon N. Lindberg, New York: David Mckay Co., 1976, pp. 150 - 151.

（4）这种在更高层次上的直接卷入加强了职业的政策分析者对制定和影响关键政策问题的权力；

（5）政治家对职业政策分析者日益增加的依赖大大地腐蚀了他们自己的政治权力。

相反，技术统治咨询论者则认为，政策分析及其相关的职业化表明了一种加强政策制定者和其他统治团体的权力的崭新而更有效的方法，他们的社会地位继续依赖于财富和特权。① 这种观点的基础是这样一个假定，即政策分析者的工作环境是，政策制定者是消费者，他们在很大程度上决定专门知识生产者的活动。在这种背景之下，政策分析者的主要作用是合法化，即用科学的术语来证实那些由权力的真正拥有者所作出的政策决策。技术统治咨询论可以概括为如下六个基本命题：②

（1）主要的政策备选方案反映了由社区不同群体所持有的冲突的价值观；

（2）价值冲突与政治系统中的权力不均相联系；

（3）一个特定的政策备选方案的选择意味着社区的一个（些）群体战胜另一个（些）群体；

（4）政策制定者使用政策分析者所产生的科学技术的证实来抑制冲突，并在以政治为根据作出决策来合法化这种选择；

（5）科学技术证实的使用要求政策分析者维持价值中立、公平和非政治技术的形象；

（6）作为科学技术证实的源泉，职业的政策分析者是昂贵的，因此，他们是失败政策方便的替罪羊。

显然，技术统治领导论者和技术统治咨询论者都力图从某些侧面来解释当代政策分析职业化事实及政策分析者的作用。领导论者看到了职业政策分析者日益加强的社会影响，突出分析者的政治地位，反映了政策分析者要求分享社会政治权力的强烈愿望。然而，他们过分强调政策分析在形成政治选择中的作用，夸大了职业政策分析者的权力和影响。很明显，政策分析在决策中有着重要的影响，分析者也有一定的发言权，但是，政策决策的本质因素往往不是技术上的，而是政治上的，政策分析者的地位也并不如领导论

---

① See Guy Benveniste, *The Politics of Expertise*, Berkeley. CA: Glendessary Press, 1972.

② See Jeffrey D. Straussman, "Technocratic Counsel and Societal Guidance", op. cit., pp. 151 - 152.

者所设想的那么高。一个对美国联邦政府 204 位决策者的经验研究表明,那些提供政策选择方案基础的分析者往往是重要性地位最低的。

咨询论者则看到政策分析往往被当作政治目的的工具或手段的事实,强调政策分析咨询作用的一面,在一定程度上看到西方政策分析的局限性(他们甚至强烈批评说,政策分析变成一种保守、肤浅的社会科学,成为压制对立的利益和价值的意识形态)。然而,咨询论者却忽视了政策分析者日益介入决策事务,而不仅仅是一个旁观的咨询者的这个方面,他们也片面夸大了政策分析在合法化那些以政治为根据作出的政策决策中的作用。因此,咨询论者同样不能全面正确地解释当代政策分析职业化的意义及政策分析者的地位和作用问题。

总之,我们认为,当代政策分析及其职业化的发展反映了当代社会的迅速变化和问题的复杂性,这种变化和复杂性促使新型的专门知识的出现,从而导致政策分析及其职业化的产生和发展。应该说,在当代政策分析者的地位日益重要,他们的作用和影响在加强或扩大,他们并不单纯是咨询者角色,而且在许多重要政策问题上参与决策,有时甚至有决定性的影响。然而,在当代西方,政策分析并没有取代传统的政治权力,在将来也不可能完全取代这种政治权力。尽管现在要全面说明政策分析职业化的意义及政策分析者的作用问题尚为时过早,但有一点是可以肯定的,即领导论和咨询论均为片面的理论。

政策分析的实践价值*

一、政策分析产生的必然性

政策分析（政策科学）是一个跨学科、应用性和具有行动取向的新学科或知识应用领域。它是适应解决人类日益复杂的社会问题的需要并在政策实践的推动下形成和发展起来的，反过来，它被应用在政策实践或社会问题的解决之中，为各国的政策制定系统的改进以及政策质量的提高提供有效的理论和方法。政策分析在当代的迅速发展以及它对各国的政策制定和社会进步的巨大影响，使它备受各国政府和学术界的关注。在我国，随着改革开放的不断深入以及建立社会主义市场经济体制任务的提出，更迫切地要求建立政策分析学科，加强政策分析研究。

政策分析与其说是一个学科，倒不如说是一种新的知识框架——以解决问题为核心，具有行动取向的知识框架。它的基本目标是提供各种政策相关知识，帮助政府作出好的或合理的公共决策。美国政策分析学者乔尔·弗莱什曼指出，政策分析就像一个观察问题的透镜，一个针对问题而设计的帮助我们对付这一问题的框架。它选择对它有用的主要由其他领域产生出来的分析方法、理论和知识，并把它们纳入自己的框架，以便应用于手头上的特定问题。政策分析是一个有用的框架，用来将人们对大部分问题的认识结合在一起，以帮助人们采取行动，达成目的。它迫使人们提前去思考，为的是识别和组织信息，这些信息可以明确某一已提出的问题，并且看来在探求解决它的办法时是必不可少的。正确的政策分析也将详细说明在了解资料时所需要的分析技术，为了达到理想的结果而需作出的选择决策的顺序排列以及估

---

* 本文原载《岭南学刊》1995 年第 6 期，并入选光明日报出版社主编的《中国改革经纬录》文集（原标题为《政策科学研究与现代社会发展——论政策分析的意义》，内容有所改动）。

计将产生特定结果的概率的统计技术。

政策分析通过问题界定、目标确立、方案选择、执行分析和效果评估及反馈等功能活动环节，来产生对政府的政策制定与执行有用的知识或信息。政策分析有助于政府作出正确、合理的决策，至少可以避免出现重大的决策失误，端正一个国家或地区的社会发展方向。传统的社会科学学科常常被批评，说它们不能为政府解决社会问题而作出实质性贡献。政策分析克服了传统社会科学学科的脱离实践、过于片面专门化等弊端，直接关注现实政策问题，以提供政策相关知识、改进公共决策系统、提高政策制定与执行的质量为目标。因此，政策分析是政府作出合理决策、避免政策失败的一种十分有用的知识领域。

正是因为当代人类社会所面临的政策问题越来越复杂多变，公共决策过程的复杂性和公共决策体制的不完善，政府政策干预失败的沉重代价，政府及公众对政策相关知识的需求等因素的作用，推动了现代政策分析或政策科学的诞生。20世纪70年代以后政策分析的迅速发展以及它所提供的理论、方法及技术对改善各国公共决策系统及其运行，提高政策制定和执行质量所产生的积极影响，使它成为各国学界和政界共同关注的学科。在国外尤其是西方，政策科学及政策分析成为政府公共决策的主要支撑学科，而作为政策分析最纯粹组织体现的思想库则构成当代政府公共决策链条不可缺少的一环。

二、政策分析的三个理由

为什么需要政策分析或政策科学？这可以有各种各样的理由，如科学的理由、职业的理由、政治及行政的理由等等。

首先，政策分析的研究可以出于纯粹科学上或学术上的理由。即研究政策科学或政策分析是为了更好地理解政策的起因、发展过程和它对社会带来的影响。这反过来可以增加人们关心社会及政治系统的知识。公共政策早已是政治学、经济学、社会学以及其他社会科学学科所关注的对象。但是政策科学及政策分析学科产生以前，并没有哪一个社会科学学科专门探讨过公共政策的系统及过程问题。因此人们对这方面的知识是零碎的。政策分析作为一个跨学科研究领域，以现实的政策实践、政策系统和政策过程作为研究对象，它要揭示其本质或规律性，从而增加人们对政策系统及过程的知识。一方面，公共政策是一个因变量，我们可以指出环境的因素和政治系统的特征是如何影响政策内容的;另一方面,公共政策又是一个自变量,我们可以指出它对环境和政策系统产生什么样的影响。我们还可以通过政策主体、政策客体与政策环境的相互作用来了解政策系统本身的运行,通过政策过程的各个环节(制定、执行、评估、控制、终结等)的研究来揭示这一过程的规律性。通过提出并研究这一类问题无疑可以大大增加对作为人类社会子系统之一的政策系统及政策过程的知识。同时,政策分析是一个跨学科研究领域,它往往被人们称为社会科学或元社会科学,它的范畴、理论或原理具有方法论作用,可以为社会科学的各学科如政治学、经济学、社会学等所借鉴或运用。因此,研究政策分析可以促进社会科学的其他学科的发展,加强我们对一般社会科学性质、意义、可靠性及理论发展的了解。

当然,我们说研究政策分析可以出于纯学术或科学的理由,并不等于说这个学科本身是一个纯学术领域,相反,政策分析是一个应用性、具有行动取向的学科,具有很强的实践性。它的生命力和价值就在于它坚定面向政策实践,以现实社会问题或政策问题的分析和解决为宗旨。政策分析及政策科学能够为实际的政策研究提供理论和方法。实际的政策研究水平不高的一个重要原因,就是缺乏政策科学和政策分析的理论和方法论的研究、探索。缺乏基础理论和高层次学术思想的研究就难以推出高水平的政策及战略研究成果,因为没有高层次的理论研究就难以综观全局、洞察入微,难以为政策奠定坚实的理论基础,导致缺乏远见和短期行为,使政策研究的主观随意性增加。此外,政策分析的实践性还在于它是传统的各社会科学学科的学术思想转化为社会效益的一座桥梁,政策科学及政策分析在当代西方之所以被誉为社会科学研究的核心,重要的一点就是,社会科学的各学科尤其是经济学、社会学和政治学的学术思想要转化成社会效益(或说生产力),实现其现实的价值,在相当大程度上依赖于其研究成果能否政策化以及政策化的程度。因此,社会科学各学科必须通过政策的这一中介而为社会实践服务。可以说,政策分析为社会科学各学科转化成社会效益提供了一定的机制。

其次,政策分析的研究可以出于职业上的理由。对于公共政策的原因、结果以及政策系统和政策过程本质的了解,可以使我们更有效地利用社会科学知识去解决社会问题。掌握实际的知识是医治社会疾病、解决社会问题的先决条件。如果我们要达成某个社会目标,那么什么样的政策能最好地达成这一目标便是一个必须加以研究的问题。换言之,如果我们知道某些有助于公共政策确立的要素,或者我们要知道既定政策的某些后果,那么,我们就能为个人、团体和获取政策目标的行动提供有益的意见,如什么样的政策能用来实现特定的目标,什么样的政治因素和环境因素容易导致某一特定政策的产生等。因此,政策分析可以成为一种职业。政策分析者需要多方面的知识和能力,这些知识和能力必须通过政策分析及其他学科来加以培养和训练。作为一个颇有吸引力的新职业,政策分析可以使它的从业者获得体面而又丰厚的收入,它可以接近权力,或许还能通过对公共政策的影响来实现某些政治理想。这也是一个富于挑战和创造的职业,因此能够吸引社会的一些优秀分子从事这一项工作。

正如我们已经说过的,政策分析的职业化在西方尤其是美国已具有相当的规模,政策分析者已散布在公共部门特别是政府机关、思想库及咨询公司、大学研究所及其他非营利机构,日益成为一个热门的职业。而大学的公共政策学院则成为培养政策分析家的摇篮,出现人满为患的现象。在我国尽管很少有人自称政策分析者,但在政府机构和各级党委有不少人实际从事政策研究职业。随着我国改革开放的深入以及社会主义市场经济体制的建立与完善,我国的咨询业必将大发展,而政策研究和咨询是其中的高层次或核心部分,必须优先发展,因而我国政策分析职业化的步伐必定加快,政策研究者和政策咨询者的队伍必定不断壮大。反过来,政策分析的职业化发展,将大大促进我国的咨询业的发展,把我国的咨询业提到一个更高的层次。

再次,政策分析的研究可以出于政治上及行政上的理由。它在政治上可以保证国家、政府采纳正确的政策,端正社会的发展方向并达成一定的发展目标。传统的政治学经常受到人们的批评,说它不能在国家面临巨大的社会和政治危机的时候有所作为。政治学家有责任和义务去关心如何解决紧迫的社会政治问题,不能局限于对政治制度、政治过程及政治行为的纯学术研究。政策科学及政策分析的发展在很大程度上克服了政治学的这种弊端,或者说弥补了它的这种不足。政策科学及政策分析直接关注政策及政策过程,重视社会所面临的真正重要的政策问题,它以改进政策制定系统、提高政策制定质量为目标。政策分析研究可以为政治的目的服务,它可以使人们熟悉政治讨论,提高政治敏感性,在关注政策的技术的可行性的同时,关注政策的政治可行性;它有助于提高决策的科学化和民主化程序,密切政府和人民的关系,促进两者的相互沟通和了解;政策分析还有助于政策宣传、政策的执行。此外,政策分析有助于加强政治民主化建设。在当代,政治权力中科学成分的多少被人们当作衡量人类文明进步水平和政治民主化程度的一个标志。人类社会越进步,由少数人说了算的政治权力就越来越被大多数人说了算和科学的分析所代替。对政策进行科学的分析,无疑可以加速科学的成分进入政治权力的进程，从而加强民主政治的建设。

同时，政策分析有助于提高行政管理水平。在某种意义上说，行政管理的过程也就是政策执行以及政策制定的过程。行政机关不仅要执行政策，而且也要参与政策的制定：一方面影响立法机关的政策制定，另一方面独立制定行政法规。政策分析为行政部门提供政策相关知识，特别是关于政策执行中的各种因素、障碍及克服手段的知识，使他们了解政策制定、执行和评估的本性，了解政策客体即受政策作用的个人、群体或组织的利益和要求，掌握政策管理的方法和技术，从而更好、更有效地执行政策，更快地达成政策目标，提高行政效率。

三、政策分析的现实意义

在我国改革开放不断深入、建立和发展社会主义市场经济体制的新形势下，发展政策分析学科，加强政策研究具有特别重要的意义。

第一，政策分析是提高我国决策科学化民主化水平的迫切需要。中国共产党在长期的革命和建设的实践中，历来重视政策研究，把政策问题提高到革命和建设事业能否取得成功的高度来认识。中华人民共和国成立后特别是改革开放以来，党和国家制定出一系列正确的政策，极大地促进了社会主义各项事业的发展。但必须看到，在相当长的时期，我们基本上停留在经验决策的水平上，缺乏对政策本身作科学的、全面的、系统的理论研究。政策成功了，不知道成功的原因；政策失败了，不了解失败的根源。仅仅以学习和阅读政策文件作为广大干部提高政策水平的主要办法。这是我们过去许多政策失误的一个基本原因。政策制定者和执行者不能正确了解和深刻认识政策过程这种复杂事物的本质或规律，致使许多政策匆忙出台，左右摇摆，见难而退，朝令夕改。这种非科学的态度，使人吃尽苦头，使国家蒙受巨大的损失。

目前，我国决策科学化民主化程度仍不够高，尚存在一些问题或亟待改善之处。一个突出的表现是缺少政策制定的科学理论和方法，科学化、程序化的决策水平不高，试错法这样一种经验型决策方法——即根据政策制定者的个人偏好，在一组待选择的方案中，择其一而加以实施，每每可见。倘若在实施中发现失误，即通过信息反馈去修正已执行的政策，或重新选择另外的政策作为决策的主要方法。有些政策仍然没有经过理论探讨，没有经过专家的详细论证，没有经过多次代表大会的充分、认真的讨论，而由少数领导者凭经验，甚至按主观设想拍板。这就难以避免政策失误。同时，某些方面的政策缺乏完整性，没有形成有机体系，往往是零散的、无系统的、就事论事和缺乏远见的，因此导致前后政策不一致和不同政策之间的相互冲突。此外，政策制定的法制化程度不高，政策的制定和实施往往靠层层发文件的办法，缺乏有关政策制定和执行的完善的法律手段。

要克服上述弊端，提高我国决策科学化民主化水平，就必须大力提倡和发展政策分析，研究政策过程的规律性，形成系统的科学的政策制定、执行和评估的程序、模型和方法，用以指导实际政策研究，提高政策质量。

第二，政策分析是我国社会主义市场经济发展的迫切需要。在目前由计划体制向市场体制过渡的阶段必定产生大量的经济政策及社会政策问题，如产业、财税、金融、外贸、投资、就业、人口、环境、分配、消费、企业制度以及社会保障。必须根据市场经济运行的规律以及我国现阶段的实际，制定出科学合理的宏观经济政策及社会政策，以保障社会主义市场经济的健康运行。这必须依靠现代的政策科学理论和政策分析方法来实现。

市场体制下政府的宏观调控或干预的基本手段是宏观经济政策手段。与我国的经济体制的转变相适应，我国的政策调控的方式、内容、手段和目标等也发生了相应的变化。例如，就货币政策而言，尽管目前部分仍在使用一些直接性、行政性的规制手段，但是间接性、规范性、纯经济性的货币政策手段正变得越来越重要。随着我国以中央银行为主导的银行体系的建立，许多在国外先进市场经济国家通用的间接的、规范的货币政策手段已开始被使用。在转轨时期，市场发育不全（市场残缺）、市场缺陷以及市场的失灵，决定了我国政府在社会经济生活中要扮演重要角色，它要通过公共政策的制定与执行，在保持宏观经济总量平衡及经济增长的情况下，在提供公共物品和服务、消除外在效应、收入及财富的再分配和维持市场秩序等方面发挥积极作用。政府面临着大量的政策问题，它所担负的公共决策任务十分艰巨。

在转型期，我国政府必须履行好其经济管理职能，即经济监管和市场调节职能。保持社会经济的稳定与增长是政府的一个基本的经济目标。必须依靠宏观调控手段尤其是财政、货币和产业政策手段来调控宏观经济的运行，力求达成增长、效率和稳定等基本经济目标，使国民经济健康高速发展。因此，政府必须制定并执行好财政、货币、产业等方面的宏观经济政策，协调好各种政策手段，既使我国经济保持适当的增长速度，又能有效地控制物价上涨，抑制通货膨胀、防止金融危机，保持宏观经济稳定，实现社会总需求与总供给的基本平衡。

政府在履行好经济管理职能的同时，必须强化其社会管理及公共服务职能。随着我国市场经济体制的不断完善和经济的高速发展，社会的阶层、结构、运转方式乃至观念产生了深刻的变迁，许多深层次的社会问题和矛盾开始暴露或加剧。这就需要政府强化其社会管理及公共服务职能，提高政府社会治理能力，实现公共服务的有效供给，建立稳定和谐的现代化社会，实现我国经济社会的全面可持续发展。

我国政府在转型期所面临的大量复杂多变的政策问题以及政策调控的艰巨任务，决定了加强对我国实质性的公共政策尤其是基本的经济、社会政策研究的重要性和迫切性。这种研究是提高我国公共决策的科学化民主化水平，端正我国社会发展方向的必由之路。通过政策研究或政策分析，可以提高政策制定与执行的质量，制定、执行、修正和完善各项经济、社会政策，形成与市场机制相适应的宏观调控体系，保证市场机制的顺利运行以及社会经济的高速发展。

第三，政策分析是深化我国政治—行政体制改革的迫切需要。经济体制改革必定引起和促进政治体制及行政体制的改革，而政治—行政体制改革是全面改革的一个极为重要的组成部分。应该说政治体制与行政体制改革本身正是政策科学及政策分析中政策制定系统改革的研究范围。要建立更加有效、更加灵活的政治及行政体制，必须借助政策科学及政策分析的有关理论和方法。

公共政策分析的新途径与新成就*

最近的二三十年，西方的政策科学研究出现了一系列的新变化及新趋势：政策科学作为一门统一的社会科学的范式受到作为一门应用性社会科学的政策科学范式的挑战，政策科学与公共行政学及管理学的合流导致公共管理学的兴起，公共政策研究的经济学途径的地位越来越突出，政策科学学科在不断分化，尤其是出现了比较公共政策、政策伦理学、政策工具研究等分支学科，政策科学的研究在许多主题领域中取得新的进展，形成了新的理论。本文将简述当代西方政策科学研究若干新理论，并指出其对当前我国政策科学学科建设的启示意义。

一、政策科学研究的"新政治经济学"途径

政策科学是一个跨学科、综合性的研究领域，它可以有不同的研究途径、方法或观点。首先，政策科学可以从不同的社会科学学科的框架中来加以研究，在西方（美国）政策科学的发展中，形成了几种较有影响的学科途径，即政治学途径、经济学途径和社会心理学途径。其次，可以从某些社会科学的理论、假设或模型出发来研究公共政策及其过程，由此形成的研究途径更是多种多样。研究途径、方法的不同，导致对公共政策的性质、原因和结果以及公共决策系统及其运行作出不同的描述或解释，从而形成不同的政策科学理论。

经济学途径历来是政策科学或政策研究的主导途径之一。它采用经济学的理论假定、概念框架、分析方法及技术来看待公共政策问题。在当代政策科学学科中，最有影响的经济学途径是福利经济学理论、公共选择理论和新

---

* 本文是作者在 2002 年于厦门召开的全国"中国政策科学学科建设研讨会"上所作主题报告的文稿。

制度学派。这后两种理论就是"新政治经济学"的途径。

福利经济学也许是被最广泛地运用于公共政策研究的途径。它认为,应该通过市场机制,依靠个人而作出大部分的社会决策;然而,市场是有缺陷的,它并不能总是有效地分配资源,或者说,不能加总个人的效应最大化行为而最优化全体社会福利。在存在市场失灵的情况下,必须依靠政府来补充或取代市场机制。从这种假定出发,福利经济学家发展出一种关于公共政策制定的理论,认为政府有责任纠正市场失灵,因为最优化的社会结果并不是由纯粹的个人决策所产生的,面临着行动要求的政府必须首先确定是否市场失灵正在引起社会问题。如果确定需要政府干预,那么,关键是要发现最有效的干预办法(即政策手段),而最有效的方法是成本最低的方法,并且用来确定它的分析技术是成本—效益分析。

公共选择理论是 20 世纪 70 年代发展起来的一种"新政治经济学"或"政治的经济学"理论,80 年代以后被广泛地应用于公共管理和公共政策领域。公共选择理论将"经济人"假说、交换范式和方法论个人主义应用到政治和公共政策领域。作为一种公共政策的研究途径,公共选择理论假定:政治行动者个人(不管是决策者还是投票者)都被自利的动机所引导而选择一项对其最有利的行动方案。由这一假定出发,公共选择理论得出了一系列关于公共政策及其过程的理论解释。根据这种途径,投票者更像是一个消费者;压力团体可以被看作政治消费者协会或有时作为合作者;政党变成企业家,他们提出竞争的一揽子服务和税收的交换选票;政治宣传等于商业广告;政府机构就是公共公司,它们依靠动员获得充分的政治支持以掩盖成本。

新制度主义或新制度学派(有时也称为"新组织经济学")是一种新的、影响在不断加强的公共政策研究途径。它强调制度在政治生活中的决定性作用,认为制度自身是人类设计的产物,是工具性指向的个人的目的和结果。制度之所以在社会中存在,是因为它们可以克服社会组织中的信息障碍和减少交易成本。在社会中,两种能实现最小化交易成本的组织是市场和等级制(官僚制)。作为持续不断的正式或非正式的规则,制度规定行为角色、约束行为和形成期望,因而它们不仅增加或减少交易成本,而且也形成偏好。政策科学的新制度主义途径认为,持续不断的制度结构是社会和政治生活的基本建筑材料;个人的偏好、能力和基本的认同以这些体制结构作为条件;历史发展是路径依赖,一旦作出某种选择,它便限制了未来的可能性;决策者在特定时期可利用的选择范围是那些早期确定了的制度性能的函数。依照这种分析途径,并不是制度引起行动,而是它们通过形成问题的解释和可能的解决方案,通过限制解决方案和选择以及它们被执行的方式而影响行动。

二、政策过程的新理论

公共政策是一种复杂的社会现象,它涉及众多的相互作用着的因素,并表现为由一系列功能活动环节所构成的过程。作为一门研究政策内容和政策过程的学科,政策科学从一开始便把政策过程作为核心的主题。在 20 世纪 80 年代以前,政策过程研究的基本和主导的途径是阶段途径,即把政策过程分为若干阶段来分别进行研究,这种途径被称为阶段启发法(the stages heuristic)。近二十年来,阶段途径受到了批评与挑战,人们提出了各种新的替代途径或概念框架,从而丰富了政策过程的理论。

1. 政策过程的阶段途径

迄今为止,了解政策过程的最成熟和最有影响的途径仍然是阶段途径。这种途径发源于拉斯韦尔,经过琼斯(Charls Jones)、安德森(James Anderson)、布鲁尔(Garry D. Brewer)和狄龙(Peter Deleon)等人的论述,在 20 世纪七八十年代成熟起来,成为了解政策过程的基本的甚至是唯一途径。该途径将政策过程划分为一系列阶段或环节——通常包括政策议程、政策规划与合法化、执行、评估和终结等阶段,并在每一阶段讨论影响政策过程的各种基本因素。

作为政策科学的奠基人,拉斯韦尔在《政策科学》(1951)、《决策过程》(1956) 和《政策科学展望》(1971) 等著作中力求提供"一种能够获得关于任何集体行动的主要阶段的一般化图像的概念地图"。尤其是在《决策过程》这一论著中,他将决策过程划分为情报、建议、规定、行使、应用、终结和评价七个阶段。这是关于政策过程的阶段划分的起源。[①]

后来,拉斯韦尔在耶鲁大学的学生布鲁尔发表了一篇题为《政策科学的出现》的论文,文中根据拉斯韦尔的思路,提出了政策过程的六个阶段学说,这六个阶段分别是创议、估计、选择、执行、评估和终结。他的

---

① Harold D. Lasswell, "The Policy Orientation", In Daniel Lerner and Harold D. Lasswell, eds., *The Policy Sciences*, Stanford: Stanford University Press, 1951; *The Decision Process*, College Park: University of Maryland Press, 1956; *A Preview of Policy Sciences*, New York: American Elsevier, 1971.

"六阶段说"对 20 世纪 70 年代中期以后政策过程的阶段框架的形成产生了深刻的影响。①

对政策过程的阶段途径的流行产生较大影响的作者及著作还有：琼斯的《公共政策研究导论》（1970、1977 和 1984）。该书将政策过程看作是由如下 11 个功能活动环节或阶段所构成的过程，即感知/定义、汇集、组织、表述、议程确立、方案形成、合法化、预算、执行、评估、调整/终结；② 安德森的《公共决策》（1975、1979），该书将政策过程的功能活动划分为以下五个范畴：问题的形成、政策方案的制定、政策方案的通过、政策的实施、政策的评价③；布鲁尔和狄龙的《政策科学的基础》（1983），该书确立了政策过程的基本阶段及其理论基础。④ 此外，梅（J. May）和韦达夫斯基（A. Wildavsky）在《政策周期》（1978）这一论著中也提出了类似的政策过程的阶段模式。⑤

作为一种最早的和较为成熟的政策过程模式，阶段途径产生了广泛的影响。阶段途径的主要成就表现在：一是简化了复杂的政策过程，将涉及众多因素和活动的政策过程分解成若干阶段或环节，并对每一阶段加以解剖和分析，这是了解政策过程实质必不可少的一步。二是它带来了众多的关于政策过程各阶段研究的成果，加深了人们对政策过程的认识，丰富了政策科学的理论。特别是 20 世纪七八十年代，它引发了对政策议程、政策执行、政策评估和政策终结的深入研究，产生出一批有影响的论著。例如，波尔比（N. Polsby）的《美国的政治革新》（1984），金顿（J. Kingdon）的《议程、备选方案和公共政策》（1984），里夫林（A. Rivlin）的《社会行动的系统思维》（1971），奎德（E. Quade）的《公共决策分析》（1983），普雷斯曼（J. Pressman）和韦达夫斯基的《执行》（1973），巴达克（E. Bardach）的《执行游戏》（1977），马兹曼尼安（D. Mazmanian）和萨巴蒂尔（P. Sabatier）

---

① Garry D. Brewer, "Policy Sciences Emerge: To Nurture and Structure a Discipline", *Policy Sciences* 5 (3), (September), 1974, pp. 239 – 244.

② Charles Jones, *An Introduction to the Study of Public Policy*, 3d ed. Belmont, Calif.: Wadsworth, 1984 (originally published in 1970; 2d ed., 1977).

③ James Anderson, *Public Policy – Making*, New York: Praeger, 1975.

④ Gary Brewer and Peter Deleon, *The Foundations of Policy Analysis*, Monterey, Calif.: Brooks/Cole, 1983.

⑤ Judith V. May and Aaron B. Wildavsky, eds. *The Policy Cycle*, Beverly Hills, Calif.: Sage, 1978.

的《执行和公共政策》(1983)，舒什曼（E. Suchman）的《评估研究》(1967)，考夫曼（H. Kaufman）的《政策组织是永存的吗？》(1976) 等。三是它为了解现实的政策运行提供了一种有用的概念框架，尤其是它与常识相一致，易于接受、把握和应用于实践之中。

然而，阶段途径的局限性也是显而易见的。它把复杂的政策过程还原为若干阶段来分别研究，用线性的观点来看待各阶段的关系，即它们被看作是一种在时间上前后相续的过程；它未深入探究政策过程中的因果关系，对政策过程的解释不充分，也难以进行预言；它对政策实践的了解是片面的，其应用也是有限的。因而这种途径被有的学者称为"教科书途径"。

20世纪80年代末以来，阶段途径因其自身的问题与局限性而受到了许多政策科学学者的批评。1987年，R. 中村（R·Nakamura）在一篇题为《教科书式的政策过程与执行研究》的论文中，首次对阶段途径提出质疑，认为被广泛应用的阶段途径并未得到准确的说明，因而不能成为一种"范式"。[1] 1988年开始，萨巴蒂尔在几篇相关的论文中指出，政策过程的阶段启发法作为研究和教学的基础有着严重的局限性，特别是它忽视了观念在政策演化中的作用。[2]

萨巴蒂尔在《政策过程理论》一书中将对阶段途径的批评归纳为如下四点：[3] 一是阶段途径并不是一种真正的因果理论，因为它并未揭示出政策过程各阶段之间的内在因果关系；相反，每个阶段的研究都形成自身的而几乎与其他阶段无关的理论。二是它对各阶段的先后顺序的描述是不准确的。实际上，政策过程的各个阶段是交叉的、相互作用的。例如，项目的评估影响议程的确立，政策规划与合法性也随官僚试图执行模糊不清的法规而出现。三是阶段途径带有一种偏见，它所注重的是一种立法上的、自上而下的过程，其焦点在重大法规的通过与执行上，而忽视了在特定的政策领域内有无数的政策与法规的执行与评估的相互作用。四是这种途径往往持有唯一或

---

[1] Robert Nakamura, "The Textbook Process and Implementation Research", *Policy Studies Review* 1, 1987: pp. 142 – 154.

[2] Paul Sabatier, "Top – Down and Bottom – Up Models of Policy Implementation: A Critical and Suggested Synthesis", *Journal of Public Policy* 6 (January), 1986, pp. 21 – 48; "Toward Better Theories of the Policy Process", PS: *Political Science and Politics* 24 (June), 1991: pp. 147 – 156.

[3] Paul A. Sabatier ed., *Theories of the Policy*, Boulder: Westview Press, 1999, p. 7.

单一的政策周期的假定,把政策过程的循环反复和长期性及复杂性过分简单化了。

萨巴蒂尔等人得出的基本结论是:阶段启发法已经失去其生命力和有效性,即它已经过时,必须建立起更好的理论框架来取而代之。

2. 政策过程的新理论框架

近20年来,西方政策科学学者在批判反思阶段启发法的基础上,提出了各种关于政策过程的新理论框架,包括制度理性选择框架、多源流框架、中断—平衡框架、辩护联盟框架、政策扩散框架、因果性途径、权力角斗场理论、文化理论、建构主义框架、政策论域框架等。下面,我们根据萨巴蒂尔主编的《政策过程理论》一书的论述,简要介绍几种较有影响的途径。

(1) 制度理性选择框架。制度理性选择(Institutional Rational Choice)不是单一的框架,而是一类框架。这类途径或框架的焦点是,制度规则是如何改变由物质上的自我利益所激励的自觉理性个人的行为。尽管大部分制度理性选择文献集中在一系列特殊的制度上,如美国的国会与行政机构的关系,但是其一般的框架的范围十分广泛,并且已被应用到美国和其他国家的重要的公共政策问题上。它是目前政策过程的新理论框架中较为成熟和较具影响力的途径。奥斯特罗姆(E. Ostrom)的《制度理性选择:制度分析和发展框架的评估》(载于《政策过程理论》一书中)一文对这种途径做了很好的说明。

(2) 多源流框架。多源流框架(the Multiple-Streams Framework)是由金顿(J. Kingdon)在《议程、备选方案和公共政策》(1984)一书中根据科恩、马奇和奥尔森等人的有关组织行为的"垃圾桶模式"而提出的。它将政策过程看作由如下三股源流所构成的过程:问题流(由关于各种问题的数据以及各种问题定义的支持者所组成)、政策流(包含政策问题的解决方案的支持者)和政治流(由选举和民选官员所组成)。依金顿的观点,这三种源流平时彼此独立运行,只有当"机会窗户"打开时,才允许政策企业家将不同的源流配对。如果政策企业家取得成功,那么结果就是重大的政策变化。尽管多源流框架并不总是清楚的和内在地一致的,但它似乎可以应用于非常广泛的政策领域,它的文献在社会科学中也被广泛地应用。

(3) 中断—平衡框架。中断—平衡框架(Punctuated-Equilibrium Framework)也称间断—平衡框架,最初是由鲍姆加特纳(F. Baumgartner)

和琼斯（Bryan Jones）在《美国政治中的议程和不稳定性》（1993）一书中提出的①。它认为，美国的政策（制定）过程以被短期的重大政策变化所打断的长期渐进变化作为特征。当反对者设法形成新的"政策形象"并探索多方面的政策发生的可能性时，就会发生重大的政策变化。这一框架最初被用于解释立法变化，最近它的应用范围被扩展，用于分析和解释联邦政府预算的长期变化。

（4）辩护联盟框架。辩护联盟框架（The Advocacy Coalition Framework）也称倡导联盟框架，它是由萨巴蒂尔和詹金斯—史密斯（Jenkins - Smith）在"政策变化和政策取向的学习"（1988）和《政策变化和学习》（1993）②等论著中提出的，它主要关注政策次属系统中辩护联盟——每个联盟由来自不同机构的享有共同政策信念的行动者所构成——的相互作用。这种框架花了大量的时间来描绘政策精英的信念系统，并分析那些可能出现的跨联盟政策取向学习的条件。这种途径在经合组织国家中引起了相当大的兴趣，也带来了某些建设性的批评。

（5）政策扩散框架。政策扩散框架（Policy Diffusion Framework）是由F. S. 贝里（Frances Stokes Berry）和W. 贝里（William Berry）在《作为政策创新的州彩票抽奖法》（1990）和《州的税制创新》（1992）③等论文中提出的。它力图解释在跨州或地方在采纳特殊政策创新（如州彩票抽奖法）中的不同。它认为这种创新被采纳是特殊政治制度的特点和不同扩散过程的函数。近年来，又有学者（如 M. Mintrom 和 S. Vergari）将这种途径与政策网脉的文献整合在一起。④ 目前，这种途径仅仅被应用到美国的政策过程，它应扩展到欧盟和其他经合组织国家的政策过程上。

---

① Frank Baumgarther and Bryan Jones, "Chicago: University of Chicago Press", *Agendas and Instability in American Politics*, 1993.

② Paul A. Sabatier and Hank C. Jenkins - Smith. eds., *Policy Change and Learning: An Advocacy Coalition Approach*, Boulder: Westview Press, 1993.

③ Frances Stokes Berry and William Berry, "State Lottery Adoptions as Policy Innovations: An Event History Analysis", *American Political Science Review* 84, (June) 1990: pp. 397 - 415; "Tax Innovation in the States: Capitalizing on Political Opportunity", *American Journal of Political Science* 36 (August), 1992: pp. 715 - 742.

④ Michael Mintrom and Sandra Vergari, "Policy Networks and Innovation Diffusion: The Case of State Educational Reform", *Journal of Politics* 60 (February), 1998: pp. 120 - 148.

三、政策变化的理论及模式

1. 政策变化的两种基本模式

政策变化及其模式是新近政策科学文献讨论的一个主题。受著名科学哲学家托马斯·库恩的科学历史主义理论尤其是科学进步模式的启发，有些西方政策科学学者对政策变化模式问题进行了较为深入的讨论。

按照库恩的观点，科学进步表现为"前科学—常规科学—反常—危机—科学革命—新的常规科学"的发展过程，其中"常规科学—反常—危机—科学革命"是科学革命的结构化模式。科学进步表现为范式孕育成长的常规科学时期，也包含着范式转换的革命时期，科学进步就是在渐进与突变、积累与革命的交替中实现的。

参考库恩的科学进步模式，政策科学学者提出了政策变化的两种基本模式：一是常规变化模式，即政策在保持基本方向或目标的前提下发展演化，或新旧政策之间保持较大程度的连续性；二是范式转换或中断—平衡模式，即政策连续过程出现中断、飞跃，新政策取代旧政策。这两种政策变化模式分别以两种不同的学习类型作为基础——常规变化模式以"吸取经验教训"的学习类型作为基础；范式转变模式以"社会学习"（即对社会、政治、经济和文化发展特别是价值观、意识形态变化的感知）作为基础。

2. 常规的政策变化与政策风格

公共政策往往存在惊人的连续性，大量的公共政策在某种程度上是对以往政策和实践的延续。例如，扩大教育机会和增加卫生服务通常是在现有政策基础上开办新的学校和医院；被称为"新"的产业或环境政策创议往往是给现有的产业增加额外补贴，或加强对污染的控制。这一类政策变化就是"常规的政策变化"。在这种变化模式中，允许在没有改变政策基本方向的情况下对现有的政策作出修改。

为什么政策会保持这种连续性？按照林德布洛姆的渐进主义观点，新政策往往只是对旧政策的修正、补充或扩展，新旧政策之间只有边际上的不同。决策者以及其他参与者为达成共识，必须进行讨价还价，相互妥协，这就导致全新、最优的政策的不可能；琼斯等人认为，政策次属系统（政策参与者团体）往往倾向于对相关的政策领域加以垄断。只有当这种垄断被新的参与者团体所打破时，才可能出现明显的政策变化。这两种解释都表明，政策变化的常规模式（即政策所具有的高度的连续性）的原因，是同一批政策参与者或团体长期主宰相关领域政策的制定与执行，相关的政策问题总是被放在相似或相同的脉络和途径中来加以处理。这也就形成了所谓的政策风格（Policy Style）。

"政策风格"概念的倡导者们认为，每个国家、地区或公共部门往往因政策的连续性而形成不同的政策风格（例如，从长期看，美国的环境管制具有严格和法制的性质，而英国则具有灵活性和自我管制的风格）。理查森等人认为，政策风格是政府解决问题的途径与政府在政策过程与其他行动者之间相互作用的产物。也就是说，政策风格由政府解决问题和政府与社会团体关系的模式这两种因素所决定。

政策科学学者还详细分析了政策周期中各个环节构成政策风格的因素。总的来看，影响政策风格的主要变项有两个：一是政策主体的构成，包括行动者及其观念；二是国家的自主性，包括行政管理能力以及资源约束的性质等。

3. 政策发展中的"范式"变化

范式转变或政策风格的改变是政策变化的第二种模式。在这种变化模式中，政策共同体所持有的"政策范式"——关于社会问题的性质及其解决办法，政策的方向、目标及其所依赖的价值观、信念——发生转变，而这种变化往往是社会学习过程所引起的。范式变化表现为政策连续性的中断，或政策渐进过程的中断（因此也称为中断—平衡模式）。

"范式"（Paradigm）一词来自语言学，表示语词变化规则，库恩将它引入科学哲学，表示自然科学（硬科学）中被科学家共同体所享有的共同认识论观点或科学理论体系。在哲学社会科学中，该词与"意识形态"以及更新近的"话语"概念有密切的联系。"范式"及范式转变现已成为政策科学的一个有用的概念工具。范式转变概念作为描述显著的政策变化的一种比喻，抓住了政策活动者（特别是政策制定者）对于政策问题性质及其解决办法的信念、价值和态度的基本的、长期的变化。

按政策科学学者的观点，一个政策范式是与政策活动者紧密相关的智力构造，它本质上是相关的政策活动者所持有的一系列观念（如在经济政策制定者中的凯恩斯主义和货币主义学说），这些观念塑造政策制定者所追求的广泛的目标，他们感知问题的方式，他们考虑采用的解决办法的种类等。

"政策范式"概念的倡导者霍尔（Peter A. Hall）分析了政策范式变化过程，他将这一过程划分为如下六个阶段：（1）范式稳定性。在这一阶段，居于主导地位的正统被制度化，并进行政策调整。（2）反常的积累。在这一阶段,与现存正统不相适应或相矛盾的现象出现,或现实世界的发展超越了正统所能解释的范围。(3)实验。在这一阶段,人们努力扩展现有的范式,以说明反常。(4)权威的破灭。在这一阶段,人们对官员和专家失去信任,新的参与者向现有的范式挑战。(5)争议。在这一阶段,争论遍及公共领域,并包含了更大的政治过程(包括选举和党派争论)。(6)新范式的制度化。在这一阶段,新范式的倡导者经过或长或短的时期而使范式获得支配地位,他们改变现有的组织和决策安排以便使新范式制度化(霍尔等人用第二次世界大战后凯恩斯主义范式的出现和20世纪80年代货币主义范式对凯恩斯主义的取代的经济政策领域的例子来具体说明这一过程)。

四、对当前我国政策科学学科建设的几点启示

中国政策科学的发展必须紧密跟踪国外政策科学发展的最新趋势,大胆借鉴其新理论和新方法成果,下大力气加强对基本理论和方法的探索,进行知识创新,提高自身的学术水平。国外政策科学发展的最新趋势对当前中国政策科学的学科建设具有一定的借鉴意见和启示作用。

首先,要注意采用多学科的研究方法,特别是要重视作为当代政策科学的主要理论基础的经济学的研究,加强从经济学的角度对公共政策的研究。如果说20世纪70年代以前政策科学更多地是依靠政治学途径的话,那么70年代以后,它更多地依赖于经济学途径。任何公共政策都有经济的方面,而经济政策又是公共政策的一个主要部分,因而运用经济学的假定、理论和方法来研究公共政策问题的重要性和适用性是不言而喻的(公共选择理论和新制度学派的兴起及成功充分说明了这一点);而经济学在公共政策研究中的地位和作用这一点是目前我国政策科学界所不够重视的一个问题。因此,必须重视公共政策研究的经济(特别是新政治经济学)的途径。

其次,要加强对政策科学的分支或主题领域的研究。政策科学在其形成与发展的历程中,已形成了众多的主题领域或分支,如实质性公共政策(本国公共政策研究)、比较公共政策、政策分析方法、政策伦理学、政策工具、经济政策学、社会政策学以及战略研究、政策规划、政策执行、政策评估等。目前我国政策科学的学科分化程度相当低,基本上停留在政策科学的一般理论和方法(总论)的研究上,大部分分支学科并未分化、成形。因此,当前中国政策科学的学科建设的另一个重要工作,是要全面展开对政策科学的各分支领域(特别是政策分析方法、公共政策、政策工具、比较

公共政策、政策伦理学）的研究，加快学科分化步伐，建立中国政策科学的学科体系。

最后，要加强对我国现实政策问题的研究，增强中国政策科学的应用性和实践性。随着我国社会主义市场经济体制的不断完善以及加入WTO，出现了大量新的政策问题，并有大量的政策要作调整，这就需要政策科学研究者认真地研究。必须在充分借鉴国外政策科学研究的积极成果的基础上，立足于对中国政策实践及现实政策问题的研究，加强政策相关知识在政府决策过程中的应用，发挥政策科学理论在解决政策中的指导作用，增强政策科学的实践性；同时，在对中国政策实践经验总结的基础上，提炼各种具有中国特色的政策科学的理论和方法。

2-11

中国政策制定与执行的成功经验*

中国政策制定过程具有不同于西方的特点，中国共产党人在长期的政策实践中，制定了许多正确可行的政策，并逐步形成了一些具有中国特色的政策制定和执行的基本经验。

一 中国政策制定的原则性要求

中国共产党及人民政府都根据各个历史时期的不同任务和不同情况，制定了许多正确可行的政策，这些政策对中国革命的胜利和社会主义建设事业的发展，起到了极其重要的指导和推动作用。在长期的政策实践过程中，我国形成了政策制定的一些原则性要求，它们是具有中国特色政策制定经验的重要组成部分。

1. 坚持实事求是

中国共产党和人民政府在政策制定中的一个原则性要求，就是坚持实事求是的思想路线。在政策制定过程中，坚持一切从实际出发，理论联系实际，将马克思主义的普遍真理与中国革命和建设的具体实践相结合，制定出符合中国国情的正确政策。

实事求是是辩证唯物主义在中国的具体运用，是一条具有中国特色的马克思列宁主义的思想路线。毛泽东同志曾经对实事求是作了精确的说明："'实事'就是客观存在着的一切事物，'是'就是客观事物的内部联系，即规律性，'求'就是我们去研究。我们要从国内外、省内外、县内外、区内外的实际情况出发，从其中引出其固有的而不是臆造的规律性，即找出周围

---

* 本文原为普通高等教育"十五"国家级规划教材《公共政策学》（中国人民大学出版社2004年版）一书的"代结语"。

事变的内部联系，作为我们行动的向导。"①

坚持实事求是的思想路线，就是从客观实际出发，来制定各种现实可行的政策，把客观存在的实际情况作为党和政府制定各项政策的依据。邓小平同志说："过去我们搞革命所取得的一切胜利，是靠实事求是；现在我们要实现四个现代化，同样要靠实事求是。"② 今天，以经济建设为中心的改革开放的政策的制定，正是我们党把马克思主义理论与中国当代社会主义实际相结合的结果，是我们党在政策制定过程中坚持实事求是的思想路线的结果。

社会主义中国实行改革开放，建立社会主义的市场经济体制，这是前所未有的伟大事业，在马克思主义经典作家那里不可能找到现成的答案和模式。因此，只有坚持实事求是的思想路线，在马克思主义的指导下，结合中国的具体国情，才能创造性地制定与社会主义市场经济体制相适应的各项政策，保证改革开放的伟大事业不断前进。

2. 坚持调查研究

在政策制定的过程中，坚持调查研究的优良作风，是具有中国特色的政策制定的又一原则性要求。在确定政策之前，进行广泛深入的调查研究，全面地了解客观情况，如实地把握客观规律，在调查研究的基础上制定出正确的政策，这是我党、我国政府的各级领导机关的普遍做法。陈云同志说过，领导机关制定政策，要用百分之九十以上的时间做调查研究工作。这足以表明我党在政策制定过程中对调查研究的重视程度。

坚持调查研究的优良作风是制定正确政策的重要保证。要制定正确的政策，就必须对各种情况、信息有充分的掌握和了解。毛泽东同志在20世纪60年代初，针对社会主义建设中的问题曾经强调指出："各级党委，不许不作调查研究工作。绝对禁止党委少数人不作调查，不同群众商量，关在屋子里，作出害死人的主观主义的所谓政策。"③ 坚持调查研究是避免主观主义地制定政策的良好途径，只有深入实际努力做调查研究，才能洗刷唯心精神，避免坠入空想和盲动的深坑，才有可能根据实际做出好的政策。因此，毛泽东同志疾呼过，"没有调查研究就没有发言权"，这是至理名言。

以毛泽东同志为代表的中国共产党人十分重视调查研究，深入实际做了

---

① 《毛泽东选集》第3卷，人民出版社1991年版，第801页。
② 《邓小平文选》第2卷，人民出版社1994年版，第143页。
③ 《毛泽东书信选集》，人民出版社1983年版，第582页。

大量的调查研究工作，了解并掌握了中国革命的实际情况和客观规律，从而制定出引导中国革命取得胜利的正确的路线、方针和政策。党的十一届三中全会以后，党的调查研究的传统得到了恢复，从中央到地方的各级领导机关重新发扬了调查研究的优良作风，身体力行地深入基层，调查研究新时期所出现的新情况、新问题，在此基础上制定了一系列改革开放的新政策，推进了有中国特色的社会主义事业的巨大发展。

3. 坚持从人民群众的根本利益出发

坚持从人民的利益出发，是我们制定任何一个政策的根本宗旨，也是我国政策制定过程中的一个基本特点。党在各个历史时期的总政策，都是根据人民的利益来确定的，各级党组织和各级政府的领导机关的每一个具体政策的制定，也必须坚持从人民的利益出发这一根本原则。是否符合广大人民群众的利益，这正是我们判断政策正确与否的一个根本标准。

在政策制定中坚持从人民的利益出发的根本宗旨，这是我们党和国家的性质决定的。中国共产党是全国各族人民利益的忠实代表，为人民谋利益是中国共产党一切行为的最高准则，我们党从诞生的那一天起，就以为人民谋利益为己任，始终把它作为党的全部活动的出发点和归宿，中国共产党除了人民的利益外，并没有自己的私利。我们党和国家的任何政策都必须有利于推进人民的利益。坚持从人民的利益出发去制定政策，是中国共产党区别于其他政党、社会主义国家区别于其他国家的一个根本标志。

社会主义革命和建设的实践证明，凡是符合广大人民群众的利益的政策，就会得到人民的衷心拥护，就有利于激发广大人民群众的积极性。党的十一届三中全会以后，我们党制定的家庭联产承包责任制的政策，之所以能够得到广大农民的积极拥护，就是因为它从根本上来说，是符合广大的人民群众的利益的，它既保证了农民群众的利益的实现，也大大提高了集体和国家的利益。

4. 坚持民主集中制

民主集中制是中国共产党和我国各级政府的基本的组织原则，它是民主制和集中制的高度统一，是高度民主的基础上的高度集中。中国共产党和人民政府的领导机关，在政策制定过程中坚持民主集中制的组织原则，这是制定出正确政策的组织保证。

民主集中制包括民主和集中两个方面，是民主基础上的集中和集中指导下的民主相结合，二者密切联系、相互依存、相互制约、相辅相成，它是马克思主义认识论和群众路线的具体体现。民主是集中的基础，只有充分发扬民主，才能达到正确的集中；集中是民主的指导，只有实行正确的集中，才能实现真正的民主，民主集中制就是二者辩证的统一。如果把民主和集中分裂开来，只讲民主，不讲集中，就会造成极端民主化甚至无政府状态；反之，如果只讲集中，不讲民主，就必然导致个人的独断专行。

民主集中制贯彻得好不好，直接关系到能否制定出正确可行的政策，防止政策制定上的失误，从而也关系到党的事业、社会主义现代化建设事业的兴衰成败。因此，邓小平同志也指出，民主集中制是我们党和国家的根本制度，也是最便利的制度、最合理的制度，永远不能丢。

二 政策制定的群众路线及公众参与

一切为了群众，一切依靠群众，从群众中来，到群众中去，这是中国共产党在80余年的斗争中形成的群众路线。毛泽东同志说过："群众既制定政策，又执行政策。"中国共产党当初正是通过群众路线的"从群众中来，到群众中去""集中起来，坚持下去"这样一个自下而上之后又自上而下的反复沟通、实践、修正的过程，使基层群众的意见、要求、利益得以反映到党的各项决策中来。它是一种强调公众参与的典型，是一种向群众开放的具有反映民意的民主决策方式。

中国共产党是全国各族人民的忠实代表，它区别于其他任何政党的一个显著标志就在于，它同最广大的人民群众具有最为密切的联系。中国共产党从它诞生之日起，就扎根在人民群众之中，一切为了群众，一切依靠群众，在革命斗争中形成了自己的群众路线。1942年，毛泽东同志写下了著名的《关于领导方法的若干问题》，总结了我党领导工作的经验，科学地阐述了"从群众中来，到群众中去"的群众路线。几十年来，我们党在制定政策的过程中，始终注意坚持群众路线，"从群众中来，到群众中去"是我党及我国政府的各级领导机关制定政策的基本方法。政策制定者必须深入群众，了解群众，集中群众的智慧和经验，制定出合乎民意、顺乎民情的政策。然后又把已经制定的政策放到群众的实践活动中，在群众的实践活动中，检验政策的正确与否，并加以修正，丰富、完善原有的政策。

走群众路线，公众参与政策制定有利于加强政策合法化，减少官僚主义和政策腐败现象，也有利于改善党的执政质量。党的十六大强调改善决策体制，集中和反映民意民智，提高决策的科学化民主化水平。因此，在任何政策形成之前，应充分尊重人民群众或者当事人的自主权和想法，强调公众参与，切实贯彻党的群众路线，充分反映民意民智以后再制定政策。群众路线业已成为中国共产党政治文化的重要基础，它是我国决策科学化民主化的必由之路。

三 "摸着石头过河"的政策制定模式

党的十一届三中全会以后，中国共产党摒弃了"以阶级斗争为纲"的错误路线，把党和国家的工作重心转移到经济建设上来，并在确定工作重心转移的同时，做出了改革开放的伟大决策，从而使我国的社会主义现代化建设进入了一个崭新的历史时期。改革开放是一次伟大的革命，是一场广泛而深刻的社会大变革，是一项前所未有的大事业。党的十三大提出建立社会主义市场经济体制，开始了经济体制的转轨历程。在新的历史发展时期，我国的政策制定仍然坚持了实事求是，从实际出发，循序渐进，逐步形成了"摸着石头过河"的政策制定模式。

"摸着石头过河"的政策制定模式，是以邓小平同志为代表的中国共产党人的一个创造。对于改革开放，邓小平同志曾经指出：胆子要大，但步子要稳，走一步看一步，看到不妥当的地方就赶快改。后来人们把邓小平同志的这一思想形象地概括为："摸着石头过河"，这是一种适合我国改革开放的实际情况的决策模式。我国新的历史时期的政策制定也是遵循着循序渐进的原则，形成了"摸着石头过河"的政策制定模式，这是改革开放时期，我国政策制定中的一条重要经验。"摸着石头过河"的政策制定模式主要具有以下三个方面的特点：

1. 注意摸索，大胆创新

"摸着石头过河"的"摸"，首先就是摸索的意思。改革开放是前所未有的伟大事业，它没有现成的模式可循，没有现成的经验可搬，也没有现成的本本可抄，只有把马克思主义的基本原理与中国社会主义建设的实际相结合，进行前无古人的艰苦探索，在摸索中前进。既然没有现成的模式、经验和本本，因此要依靠大胆创新来摸索前进，这就是邓小平同志所说的，首先是胆子要大，要冲破传统的旧观念的束缚，敢于提出新措施，制定出一系列具有改革性质的新政策。在改革开放的新的历史时期，我们面临着许多新情况、新问题，需要及时加以解决，这就需要有与改革开放相配套的新政策。我国经济体制改革的基本目标是确立社会主义市场经济体制，而原来那些与计划经济体制相适应的老政策就过时了，这就需要在摸索中大胆创新，制定出与新情况相适应的新政策。

2. 由浅入深，循序渐进

改革开放面临的问题纷繁复杂，需要解决的问题千头万绪，存在着许多困难的因素，具有一定的风险性，不能企求一步登天，在短时间内就建立起一种新的经济体制和运行机制。"摸着石头过河"的模式的最突出的特点，就是强调循序渐进。这就是邓小平同志所指出的，不仅胆子要大，而且步子要稳，要走一步看一步。改革开放中的政策制定，一般是从情况比较清楚、条件比较好、阻力及风险比较小的事情做起，让那些现实可行的改革方案优先出台，然后循序渐进，逐步解决更为复杂和困难的问题。看准一步，前进一步，一步一个脚印，实实在在地前进，不断地实践，又不断地总结经验，修正错误，稳步前进，避免改革出现大的曲折和反复。

我国改革开放时期的政策制定，基本上是遵循着由浅入深、循序渐进的原则的。改革是从农村开始的，在农村推行家庭联产承包责任制的政策，在农村改革的基础上，又进行了城市的经济体制改革。十二届三中全会做出经济体制改革的决定，接着又决定对科技体制和教育体制进行改革，并进一步提出政治体制改革的目标和任务。1992年邓小平同志南方谈话后，党中央和国务院做出了加快改革开放和经济发展的一系列重大决定，把改革开放和现代化建设事业推向了一个新的阶段。党的十四大又确定了建立社会主义市场经济体制的目标，加快了全国范围内的经济体制改革的步伐。综观改革开放过程中的政策制定，遵循的是"摸着石头过河"的模式，循序渐进，逐步推进，从而有效地解决了改革、发展和稳定的关系，保证了改革开放伟大事业的顺利推进。

3. 从点到面，协调发展

"摸着石头过河"的模式，从纵向的角度看，强调由浅入深，循序渐进；从横面的角度看，则是强调从点到面的协调发展。抓典型、搞试点是我党制定政策的一条重要经验，改革开放中的"摸着石头过河"的政策制定模式，也充分运用了这条重要经验。一项重要的改革政策的出台，往往是要进行试点，先从点上取得经验，再由点推广到面，从而做到比较稳定协调地发展。

我国是一个大国，各地情况千差万别，发展极不平衡，东部和西部、南方和北方、沿海和内地，各地的差别很大，政策上的"一刀切"是行不通的，各地在改革开放中战略策略的选择、实践的步骤和方法不可能是整齐划一的。至今我国改革开放的政策方案的出台，往往是选择一些地区或部门进行试点，摸索经验，然后才普遍实施，求得全面的发展。搞好一个试点，就如同摸着一块石头，全面推广就如同过河，摸着石头站稳脚跟后再过河，这样就能比较稳定地前进，避免大的风险和曲折，使改革开放得以顺利地发展。比如，在对外开放政策的制定上，我国先是决定兴办深圳、珠海、汕头和厦门经济特区，然后又做出了开放沿海十几个城市的决定，并将长江三角洲、珠江三角洲、闽东南地区、环渤海地区辟为经济区，此后又批准了海南经济特区，做出了开发开放浦东的决策，现在又把改革开放推向中、西部地区。这样，对外开放就逐步地从经济特区推向沿海部分城市和地区，进而推向中西部，从点到面，逐步展开，协调发展。实践证明，这种由点到面、协调发展的政策是符合我国基本国情而且切实可行和有效的。

四　政策执行的若干成功经验

作为政策过程的一个重要环节，政策执行的有效与否关系到整个政策的成败。中国共产党人在长期的革命和建设实践中，高度重视政策执行问题，积累了丰富的政策执行的成功经验。

1. 注重政策宣传

政策方案并不能自发地被接受，更不能自动地被执行，政策执行是人们的实践活动。政策要得到顺利实施，首先就要让目标群体对政策有所理解，而要做到这一点，必须注意政策宣传。中国共产党人历来重视政策宣传工作。毛泽东在领导革命和建设中，非常强调做好党的路线、方针、政策的宣传教育工作，告诫人们政策和策略是党的生命，各级领导同志务必充分注意，万万不可粗心大意。他指出："善于把党的政策变为群众的行动，善于使我们的每一个运动，每一个斗争，不但领导干部懂得，而且广大的群众都能懂得，都能掌握，这是一项马克思列宁主义的领导艺术。"[①] 再好的政策，如果只掌握在领导者手中，不为群众所掌握，那也是无法实施的。因此，在党的七大闭幕时，毛泽东号召同志们到各地去"宣传大会的路线，并经过全党同志向人民作广泛的解释"，"我们宣传大会的路线，就是要使全党和全国人民建立起一个信心，即革命一定要胜利。首先要使先锋队觉悟，下定决心，不怕牺牲，排除万难，去争取胜利。但这还不够，还必须使全国广大

[①] 《毛泽东选集》第4卷，人民出版社1991年版，第1319页。

人民群众觉悟，心甘情愿和我们一起奋斗，去争取胜利"。①

通过强化政策宣传的途径让各级干部和广大群众充分了解和深刻认识党的各项方针政策，是党的方针政策得以正确、顺利贯彻实施的重要前提和行之有效的方法。注重强化政策宣传是具有中国特色的政策执行的一个基本经验。

2. 重视政策实验

重要政策在全面实施之前都要在局部地区或试点中试验，以取得经验，再全面铺开。这是具有中国特色的政策执行的另一基本经验。

重视政策实验是邓小平同志的政策理论的一个基本内容，他指出："有些问题，中央在原则上决定以后，还要经过试点，取得经验，集中集体智慧，成熟一个，解决一个……"② 1992年南方谈话时，邓小平同志强调说："改革开放胆子要大一些，敢于试验，不能像小脚女人一样，看准了的，就大胆地试，大胆地闯。"③

我国改革开放近20年的历程，也是一个不断进行政策实验的历程，我国的改革开放和现代化建设是前无古人、后无来者的，既复杂又没有现成的经验，因此，更需要政策实验。邓小平同志明确地指出："在全国的统一方案拿出来以前，可以先从局部做起，从一个地区、一个行业做起，逐步推开。中央各部门要允许和鼓励它们进行这种试验。试验中间会出现各种矛盾，我们要及时发现和克服这些矛盾。这样我们才能进步得比较快。"④

重视政策实验，一切经过试验，是一切从实际出发在政策执行中的体现，是探索新生事物的重要步骤，是推行改革创新的正确方针，是尊重群众、教育群众的重要方法。不经过试验就推广，那是蛮干；不经过试验就否定，那是武断。敢于试验、重视试验，既避免了改革的失误，又使中国进入了一个新的里程。事实证明，重视政策试验是一项成功的政策执行经验。

3. 强制执行与说服教育相统一的执行手段

政策执行活动涉及面广、对象多，是一项复杂的活动，仅有说服教育或仅有强制性执行手段都是不够的。"徒善不足以为政，徒法不足以自行"。因此，采取强制性执行与说服教育有机结合的执行手段是我国政策执行的又

---

① 《毛泽东选集》第3卷，人民出版社1991年版，第1101—1102页。
② 《邓小平文选》第2卷，人民出版社1994年版，第341页。
③ 陈锡添：《东方风来满眼春》，《人民日报》1992年3月31日。
④ 《邓小平文选》第2卷，人民出版社1994年版，第150页。

一个特色。

毛泽东同志在《关于正确处理人民内部矛盾的问题》中指出："凡属于思想性质的问题，凡属于人民内部的争论问题，只能用民主的方法去解决，只能用讨论的方法、批评的方法、说服教育的方法去解决，而不能用强制的、压服的方法去解决。人民为了有效地进行生产、进行学习和有秩序地过生活，要求自己的政府、生产的领导者、文化教育机关的领导者发布各种适当的带有强制性的行政命令。没有这种行政命令，社会秩序就无法维持，这是人们的常识所了解的。这同用说服教育的方法去解决人民内部的矛盾，是相辅相成的两个方面。"①

中国共产党人历来重视采用强制性执行和说服教育相结合的方法。强制性执行手段与说服教育相结合，是马克思主义唯物史观和辩证法在党的政策执行中的创造性运用和发展。它把工作的立足点和落脚点确立在相信群众、依靠群众、尊重群众的首创精神上，找准了人的思想发展变化的客观规律，准确地把握了启发人的自觉性与坚持党纪、国法的辩证关系。坚持强制手段与说服教育相结合，既能有效防止片面强调思想教育，而造成放任自流、过分迁就的不良倾向，又能避免不做耐心的说服教育工作，而滥发命令、胡施惩罚的不良倾向。只有坚持强制性手段与说服教育有机结合的方法，才能化消极因素为积极因素，带领广大人民群众为保证党的各项方针、政策的贯彻落实而竭尽全力。

4. 抓中心工作、以点带面的领导方法

这是中国共产党人在长期的政策执行中所形成的又一个特色。抓中心工作，就是要善于从纷繁复杂的工作头绪中找到并紧紧抓住最能影响全局、可以带动整个工作链条前进的中心环节，也就是抓住主要矛盾。毛泽东在《矛盾论》中指出：在复杂事物发展过程中，有许多矛盾存在，其中必有一种是主要矛盾，它的存在和发展，规定或影响着其他矛盾的存在和发展。抓住了这个主要矛盾，一切问题就迎刃而解了。

在政策执行活动中，在抓中心工作的同时，还要做到"以点带面"。所谓以点带面，就是发现、培养和树立典型，以典型示范，促进和推动面上工作发展的一种工作方法。实施政策需要典型示范。为了完成中心任务，为了对面上的工作加以精心指导，政策执行者必须深入实际抓好典型示范，以一种物质的形象的东西进行说服教育。一个好的典型能带动一大片，使面上的

---

① 《毛泽东著作选读》下册，人民出版社1986年版，第762页。

工作突破一点，取得经验全面展开，更有力地推动面上工作的开展，起到带头开路的作用。

抓中心工作、以点带面是我党的重要的领导方法。党和国家的政策是多层次、多方面的，作为下级机关都应该认真地、全面地实施。从政策本身来看，各项政策是一个有机整体，它们之间既有区别又有联系，相互制约。如果孤立地执行哪一项政策，不仅难以收到预期的效果，而且会顾此失彼，使许多政策不能落实。但是，如果面对各项政策不分轻重缓急，只按上级指示来一件做一件，就会丧失工作的主动性，形成很多的"中心工作"和凌乱无序的状态。因此，领导机关对于各项政策的实施应当实行统一领导，按照党在一定时期内总的战略部署，分别不同情况，统筹兼顾，妥善安排，正确地确定工作重心和工作秩序。同时要总结和推广典型经验，推动整个面上的政策落实。抓中心环节、以点带面的工作方法也是具有中国特色的政策执行活动中的一个基本方法。

总之，中国共产党人在长期的政策实践中形成了许多具有中国特色的政策制定和执行的成功经验，这是中国政策科学的宝贵理论与实践财富，必须在新时期发扬光大。

III 決策体制

3-1

政策科学与智库建设*

智库或思想库（Think Tank，Brain Trust）是国家软实力的重要体现，智库与决策咨询制度建设是国家治理体系与治理能力现代化的一个不可或缺的重要组成部分。2013年4月，习近平总书记就中国特色新型智库建设作出了重要批示，将智库建设提高到国家战略高度，并提出了中国特色新型智库的建设目标和要求。党的十八大提出"坚持科学决策、民主决策、依法决策，健全决策机制和程序，发挥思想库作用，建立健全决策问责和纠错制度"。十八届三中全会提出要"加强中国特色新型智库建设，建立健全决策咨询制度"。2014年2月教育部也出台了《中国特色新型高校智库建设推进计划》的文件。这充分说明了当前中国特色新型智库建设的重要性。而政策科学（政策分析）的发展与智库或思想库的建设密切相关。智库或思想库是现代政策科学的发源地与成长的摇篮，政策科学的产生和发展离不开智库或思想库的政策分析实践。智库或思想库是政策科学或政策分析的最纯粹的组织体现，而政策科学则是智库或思想库建设的最直接的和最主要的支撑学科之一。本文探讨政策科学与智库建设的关系，说明如何通过政策科学的大发展，推进中国特色新型智库的建设，健全决策咨询制度，实现我国公共决策的科学化、民主化和法制化。

一、智库是政策科学成长的摇篮

政策科学是第二次世界大战后首先在西方（主要是美国）兴起的一个跨学科、综合性的新研究领域。它的出现被誉为当代西方社会科学中的一次科学革命。有人说它构成当代社会科学的核心。简要回顾一下政策科学（Policy Sciences）或政策分析（Policy Analysis）及智库的发展史，可以从中

---

* 原载《中国行政管理》2014年第5期。

发现：作为现代政策科学的发源地和成长的摇篮，智库的成熟是政策科学兴起的一个重要推动力，是智库的专家首先将政策分析的知识和方法系统化而凝聚成为一个相对独立的学科。

近现代特别是19世纪至20世纪上半期社会科学的发展为政策科学的诞生奠定了坚实的基础，在经济学、政治学、行政学和社会学以及运筹学和系统分析等学科领域积累起来的政策相关知识、政策研究的理论和方法及技术，构成政策科学发展的直接先导或基础。第二次世界大战结束后，美国大学和思想库的一些专家学者因社会科学进步的内力和社会发展需要的外力的推动，致力于一个以公共政策作为对象的新学科的研究，开创了社会科学中的政策研究方向。拉斯韦尔在《政策科学：范围和方法的新近发展》(1951)一书中的"政策方向"一文中，首次对社会科学中的政策研究方向即政策科学的对象、性质和发展方向等问题作出论述，奠定了政策科学发展的基础。① 这构成政策科学发展的第一个里程碑。在此后的一二十年里，政策分析的定量方法及技术，特别是在运筹学、系统分析、线性规划和成本—效益分析等方法及技术上取得长足进步。20世纪60年代，政策科学取得了突破性进展。著名的科学哲学家托马斯·库恩（Thomas S. Kuhn）的《科学革命的结构》(1962)在当时起到了方法论的解放作用，给政策科学的发展注入了活力。而为政策科学的突破作出重要贡献的是一批政治学家、经济学家、社会学家或系统分析家，特别是智库的专家，包括叶海卡·德洛尔（Yehezkel Dror）和奎德（E. S. Quade），他们都曾经任职于兰德公司。60年代末70年代初，这种新的研究方向或途径迅速发展并体制化，标志着相对独立的政策科学领域的出现。

智库的成熟是政策科学兴起的催化剂。正如德洛尔所指出的，思想库（智库）不仅是政治设计的有意义的发明，也是政策研究成长的摇篮。诚然，智囊及咨询机构在世界各地自古有之，但是真正的智囊团或思想库是现代的产物，它最先在美国迅速发展起来。在政策科学产生前后，美国已有不少的智库存在，如兰德公司、巴特尔研究所、小阿瑟研究所等。

智库或思想库是政策活动者或政策主体的一个重要构成因素。它是由各种专家、学者以及退休官员等组成的跨学科多领域的综合性决策咨询机构，其主要的工作是帮助公共部门尤其是政府做决策咨询，提供政策相关信息，

---

① See, Daniel Lerner and Harold D. Lasswell, *The Policy Sciences: Recent Development in Scope and Method*, Stanford, CA: Stanford University Press, 1951, pp. 3–15.

以提高公共政策的质量。有如那格尔所说:"思想库是产生可靠的,可以被有关部门接受的政策研究成果的主要机构。"① 当代思想库或"智库"具有独特而合理的组织结构和运行方式。它们集中了大量高水平的各种专家及科学家,他们应用多学科的知识来研究政策制定的问题,他们相对地较少受外界压力,并有良好的合作机会,可以把发现应用于政策制定。它们开发新的研究方法及技术,形成了多学科综合的研究,推动政策研究从个体走向群体,从偶然走向必然。因而,思想库或智库在当代公共决策中起着巨大作用。有学者称,"思想库是现代国家决策链条中不可缺少的一环";在美国也有这样一种说法,"思想库(智库)的研究成果决定着美国人从摇篮到坟墓的一生。"思想库总是站在公共政策制定的最前沿,政府决策依靠来自思想库的建议。可以说,如果没有智库卓有成效的研究,西方各国政府就会在政策过程中寸步难行。

智库在当代公共决策过程中占有举足轻重的地位。托马斯·戴伊在《谁掌管美国》(世界知识出版社1980年版)一书中认为,思想库在美国政策过程中处于核心或枢纽地位。从体制及活动者的角度来看,美国的国家政策、法律由一个双层政治权力结构组成:一个是幕后的权势集团,它们代表了社会利益的主导,从它们当中产生政策意向,决定政策目标,政策和法律本质上只是其利益的表达形式;另一个是台前的"直接决策者",它们负责最终选择和确定最能够反映社会主体利益的政策和法律。在二者之间架起桥梁,起纽带作用的就是思想库,它把权势集团对社会经济的控制转化为对公共政策的影响。从行动过程的角度看,美国政府的政策制定过程大体上可以分为前后两个阶段:前一个阶段是思想库对重大问题进行系统的政策研究和设计;后一个阶段是联邦政府根据需要,按法定程序制定有关的法令。这两个阶段决定了美国的重大方针、政策,成为美国政府决策的重要方式。

智库是现代公共决策的一个不可或缺的组成部分。从政策系统的构成来看,现代化、科学化的公共决策系统是由信息、咨询(参谋)、决断、执行和监控等子系统所构成的大系统。政策过程及其各项功能活动是由这些子系统共同完成的,这些子系统各有分工、相互独立,又密切配合、协同一致,促使政策大系统的运行得以顺利地展开。"谋"与"断"是公共决策过程中的两种基本职能,因而咨询子系统、决断子系统是最主要的两个子系统。决断

---

① [美]斯图亚特·S.那格尔:《政策研究百科全书》,林明等译,科学技术文献出版社1990年版,第10页。

子系统和咨询子系统的关系,是"多谋"与"善断"的关系,二者相辅相成而非相互取代。

智库及政策科学是人类处理日益复杂的社会问题的需要而产生的。大科学、大企业、大工程的出现,全球化与信息化的加速,社会问题的日益复杂化,使得个人或小集团(决断子系统)难以独揽决策事务。首先,面对一系列错综复杂的社会事务和重大决策,由于信息量大、牵涉面广、影响因素多、变化快,决策者(们)的个人或小集团的智慧或以往的经验已经难以胜任,必须靠参谋咨询团体来辅助。其次,决策者往往忙于日常事务,无时间思考、研究一些长远、全面性问题,政府就转向各个领域的专家学者,寻求智力支持,辅助决策者正确决策,增强应变能力。最后,科技进步、信息量急剧增加、知识更新加快,要求有专门的信息处理组织。领导者要正确决策,需要获取大量信息资料,并认真筛选、加工、处理和制作,这是领导者个人做不到的,只有依靠如同思想库或智库这样的决策咨询机构作为信息储存库,充分发挥多学科专家、学者的配合作用,才能弥补决策者个人知识能力的不足。

智库对于政策科学的贡献首先表现在:发展政策研究的理论与方法论,开发或应用政策分析的方法及技术。智库重视对实际运用中行之有效的方法论加以总结,鼓励优秀的研究人员总结其智慧成果,特别是在研究报告中加进方法论方面的内容,加以推广;它鼓励创新,不断构建新的方法论,鼓励大胆冲破传统束缚、破除迷信、发挥创造精神,把历史知识和比较知识作为当代政策研究的基础背景,以重大决策失误排除方法作为优化模型和"择优"模型的补充。研究方法及分析工具的开发应用,也是智库自身的研究内容或主题;智库广泛借助现代信息技术,建立模拟仿真、预测和评估模型与数据库,建立决策支持系统;智库还注重通过政策分析的实践验证研究方法分析工具的科学性、实用性和有效性,以此提高咨询报告及政策建议的质量。

思想库注重发展政策研究的方法论,特别是论证性方法,如系统分析和其他政策分析法,包括可行性研究、预测技术、调查研究、PPBS、成本效用分析等方法。这些方法与技术为思想库形成自己特色奠定了基础,促进了政策科学的发展。系统分析方法最早是在第二次世界大战结束前后由美国兰德公司提出并加以使用的。系统分析是由定性、定量或两者相结合的方法组成的一个集合，它既是一种解释性的，又是一种规定性的方法论。① 智库及时将各种新的研究方法及分析技术应用到政策研究中，并开发政策分析的技术，如兰德公司创造了头脑风暴法（Brain storming）、德尔菲法（Delphi technique）；在趋势预测方面，乔治城大学战略和国际问题研究中心提出"战略发展趋势评估"，斯坦福国际咨询研究所提出"趋势估计"的方法。

智库的专家把政策研究的成果凝聚为一个独立的学科。德洛尔的政策科学"三部曲"——《公共政策制定检讨》（1968）、《政策科学构想》（1971）、《政策科学进展》（1971），② 构成政策科学发展的第二个里程碑。曾任兰德公司数学部主任的奎德（E. S. Quade）主编的《系统分析和政策计划》（1968）以及稍后的《公共决策分析》也是这一时期政策分析的代表作。按照奎德的说法，从运筹学到系统分析再到政策分析，这是同一个学科领域在不同时期的拓展及不同的名称［对于三者关系特别是系统分析与政策分析的关系，奎德在《系统分析和政策计划》和《公共决策分析》以及克朗（R. M. Krone）在《系统分析和政策科学》中都有所论及③］，而推动这种发展并将政策研究的理论和方法凝聚为一个独立的学科的主要力量来自智库。

智库对于政策科学的贡献还表现在：智库作为实验室或中试基地，可以把政策设想或方案推广到实际运用中；为来自学术界和政府部门的专业政策学者创造一个良好的环境；是产生可靠的、可能被有关部门接受的政策研究成果的主要机构。因此，德洛尔认为，智库是政策研究的最纯粹的组织体现，每一位政策科学家都应把他的部分工作时间花在至少一个智库中，以提高处理政策科学理论与政策制定现实之间关系的能力。

智库的成熟程度成为衡量一个国家公共决策水平高低的重要尺度。各国的政治、经济、社会和文化发展，为思想库的发展提供了活跃的环境；反过来，智库推动国家的政治、经济、社会和文化发展。科学决策离不开科学的咨询，当代公共决策中的分析者与决策者（谋与断）相分离业已成为一种

---

① ［美］R. M. 克朗：《系统分析和政策科学》，陈东威译，商务印书馆1987年版，第20页。

② Yehezke Dror, *Public Policymaking Reexamined*, Scranton, Pennsyvania：Chandler, 1968；*Ventures in Policy Sciences：Concepts and Application*, New York：American Elsevier, 1971；*Design for Policy Sciences*, New York：American Elsevier, 1971.

③ E. S. Quade and W. I. Boucher（eds.）, *System Analysis and Policy Planning：Application in Defease*, New York：Elsevier Publishing Company, Inc., 1968；E. S. Quade, *Analysis for Public Deeision*（3nd., ed.）, New York：Elsevier Publishing Company, Inc., 1989.

趋势，智库正是代表着现代决策咨询制度的成熟及政策分析者的崛起。作为主要由各种专家、学者进行跨学科的综合性政策研究和政策咨询的组织，智库致力于改进政府部门的政策质量，为社会提供信息、技术、思想观念服务，超越了单纯学术研究和应用研究的纯粹科研层次，最终推进现代国家决策的科学化和合理化。

二、政策科学是智库建设的支撑学科

政策科学与智库建设的关系犹如一个硬币的两面，密不可分。作为政策科学或政策分析的最纯粹的组织体现，智库孕育和催生了政策科学；反过来，政策科学则成为智库的知识基础，是智库建设的最直接的和最主要的支撑学科之一。

政策科学以人类社会政治生活中的政策领域或政策实践，即政策系统及其运行作为研究对象，以端正人类社会发展方向、改善公共决策系统和提高公共政策质量作为基本目标。按照拉斯韦尔—德洛尔政策科学的传统，政策科学是以制定政策规划和政策备选方案为焦点，运用新的方法对未来的趋势进行分析的学问，[1] 是为解决各种具体社会问题而对不同的公共政策的性质、原因及效果的研究。[2] 政策科学研究的范围涉及政策系统与政策过程，决策的体制与机制，政策分析方法和技术以及政策思维、政策价值观、未来研究、政策战略、政策规划、政策执行、政策（或项目）评估，从大政方针到各层次、各部门、各领域的实质性政策研究等。

政策科学具有一系列区别于其他学科的范式特征。一是跨学科、交叉学科、综合性研究的取向。一方面，政策科学不是现有的某一学科的更新，它的产生和发展以大量的知识尤其是科学知识和方法为基础，几乎所有迄今为止人类所创造的知识和方法都可以运用于政策研究之中。政策科学正是在吸收其他学科尤其是政治学、经济学、社会学、管理学、心理学、哲学、统计学、运筹学、系统分析等学科的知识和方法的基础上形成和发展起来的。另一方面，政策科学并不是由这些学科的知识和方法的拼凑堆积的大杂烩，而是在新的学术框架中将各种可应用于政策研究及政策问题解决的知识和方法

---

[1] *The Policy Sciences: Recent Development in Scope and Method*, pp. 50–60.

[2] ［美］斯图亚特·S. 那格尔主编：《政策研究百科全书》，林明等译，科学技术文献出版社1990年版，第1页。

有机地结合起来，形成较为完整的知识体系。这些来自各种学科的知识和方法在政策科学的新知识框架中就获得了新的意义。

二是倡导以问题为中心的知识产生方式。政策科学将科学知识尤其是社会科学知识与公共决策过程密切联系起来，提倡以问题为中心，而不是以学科为中心的知识产生方法，提倡一门能把科学知识和方法尤其是社会科学的知识和方法直接运用于改进公共决策系统及提高政策质量的新学科。近现代社会科学起源于社会问题的解决，是人们为了解和控制日益复杂的社会而成长起来。它既是模仿自然科学尤其是物理学研究方式的结果，更是人类社会发展尤其是由农业社会向工业社会和信息社会转变的产物。但是，近现代社会科学的各个学科基本上采用"以学科为中心"的知识产生途径，它们彼此划界，严格限定研究范围，在本身的学术框架内活动，并产生关于界定本学科问题研究的知识。政策科学倡导"以问题为中心"的新型知识产生方式，而非"以学科为中心"的知识产生方式。它主张从各学科不同的角度或侧面，融合各种知识和方法展开对同一社会问题进行研究并寻找解决办法。这一方面促进了社会科学不同领域学者的交流与合作，拓展或加深对相关社会问题的了解；另一方面，政策科学将社会科学知识应用于社会问题的解决之中，大大增强了当代社会科学解决社会问题的能力。

三是着力于实践应用。政策科学是一门以行动为取向的学科，体现着理论与实践的统一。政策科学既在实践中产生，又在实践中得到应用和发展。政策科学的奠基者们发现，以往的大部分科学知识尤其是应用社会科学研究并没有对政策系统的改进和政策质量的提高产生应有的积极影响。因为尽管也不乏解决社会问题的建言，但这些建议往往因不切实际或缺乏政治可行性而不被接受。政策科学的研究对象是政策实践及政策过程，它的目的和功能是提供政策相关知识，为政策实践服务。它要为执政党或国家的各项政策的制定、执行和评估的实践服务，它以发现、分析和解决社会的政策问题为导向；而政策实践则为政策科学提出需要解决的问题，提供经验教训，检验政策科学理论并推动其发展。

四是注重价值分析与价值评价。这是政策科学区别于一般的经验科学的另一个重要的点。经验科学注重对事实或问题的实证分析，被认为是价值中立的。政策科学将价值分析与事实分析并列，作为自己的两大方法论基础。政策科学是对（公共）决策研究，而决策是在两种以上的备选方案中作出选择，选择则以价值（观）作为基础。因而政策科学不仅关心事实，而且更关心价值和行动，它重视价值取向和价值评价，它的一个重要目标是创造和批评有关的公共政策价值的知识主张,或推荐应该采取的行动过程。政策选择往往涉及在健康、财富、安全、和平、正义、平等和自由一类的价值中作出取舍。选择哪一种价值,并不仅是一个事实分析的问题,而且需要伦理推导与价值评价。

政策科学的研究对象、范围和特征以及所形成的理论、方法及技术的知识体系,使得它成为智库或思想库的主要支撑学科。政策科学是政策分析家们的武库及看家本领。智库所要或所能发挥的基本作用或功能,都要依靠作为智库利器的政策科学的支持。不掌握政策科学的理论、知识以及政策分析方法及技术,智库专家将一事无成。

思想库以改进政策制定为目标,无论哪种类型的思想库,都把改进政策制定作为基本目标,它的活动围绕这一目标而开展。智库作为一种现代化的咨询系统,具有沟通信息、集中意见、进行表达的系统功能;它们帮助解决冲突,促进机构之间的合作,成为社会及利益团体的代言人,向政府提出政策建议;智库将社会及利益团体的意志,通过专家运用科学工具和广泛论证、归纳,而变成具体政策方案,源源不断地输向政府及决策者,由政府及决策者在这些方案中进行选择。那格尔说过:尽管在原则上那些处在最高层次上的人有权正式决策,但实际上往往只是批准专家提供的方案。智库通过政策辩论形成主流政策建议。它们常常会在同一问题上提出不同甚至对立的政策方案,进行政策大辩论,起到互相补充和制约作用。这种辩论有助于政府对政策方案的衡量和选择,有助于达成共识或主流看法。

思想库的任务不仅在于提出具体的政策方案,而且在于发现和传播短期内不会成为政策的学术思想,在于坚定不移地追求长远的目标,而不是眼前利益;它关心的不仅是地区、国家、民族、人类的现在,而且着眼于未来,在于发掘社会发展的新思想,寻找社会发展的潮流,提出关于人类未来的新思想,及时敲响人类社会所面临问题的警钟,并使决策者逐渐接受这些思想。智库的决策研究与咨询往往具有强烈的未来研究倾向,对未来的探索是现代智库区别于一般研究机构的主要标志之一,这也是思想库活力所在。

智库具有政策宣传的功能。一项政策要得以有效执行,就必须被政策对象所理解,让公众了解并信服政策制定的指导思想。一些政策的失败或无效并不是政策本身问题,而是观念和大众认同的问题。德洛尔曾指出,公众作为影响政策制定与执行的重要因素参与了政策运行的全过程,向社会及公众进行政策宣传与启蒙教育就成为政策执行过程的一个重要环节。智库通过广泛持久的政策科学知识普及教育和对各项具体政策的宣传教育,履行把政府的基本政策传播给大众、把各界的观念传播给决策者的功能。

智库还提供政策结果信息，充当评估机构。智库通过对政策进行检查、评估和衡量，来评判政府政策利弊得失，是否有效运转，是否偏离政策目标，是否或如何影响或改变了国家或政府所面临的政策问题，从中不断地寻找和发现存在的问题，提出或调整解决问题的方案，从而影响政府政策的实施，强化政策实施的绩效。政策评估既是智库的主要业务之一，也是其生存下去和获得资助的必不可少的条件。

智库的兴起及其强大的生命力正是来自它有系统的政策相关知识体系，主要凭借现代科学的理论、方法及先进的技术手段（而不是只凭个人经验、知识和能力）进行政策研究与咨询；在获取并及时处理大量信息的基础上作出经验推理和判断，向政策制定者提供有足够事实与价值依据的政策建议，使决策作出改进。在智库摇篮中成长的政策科学，促使人们逐渐把政策分析看作科学研究的一部分，承认它符合科学方法论的规则和程序，具有潜在的"确定性"，明确地将科学知识和公共政策过程联系在一起，使得政策经得起科学理性和价值理性的检验。随着智库政策分析实践的深入，政策科学的理论、方法及技术不断丰富和发展，从而为智库的政策分析与咨询实践提供了强大的武库、知识基础和物质基础。

三、以政策科学的大发展推进中国特色新型智库建设

习近平总书记在关于中国特色新型智库建设的重要批示中把智库发展提高到国家战略高度，被视为国家软实力的重要组成部分；指出我国智库发展相对滞后，应发挥更大作用；提出中国特色新型智库的建设目标；要求探索中国特色新型智库的组织形式、管理方式；要求加强智库自身建设，为中央的科学决策提供高质量的智力支持。那么，应该如何落实习近平总书记批示的精神，推进中国特色新型智库建设呢？我们认为，当前学界的一项重要工作是大力发展作为交叉学科的政策科学，夯实智库的学科基础，以学科发展推进中国特色新型智库建设以及建立健全决策咨询制度。

——将政策科学设置为交叉学科（或一级学科），提升政策科学的学科地位。在目前我国的学科专业设置中，政策科学（或公共政策分析）被列为公共管理及政治学的一个二级学科或专业，从政策科学缘起及其主要学科归属来看，这是有一定的道理和根据的。但是，从总体来看，政策科学具有

更广泛的理论框架与学术视野,是当代最典型的跨学科、交叉学科和综合研究领域之一。政策研究不只是公共管理与政治学的一个分支,它也构成人文社会科学、自然科学和技术各学科的一个重要主题领域。经济学中的经济政策研究、社会学中的社会政策研究、教育学中的教育政策研究、人文科学中的文化政策研究、自然科学和技术中的科技政策研究等都具有悠久的历史。当代人文社会科学和自然科学及技术的政策研究已取得长足发展,积累起丰硕的知识成果。必须进一步拓宽政策科学研究的视野。按照目前国家教育与学位主管部门有关学科专业设置的新精神,可以考虑将政策科学设置为一门相对独立的交叉学科(或一级学科),提升政策科学的学科地位,重视来自不同学科领域的政策研究成果的吸收,夯实学科的知识基础。

——促进政策科学的学科分化,培育政策科学的学科体系。作为一个相对独立的交叉学科领域(或一级学科),政策科学需要有更多的分支学科作为支撑。目前在我国,许多政策科学的主题领域并未分化、成形,只有政策科学(理论)、政策分析方法和中国公共政策等少数几个分支领域。必须开拓公共政策的各个主题领域,展开对各分支主题的研究。这既包括政策科学理论、政策分析方法与技术、本国公共政策、比较公共政策、公共政策伦理、战略研究、未来研究、制度分析与公共选择等学科分支的研究,也包括各个实质性政策领域研究,如政治政策(包括人事政策、外交政策、国防政策等)、经济政策、社会政策、文化政策以及科技政策、教育政策、环境政策等的专门化;还包括政策过程基本环节或功能活动,如政策规划(或政策制定)、政策执行、政策评估、政策周期、政策实验、政策扩散、政策变迁、政策创新等的研究。

——设立公共政策硕士(MPP)专业学位,加强政策分析专门人才培养。智库的建设与发展,迫切需要大批的专门人才即政策分析者,这需要以相关的人才培养项目为依托,公共政策硕士(Master of Public Policy,MPP)以及公共政策博士正是培养这种专门人才的学位项目。当政策科学作为一个独立研究领域刚刚兴起的时候,一些著名高校和智库的专家学者就在这个新领域开展研究生教育,尤其是设立公共政策硕士项目。从1967年到1971年短短的几年里,出现了第一批公共政策学院或研究所,包括兰德公司研究生院、密歇根大学公共政策研究所、哈佛大学肯尼迪政府学院、加州大学伯克利分校公共政策学院、杜克大学政策科学研究所等,开始了这方面的公共政策硕士和博士生教育。兰德公司声称培养出全球第一位公共政策分析的博士。公共管理硕士(Master of Public Administration,MPA)和公共政策硕士

(MPP) 是世界各国公共事务类职业研究生教育的两个主要项目或专业。MPA 和 MPP 这两个专业学位项目在 20 世纪 80 年代以后曾一度呈现出明显的"趋同化"倾向，但对两个学位所依托的公共管理和政策科学两个学科的缘起及其学位设置演变的历史与现实的分析表明，MPP 是有别于 MPA 的相对独立的学位项目（这一点我们将另文论述）。为了给中国特色新型智库与咨询业以及其他公共部门源源不断输送政策分析专门人才，有必要将设置独立的公共政策硕士（MPP）专业学位提上议事日程，展开培养方案的论证和招生的前期准备工作。

——以智库为载体，加强政策科学知识的应用及技术开发。目前我国的公共政策研究滞后于政策实践，知识应用的体制机制也不够健全。智库是政策研究的最纯粹组织体现，必须以智库为载体，重视公共政策相关知识的增长与积累，强化这种知识的开发与应用。特别是要探索中国特色新型智库的组织和管理方式，创新政策知识应用的体制机制，充分发挥智库作为沟通学界、政界及社会联系桥梁和纽带作用，发挥政策科学在政策实践中的理论指导作用，拓展政策知识应用的范围、深度与广度，增强中国政策科学的现实性和生命力。

总之，作为政策研究与咨询的专门机构，智库是当代国家政治生活的一个缩影和重要组成部分。它是政策科学的发源地和成长的摇篮，也是决策过程必不可少的环节。智库的出现在一定程度上带来了公共决策及政府治理上的客观性和科学性，减少了决策的主观性和随意性。而政策科学则是智库建设的最直接的和最主要的支撑学科，也是政策分析家手中的锐利思想武器。因此，政策科学的发展有助于推进中国特色新型智库以及现代化的咨询制度的建设，加快我国公共决策的科学化、民主化和法制化的步伐。

加强智库的数据中心与实验室建设*

习近平总书记指出:"改革发展任务越是艰巨繁重,越需要强大的智力支持",并强调"重视专业化智库建设"。① 当前我国发展正面临"多年少有的国内外复杂严峻形势""可以预料和难以预料的风险挑战更多更大",② 智库专业化对于决策科学化的必要性和紧迫性不言而喻。与此同时,当代全球公共政策实践出现了一系列新的变化。例如,数据化与智能化成为公共决策发展的新方向,行为实验、政策仿真和虚拟现实一类的新技术新方法得到了日益广泛的应用,循证决策新模式的兴起等等。③ 面对当代公共政策实践发展的新变化新趋势,必须加强智库专业化尤其是数据中心与实验室建设,借鉴世界著名思想库发展及国外循证决策实践经验,推动决策体制改革与流程再造,构建决策证据咨询系统,培育决策数据及咨询服务市场,引入数据化与智能化决策新途径,推进循证决策模式创新。

一、智库专业化的技术支撑

专业化智库致力于改进公共政策质量,所提政策建议以数据分析、行

---

* 原载《行政改革内参》2019 年第 11 期(标题有所改动,黄元灿为本文的合作者;收入本书时为各节加了标题)。

① 人民网:《习近平谈建设新型智库:改革发展任务越重越需要智力支持》,人民网-中国共产党新闻网,http://cpc.people.com.cn/xuexi/n/2015/0121/c385475-26422432.html,最后浏览日期 2019 年 8 月 22 日。

② 李克强:《政府工作报告》,人民出版社 2019 年版,第 1、12 页。

③ 陈振明、黄元灿:《智库专业化建设与公共决策科学化:当代公共政策发展的新趋势及其启示》,《公共行政评论》2019 年第 3 期。

为、模拟、实验和预测研究及循证检验等政策分析技术为基础。① 数据分析、行为实验、模拟仿真、结果预测及循证检验既是专业化智库的核心功能,也是当代公共决策流程的重要环节。从数据分析到行为、模拟、实验和预测研究以及循证检验,决策链条环环相扣,无一不以智库数据中心及实验室为技术平台或纽带。

现代公共决策尤其是数据化智能化决策必须发挥智库的理性分析功能。由于公共政策的专业性,政府决策必须建立在事实、数据及理性分析基础之上,这就需要发挥专业化智库的数据提供及分析优势。特别是随着大数据和智能化时代的到来,当代公共治理与决策正朝着数据化智能化方向发展,大数据分析逐渐成为公共治理与决策过程的必不可少的重要环节。数据化与智能化使近乎实时的公共决策成为可能。例如,通过建立基于大数据分析的"连续评估模型",将政策评估贯穿政策过程始终,有望取代传统的阶段途径。② 这不仅将显著缩短决策流程,提高决策效率,而且将大幅增强公共决策的科学性。与传统决策模式相比,数据化智能化决策的数据采集、存储、分析及应用的深度广度及规模已发生根本性变化,③ 必须转向以大数据和智能化为中心,以物联网、移动互联网、云计算、机器学习等信息通信技术及人工智能技术为支撑的数据挖掘、整合、关联与分析。

非线性复杂公共政策的科学制定与有效执行必须依靠智库开展行为、模拟、实验和预测研究。政策环境是复杂的社会技术系统,政策执行往往是众多具有异质性、适应性和互动性的行为主体或利益相关者共同参与的过程,④ 是相互影响、相互依赖和相互制约的博弈行为,具有相当大的复杂性和不确定性。政策执行由于受到政策问题的特性、政策本身的因素以及其他变量等多种因素的制约和影响,有时可能无法取得效果。为了最大限度地确保政策执行效果,复杂性或综合性政策方案在付诸抉择和实施之前,必须经过公共政策实验室的行为实验、政策仿真和预测研究等科学化决策环节。例如,通过利用多智能体仿真(MAS)等先进仿真方法,从多重约束因素出

---

① 陈振明、黄元灿:《推进地方新型智库建设的思考》,《中国行政管理》2017年第11期。
② Johann Höchtl, Peter Parycek, Ralph Schöllhammer, "Big Data in the Policy Cycle: Policy Decision Making in the Digital Era", *Journal of Organizational Computing and Electronic Commerce*, Vol. 26, Nos. 1-2, 2016.
③ 陈振明:《政府治理变革的技术基础》,《新华文摘》2016年第9期。
④ 李大宇等:《公共政策仿真方法》,《公共管理学报》2011年第4期。

发建构政策执行的"真实情境",描述行为主体的目标利益函数以及博弈主体的利益组合,模拟不同主体间的博弈行为和选择,① 预测备选方案在不同情境下的可能结果,尽可能为决策者提供最优方案。

作为公共决策新模式的循证决策离不开智库的有效参与。循证决策以及循证检验以政策评估、实验研究、模拟仿真和预测分析结果等为决策依据,通过把最佳证据置于决策的核心位置,使公共政策制定更加科学理性,从而避免或最大限度地减少决策失误。循证决策超越了传统的理性主义决策模式。例如,它运用大数据分析、随机对照实验、准实验方法(如工具变量、断点回归、双重差分等)、② 行为研究、政策仿真和机器学习等新方法新技术进行证据生产、结果预测和方案优化,突破了传统理性模式的决策信息不完全,决策者认识、判断和选择能力有限,政策后果难以预测等技术局限性。循证决策质量的高低取决于证据的来源和质量以及是否充分有效地使用证据。③ 高质量的循证决策既要发挥专业化智库的证据生产功能,建立各种政策有效执行的高质量证据库,也要构建以智库数据中心与实验室为核心的证据咨询系统,通过制度化途径促进证据的有效使用。

二、智库专业化技术平台建设的现状

近年来,中国特色新型智库建设成效显著,各级各类新型智库如雨后春笋般涌现,智库专业化包括数据中心和实验室建设及决策咨询技术的应用也随之展开,并取得一定进展。这主要表现为如下几个方面。

一是大数据中心和专题数据库建设取得一定成效。大数据中心建设方面,国务院印发《促进大数据发展行动纲要》部署大数据发展战略,工信部制定《大数据产业发展规划(2016—2020年)》推动大数据中心建设,全国各地相继建立以"云上贵州"等为代表的各级各类大数据中心;专题数据库建设方面,少数高校和科研机构持续开展大规模的基础数据收集,中国综合社会调查(CGSS)、中国健康与养老追踪调查(CHARLS)等有代表

---

① 陈振明:《合约制治理研究论纲》,《厦门大学学报(哲学社会科学版)》2017年第4期。
② Eugene Bardach, Eric M. Patashnik, *A Practical Guide for Policy Analysis*: *the Eightfold Path to More Effective Problem Solving*, Washington, D. C. : CQ Press, 2019, p. 177.
③ Ian Sanderson, "Making Sense of 'What works': Evidence Based Policy Making as Instrumental Rationality?" *Public Policy and Administration*, Vol. 17, No. 3, 2002.

性的社会调查数据库获得进一步发展。

二是已有少数高校智库建立了公共政策实验室，对推动政策仿真研究起到积极作用。① 例如，笔者所在的厦门大学公共政策研究院已建立设备先进、国内一流的公共政策实验室，具备数据挖掘、理性分析、行为研究、模拟预测、循证检验等专业化智库功能，在公共政策与地方治理、公共服务质量管理、人才发展战略与人才竞争力评价等领域提供了决策咨询服务。

三是大数据分析和政策仿真等决策咨询技术已在公共决策中发挥了一定的作用，数据化与智能化等公共治理与决策的新方向逐渐成为各级政府关注的热点。例如，宏观经济领域的政策模拟和预测分析应用相对较为成熟；"大数据成为提升政府治理能力的新途径"被写入《促进大数据发展行动纲要》；"智慧城市"和"数字政府"成为地方政府改革与治理或城市公共服务质量改进的创新举措。在实践上，2017年广东率先在全国部署"数字政府"建设，探索与数字经济发展相适应的政府治理新模式；浙江省及杭州市大力加强"数字政府"建设，推动政府数字化转型；作为全国首个信息共享无障碍城市，厦门搭建了跨部门、跨层级的政务信息共享协同平台，推动智慧城市及数字政府不断向深层次发展。

但无论是对照《关于加强中国特色新型智库建设的意见》规定的"中国特色新型智库建设标准"（如功能完备的信息采集分析系统，多层次的成果转化渠道等），还是与国外著名思想库的专业化水平相比，中国特色新型智库建设存在一些比较突出的问题，尤其是数据中心和实验室的建设及决策咨询技术的应用相对滞后，智库的专业化程度不足（这也成为当前我国智库发展的主要问题或关键制约因素之一）。问题的成因在于以下几个方面：

其一，已有数据中心（数据库）的数量、质量及可及性远远不够。智库的数据中心建设主要局限于基于随机调查或非等概率抽样调查以及浅层语义分析的专题数据库，缺乏循证检验所倚重的各种实质性政策的第三方评估等系统性数据；政府统计数据的开放程度普遍较低，非委托或非招标类政府治理课题（如智库自主选题）的调研及基础数据获取比较困难；智库数据中心之间、智库数据中心与国家及地方大数据中心之间缺乏数据共建共享机制，存在不同程度的"数据孤岛"现象。而数据库建设问题已成为新型智库建设及我国社会科学研究的瓶颈，正如学者甘犁等指出："缺乏基础数据

---

① 吴建新：《面向区域开发开放的社会科学实验室建设探究》，《实验室研究与探索》2012年第11期。

是当前中国经济研究面临的最大制约。"①

其二，由于政府部门的支持力度不够和资金投入不足，智库不仅面临数据收集的成本有限和调查对象不够配合等困难，而且存在数据中心与实验室的软件及技术队伍建设普遍滞后等问题，② 其中熟练掌握大数据分析、先进仿真方法及行为实验技术的高级专门人才尤为缺乏，以致智库的政策分析优势无法充分发挥。

其三，政策仿真研究存在两种脱节情况，不仅学术研究与应用实践脱节③，而且模型设计也与政策过程理论等支撑学科理论脱节④；仿真应用主要集中在宏观经济领域，而对于微观经济和非经济领域政策的研究应用不足；仿真研究成果主要局限于系统动力学仿真，适用于政治、社会、文化等非线性复杂政策的先进仿真方法（如MAS等）研究成果较少。⑤

其四，大数据分析如何应用于公共决策科学化尚处于实践探索阶段；作为公共政策研究的新路径的行为实验尚未进入政府决策实践；由于人们对循证检验的重要性认识不足以及缺乏循证决策制度体系，智库数据中心和实验室无法为政府提供循证决策支持。虽然已有一些决策证据库（如"中国循证决策和政策证据库"），但主要局限于循证决策方法在我国公共卫生领域的推广。⑥

三、推进智库的数据中心和实验室建设的几点思考

专业化水平的高低是中国特色新型智库建设成败的关键。推进智库专业化需要从体制机制创新、智库建设的支撑学科发展、数据中心与实验室的建设（或技术开发应用及平台建设）、专门人才培养、政策分析职业化等多方面着手。⑦ 其中，加强数据中心与实验室建设是当前智库专业化的一个当务

---

① 甘犁、冯帅章：《以微观数据库建设助推中国经济学发展》，《经济研究》2019年第4期。
② 罗智超：《德国洪堡大学经济风险研究数据中心考察及启示》，《实验技术与管理》2011年第5期。
③ 李大宇等：《公共政策仿真方法》，《公共管理学报》2011年第4期。
④ 赵德余：《政策模拟与实验》，上海人民出版社2015年版，序言第3页。
⑤ 娄成武、田旭：《中国公共政策仿真研究》，《中国行政管理》2013年第3期。
⑥ 童峰等：《循证决策：一种忠于证据的公共卫生决策模式》，《医学与哲学》2015年第5B期。
⑦ 陈振明：《提升中国特色新型智库专业化水平》，《行政改革内参》2019年第1期。

之急或重中之重。

以美国兰德公司和哈佛大学决策科学实验室等为代表的国外著名思想库及公共政策实验室在智库专业化尤其是数据中心和实验室建设方面形成了可供我们借鉴的先进经验。例如，立足作为实验室发展根基的基础理论及前沿科学研究，致力并引领方法论及政策分析方法与技术的创新开发，注重专题数据库及大数据中心等信息中枢建设，充分利用政策实验室开展行为、模拟、实验和预测研究。此外，以英国和美国为代表的经合组织国家近20年来积极倡导循证决策原则，在循证决策实践方面积累了丰富的经验。例如，通过设立循证议程、出台政策法规、成立培训机构等制度化途径塑造循证决策文化，推行循证决策模式。

加强数据中心与实验室建设不仅要求智库自身练好"内功"，大胆借鉴国外先进经验，重视基础理论与前沿科学及跨学科研究，加强技术平台的软硬件建设和人才队伍建设，加快政策分析方法和技术的开发应用，提升智库的专业化水平与决策咨询能力，而且需要党委和政府扮演好引导者、使用者和培育者等多重角色。作为引导者，要出台政策措施和加大财政投入，以项目制等方式引导和支持智库加强专业化建设；作为使用者，要完善决策体制，再造决策流程，建立证咨询系统，形成知识转移及成果转化机制，引入数据化智能化决策途径，探索循证决策模式，从而充分有效地使用决策数据和咨询服务；作为培育者，要建立竞争机制、准入规范和中介组织，培育决策数据和咨询服务市场。当前推进智库数据中心与实验室建设以及提升智库的专业化水平可以采取如下几个措施：

（一）支持国家级智库数据中心和实验室建设。以国内现有的发展较成熟的智库数据中心（数据库）和实验室为基础，重点建设一批各有侧重和特色的国家级智库数据中心与实验室。围绕党中央和国务院的战略决策以及国家部委的中心工作，定期发布重大调研和实验课题，使之成为中央及部委决策的重要信息来源；推动建立智库数据中心和实验室与各类大数据中心的数据共享机制；支持智库建设大数据、模拟仿真、实验研究、政策评估等系统性数据库；加强面向政治、经济、社会、文化等领域复杂性政策的行为、实验、模拟及预测研究的实验室建设。

（二）重视基础理论与前沿科学及跨学科研究。借鉴世界著名政策实验室的经验，发挥"院士""长江学者""千人计划""万人计划"等各类国家级学术领军人才在基础理论和前沿科学方面的研究优势，推动社会科学与自然科学及技术科学的交叉融合，重视政策科学和前沿科学（如脑科学、神经心理学、行为科学、数据科学、社会物理学等）领域的理论研究，夯实智库实验室发展的学理基础。

（三）促进先进政策分析技术的开发和应用。鼓励智库引进具有丰富的大数据分析、实验研究及模拟仿真经验的海外高级技术人才，为大数据分析、行为、实验、仿真、预测研究提供技术支撑；支持智库实验室设立专门的政策分析方法中心，推动不确定性决策、博弈论、大数据分析、机器学习、深度学习、虚拟现实、算法、仿真、预测、行为实验、心理模型等先进分析方法技术及工具的创新开发与实践应用，构建适合中国情境的"下一代政策分析方法与工具体系"。

（四）推动决策体制机制创新与流程再造。创新决策体制，推动党委和政府将理性分析以及循证检验等政策分析环节，逐步纳入非线性复杂政策领域的政府决策流程；以智库及其数据中心和实验室为核心，构建由智库、政府部门、政策法规、实践规范和技术平台等共同组成的"证据咨询系统"；构建党委和政府所属政策研究机构与智库及其数据中心和实验室的"双向联系机制"，如"协作会议机制""决策咨询服务平台"（类似"办公自动化系统"）等，党政部门与智库通过双向联系机制互通决策咨询信息，形成知识转移及成果转化机制。

（五）培育决策数据及决策咨询服务市场。建立充当政府与智库沟通桥梁的智库行业协会，使其发挥结构化知识经纪人的作用；培育各实质性政策领域作为市场中介的同行评审组织；基于同行评审机制，建立"公开招标及询价为主，邀请招标、竞争性谈判和单一来源为辅"的决策数据、咨询服务及智库成果政府采购制度体系（包括合同承包和直接购买两种方式），形成市场竞争机制；建立市场准入规范，依托智库行业协会对决策数据及咨询服务市场进行监管和仲裁。

（六）探索基于数据或证据的循证决策新模式。充分利用国家大数据中心的数据资源，以大数据分析为核心，以云计算、物联网、移动互联网等新兴信息通信技术及智能化平台为支撑，引入数据化与智能化公共决策新途径；以大数据、实验研究、政策仿真、模拟预测、政策评估结果等作为证据生产的基本原料，逐步建立政治、经济、社会、文化政策等全覆盖的高质量证据库体系；探索公共部门循证决策立法，出台循证决策指导文件，形成循证决策指南，设立循证决策培训机构，塑造循证决策文化，通过制度化途径形成并推广循证决策新模式。

总之，面对当代公共政策实践发展新趋势，必须加强数据中心与实验室建设，不断提升智库的专业化水平。党委政府要予以高度重视，从政策、资金和项目等方面大力支持政策分析技术开发应用及平台建设；着手进行循证决策制度建设，完善决策体制，再造决策流程，构建证据咨询系统，形成知识转移及成果转化机制；通过建立竞争机制、准入规范和中介组织，培育决策数据和咨询服务市场；切实将理性分析和循证检验落到实处，形成循证决策指南，探索循证决策新模式。

地方新型智库建设的现在与未来

——以福建省为例[*]

为贯彻落实党中央和习近平总书记关于新型智库建设的指示精神，福建省委办、省府办出台相关指导文件，省政府发展研究中心、省教育厅、省社科规划办等部门以及高校智库管理主体采取一系列举措推进我省新型智库建设。目前，我省新型智库建设取得初步成效，已形成以政府智库为主导、高校智库为中坚、民间智库为补充的智库发展格局[①]，但也存在一些不足之处，如新型智库总体布局不合理、专业化智库平台数量较少、智库与政府的联系机制不畅等。在未来，必须适应地方治理现代化的需求，下大力气推进福建省的地方新型智库建设。

一、新型智库建设的进展

福建省委省政府高度重视加强中国特色新型智库建设，将其列入省委省政府的重要议事日程；省委办、省府办出台相关实施意见；新型智库建设的牵头落实单位、归口管理单位和高校智库的管理主体等，从新型智库建设的统筹协调、高校智库建设方案的制定实施、新型智库平台培育、决策咨询课题立项、省政府顾问团工作和决策咨询信息化建设等方面共同推进福建新型智库建设。

---

[*] 本文是作者所承担的2016年度福建省社科规划决策咨询专项"推进体制机制创新，加强专业化建设，提升地方新型智库服务党委政府决策的能力"的研究成果之一（黄元灿为本文的合作者）。

[①] 冯潮华：《构建"三位一体"智库发展格局》，http://www.cssn.cn，2015年10月12日。

1. 加强新型智库建设的举措

2015年12月,为贯彻落实中办、国办印发的《关于加强中国特色新型智库建设的意见》(以下简称"意见"),省委办、省府办结合我省实际,出台了《关于加强福建新型智库建设实施意见的通知》,从加强新型智库建设的重要意义、建设新型智库的目标思路、协调推进多层次智库建设、创新智库运行和管理机制、强化智库人才支撑、切实加强对智库建设工作的领导等6个方面提出了加强福建新型智库建设的实施意见,成为我省新型智库建设的指导性文件。省政府发展研究中心、省教育厅、省社科联和我省各大高校根据中央《意见》和省委省政府决策部署,积极推进福建新型智库建设。

一是统筹推进新型智库建设。作为加强我省新型智库建设的牵头落实单位,省政府发展研究中心除做好决策咨询研究工作外,还负责统筹推进新型智库建设。加强与市、县政府发展研究中心的联系沟通;举办全省政府咨询系统研究能力建设专题培训班,定期举办"干部论坛"活动;举办两岸智库论坛;加强与高校、研究机构的联系,推动省内各类智库开展协作研究;参与设立"福建省决策咨询奖",完善决策咨询研究成果评价体系;与省社科联联合实施《福建省社会科学决策咨询信息系统管理办法》,推进省社科决策咨询课题研究信息系统建设。

二是培育若干批新型智库平台。作为我省高校新型智库的主管单位,省教育厅通过培育文化传承类省级"2011协创中心"和开展高校特色新型智库立项,推进我省高校新型智库建设。作为我省新型智库服务省委省政府决策的桥梁,省社科联积极支持重要研究机构的建设,并加快建设省级社科研究基地。

——省级"2011协创中心"。为发挥我省高校人才、学科和科研优势,推进高校与其他创新主体的融合,探索多样化的协同创新模式,省教育厅实施了"福建省高等学校创新能力提升计划",先后于2013年和2015年培育和认定两批省级"2011协创中心",其中属于智库范畴的省级协创中心即文化传承类协创中心7个,如,厦门大学公共政策与地方治理协同创新中心、能源经济与能源政策协同创新中心,福建师范大学海峡两岸文化发展协同创新中心等。

——省级社科研究基地。2014年,省社科联通过严格考核评估,建立了厦门大学公共服务质量研究中心、海洋法与中国东南海疆研究中心,福建师范大学中华文学传承发展研究中心等16个省社科研究基地,每年投入经费320万，并出台了《福建省社会科学研究基地建设管理办法（暂行）》和《福建省社会科学研究基地考核评估指标体系》，对基地实行"竞争入选、定期评估、量化管理、达标扶持、淘汰替补"动态管理，致力于把社科研究基地建设成为福建科学研究、人才培养、决策咨询和学术交流等的重要阵地。

——高校特色新型智库。2016年下半年，省教育厅颁发了《关于开展高校特色新型智库立项建设工作的通知》，组织开展了福建省高校特色新型智库立项建设工作，遴选了厦门大学"一带一路"与东南亚研究院、社会经济政策量化评估中心，华侨大学华侨华人研究院等9家单位作为福建省高校特色新型智库进行立项建设，并给予一定的经费支持。

三是加强省政府顾问团工作。省政府发展研究中心重视加强省政府顾问团服务保障工作，对省政府顾问团进行调整，出台《委托省政府顾问课题管理办法》，加强对委托顾问课题的服务管理；召开省政府顾问经济形势分析专家座谈会，围绕我省经济运行特点、面临的主要问题以及"十三五"时期经济社会发展相关问题开展分析讨论，为省委、省政府决策提供建议；以召开"省政府顾问、专家月谈会"和书面征求意见等形式，征求省政府顾问对政府工作的意见建议。

四是加强应用对策课题立项。省社科联加强了应用对策课题立项，进一步突出应用对策研究类选题，自2012年起在省社科规划项目中专门设置应用对策研究类选题，将省委省政府所需的重点调研课题等纳入《省社科规划项目课题指南》；提高应用对策研究类项目在省社科规划项目中的比重，将其从2010年的22%提高到2015年的49%；加大应用对策研究类项目后期资助力度，2014年制定《福建省社会科学规划后期资助项目管理办法（试行）》，对有理论高度、有重要实践价值的应用对策研究成果予以重点资助；2016年，与省政府发展研究中心共同组织实施省社科决策咨询专项课题立项工作。

五是实施高校新型智库建设方案。作为高校智库的管理主体，我省高校通过颁布"高校智库建设实施方案"推进高校新型智库建设。例如，厦门大学和福建师范大学制定了"哲学社会科学繁荣计划"，将智库建设作为人文社会科学研究发展的重要内容，提出要以研究解决重大理论和现实问题为主攻方向，加强社会科学创新平台建设，推进社会科学成果转化应用，提供高水平的决策咨询服务，形成一批具有中国特色、世界水平的学术高地和国家智库；福州大学和华侨大学制定专门的智库建设实施方案，提出了智库建设的目标、任务、措施,并通过健全管理体制、完善政策配套支持和加强经费投入保障智库建设的有序推进。

2. 新型智库与党委政府的联系机制

按照智库与政府之间的亲疏关系以及联系机制通畅与否,中国特色新型智库体系呈现圈层结构特点[①]。类似地,福建新型智库体系也呈现圈层结构特点,以省委省政府为中心,省级智库离中心越近,获取的政治资源越多,与省委省政府决策者的联系方式越直接,决策影响力越大,地位越高;离中心越远,就越离开决策者视野,与决策者的直接联系方式越有限,决策影响力就会越弱。

省级党政机关智库处于圈层结构的内圈,与省委省政府决策机构联系紧密,通过完成省领导"交办任务"并报送内部呈阅件或直接向领导口头汇报等服务省委省政府决策,大部分成果可进入决策;省级党校、社科院智库处于圈层结构的中圈,除可通过完成分管省领导交办的"研究任务"和"调研课题"直接服务于省委省政府决策外,还可通过承担省社科规划课题、部门委托课题等服务省委省政府决策;高校智库处于圈层结构的外圈,与省委省政府决策机构的联系不畅,主要通过承担省社科规划课题、部门委托课题等,间接服务于省委省政府决策;民间智库依靠智库专家自身的人脉关系,非均匀分布于各个圈层中,其业务主管单位(如省社科联等)可在民间智库服务党委政府决策中充当桥梁作用。

——党政机关智库参与政府工作报告、重要文件的起草。省级党政机关智库直接参与省委省政府的重要文件、省政府工作报告等的起草工作。如,省委政研室根据省委领导指示,组织或参与省委有关重要文件、领导讲话、全局性工作部署等重要文稿的起草或修改;省政府发展研究中心参与省委全会和全省经济工作会议等重要会议文件,以及省政府工作报告、省领导讲话文稿等的起草,并对"省国民经济与社会发展五年规划纲要"等重要政策性文件提出修改意见;省经济信息中心参与全省国民经济与社会发展中长期规划以及有关专项规划的起草。

——各类政府智库通过完成"交办任务"服务党委政府决策。以省委政策研究室、省政府发展研究中心为代表的党政机关智库虽然不能承担省社科规划应用对策研究类课题、省社科规划专项课题、省软科学研究计划项目

---

① 周仲高:《智库的科学分类与准确定位》,《重庆社会科学》2013 年第 3 期;上海社会科学院智库研究中心:《2015 年中国智库报告》,上海社会科学院出版社 2016 年版。

和政府部门委托招标课题，但是需要完成省领导下达或交办的调研课题或者研究任务服务党委政府决策；党校行政学院智库和社科院智库等除可承担省社科规划课题或者政府部门委托课题外，还需完成省领导"交办课题"或"交办任务"；高校智库不属于省直机关事业单位，一般无须承担省领导的"交办课题"或"交办任务"。

——非党政机关智库通过承接各类课题服务党委政府决策。非党政机关智库特别是高校智库，通过承接各类应用型课题间接服务党委政府决策。（1）省社科规划应用对策研究类课题。省社科规划办设立应用对策研究选题，课题成果以《成果要报》形式报送省委省政府领导参阅。（2）省社科规划专项课题。如，省政府发展研究中心将决策咨询专项课题列入省社科规划特别委托重大项目，课题成果以《专报件》形式报送省委省政府领导参阅；省政协将其常委会议专题协商议题列入省社科规划项目，非党政机关智库通过与其开展协作研究间接服务省委省政府决策。（3）省软科学研究计划项目。该项目重点支持经济、社会和科技发展的重大战略、政策、热点、难点、焦点问题的决策研究和具有典型性的实证研究，非党政机关智库向科技厅提交研究报告。（4）政府委托招标课题。非党政机关智库等通过承担各级地方党委政府及其职能部门的委托招标课题并提交研究报告或对策建议稿，为各级地方党委政府提供决策咨询服务。

——各类智库向省委省政府及有关部门报送研究成果。政府智库可直接以省直部门名义向省委省政府领导报送《呈阅件》，高校智库主要通过所在高校社科处向省社科联的《成果要报》或省委政研室的《政研专报》等刊物报送研究成果信息。报送研究成果的途径具体包括：（1）向省直部门的内部呈阅件发表研究成果。智库向省委省政府内部的以下刊物发表研究成果：省委办公厅的《八闽快讯》（专报件）和《福建信息》，省政府办公厅的《今日要讯》和《政讯专报》，省委政研室的《政研专报》、《调研内参·特刊》、《研究动态·专报件》和《调研文稿》，省政府发展研究中心的《专报件》和省社科规划办的《成果要报》，省政协办公厅的《政协信息》等。（2）向省委省政府决策部门报送智库自身的内刊。智库特别是政府智库，定期或不定期直接向省委省政府决策部门报送自身的内刊，如，省政府发展研究中心的《发展研究内参》，省委党校、福建行政学院的《决策参考》，福建社科院的《领导参阅》、《台情要报》和《科研信息荟萃》等，厦门大学台湾研究院的《台情内参》、《研究专报》和《台海研究通讯》等。

——智库专家通过政策咨询会和专题座谈会向领导建言。（1）智库专家受邀参加各级党委政府及其职能部门举办的政策咨询会，在会上向领导直接建言献策。例如，参与省委党代会报告征求意见会、一年一度的省政府工作报告的讨论修改会议等。（2）智库专家通过参加专题座谈会向与会省领导建言献策。比如，社科季谈会，它是由省委省政府领导和国内外社科专家学者共同参与的专题座谈会，其主题均为省委省政府当时关注的重大问题。智库专家可通过社科季谈会直接向与会省委省政府领导（如省委常委、宣传部长，副省长等）建言献策。

——智库专家通过政府顾问团机制服务党委政府决策。习近平总书记向来高度重视专家参与决策咨询对提高政府决策科学性的重要作用，2000年当选福建省人民政府省长不久后便提出建立省政府顾问团。省政府发展研究中心负责省政府顾问团的日常联系工作，省政府顾问团成员的决策咨询报告由省政府发展研究中心报送省委省政府领导参阅；省政府顾问团成员参加省政府顾问专家座谈会，围绕我省经济社会发展问题开展分析讨论，为省委、省政府决策提供建议；省政府发展研究中心以召开座谈会和书面征求意见等形式，征求省政府顾问对政府工作的意见建议，并挑选整理其中的优秀建议报送省委省政府领导参阅。

——智库专家通过其他方式服务党委政府决策。一是社科专家建言活动。省社科联定期开展"百项建言活动"，发动全省社科界专家围绕福建经济社会发展中的重大问题，深入开展调查研究，为福建发展献计献策，优秀建言通过《成果要报》等途径呈送有关领导和部门参阅，并对优秀建言者给予表彰奖励。二是口头汇报方式。省级党政机关智库（如省政府发展研究中心）的研究成果除通过内部呈阅件报送省领导决策参考外，还可由高级研究人员直接向省领导口头汇报，而且大部分成果都能进入决策，直接推动相关工作的开展。三是政协提案及相关机制。拥有省政协委员身份的智库专家通过参与省政协年度重点调研课题，或者通过向省政协全体会议、常务委员会提出提案，间接服务省委省政府决策。

二、新型智库建设的成效

从总体上看，我省新型智库建设取得初步成效，已基本形成以政府智库为主导、高校智库为中坚、民间智库为补充的"三位一体"新型智库发展格局①。各类新型智库通过承接并完成各类应用对策研究类课题，或通过向省委办公厅、省政府办公厅、省委政研室、省政府发展研究中心和省社科规划办等省直部门的内部呈阅件递交研究成果，或通过向省委省政府决策部门提交内刊报送研究成果，积极服务于省委省政府决策，为我省改革发展作出了重要贡献。其中，以省政府发展研究中心为代表的党政机关智库的研究成果每年均可获得较大量的领导批示，且大部分成果可直接进入决策，决策咨询服务效果显著；以省委党校、省社科院为代表的其他类型政府智库也可获得相当数量的领导批示；高校智库由于处于圈层结构的外圈，与省委省政府的联系机制不畅，其研究成果主要以研究报告形式间接服务于政府决策，较少获得领导批示，成果转化率有待提升；民间智库缺乏与政府决策部门的制度化联系渠道，决策咨询服务效果并不显著。

本研究希望通过省政府发展研究中心、省社科院、省委党校，厦门大学公共政策研究院、台湾研究院和宏观经济研究中心等6个智库的案例研究，描述福建省政府智库和高校智库的基本情况，并通过叙事手法实证分析福建新型智库建设的成效。案例选择充分考虑了福建省新型智库的代表性及典型性。

1. 政府智库建设成效

政府智库是福建省新型智库发展格局的主导力量。福建省的政府智库主要包括省、市两级党政机关智库，省、市社科院和省、市党校行政学院等。其中，在省委省政府决策咨询服务中发挥重要作用的政府智库5家，具体包括：中共福建省委政策研究室、福建省人民政府发展研究中心、中共福建省委党校（福建行政学院）、福建社会科学院和福建省经济信息中心。

省级党政机关智库熟悉政府运作流程，甚至直接参与省委省政府的决策过程，具有丰富的实务知识，同省委省政府决策者的距离最近，相对更容易与决策层进行互动，拥有直接向领导建言献策的渠道，大部分成果可进入决策，决策咨询服务效果显著；省级社科院、党校行政学院智库既可通过完成分管省领导交办的"研究任务"和"调研课题"直接服务于省委省政府决策，也可通过承担省社科规划课题、委托课题等服务决策，比较容易获得省领导的批示。

（1）福建省政府发展研究中心

福建省政府发展研究中心是我省重要和有影响力的党政机关智库之一，

---

① 冯潮华：《构建"三位一体"智库发展格局》，http：//www.cssn.cn，2015年10月12日。

主要职能包含两个方面：一是围绕全省发展大局开展政策咨询研究；二是推进我省新型智库建设工作。该中心围绕省委省政府决策部署、省领导关注的重大问题，以及经济社会发展热点难点问题，集中资源和力量服务省委省政府决策，完成了较多具有针对性、实效性的研究成果，为推动福建改革发展作出了积极贡献。

——承担"交办任务"，开展专题研究。围绕福建经济发展形势分析、产业转型升级、海丝核心区建设、自贸试验区建设等问题开展调研，形成了一批有较高质量的决策咨询研究成果。以2015年为例，该中心承担了省委省政府交办的研究任务20余项；省领导共计29人次对其19件研究成果作出批示；《关于福建建设21世纪海上丝绸之路核心区的研究》获"中国发展研究奖"三等奖[①]。

——参与省委省政府决策咨询。定期研究分析全省经济发展情况，为省委省政府提供政策咨询意见；参与省委全会和全省经济工作会议等重要会议文件以及省政府工作报告、省领导讲话稿等的起草工作，并对我省历次"五年规划纲要"等重要政策性文件提出修改意见；开展年度县域经济评价工作，建立和完善了县域经济评价指标体系，并公布了各年度县域经济评价结果。

——组织各类智库服务省委省政府决策。如，召开省政府顾问专家座谈会，围绕我省经济运行特点、面临的主要问题及对策措施以及经济社会发展相关问题开展分析讨论，为省委省政府决策提供建议。2015年，以召开座谈会和书面征求意见等形式，征求省政府顾问建议约80条，部分建议得到省领导的批示。

——开展重大政策解读。围绕经济社会发展的重点任务和有关政策，研究中心班子成员参加党中央全会和省委全会精神省委宣讲团工作，为地方、部门和高校宣讲，中心研究人员以专家身份参加政策解读，接受新闻媒体专题采访。

(2) 福建社会科学院

福建社科院是福建省唯一综合性社科研究机构，其前身是1978年重建的福建省哲学社会科学研究所，致力于人文与社会领域的基础理论研究、应用研究、对策研究和咨询服务，为省委省政府决策和地方经济社会发展服务。近年来，在省委省政府和省委宣传部领导下，省社科院新型智库建设取

---

① 资料来源：《2015年度福建省人民政府发展研究中心部门决算说明》。

得较大成效。以 2015 年为例，共组织研究课题 170 余项，发表论文和研究报告 495 篇，其中权威刊物论文 15 篇，核心刊物论文 113 篇，获得省级领导批示 22 篇，完成专著 24 部。

——加强地方经济社会发展现实问题研究。参与省"十三五"规划前期研究和课题论证工作，承担了"海丝核心区建设""福建自贸区建设"等重要课题研究。以 2015 年为例，完成了省领导交办的两岸关系与闽台合作、平潭开放开发等十余项课题；完成了"推进协商民主发展研究"等 7 项省重点调研课题；59 篇政策建议被《八闽快讯》和《政讯专报》等刊物采用。

——重视开展具有福建特色的理论问题研究。注重开展朱子文化、妈祖文化、闽南文化、客家文化、台侨问题研究等具有福建地方特色的理论问题研究。2014 年，呈报的《闽派文论研究方案》获省委常委、宣传部长李书磊批示；2015 年，多篇理论文章在《人民日报》《光明日报》等报刊发表。

——经常性组织参与省直部门专题调研。如，组织参加省委、省政府、省政协以及省委宣传部、省发改委等部门组织的专题调研活动。近几年，针对省领导指示的"办证难"问题、海丝之路研究、习近平在闽时期重要思想观点研究等课题，组织开展专题调研，形成调研报告获省领导批示。

——注重提升办刊水平。《福建论坛》、《亚太经济》、《学术评论》和《现代台湾研究》结合新常态下经济社会文化发展和福建科学发展跨越发展等主题，刊发了诸多对福建经济社会发展或两岸关系发展有指导作用的文章。2015 年，《福建论坛》所刊文章被人大复印报刊资料、《新华文摘》等转载 26 篇。

（3）中共福建省委党校（福建行政学院）

中共福建省委党校是培养党员领导干部和理论干部的学校，是培训轮训党政领导干部的主渠道，是党的哲学社会科学研究机构；福建行政学院是培训公务员、培养公共管理人员和政策研究人员、开展社会科学研究和决策咨询的机构。省委党校（省行政学院）注重加强对马克思主义中国化最新成果和我省经济社会重大理论与问题的研究，近年获得较多的省部级以上课题立项，以 2015 年为例，共获 7 项国家社科基金项目，立项数居全国省级党校系统第 5 名，获省部级课题 23 项，立项数居全省前列，形成了一批决策咨询研究成果。

——决策咨询成果多获省领导批示。省委党校科研处设有决策咨询科，专门负责决策咨询工作的组织协调。2013 年，发表决策咨询成果 19 篇，获

5位省领导批示；2014年，发表决策咨询成果37篇，获省领导批示8件次，其中获省委书记批示1件次；2015年，发表决策咨询成果20篇，获省领导批示5件次。

——出版内刊《决策参考》服务决策咨询。《决策参考》是省委党校决策咨询研究成果直接呈送省委省政府领导参阅的重要平台。2013年，出刊6期，获省领导批示1件次；2014年，出刊9期，获省领导批示2件次，受省委办公厅委托，提交专报件1篇，修改转投省委政研室稿件7篇，其中2篇被发表；2015年，出刊3期，1篇在中央党校《研究报告》发表，送呈中央政治局常委参阅。

——利用校院学员资源，组织指导学员参与决策咨询研究。2013年，在厅长班设立决策咨询课题6项，学员成果获省委书记批示1件次；2014年，组织学员参与决策咨询研究42件次，报送学员成果14篇，获省领导批示3件次；2015年，学员参与发表成果14篇，获省领导批示7件次。

2. 高校智库建设成效

高校智库是我省新型智库发展格局的中坚力量。我省目前有22所公立本科院校，其中福建省重点建设高校11所。近年来，在建设中国特色新型智库热潮中，各高校特别是省重点建设高校普遍加强智库建设，纷纷成立专门的应用对策研究机构。据不完全统计，我省高校智库或者具有智库性质的高校研究机构已有200余家，但是多数研究机构并未实体化运作，甚至没有决策咨询实践，不能算是严格意义上的智库。目前，我省已发展成熟的、在国内外具有较大影响力的高校智库共16家[①]，集中分布在厦门大学（12家）、福州大学（2家）、华侨大学（1家）和福建师范大学（1家）等4所高校，具体包括：厦门大学公共政策研究院、台湾研究院、宏观经济研究中心、中国能源经济研究中心、东南亚研究中心、教育研究院、高等教育发展研究中心、会计发展研究中心、欧洲研究中心、日本研究所、世界经济研究中心和王亚南经济研究院，福州大学循环经济研究中心和决策科学研究所，华侨大学华侨华人研究院以及福建师范大学竞争力研究中心。

以厦门大学公共政策研究院、台湾研究院和宏观经济研究中心为代表的高校智库依托我省公共管理、公共政策和应用经济学等全国一流学科实力和

---

① 数据来源：(1) 上海社会科学院智库中心的《2015年中国智库报告》；(2) 南京大学中国智库研究与评价中心的《CTTI来源智库（2017—2018）》；(3) 社会科学文献出版社的《中国智库名录2015》；(4) 清华大学课题组的《中国智库大数据报告（2016）》。

哲学社会科学领军人才团队，掌握了扎实的专业理论和多样化的分析技术，擅长把握先进学术思想和开展未来政策研究，但因其与政府的联系机制不畅，其研究成果虽质量相对较高却相对较少获得领导批示，主要以研究报告形式间接服务公共决策。

（1）厦门大学公共政策研究院

厦门大学公共政策研究院是一个从事公共政策的研究、咨询、开发和培训四位一体的科研及教学机构。它成立于2011年，是国家"985工程"一流学科平台基地——公共管理学科建设项目、国家"211工程"三期重点学科建设项目"公共政策与政府治理"创新平台的依托单位，拥有一个国家级"2011协创中心"平台、三个省级研究平台（省2011协创中心/省社科研究基地/省文科重点研究基地）和一个"设备先进、国内一流"的公共政策实验室[①]。

该研究院围绕实现高水平中国特色新型智库的建设目标，开展对公共政策与国家治理的理论基础、学术前沿与重大实践问题的研究，突出若干国家和地方有重大需求且厦门大学有研究基础与优势或特色的政策与管理领域（如人口与生态、区域发展、公共资源、公共服务、社会政策、地方治理等）的研究，建设公共政策创新研究学术平台，并为党和政府等提供调研与咨询服务；建设公共政策实验室及公共政策数据库和案例库，构建公共政策信息平台和研发基地；进行公共政策与国家治理的高层次人才培养，尤其是开展公共政策硕士、博士和博士后，人口、资源与环境经济学硕士和博士，公共管理硕士（政策分析方向）等专业学位的研究生教育，开办各类公共政策培训班，建设公共政策的人才培养基地。

该研究院成立5年来已承担各类研究课题107项，其中国家社科基金课题8项，国家自然科学基金课题6项，教育部研究课题6项，其他省部级研究课题19项，横向研究课题54项。每年到位的研究经费总体上呈增长趋势，2015和2016年的到位研究经费分别为690.2万元和448.4万元。

——始终坚持马克思主义的指导地位，积极承担党中央治国理政思想研究领域的课题，为建设中国特色哲学社会科学学科体系、话语体系贡献力量。如，"十八大以来党中央治国理政的政策思想体系研究""习总书记充

[①] 《光明日报》先后两次对该实验室进行了专题报道，详见：(1)《厦大智库：以解决实际问题为落脚点》，《光明日报》2015年12月2日第6版；(2)《"厦大学派"初现》，《光明日报》2014年11月19日第1版。

分调动干部积极性、不断提升工作精气神思想研究""中国公共政策的理论建构与实践创新"等。

——瞄准国家和区域发展重大战略需求,争取各类项目服务国家治理与公共决策。近3年承担的政府改革与治理领域研究项目主要有:"作为一种国家治理新方式的合约制:机制设计与有效性检验","公共服务质量持续改进机制研究","台湾地区科技政策与学科发展态势研究","厦门自贸区廉政工作创新与营商环境优化"和"'十三五'期间厦门再创特区体制机制新优势研究"等。

——深入研究并提出对经济社会发展、改革创新有重要参考价值的咨询报告,为中央和地方政府提供高水平决策服务。近3年报送中宣部、中组部、中共中央办公厅、国务院办公厅等中央部委决策咨询报告8篇,并获采纳、肯定性批示或者国家级优秀调研成果奖;近3年向省社科规划办、商务厅、厦门市委组织部、厦门市发改委等地方党政部门提供了大量的决策咨询报告;参与各类政策咨询会,为地方经济社会发展建言献策,如2017年,参加省政府顾问月谈会,就正向激励、老年教育、智库建设等主题一次性向省政府提交了3份政策建议。

(2) 厦门大学台湾研究院

厦门大学台湾研究院前身为厦门大学台湾研究所,成立于1980年,是海内外最早成立的台湾研究学术机构,系教育部与福建省共建单位,是国家级"2011协创中心"——"两岸关系和平发展协同创新中心"和教育部人文社会科学重点研究基地等的核心依托单位①。该院长期关注两岸关系理论与现实问题,积极服务国家对台工作需要,提供了较高水平的研究成果,是服务中央对台决策的重要智库之一。原中共中央政治局常委、全国政协主席贾庆林三年内两次莅临视察,中共中央台办也专函厦门大学党委,先后对该院工作予以肯定或表彰②。

——重视科研平台建设,每年获得较大规模的科研经费。如,2014年获科研项目59项,合同经费348.1万元;2015年获科研项目60项,合同经费464.5万元;2016年获科研项目30项,合同经费580万元。

——服务中央对台工作需求,每年向国家至地方各级部门提供决策咨询报告并获得较多认可。2014年获59份认可书,2015年获20份认可书,

---

① 详见《厦门大学年鉴2016》,厦门大学出版社2017年版。

② http://twri.xmu.edu.cn/News.aspx? id = 3aedc5ba - afeb - 4937 - 9364 - 42e36386bd6b。

2016年提供报告38份,其中8份获国家领导人批示,36项成果得到中央有关部门认可。

——及时主动地向各级对台工作部门提供内参资料,分别针对台湾政治、经济,两岸关系情势等问题进行前沿性、动态性研究,提供第一手的决策咨询信息。近3年来,每年向各级对台工作部门提供《台情专报》《台情内参》《闽台经贸动态》50余期[①]。"'5·20'后两岸经贸关系面临新挑战及应对策略"等5项科研成果获得教育部和民革中央采用上报,供有关领导同志参阅[②]。此外,出版的《台湾研究集刊》在中国学术期刊等评价体系中,影响因子位列前茅。

——重视民意调查和驻点研究,为中央对台政策提供决策依据。借助两岸民意电话访问系统,及时掌握台湾民众对两岸文教交流、台湾地区重大政治议题、台湾地区选举等的态度倾向,曾精准预测台湾地区和主要县市的公职选举结果[③],为国家对台决策提供科学依据[④];建立驻点研究室。台湾地区驻点研究室已运行6年,为研究人员深入台湾交流、调研及田野调查提供了便利。

(3)厦门大学宏观经济研究中心

厦门大学宏观经济研究中心是以厦门大学经济学科为基础而构建的一个具有综合研究性质的实体性研究机构。它成立于2001年,2005年被批准为教育部人文社会科学重点研究基地。该中心长期追踪研究中国宏观经济,紧扣"中国宏观经济理论与政策研究"和"中国宏观经济建模与预测"两大主攻方向,重视与国际接轨,深入探讨中国宏观经济运行的理论、政策与实践问题,确保学术研究、智库建设与人才培养的良性发展,是我国宏观经济政策与咨询的重要高校智库[⑤]。该中心每年出版一册《中国宏观经济年度报告》和两期中英文版《中国宏观经济预测与分析报告》,每年举办两次中国宏观经济预测报告发布会。

——坚持用模型预测,用数据建言,使所提出的宏观政策建议有理有据、真实可信。该中心自2006年成立伊始便着手研制中国宏观经济季度模

---

① 详见《2015年度福建社会科学院决算说明(公开文本)》。
② http://skc.xmu.edu.cn/cf/ce/c3923a249806/page.htm。
③ http://skc.xmu.edu.cn/1d/d1/c3923a73169/page.htm。
④ 详见《厦门大学年鉴2016》,厦门大学出版社2017年版。
⑤ http://cmr.xmu.edu.cn/news/window.asp?contentID=2679。

型（CQMM），并运用该模型预测国内生产总值（GDP）和消费者价格指数（CPI）等30多个主要宏观经济指标，并开展相关宏观经济政策效应的模拟分析。仅就GDP增长率预测而言，CQMM模型对中国经济增长率的预测越来越贴近现实水平。

——坚持长期跟踪研究。国内从事经济分析与预测的机构很多，但坚持十余年定期更新发布中国季度宏观经济模型的几乎没有。该中心用CQMM长期追踪研究中国宏观经济运行，目前已发布22份《中国宏观经济预测与分析报告》，且经过11年的模型研发、拓展和升级，已拥有55个随机方程、8个恒等式和72个变量，成为目前中国最有影响力的宏观经济预测模型之一。

——重视成果的转化与应用，在决策咨询服务方面取得显著成效。（1）承担一批重大委托课题，提供大量的决策咨询报告及政策建议，多次参加政策咨询会议，所提供的政策建议受到重视及采纳；（2）在CQMM模型研制基础上集成了一系列研究成果，先后被全国哲社办《成果要报》、新华社《内参》、教育部《成果摘报》、《专家建议》和《教育部简报（高校智库专刊）》等采纳；（3）为全国各地政府、社会各界以及高校举行宏观经济讲座，发挥智库的知识传播功能。

——重视与新闻媒体合作，扩大智库成果影响。每年与国内最早的全国性经济类报纸《经济参考报》和德国、日本及澳大利亚等国知名媒体或研究机构合作举行新闻发布会，联合发布中国宏观经济春季或秋季预测报告，并提出政策建议。与国际著名出版集团施普林格出版集团合作发行《中国宏观经济展望》，成为中国首个定期连续向全球发行"宏观经济预测与分析报告"的研究机构。

3. 民间智库建设成效

民间智库是我省新型智库发展格局的补充力量。我省的民间智库包含社会智库和企业智库两种类型，其中，社会智库主要包括省社科联主管的省级学会（如福建省金融学会等）、省级研究会（如福建省和谐社会研究会）等学术社团（157家）和民办非企业社科研究机构（16家）[①]等，此外还包括政府智库主管的学术团体，如中共福建省委党校（福建行政学院）主管的福建省行政管理学会、福建省领导科学研究会、福建省党校教育研究会、福建省中共党史学会等。

---

① 数据来源：福建省社会科学界联合会网站。

相比于政府智库和高校智库，我省民间智库虽然数量众多，也有参与政府决策咨询的实践，但其决策咨询力量相对薄弱，参与频率较低，影响力比较有限，而且大多数社会智库并未实体化运作，决策咨询服务成效并不显著，缺乏民间智库服务党委政府决策的典型案例，本研究不再通过案例研究对其实证分析。

三、新型智库建设的不足

如前所述，福建省的新型智库建设取得了一定的成效，但是相对于国家高端智库建设和上海市等兄弟省市区的智库建设，福建省新型智库建设的制度安排相对滞后，而且存在一些不足之处，如，前瞻性和战略性研究欠缺、新型智库总体布局不合理、专业化智库平台数量较少、智库与政府的联系机制不畅等。其中，智库与政府的联系机制不畅是关键问题。

1. 前瞻性和战略性研究欠缺

目前福建省各类决策咨询研究课题，无论是省社科规划应用类项目、省软科学研究计划项目，还是政府部门委托课题，多为短期性应急课题或者对策性研究课题，前瞻性和战略性研究比较欠缺。省委省政府相关职能部门在确定决策咨询课题选题时，相对较少关注我省经济社会发展的前瞻性和战略性问题；由于研究方法和技术条件等客观因素限制，政府智库的决策咨询研究更多着眼于省领导当下关注的经济社会问题；以厦门大学公共政策研究院、宏观经济研究中心为代表的高校智库，虽然有技术条件对我省的经济社会发展问题开展前瞻性和战略性研究，但是缺乏开展进一步研究所需的经费支持。

2. 新型智库总体布局不合理

福建省虽然已初步形成以政府智库为主导、高校智库为中坚、民间智库为补充的新型智库发展格局，但是同时也呈现"两强一弱"的不平衡局面，即政府智库（党政机关智库、社科院智库和党校行政学院智库等）和高校智库相对较强，民间智库（社会智库和企业智库）相对较弱。党政机关智库与省委省政府决策机构联系紧密，直接服务于省委省政府决策；社科院、党校行政学院智库与省委省政府联系较紧密，直接和间接服务于省委省政府决策；高校智库通过省委省政府职能部门间接服务于省委省政府决策；社会智库和企业智库，虽然也有参与党委政府决策咨询的实践，但是参与频率较低，影响力非常有限。这主要是体制机制障碍（民间智库缺乏参与政府决策咨询的直接渠道）和我省民间智库自身发展不成熟（存在资金来源不稳、生存压力较大等问题）等原因所致。

3. 专业化智库平台数量较少

目前，福建省专业化智库平台数量较少。福建省智库未能入选首批25家国家高端智库建设试点单位（当然，国家高端智库试点单位的遴选既有智库自身实力的因素，也有国家战略的考虑）。如前所述，福建省各级各类高校研究机构已有200余家，但是多数研究机构发展不成熟，并未实体化运作，甚至没有决策咨询实践，不能算是严格意义的专业化智库。目前，福建省已发展成熟的、在国内外具有较大影响力的高校智库十余家（如厦门大学公共政策研究院、台湾研究院、宏观经济研究中心等），加上若干具有较大影响力的政府智库（如省委政研室、省政府发展研究中心、省社科院和省委党校等），福建省具有较大决策影响力、学术影响力或社会影响力的专业化智库仅20余家，数量较少。

4. 智库与省委省政府的联系机制不畅

福建省各类智库虽然可通过承接各类课题，完成"交办任务"，参与省政府工作报告、重要文件的起草，参加政策咨询会和专题座谈会，向省委省政府及有关部门报送研究成果和省政府顾问团等多种联系方式直接或间接服务于省委省政府决策，但是这些联系方式要么属于只面向政府智库的直接联系机制，要么属于非制度化的间接联系方式。由于智库与省委省政府的联系机制不畅，作为福建省新型智库体系的中坚力量的高校智库不能从省委省政府的决策部门及时获取需求信息，省委省政府部门不能从高校智库及时获取成果信息，以致福建省不少专业化高校智库的决策咨询数据库、信息库和政策方案等研究成果只能被束之高阁。

5. 智库建设经费投入不足

无论是智库平台建设资助，还是决策咨询课题立项资助，福建省在智库建设方面的经费投入不足。新型智库平台建设方面，福建省2016年组织开展了高校特色新型智库立项工作，予以入围的9家高校智库每家100万元的一次性经费资助（原计划资助3年，每年100万元，后改为一次性资助100万元），这与中央给予25家国家高端智库每家1000万元的一次性经费资助相比，差距较大；决策咨询专项课题立项方面，2016年我省实施了首批10项决策咨询专项课题立项（每项课题的资助经费为5万元），这与上海市每年立项、发包250项决策咨询研究重点课题和专项课题（每项课题的资助经费为5万至10万元）的规模相比，差距比较明显。

6. 智库成果评价与激励机制不健全

智库成果评价与激励机制不健全，是包括福建省新型智库建设在内的中国特色新型智库建设存在的普遍问题。高校智库研究人员在职称评定与工资绩效"唯核心期刊论文"和"唯国家级课题"的大环境下，基础研究方面的科研压力巨大，在决策咨询研究的时间和精力上投入不够充足；包括党政机关智库，党校行政学院、社科院智库在内的政府智库，具有与省委省政府直接联系的常态化机制，难免存在一定程度的"唯批示"倾向；党政机关智库只能承接领导"交办课题"，不能参与课题申报，针对其内部研究人员的决策咨询成果激励机制不健全。此外，福建省目前只有省级社会科学成果奖，暂时还未设立省级决策咨询成果奖，这种状况也不利于发挥福建省各类智库人员参与决策咨询研究的积极性。

四、新型智库建设的未来

针对新型智库建设中存在的问题与适应新时代智库建设的新要求，福建省未来推进新型智库建设可以采取如下措施：

——落实省委省政府关于高端智库建设的规划。为贯彻落实党中央和习近平总书记关于新型智库建设的指示精神，福建省委办公厅、省政府办公厅出台了《关于加强福建新型智库建设实施意见的通知》等政策文件，为福建省新型智库建设提供了指导性意见。福建省已初步形成以官方智库为主导、高校智库为中坚、民间智库参与的新型智库发展格局。但是，相对于国家层面的智库建设，福建省在智库建设制度安排上相对滞后，缺乏整体性的战略规划。智库建设特别是高端智库建设是一项长期的系统工程，而且省内新型智库创新平台数量有限、影响力相对不足（这一点可从福建省智库未能入选首批 25 家国家高端智库建设试点单位得以部分体现）。因此，福建省应加快落实高端智库建设规划，完善福建省新型智库建设整体规划和科学布局，统筹整合省内现有智库优质资源，重点建设 20—40 个福建急需、特色鲜明、制度创新、引领发展的省级专业化高端智库。

——开展省级高端智库建设试点。政策试点是中国特色的政策过程，是落实国家战略和政策思想的有效途径。应高度重视省级高端智库建设试点工作，根据国家高端智库建设试点工作的精神，结合福建省情和福建省智库发展现状，紧紧围绕"四个全面"战略布局和"建设机制活、产业优、百姓富、生态美的新福建"的要求，以服务省委省政府决策为宗旨，立足于 21

世纪海上丝绸之路核心区、中国（福建）自由贸易试验区、福州新区、平潭综合实验区、福厦泉国家自主创新示范区和国家生态文明试验区建设等重大战略需求，优先选择若干基础条件较好、专业特色突出的研究机构（例如，福建省人民政府发展研究中心，中共福建省委党校，福建社会科学院，厦门大学公共政策研究院、宏观经济研究中心、台湾研究院等）进行试点，在制度保障、经费支持、项目供给等方面为试点单位提供充分的政策支持，并及时总结和推广试点经验，逐步培育和发展一批省级专业化高端智库。

——支持公共政策的学科建设。政策科学与智库建设的关系犹如一个硬币的两面，密不可分。作为政策研究与咨询的专门机构，智库是现代政策科学兴起与发展的重要推动力量，其发展程度也是衡量一个国家公共决策水平的重要尺度；而政策科学作为智库的知识基础，是智库建设最直接和最主要的支撑学科之一，智库需要通过政策科学的支持发挥基本功能。福建省高校的公共政策学科的发展势头良好，特别是厦门大学的政策科学或政策分析学科处于全国前列甚至领先地位，在培育和发展省级专业化高端智库过程中，应充分发挥这一学科优势，大力扶持省内高校的政策科学学科建设，以政策科学学科发展推进福建省新型智库建设及现代化的咨询制度的建设；创新政策知识应用的体制机制；充分发挥智库作为沟通学界、政界及社会联系的桥梁和纽带作用；发挥政策科学在政策实践中的理论指导作用；拓展政策知识应用的范围、深度与广度；重视培养政策分析专门人才——公共政策硕士（MPP）。

——重视高校智库实验室的建设与利用。智库实验室是大数据时代新型智库服务党委政府决策的重要依托平台。福建省高校已有成规模的智库实验室。例如，厦门大学公共政策研究院已建立设备先进、国内一流的公共政策实验室，具备民意调查、行为实验、模拟仿真、后果预测、数据分析等功能。应扶持智库实验室的建设与发展，充分利用其提供基于数据的理性分析与循证检验，提供民意调查、数据分析、决策模拟、未来预测等专业化的决策咨询服务的优势，实现福建省各级党委政府决策的科学化合理化；协助高校智库实验室与相关实践部门联合，推动政府数据开放共享，提升新型智库服务于党委和政府决策的能力与水平。

——探索福建省新型智库的发展模式。无论是中央智库还是地方智库，都要找准自身定位，找到合适的发展模式。福建省新型智库落脚点在福建，因此要结合福建自身特色，确定自身定位，找到与省情相契合的主题，对重点领域进行长期的跟踪与研究，形成具有特色的智库品牌，结合福建省的地理位置优势,把握时机,比如可以发挥地缘优势,加强对台学术交流,将"一带一路"以及自贸区发展等作为福建省新型智库研究的特色内容。

——探索"四位一体"的智库运作体制。探索设立机构负责人、专家委员会、首席科学家和科研部四位一体的智库管理体制,实行首席科学家负责制,形成"小实体、大网络"的新型智库运作模式:(1)机构负责人主要负责确立发展战略和建设目标、实施发展规划、聘任人员、日常管理、筹集和使用经费;(2)学术委员会负责审议项目申请、学术评议与审核、政策制定与监督、论证和审核研究平台的评估、组织创新成果评审和奖励申报、指导人才队伍建设等;(3)首席科学家负责引领智库发展方向,打造智库品牌;(4)科研部以智库的科研创新团队和项目为载体。各团队和项目在智库发展战略框架内开展研究工作,实行首席专家负责制,充分发挥知名学者的领军作用,激励青年学者快速成长,实行扁平化的管理模式。

——探索开放、灵活的人事管理体制。尝试打破智库与智库、智库与政府、智库与社会的界限,探索建立开放、流动、合作的人事管理体制。采取以任务为牵引的人员聘用方式,把党政部门的在职或退休的高级公务员和社会贤达吸纳进智库,激活智库内部的创新创业创造活力,提升选题的针对性和研究成果的影响力;对智库的行政管理人员和辅助人员以及实验技术人员实行公开招聘,采取合同制管理和灵活弹性管理;大胆创新人才互聘和自由流动机制,最大限度释放创新要素和创新主体的活力;健全"激励创新、优胜劣汰"机制,将绩效考核结果作为资格审核和下一聘期的确定依据。

——探索"政学研用"交流与合作模式。将"请进来"与"走出去"相结合,探索建立"政学研用"交流合作模式。鼓励福建新型智库的青年研究人员到政府部门、研究机构和基层一线挂职任职,更积极地投入福建地方治理领域的决策咨询服务工作,促进智库的"对策建议"与实践部门决策之间的良性互动,提升新型智库服务福建经济社会发展的能力。构建国际化的智库交流合作平台,鼓励福建新型智库有组织、有目的地与国内外高端智库开展国际合作,引进或聘任国际顶尖人才,选派分析人员到国外著名智库培训,打造强有力的智库人才队伍。

——建立"党委政府—智库联盟"协作机制。以月、季度、年度为周期,定期召开"党委政府—智库联盟"协作会议,由党委政府通过协作会议提供决策需求信息,智库联盟通过协作会议提供相关预期智库成果信息;针对省委省政府或其他各级地方党委政府的中心任务、重大决策或者突发性群体事件,不定期召开"党委政府—智库联盟"协作会议,进行党委政府与智库联盟的双向交流,由新型智库对省委省政府或其他各级地方党委政府提出的重大问题方针进行探讨,来促进智库思想的迸发。

——建立"产品—需求"信息共享机制。目前,智库之间以及智库与政府之间在信息交流和研究共享方面没有形成公共的平台,还相对封闭,各自为政,没有形成一个横向和纵向的比较紧密的联系网络。而智库信息资源共享是构建协同研究网络的关键,这是一项深远的智库管理运行模式的改变,需要重构现有的组织结构和业务流程,从而使不同智库研究机构之间、智库与决策部门之间能够在信息资源共享的条件下,实现跨组织、高效率的决策分享供需平衡和网络协同目标。因此,需要探索建立由智库联盟和决策机构共同搭建的"产品—需求"信息共享平台,由供给方在平台上发布智库产品信息,需求方发布决策咨询需求信息。

——建立开放合作的政府与智库联动机制。开放合作的政府与智库联动机制由三类机制组成:首先,政府智库与行政部门之间的双向人才流动机制,新型智库需要打造中国式的"旋转门"人才流动机制,不拘一格地在智库平台上培养与运用人才,充分发挥智库专家的理论优势和政府官员的实务优势,实现智库与决策机构的双向人才流动;其次,政府干部培训和智库研究联动机制;最后,引导智库参与决策的相关机制,使智库贯穿政策制定的全过程,可减少政府决策失误与公共政策失灵。

——完善智库产品需求的制度保障。进一步健全决策咨询机制,从制度上保障党委政府对智库思想产品的需求。必须将重大决策咨询纳入法定程序,要通过制度明确需要引入专家咨询和论证的情形,以保障智库专家参与权;并把预案研究纳入规范的行政程序,进而完善智库产品需求的制度保障。

——强化对智库咨询意见的回应机制。增强决策公示和信息公开力度,强化决策机构对智库咨询意见的回应机制。这可以使智库专家及时了解决策层的决策需求和有关情况,有针对性地进行研究和咨询;也可以使决策层及时了解智库专家的研究成果和咨询建议,并把它们应用到决策过程中。

——完善智库产品购买制度。在智库产品政府采购方面,要建立健全决策咨询的项目招标制度和智库产品的政府采购制度。可以借鉴企业招标模式,建立决策咨询项目招标制度,让官方智库、高校智库和民间智库公平参与课题项目竞争;设立专门的政策研究基金用于课题招标;通过市场竞争,优胜劣汰,给予最终获胜的智库产品以课题基金。

——形成智库思想市场的制度保障。一要建立健全监管机制,弥补政策分析市场失灵。智库思想市场和商品市场一样，在实际运行中，一样会面临市场失灵。市场失灵需要政府干预，有效规制智库思想市场。二要完善智库产品甄别机制，鼓励自由竞争。可将同行审议与智库产品购买制度相结合，既能激发智库参与研究的积极性，又能保证智库间的自由竞争，还能最大限度地提高方案的科学性。

——设计省级新型智库评价指标体系。在参考借鉴国内外智库影响力评价指标体系（如 James McGann、上海社会科学院智库研究中心、中国社会科学评价中心等机构的智库评价指标体系）基础上，立足于地方智库的特点，通过实证研究方法，构建针对福建新型智库评价的三级指标体系，将决策影响力、专业影响力、成果影响力等作为评价维度；将政策采用率、旋转门机制、政府咨询委托、组织架构、专家队伍建设、人才培养、学术成就、协同能力、成果获奖、资源投入产出比和创新能力等作为二级指标；将所提政策建议的数量、政策建议被政府采纳的数量、政府批示反馈政策建议的数量、智库成员成果所获奖励和荣誉、智库所需资源及其可获得性、智库资源的投入产出比、理论成果成功转化率、人均研究成果量、资金独立性、资源投入产出比、自建数据库的规模和数量等作为具体指标。

——构建省级新型智库评价考核机制。建立"年度报告、中期评价、终期考核"的评价机制。以三年为一个周期对福建省新型智库进行评价考核，把"政策采用率"、"学术成就"、"成果获奖"、"资源投入产出比"和"人才培养"作为考核成绩达到优秀的必要条件。对考核结果为"优秀"的智库，给以奖励。智库成果评价考核结果作为资质审核及下一期平台建设资助和课题基金资助的确定依据。

总之，新时代与新形势要求我们进一步加强新型智库建设特别是专业化建设，完善地方新型智库服务公共决策的体制、机制和方式，提升地方新型智库服务党委政府决策的能力，加快我省公共决策的科学化、民主化和法制化的步伐，以适应福建经济社会发展与地方治理体系和治理能力现代化的需要。

3-4

重视对公共决策科学化、民主化和法制化问题的研究[*]

公共决策（政策制定）过程的科学化、民主化和法制化不仅是政策科学（公共政策分析）的核心主题，也是政治学、行政学和软科学研究的一个重要内容，而且是我国政治体制改革以及社会主义民主政治建设的一个基本任务和目标。在国外尤其是西方（美国）20世纪六七十年代兴起的政策科学（政策分析）学科从一开始就把公共政策制定的科学化、民主化和法制化作为核心主题，作为政策科学研究的基本目标。在拉斯韦尔—德洛尔的政策科学传统中，端正人类社会的发展方向，改善公共政策制定系统，提高公共政策制定质量，是政策科学研究的目标或归宿。西方学者多年来已对这个问题作了大量研究，出版了许多论著，取得了不少的理论成就，并对政府的公共决策产生了积极影响。但是，西方学者对这个问题的研究是建立在西方的公共决策实践的基础上的，是对西方的公共政策制定系统（政治制度）及过程的反思的结果，因此，其理论未必都正确，也未必适应于我国的现实。

在我国，改革开放特别是80年代中后期以来，决策科学化、民主化问题受到党和政府以及学术界的高度重视，成为我国政治体制改革和民主政治建设的一个基本目标。从事政策科学、政治学、行政学、软科学等领域研究的学者以及实际政策研究者，已从一些方面对这个问题进行探索，取得了一定的进展。但是以往对这个问题的研究并未密切结合市场经济的实践，深入系统、学术水平高、应用价值高的成果似不多见。因此，如何结合社会主义市场经济体制的建立与完善，来探讨公共决策过程的科学化、民主化和法制化问题，是当前社会科学尤其是政策科学、政治学研究的一项迫切任务。

---

[*] 原载《高校社科研究和理论教学》1998年第8期。

这个课题的研究应围绕市场经济条件下公共决策的新特点和新要求,现阶段我国公共决策过程的成就与缺陷,转轨时期如何加快我国公共决策过程的科学化、民主化步伐三个方面来展开,涉及的主要问题有:

——市场决策与公共决策(非市场决策);市场经济条件下两种基本决策类型及其相互关系。

——市场经济和民主政治的发展对党和政府的政策制定提出的新要求,如经济体制与结构、政府社会经济管理方式的变化,市场竞争、利益多元化、个人和企业分散决策(市场决策),公民和社会团体政治参与以及民主化要求的增强对党和政府的公共决策将产生什么影响。

——现阶段我国公共决策过程的实证分析与评价,尤其是对计划经济基础上形成的公共政策制定系统及其运行的主要弊端的解剖。

——现代公共政策制定过程本身的复杂性以及科学民主的决策所面临的一系列难题(例如,应该如何看待肯尼思·阿罗的不可能性定理以及公共选择理论提出的解决方案)。

——市场经济条件下我国公共政策制定系统的创新,尤其是如何理顺各种决策主体(党、人大、政府等)的权力关系,大力发展政策研究组织尤其是民间思想库,形成一个以决策子系统为核心,以信息、咨询(参谋)和监督子系统为支撑的现代化公共政策制定系统。

——市场经济条件下我国公共政策制定过程的程序化问题,即如何形成从问题界定、目标确立、方案设计、结果预测、方案的比较与择优到追踪研究评价的理想的公共决策程序问题。

——具有中国特色的政策制定的基本经验以及改革开放以来我国在决策科学民主化道路上所取得的进展(尤其是如何在新形势下保持与发扬这些经验,如何通过"从群众中来,到群众中去"的群众路线,实事求是,调查研究和民主集中制的完善来促进决策的科学化和民主化)。

——国外(西方)政策制定的理论、模式和方法以及发达市场经济国家在现代化决策方面的成功经验(特别是西方思想库的成功经验)的借鉴与启示。

——关于如何用法律手段来规范、约束决策主体的行为,将公共决策纳入法制化轨道问题(包括如何依法确立决策权力的合理结构、规定各种决策主体的权力;依法确定科学合理的公共决策程序,建立健全决策者的责任制,保障公民的民主决策权利,使专家咨询制度化等)。

——公共决策的科学化、民主化和法制化的内涵及其相互关系。

这个课题研究的重点应是市场经济条件下特别是转轨时期如何加快我国公共决策过程的科学化、民主化和法制化的对策措施的研究，市场经济条件下的公共决策不同于计划体制下的公共决策的特征和现阶段我国公共政策制定过程中存在的主要问题的诊断。而关于转轨时期公共政策制定系统的完善与创新，科学合理的政策制定程序的形成，政策制定的法制化，具有中国特色的政策制定经验的发扬光大，国外先进的政策制定理论和方法以及现代化的公共决策经验的借鉴等问题，则是其中的重中之重。

上述各个研究主题中涉及不少当今理论和实践上的难题。例如，如何看待市场经济条件下两种基本决策类型的相互关系？如何评价目前我国公共决策的科学化、民主化程度？具有中国特色的政策制定的基本经验在新形势下是否适应以及如何完善（最典型的是作为决策体制和原则的民主集中制应如何完善）？怎样看待和借鉴西方的政策制定的理论、方法成就及现代化公共决策的经验？转轨时期的公共决策体制应如何完善及创新（如决策权力如何划分）？目前我国政策制定程序中哪些环节最需要加强？如何在政策制定系统的内外形成民主的环境与气氛？政策制定的法制化从何处着手？这些问题往往也是政治—行政体制改革研究中遇到的难题。

这个课题的研究应以马列主义、毛泽东思想和邓小平理论作为指导，坚持理论与实践相结合，"古为今用、洋为中用"等原则，并采用下列研究方法：

（1）实际调研与文献研究相结合。一方面，对我国传统公共政策制定系统及过程存在的缺陷，转轨时期以及市场经济对公共决策提出的新要求，改革开放以来我国决策科学化民主化方面取得的进展等方面进行实际调研，以取得第一手实际资料；另一方面大量收集、整理和研究当代国内外关于公共决策尤其是西方政策科学在这方面的文献，引进、消化和吸收各种有益政策制定的理论、模式和方法。

（2）比较研究。着重于对计划经济体制与市场经济条件下政府政策制定的异同的比较，转轨时期的政府政策制定与成熟市场经济条件下政府政策制定异同的比较，我国与西方国家的政府公共决策系统及过程的异同比较，历史与现实的比较（中国共产党人的政策实践的总结），以便借鉴发达市场经济国家在现代化公共决策方面的经验，保持和发扬具有中国特色的政策制定经验。

（3）案例研究。解剖中外典型的公共决策的成功与失败的案例，尤其是改革开放以来我国各地在决策科学化、民主化方面的各种试验，从中提炼出对推进我国政策制定过程科学化、民主化有益的启示。

（4）定性研究与定量研究相结合。特别是借助西方政策科学所发展起来的定量分析方法与技术，来分析我国公共政策制定系统及其运行，提出科学化、民主化的政策制定过程的某些合理的模型或程序，并将国外思想库所发展起来的政策分析方法和技术引入我国的实际政策制定过程之中。

这个项目的研究具有重要的学术价值、理论与实践意义。第一，为党和国家改善市场经济条件下的政策制定系统及过程，为加快公共决策的科学化、民主化和法制化提供学术理论、方法以及某些具体的对策建议，为政治体制改革、民主政治建设和市场经济的发展服务；第二，有助于总结我国政策制定的历史经验（概括出具有中国特色的政策制定的若干经验），坚持发展马克思主义经典作家以及毛泽东、邓小平的政策理论，坚持改革开放，走有中国特色社会主义的现代化发展道路；第三，加强对作为社会政治生活一个重要领域的政策制定系统及其运行的理解，丰富政治学、行政学和政策分析等学科领域的理论知识，推动社会科学和软科学研究的进一步发展；第四，充实政治学、行政学、政策分析等学科的教学内容，提供针对性应用强、理论与实践密切结合的知识，加强本科生和研究生对我国现实政治生活尤其是政策过程的了解，推动大学相关学科的教学内容改革。

民主集中制是公共决策的基本体制及原则[*]

民主集中制既是党和国家的根本组织制度和领导制度，也是我国公共决策的基本体制及原则。在市场经济条件下，应当如何坚持和完善民主集中制这种决策体制及原则？这不仅是事关党的建设和国家制度建设的一件大事，而且也是建立起与市场机制适应的政府宏观调控机制，实现公共决策科学化、民主化的一个核心问题。本文将从政策科学及公共选择的角度，对这个问题进行探讨。

一、民主集中制是公共决策的体制及原则

民主集中制是一种合理、便利或有效率的公共决策体制及原则。这可以从现代各种决策体制及原则的比较分析尤其是现代民主决策体制及原则的经济学分析，民主集中制本身的特点及优点这两个方面来加以说明。

从公共决策的高度看，民主集中制是一种在民主基础上的集中和集中指导下的民主相结合的决策体制及决策原则。这种体制首先体现了现代民主决策体制的基本精神，符合现代民主决策体制的一般要求。在现代社会，有两种基本的决策体制：民主的决策体制和非民主的决策体制。非民主的决策体制的典型是独裁决策体制。在这种体制下，公共决策或公共物品的供给取决于独裁者本人的偏好，由他（们）说了算，而且独裁者一般都宣称他（们）代表公众来作决策，自认为其偏好与公众的偏好相一致，作出的决策符合公共利益。显然，这种独裁制的决策成本低，但实际上难以反映多数人偏好，往往给社会带来灾难。民主的决策体制则有两种形式，即直接民主制和代议

---

[*] 原载《岭南学刊》1997年第3期。

民主制。在直接民主制条件下,公共决策或公共物品的需求由选民或投资人直接投票决定,即由选民的倾向性或偏好来决定政策方案及公共物品的供给。这种直接民主制能全面反映选民的偏好,但决策成本高。在代议民主制条件下,公共决策或公共物品的需求决定是由选民或投票人选举出代表(议员、人大代表等),再由这些代表来作公共决策。依照这种决策程序,选民选择的并不是公共政策本身,而是那些被认为能较好代表其利益的政治家,政治家在决策时所代表的主要不应是他自己的偏好,而应是他所代表的选民的偏好。因此,代议民主制实际上是一种公民间接参与公共决策的程序,它力图在决策成本和公民偏好的一致性程度上寻求一个合适的比例,它是一种较通行的决策体制。

我国的民主集中制这种公共决策体制是一种代议民主决策体制的类型,它充分吸收了现代民主决策体制的各种优点,体现了现代民主决策体制的基本精神。不仅如此,我国的民主集中制这样一种公共决策体制更考虑到我国政治制度的实质及社会主义条件下的公共决策特点,力求贯彻马克思主义的思想路线和我党的群众路线,充分吸收党和国家在长期公共决策实践中积累起来的丰富经验,以避免或克服一般民主决策体制的局限性,特别是西方代议民主制的种种弊端。因此,我国的民主集中制决策体制又优于一般的民主决策体制。

具体说,作为一种公共决策体制,民主集中制要求党和国家在公共决策过程中,必须坚持马克思主义的思想路线,一切从实际出发,调查研究,实事求是;必须坚持从群众中来到群众中去的群众路线,充分听取广大群众的意见,集中和吸收广大人民群众的智慧和力量,并在决策中充分反映广大人民群众的根本利益;必须坚持少数服从多数的原则,要求在公共决策中采取集体决策而不是个人决策,在集体充分讨论的基础上,通过"少数服从多数"原则作出最终决策。民主集中制的这些特点和要求,可以有效地避免一般代议民主制的一些局限性,可以更好、更真实地反映广大人民群众的利益和要求,减少因议而不决、长期的讨价还价而耗费的成本,减少外在成本和决策成本,提高公共决策效率。因此,民主集中制是一种最合理、最便利和最有效的决策体制。

二、市场经济下公共决策的特点

市场经济是一种由市场来配置社会资源的经济运行方式,而社会主义市

III 决策体制

场经济则是一种在坚持公有制和按劳分配占主导条件下，通过宏观调控的市场机制，在全社会有效地配置资源的经济体制或经济运行方式，它由具有自主经营和自负盈亏的企业主体、完善的竞争市场体系、宏观调控体系三个基本环节所构成。市场经济体制与计划经济体制无论是在微观经济主体及经济运行方式，还是在政府的经济职能上都是不同的。这就决定了市场经济条件下政府公共决策具有不同于计划经济条件下政府公共决策的特点，因而也对作为决策体制及原则的民主集中制提出了更高的要求。

首先，市场经济条件下的公共决策范围发生了变化。我们可以将市场经济条件下的决策分为两种基本类型：市场决策和非市场决策（公共决策）。前者是指市场主体（企业和个人）根据供求关系来决定私人物品的生产和供应，即企业决定生产什么、如何生产和为谁生产，作为消费者的个人决定购买、消费什么产品或服务等；后者是指政党、国家（政府）为公共物品的生产和供应以及为宏观调控社会经济运行而作出的决策。显然，在市场经济条件下，政府不再包揽市场决策事务，不再直接干预或决定私人物品的生产和消费，因而，与计划体制下的情况相比，现在政府公共决策的范围缩小了。然而，这并不意味着政府公共决策的任务减轻了，工作简单化了。相反，正因为公共决策与市场决策的相对分离以及市场经济的其他特点，使得党和国家公共决策更加复杂和困难，使得决策的科学化和民主化的要求更加迫切，因而必须进一步改进和完善作为决策体制原则、程序及方式的民主集中制。

其次，市场经济条件下作为公共决策对象的各种利益关系更加复杂化了。市场经济的发展必将产生利益多元化趋势，并形成各种利益集团。各个个人、企业、部门和地方不可避免地要追求自身的利益，它们既要通过市场竞争机制来追求利益的最大化，又要求放权让利，争取更多的自主权，要求党和国家在公共决策中更多地照顾它们的利益与要求。因而在新体制下，公共决策所要处理的各种利益关系呈现更复杂的局面，党和国家要将分散的甚至对立的各种利益汇集成为公共决策追求目标的公共利益将更加困难。民主集中制这种决策体制、原则或方式，历来是党和国家协调和处理各种利益关系的重要手段。面对利益关系复杂化的趋势，党和国家应该如何在个人、企业、部门追求自身合理利益的基础上，建立起合理的公共决策机制，完善民主集中制，在决策中反映并协调好各种利益关系（包括个人、集体和国家三者的利益关系），就成了社会主义市场经济发展的一项必然要求。

再次,市场经济条件下,公共决策的主体呈现多元化趋势。在这种新体制下,公共决策不再是党政机关所能包揽的事务,而是一种全社会参与的事务。尽管党政机关仍然是公共决策的核心主体或决断机构,但政府的公共决策必须与作为公民的个人、企业、社会团体和其他党派及利益团体进行协商,这些公民、企业、社会团体在决策过程中也履行着一定的公共决策主体的功能,特别是信息、参谋、咨询与监督方面的主体功能。必须特别强调的是,随着市场经济的发展、体制关系的变化,公民的独立自主意识、政治参与意识以及政治民主化的要求逐步增强,他们参与国家政治生活的积极性将大大提高。他们不满足于仅仅通过选出的代表代之行使决策权,而要求更多地参与公共决策和公共事务的管理。他们要求政务公开,以便对公共决策实行更有效的监督,行使国家主人翁的民主权利。在这种情况下,各级党政部门就必须下大力气改善民主集中制的决策原则,充分发扬民主,广开决策参与渠道,实现决策的民主化。这不仅是社会主义市场经济的必然要求,而且也是社会主义民主政治建设的题中应有之义。

最后,市场经济条件下公共决策过程更加错综复杂。社会主义市场经济的本质特征是市场在国家宏观调控下对资源配置起基础作用,国家必须在充分发挥市场机制作用的前提下建立起有效的宏观调控机制,通过宏观经济政策等手段来调控经济。但是,由于经济结构的变化,利益的分散,决策主体的多元化,市场竞争的变化莫测等因素,使得政府的公共决策过程更加错综复杂,制订合理的或优化的公共政策更加困难。例如,在决策信息的获取方面就是这种情况。从某种意义上说,公共决策的过程也就是一种信息的流动与处理的过程,公共决策依赖于有关的信息和知识。而在市场经济条件下,公共决策的信息和知识是分散的,与市场决策或个人决策相比,公共决策信息的获得更加困难。市场机制传递信息的功能在其价格体系,商品的价格高低提供信息发出信号,价格体系构成一个信息交流网络,竞争则是一个信息发现的过程。市场主体(个人或企业)借助于不断的探索和纠正过程来改善自己的处境,它们只考虑与自己有关的信息来促进个人利益。而公共决策的情形就不同了,由于市场信息分散、产品千差万别、消费者人数众多、供求关系瞬息万变,政府要及时收集、处理、贮存和传递分散而多变的信息就显得十分困难。因此,政府必须采取各种手段尤其是完善民主集中制的程序来获取及时、充分的公共决策的信息。

三、如何坚持和完善民主集中制的决策体制及原则

那么，在社会主义市场经济的条件下，应当如何坚持和完善民主集中制这种决策体制及原则呢？我们认为，可以从下列三个主要方面入手：

1. 加强社会主义民主政治建设，加快公共决策民主化的步伐。在以往计划经济条件下，我们在处理民主与集中关系问题上存在的明显不足是过分强调集中，而对民主重视不够，这就难以充分调动广大人民群众积极参与公共决策和公共事务管理的积极性，难以在决策子系统中造成一种自由讨论、竞争的气氛。针对这种情况以及市场经济条件下对决策民主化提出的更高要求，要坚持和完善民主集中制这种决策体制及原则，必须首先加强社会主义民主政治建设，加快公共决策民主化的步伐。第一，广开公民参与公共决策的渠道，在全社会营造良好的决策气氛。必须广开门路、疏通渠道，针对市场经济出现的大量新情况、新问题、新矛盾以及焦点、难点和热点，问计于民，广泛吸收广大人民群众的探索经验和研究成果，集中和升华群众智慧。第二，要在公共决策的决断子系统中充分发扬民主，形成良好的公共决策小环境。在决策过程中；重大问题必须经过集体充分、反复讨论，在每个成员充分发表意见的基础上，经过民主协商，依照少数服从多数的原则，进行集中决策。在决断子系统以及决策支持系统中贯彻"百花齐放，百家争鸣"的方针，鼓励探索和竞争，尽量提出更多的备选方案，促进多方案的比较、选优。第三，要充分发挥民间（体制外）的政策研究咨询组织（智囊团、思想库）的作用，让这些组织充分参与公共决策过程，发挥其参谋、咨询功能。

2. 借鉴现代决策科学的理论及方法，实现民主集中制决策体制及其运行的科学化、现代化。我们党在长期的公共决策实践中积累了按照民主集中制进行决策的丰富经验，如实事求是，调查研究；决策从广大人民群众的根本利益出发，从群众中来到群众中去；少数服从多数的原则，等等。但是在坚持民主集中制决策的以往实践中，我们的经验性成分多，现代科学的理论、办法的运用偏少，未能真正形成科学的公共决策系统，也尚未实现公共决策过程的程序化。针对这种情况，必须将民主集中制的优良传统与现代决策科学的理论和方法有机地结合起来，建立健全现代公共决策系统，创造民主集中制原则发生作用的体制条件，改善或优化公共决策系统的运行，实现公共决策过程的程序化。其一，改善现有的公共决策系统，尽快形成一个以

决断子系统为核心，以信息、咨询和监督等子系统为支撑的现代化公共决策系统。其二，大胆借鉴国外先进的公共决策的科学理论和方法，完善民主集中制的执行手段。其三，要按照理想的公共决策从问题界定、目标确立、方案设计、结果预测、方案比较与择优到追踪评价等一系列环节以及民主集中制的基本精神，使公共决策过程程序化，特别是加强问题分析、结果预测和追踪评价这些相对薄弱的环节，防止或减少公共决策的失误。

3. 加强法制建设，建立健全执行民主集中制决策体制及原则的各项规章制度。要保证民主集中制这种决策体制及原则的有效执行，实现公共决策的科学化和民主化，必须加强法制建设，建立健全与民主集中制相适应的规章制度，以法制的形式规范决策行为。邓小平同志说过，好的制度可以使坏人无法任意横行，制度不好可以使好人无法充分做好事，甚至走向反面。因此，我们要坚持和完善民主集中制的决策体制及原则，就必须在实践中搞好各项法规、制度建设，实现公共决策的法制化。例如，必须完善集体领导和个人分工负责相结合的制度。在公共决策中，凡是涉及本地区（单位或部门）的改革开放、经济建设和社会发展带有方向性、全局性、长远性、关键性的重大问题必须通过集体讨论决定。同时，又必须做到分工负责，做到分工明确、职责分明、有职有权、领导成员敢于负责、大胆工作、不断创新。又如，可以用法律的形式来约束、规范决策行为，依法确定合理的公共决策权力结构，确定科学、合理的公共决策程序；建立健全决策者的责任制，明确规定决策者的法律义务和责任；规定决策参与者的资格、权利和义务，保障广大人民群众参与公共决策的民主权利，并使决策咨询尤其是专家咨询制度化；等等。

3-6

市场决策与非市场决策

——论市场经济条件下我国公共决策的优化*

改善公共决策系统，提高公共政策质量是政策科学研究的最高目标。而公共决策的科学化、民主化和法制化是我国政治体制改革及社会主义民主政治建设的一个基本任务或目标，也是我国社会主义市场经济发展的内在要求，这正是政策科学研究的核心主题。与市场经济的运行相适应，必须建立起一套有效的政府宏观调控机制，以弥补市场的缺陷，纠正市场的失灵，这就对政府的公共决策提出了更高的要求。因此，在目前我国由计划经济体制向市场经济体制过渡的时期，研究如何加快我国的公共决策科学化、民主化和法制化的步伐，改善我国公共决策系统及其运行，提高公共政策的制定和执行的质量，就具有重要的理论与实践意义。

一、两种基本决策类型

市场经济是一种由市场来配置社会资源的经济运行方式，或者说，是一种按供求机制配置资源的一种经济体制；而社会主义市场经济则是一种在坚持公有制和按劳分配占主导的条件下，通过宏观调控的市场机制，在全社会内有效地配置资源的经济体制或经济运行方式。它由三个基本环节所构成：具有自主经营、自负盈亏、自我约束和自主发展的企业主体，完善的竞争市场体系，宏观的调控体系。社会主义市场经济体制与计划经济体制的重要差别在于：一是微观经济主体不同：计划经济体制下的微观经济基础是政企不分、无独立性、不能自主经营和自负盈亏的企业，而在市场经济体制下的微观经济基础则是具有"四自"特征的企业主体。二是经济运行方式不同：

---

* 原载《厦门大学学报》1997年第4期，《新华文摘》1998年第4期论点摘要。

计划体制下的经济运行靠命令和配额,是一种命令或指令式经济,而市场体制下的经济运行靠竞争和选择,是一种供求双向选择的经济。三是政府的经济职能不同:在计划体制下,政府包揽一切,对经济及社会实行微观、直接干预或控制;在市场体制下,政府补充市场机制,对经济及社会实行宏观、间接的调控。这时的政府的角色是,充当宏观经济的调控者,公共物品的提供者,外在效应的消除者,收入和财富的再分配者,市场秩序的维护者。市场经济体制的这些基本特征决定了市场经济条件下的政府公共决策具有不同于计划经济条件下的政府公共决策的特点,并对政府的公共决策提出了更高的要求。

在市场经济条件下,存在着两种基本的决策类型:一种是市场决策,另一种是非市场决策(公共决策)。所谓的市场决策也就是市场主体(主要是企业和个人)根据市场供求关系来决定私人物品(Private Goods)的生产和供应,即企业决定生产什么,如何生产和为谁生产;作为消费者的个人决定购买什么、消费什么产品和服务等。所谓的非市场决策或公共决策则是国家或政府部门为公共物品(Public Goods)的生产及供应,宏观调控经济及社会的运行而作出的决策。这两种决策在决策的主体、决策的对象、决策的过程、决策的原则和决策的方式等方面都是不同的。首先,就决策主体来说,在市场决策中,决策的主体是作为市场主体的企业和个人(当然,政府部门有时也可以成为独立的市场主体),而公共决策中的决策主体则是执政党,国家或政府部门及其官员,即党政机关及其工作人员。其次,就其决策对象及过程来说,市场决策通过市场过程选择资源在私人物品之间的配置,在市场过程中,企业按供求关系决定生产什么、如何生产和为谁生产;个人或消费者则依自己的偏好和收入通过一定的市场秩序用货币选票来决定自己所需的私人物品的数量。而公共决策则通过政治过程决定资源在不同公共物品之间的配置,在政治过程中,作为投票人和选民的消费者按政治程序投票决定公共物品的产量。再次,就决策原则来说,市场选择或决策基本上遵守自愿交换的原则,消费者所消费的物品正好是他自己所需要的数量,不多也不少;而公共决策作为一种政治决策带有一定的强制性,消费者或投票人要遵守少数服从多数的原则,因此,他们中的一部分人往往要接受他们不喜欢的公共物品,支付他们所不愿支付的税收。最后,就决策方式来说,在市场决策中,居民为需方,厂商为供方,各经济单位之间存在着竞争,竞争与市场机制促使厂商去满足消费者的需求,实现社会经济效益;而在公共决策中,需方为投票人或选民(居民与厂商),供方为政府机构,各方面由类似于竞争的民主联系在一起,民主程序促使政府努力为投票人或选民服务。

由此可见,在市场经济条件下,政府的公共决策范围显然缩小了,它不再包揽市场决策,不再直接干预或决定私人物品的生产和消费。然而,这并不意味着市场经济条件下政府的决策任务减轻了,决策简单化了。相反,正因为公共决策与市场决策的分离以及市场经济的其他特征,使得政府的公共决策更加复杂和困难,社会主义市场经济对政府的公共决策提出了更高的要求。理由是:

其一,伴随着社会主义市场经济的发展,必定出现利益多元化的趋势。市场机制与社会主义生产关系的结合,使作为社会成员的个人、企业、部门和地方不可避免地追求自身的利益,各种利益团体要求放权让利,争取更多的自主权,要求国家政府在公共决策中能反映、兼顾它们自身的利益。因此,在市场经济条件下,公共决策在处理不同方面的利益关系上将面临更加复杂的情况。我们建立社会主义市场经济机制的一个重要任务,就是要在个人和企业分散决策并追求各自利益的基础上建立起科学、合理的公共决策机制;政府作为人民群众根本利益的代表者,肩负着协调好个人、集体和国家三者利益关系的重任。

其二,随着社会主义市场经济的发展,公民的独立自主意识、政治参与意识以及政治民主化的要求将逐步增强。他们将不满足于仅仅通过他们的代表行使决策权,而要求更多地参与决策和公共事务的管理;他们要求政务公开,以便对政府的公共决策实行有效的监督,直接行使作为国家主人翁的民主权利。在这种情况下,各级党政部门必须下大力气引导广大人民群众积极参与党和国家的公共决策及公共事务管理活动,提高决策的民主化程度,这不仅是市场经济的内在要求,而且也是社会主义民主政治建设的题中应有之义。

其三,社会主义市场经济的本质特征是市场在国家宏观调控下,对资源配置起基础性作用,而经济结构的变化、利益的多元化、决策主体的分散化以及市场竞争激烈、变化莫测和风险性增加等因素,使得政府的宏观经济决策更加复杂和困难。因此,政府为了使公共决策更加合理,制定并执行切实可行的宏观经济政策和指导性的经济计划,就必须在市场机制充分发挥作用的前提下,遵守客观经济规律,与市场主体协商,充分掌握市场信息,主动适应各种经济调节参数。

其四,由于公共决策过程本身存在复杂性和困难,使得即使在市场体制相当完善的情况下,也难以避免公共决策的失误。这是因为:(1)要将分散的、对立的个人利益及偏好综合成作为政府公共决策追求目标的公共利益往往是困难的,甚至是不可能的。按照公共选择理论之父布坎南的观点,在公共决策中实际上并不存在根据公共利益进行选择的过程,而只存在各种特殊利益之间的"缔约"过程。(2)即使现实中存在着一些大家利益比较一致的情况,现存的各种决策体制和决策方式因其各自的缺陷而难以达到最优的或理想的政策。(3)决策信息的不完全性。决策信息的获取总是困难而且需要成本的,因而许多政策实际上是在信息不充分的情况下作出的,这就难免出现决策失误。(4)人们的"短视效应"。由于政策效果的复杂性,选民和政治家较易倾向于选择急功近利的政策,而舍弃那些具有长远效益的政策。

二、我国公共决策的现状分析

现在,让我们回过头来看看我国目前公共决策的现状,对它作一番简要的实证分析,看看它的科学化、民主化和法制化程度如何,以及是否适应社会主义市场经济发展的需要。

应该说,中国共产党人在长期的革命和建设的实践中,高度重视决策及政策问题,把决策及政策的正确与否提高到革命和建设事业能否取得成功的高度来认识。毛泽东同志的名言是:"政策和策略是党的生命。"党和国家制定出一系列正确的政策、战略和策略,使革命和建设事业取得一个又一个的重大胜利,并积累了丰富的成功决策经验。特别是党的十一届三中全会以来,党和国家不断地探索并积累适应于社会主义现代化建设,适应于改革开放要求的公共决策的民主化、科学化和法制化的基础,着手进行政治及行政体制的改革,将决策的科学化和民主化当作政治体制改革以及社会主义民主政治建设的一个重要环节、内容、任务或目标,在朝向决策的科学化、民主化以及法制化上大大迈进了一步。这主要表现在:第一,真正确立了我国社会主义的公共决策的根本指导思想和原则,将以经济建设为中心,建设具有中国特色社会主义作为政府公共决策的根本指导思想,消除了以往公共决策以阶级斗争为纲的指导思想,并随各种政治斗争及意识形态领域的指导思想变化而变化的弊端;提倡并弘扬我们党在长期的革命和建设实践中积累起来的成功决策经验、理论及方法,将实事求是、调查研究、从群众中来和到群众中去、民主集中制以及政策检验以实践及生产力为标准等作为我国公共决策的基本原则或方法。第二,随着政治体制改革的进行,着手解决决策体制及决策过程中一些长期存在的困扰性因素,如鲜明提出从决策体制上解决党政决策职责不分、权力过分集中的弊端;提出克服决策过程中的主观主义、经验主义和个人独断专行的作风与行为;提倡尽可能采用科学、合理的决策程序及方法,最大限度地集中群众的智慧和力量,反映人民群众的要求、愿望和利益等等。第三,加强专门政策研究机构的建设。从1981年开始,从中央到县以上的地方各级党政机关(军队大军区以上的领导机关)相继设立了专门的政策研究室,作为党政机关的决策研究、咨询和参谋的机构;同时,鼓励和扶持作为体制外或民间的政策研究组织,即各种各样的智囊团,充分利用大学、科研机构以及各种学术团体的政策研究力量。第四,在现实的公共决策实践上,逐步采取现代化的决策程序及方法,对许多重大的经济、技术和社会改革,进行了现代化决策的尝试,即采取有组织的群众参与,专家咨询,多种方案的比较、择优,多方面的可行性论证的现代决策程序及方法,有效地保证这些政策取得好的或较好的效果,避免了重大失误。

然而,我国现有的公共决策体制基本上是在计划经济体制的基础上形成和发展起来的,迄今为止仍有诸多缺陷或不足,不能适应于社会主义市场经济发展的迫切需要。从总体上看,我国目前正处于由传统决策体制向现代决策体制的转变时期。尽管改革开放以来,我国的传统公共决策体制已经动摇,向现代化的决策体制迈进了一大步,但传统的决策体制及决策模式并未彻底消除,现代化的决策体制并未最终确立起来。目前我国公共决策中存在的主要问题可以归纳为下列几个方面:

首先,公共决策系统及机构方面存在缺陷。按照现代决策理论及政策科学的观点,现代化的公共决策系统是信息、参谋(咨询)、决断和监督等子系统分工合作、密切配合的有机系统。尽管我国的现代化公共决策系统已开始发育,但还很不成熟。党政决策的权力、职责及范围的划分不甚明确,关系尚未完全理顺,人民代表大会及政府的决策潜力尚未充分发挥;作为政治体制一部分的各级各类党政部门政研机构的权威地位不够高,它们之间的协调合作有待加强;政策研究机构的职能发挥不完全,政策研究机构充当秘书班子,不研究政策的现象仍然存在;体制外或民间的政策研究组织发育缓慢,不仅数量少,而且功能不全,它们与决策子系统及官方政研组织往往缺乏制度化的联系,其研究力量未能充分参与到公共决策事务之中;在个别地方或部门,民间的政研组织及专家咨询往往只被当作政策论证的工具,甚至被用来"装门面"。

其次,政策研究人员的整体素质欠佳。一是知识水平分布不合理,上高下低,中央和省级政研人员的知识水平较高,博士、硕士生占相当的比重,而地(市)县一级的政研人员的知识水平较低,研究生以上学历的较少。二是知识结构不合理,相当一部分政研人员知识结构单一,缺乏现代政策研究者所应具有的综合知识结构,并未掌握现代公共决策的理论、方法及技术。三是工作环境不佳、地位待遇不高、缺乏独立自主性以及研究成果不受重视等原因,也挫伤了部分政策研究人员的积极性和创造性,这也导致党政部门的政研机构往往难以吸收并留住最优秀的人才。四是一些政研机构人员年龄构成偏大,50岁以上的人员占相当大的比例。政策研究和咨询是一种高智力创造性活动,既需要较宽的知识面,又需要精力充沛,因此,年龄构成偏大,不利于政策研究与咨询工作。

再次,公共决策过程的科学化、程序化和法制化程度不高。理想的公共决策过程包括从问题界定、目标确立、方案设计、结果预测、方案的比较与择优到追踪研究及评价等一系列功能环节。然而,在我国目前的公共决策实践中,一些功能环节(如问题界定、结果预测和追踪评价等)往往没有受到应有的重视或甚至被忽视,科学的、合理的决策程序并未完全确立起来。没有经过长期调研及理论探讨,没有经过专家的详细论证,没有经过多次代表大会的认真充分讨论,少数领导者凭经验,甚至按主观设想拍板的情形并未绝迹。此外,公共决策的法制化程度不高,缺乏政策制定与执行的完善法律手段,以至于主观随意决策屡禁不止。

最后,公共决策的方式方法较为单一、陈旧。可以说,目前我国的公共决策尚未最后完成由传统的经验决策向现代的科学化决策的转变。在许多地方及部门,经验型决策仍是一种基本的决策方式,这种决策方式所采取的是"试错法",即根据决策者的偏好,在一组待选择的方案中择其一而行之,倘若在实施中发现错误,即通过信息反馈去修正已执行的政策或重新选择另外的政策方案。这种决策方式极易导致决策失误,带来灾难性后果。同时,没有及时引进、消化和吸收国外先进的政策研究理论、方法和技术,而缺乏基础理论研究和方法论探索,就难以出高水平的战略和政策研究成果,导致缺乏远见和短期行为。西方著名思想库的政策研究和咨询的一个成功经验是,重视基础理论和方法论研究,出高层次学术成果及实用的方法,促进实际政策研究水平的提高。

三、改善公共决策系统，提高政策制定与执行质量

按照社会主义市场经济发展的内在要求以及目前我国公共决策存在着的问题，必须下大力气，加快我国公共决策的科学化、民主化和法制化的步伐，改善公共决策系统及其运行，提高公共政策制定与执行的质量，形成与市场经济体制相适应的宏观调控体系，促进社会主义市场经济的顺利发展。

所谓的决策科学化是指决策者及其他参与者充分利用现代科学技术知识及方法特别是公共决策（政策科学）的理论和方法来进行决策，并采用科学合理的决策程序。所谓的决策民主化是指必须保障广大人民群众和各种社会团体以及政策研究组织能够充分参与公共决策的过程，在政策中反映广大人民群众的根本利益和要求；并在决策系统及其运行中，形成民主的体制、程序及气氛。所谓的决策法制化是指通过宪法和法律来规定和约束决策主体的行为、决策体制和决策过程，特别是通过法律来保障广大人民群众参与公共决策的民主权利，并使党政机关及领导者的决策权力受到法律和人民群众的有效监督。科学化、民主化与法制化是现代化公共决策的三个相互联系、密切配合的方面：民主化是现代化公共决策的基础，科学化是现代化公共决策的主导，而法制化则是现代化公共决策的保证。当前，我们可以从下列几个主要方面入手，来改进公共决策系统及其运行，提高公共决策的科学化、民主化和法制化的水平。

1. 树立现代化决策观念，营造良好的决策环境

必须从转变观念入手，加大力度提倡科学、民主精神，破除各种不适应于改革开放新形势和市场经济发展的旧的决策观念，树立现代化的决策观念，如重视民众参与的民主决策观念，专家咨询观念，集体决策观念，决策权力分散、下放观念，调查研究、实事求是观念，着眼长远、面向未来观念，重视决策跟踪评价观念。同时，必须营造良好的决策环境。在市场经济条件下，随着决策主体走向分散化，任何一项政策，都必须获得社会公众的认可，决策主体必须同各种社会组织、政党组织、利益团体以及不同阶层的人民进行广泛的沟通、联系，交换信息，商洽方案，以取得他们对政策的理解和支持；而且社会主义民主政治的实质是人民群众在中国共产党的领导下广泛参与公共决策和国家事务的管理，当家做主，因此，营造良好的政策环境，最根本的是要在全社会中造成一种民主、平等和协商的气氛，形成一种

人人能畅所欲言，充分表达自己的观点，并积极提出政策建议的局面；在决策子系统内部，在决策支持系统中贯彻"百花齐放，百家争鸣"的方针，鼓励探索和创新，提倡竞争，促进多方案的优选。

2. 加强政策研究组织建设，完善公共决策的体制

现代化的公共决策以一定的体制、机构作为基础，必须形成一个以决策子系统为核心，以信息、咨询和监督等子系统为支撑的现代化公共决策系统。可以采取的主要措施有：一是理顺决断子系统中各种决策主体的关系，明确政党系统（中国共产党）、人民代表大会和政府三者各自的决策权限、职责和范围，既要保证党对公共决策工作的领导，又要保证人大的最高决策权，保证和发挥政府作为公共决策的一个主体的地位和作用。二是完善体制内的政策研究组织，从法律上保障其应有的地位。谋与断（参谋与决策）是公共决策过程中的两种不同的职能，应相对分开。决策者的主要职责是断而不是谋，必须坚决杜绝"独断专行""长官意志"，充分发挥参谋咨询机构特别是党政研究室、体改委、社会发展研究中心、人大政研机构等政研组织的作用；应加强这些机构的建设，强化其参谋咨询功能，明确其职责是政策研究，而不是秘书班子；要在法律上保证其地位，提高其权威性；赋予这些政研机构以相对的独立性、主动权及工作的灵活性，使之能积极主动地对政策问题进行跟踪研究，主动提供咨询、建议，而不是被动地作政策调研论证。三是大力发展体制外或民间的政策研究组织，让其充分参与公共决策过程，发挥积极作用，与体制内的政研组织相辅相成，形成强大的决策参谋后盾。经验表明，决策的科学化、民主化需要官方和非官方的政研组织的紧密合作，各种方案的比较有利于制定出更合理或优化的政策。民间政研组织具有官方政研组织所不具有的特点和优点，它们更熟悉各种分析方法和定量技术；能直接体察民情民意，为决策者集中和升华群众智慧；不受长官意志的影响，具有更大的独立性，能较客观地看问题。因此，民间政研组织往往能提出合理而有价值的备选方案尤其是技术上可行的方案。四是建立健全信息子系统。公共决策从某种意义上说是一种信息流动与处理的过程，准、全、快的信息是正确决策的前提。针对目前公共决策信息子系统存在的信息机构不全、信息处理技术落后、信息传递反馈迟缓、专业人员太少的问题，着手完善情报信息系统，建立健全收集、处理信息的高效机构，形成信息畅通的流动网络，实现信息系统的现代化。五是处理好决断子系统、信息子系统和参谋咨询子系统的关系，使之成为相对分工、独立，又相互配合、制约的有机整体。

3. 大胆借鉴国外先进的公共决策理论、方法和技术，提高政策研究人员的业务素质

在国外尤其是西方，公共决策或政策研究已成为一门科学（称为政策科学或政策分析），西方思想库及大学的研究所已发展出一套比较成熟的政策研究或公共决策的理论、方法及技术，特别是一整套定性、定量和创造性思维的方法及技术（如系统分析、损益分析、操作博弈、组织与政治分析、价值评价等方法以及计算机技术等）。因此，为克服目前我国公共决策的方法技术落后的弊端，必须大胆借鉴国外先进的公共决策方法、技术，并加强对公共决策、政策研究的基础理论及方法论研究，提高学术水平，推出高质量的政策研究成果。同时，必须提高政策研究人员的素质尤其是业务能力，使他们成为具备现代公共决策理论素养，有较宽知识面，掌握现代政策研究方法、技术的高级人才（既是通才，又是专才）。因此，必须加强对现有的政策研究人员的教育培训，更新知识和技能，以适应市场经济条件下政策研究的需要。在西方尤其是美国的大学及思想库，有大量的公共政策学院，培养专门的政策研究人才。在我国，这方面的研究生教育已开始起步，党政机关可以与大学合作，培训或培养政策研究专门人才。此外，应为政策研究人员创造良好的工作和生活条件，稳定政研队伍并吸引一流人才加入其中。

4. 优化公共决策系统的运行，逐步实现决策过程的程序化和决策方式的现代化

要按照理想的政策制定过程从问题界定到跟踪研究、评价的一系列功能环节，使公共决策过程程序化，特别是要注意加强问题的界定、结果预测和跟踪评价这些薄弱环节。必须克服那种"阵风式"的政策研究方式，对相关的问题作长期的观察、调研，注重政策实施效果的评价，以此作为修正、补充、继续或中止相关政策的依据，防止或减少政策的扭曲、变形、过时或政策之间的相互抵触、前后矛盾，从而提高政策制定与执行的质量。同时，必须变革公共决策方式，实现由经验型决策向现代化决策的转变。当务之急是完善作为一种决策方式的"民主集中制"以及从群众中来到群众中去的原则。民主集中制这种决策方式与其他决策方式（如全体同意）相比具有优越性，它的决策成本比较合理并较好地反映多数人的偏好等，因此，所要讨论的不是市场经济条件下民主集中制是否适合的问题，而是如何使它更完善的问题。

5. 用法律手段来规范、约束决策行为，将公共决策纳入法制化的轨道

要保证决策科学化、民主化的实现，使公共决策更加合理或至少避免重大失误，必须有一套较为完善的法律、规则。在这方面我们可以借鉴作为当代西方经济学的最新分支之一的公共选择理论的宪政改革观点。该理论的奠基人布坎南认为，要改进政府—政治过程（公共决策或公共选择过程），就必须改革相关的规则，改革政治游戏的框架，因为一切游戏都由它的规则所限定，一场较佳的游戏只产生于改变了的规则；他着重从立宪的角度分析政府公共决策的规则和约束经济的和政治的行动者的规则和条件。这有一定的合理性。在我国目前由计划经济向市场经济过渡或转变的时期，必须加强法制建设，特别注意公共决策的法制化建设，完善决策体制及各项决策规则，使公共决策行为纳入法制的轨道。可以采取的措施有：一是依法确定决策权力的合理结构，即以法律的形式规定各种决策主体的决策权力，实行合理分权，建立起多方位、多层次的合理决策权力体系；二是依法确定科学合理的公共决策程序，即以法律的形式将这种科学合理的决策程序固定下来；三是建立健全决策者的责任制，明确规定决策者的法律义务和责任，使之对其决策行为负责，若不遵守决策规则或法律而导致失误者，必须负政治的、行政的甚至刑事的责任；四是规定政策参与者的资格、权利和义务，保障广大人民群众参与公共决策的民主权利，并使决策咨询特别是专家咨询制度化，可以借鉴香港的强制咨询的做法。

总之，为了适应社会主义市场经济发展的迫切需要，我们必须深入进行行政体制和政治体制改革，优化或改善公共决策系统及其运行，提高公共政策制定与执行质量，尽快实现公共决策的科学化、民主化与法制化，形成与市场机制相配套的宏观调控机制。

3-7

市场失灵与政策失败*

现代市场经济可以是一种以市场调节为基础，以政府调控为补充的经济体制。在市场经济发展的各个阶段，政府在市场运行中扮演着重要的角色。市场缺陷以及市场失灵是政府干预的基本理由。政府可以做一些市场做不到或做不好的事情，它的政策干预可以弥补市场的不足，甚至克服市场失灵。但是，市场也不是万灵的，政府行为自身有缺陷，也会失败。政府的决策可能失误，它的过分干预或干预不当会造成比市场失灵更大的灾难。因此，在转型期乃至整个市场经济发展过程中，必须对政府的公共决策行为深入研究，对公共政策进行理性的分析，以提高公共政策制定与执行的质量，使政府的政策干预或宏观调控能够有效地保障市场经济的运行。

如何正确处理好政府与市场、企业和社会的关系，确定好政府干预社会经济生活的方式、手段、范围和力度，是各国市场经济发展过程中的一个重大问题。从国外市场经济的理论与实践来看，市场缺陷以及市场失灵被认为是政府干预的基本理由，或用公共选择理论家布坎南（J. Buchanan）的话来说："市场可能失败的论调广泛地被认为是为政治和政府干预作辩护的证据。"① 在市场体制下，社会资源的配置是通过价格机制的作用来实现的，但市场调节及价格机制的作用有一定的前提条件，而且市场本身并不是万能的，"市场不是理想的，存在着市场失灵"（P. A. Samuelson语）。市场失灵是指由于市场机制本身的某些缺陷和外部条件的某种限制，而使得单纯的市场机制无法把资源配置到最佳的状况。因此，需要政府干预，以调节市场机制，弥补市场缺陷，纠正市场失灵。

政府对社会经济生活干预的基本手段是制定和实施公共政策，以政策、

---

* 本文部分内容曾发表于《开放潮》1995年第6期。

① ［美］詹姆斯·M. 布坎南：《自由、市场和国家》，吴良健等译，北京经济学院出版社1998年版，第13页。

法规以及行政手段来弥补市场缺陷,纠正市场失灵。著名政策分析家查尔斯·沃尔夫(Charls Wolf)说:"公共政策试图弥补市场的缺陷。总的来说,它是通过立法和行政管理的形式,使具有特定职能的政府机构生产特殊的产品,纠正市场的缺陷。这些产品或活动可分为四种:(1)规制服务(例如,环境规制、广播电视许可、州际商业规则、食物和药品控制);(2)'纯的'公共物品(国防、航天研究和发展);(3)准公共物品(如教育、邮政、医疗研究);(4)管理的转移支付(联邦、州和地方福利项目、社会治安等)。"①

20世纪三四十年代之后,西方各国政府采取了一系列的政策措施来干预、调节市场机制及其运行,既要保证市场运行的外部条件,又要作为市场机制的补充。这些措施起到了一定的作用,成为战后资本主义经济持续二三十年"繁荣"的一个重要因素。然而,人们逐步发现,如同市场本身有缺陷、市场会失灵一样,政府同样有缺陷,会失灵,市场解决不好的问题,政府未必能解决得好,而且政府失灵会给社会带来更大的损害。特别从70年代初开始,西方国家出现的以低经济增长、通货膨胀、财政赤字和高失业率为特征的"滞胀"现象,更使人们清楚地看到这一点。这在客观上促使人们通过分析非市场的集体决策(公共决策)过程来探讨政府干预失灵的原因,如同分析市场失灵的原因一样,"把用以调查市场经济之缺陷和过失的方法同样应用于国家和公共经济的一切部门"(布坎南语),引起人们对公共政策分析以及公共选择问题研究的日益重视,并力求利用这一方面的知识、方法和技术来帮助政府作决策,以减少或避免政策失败。

在市场经济条件下,可以划分两种基本类型的决策,即市场决策和非市场决策(公共决策)。与市场决策相比,公共决策或公共选择是一个更复杂的过程,存在着种种困难、障碍和制约性因素,使得政府难以制定并执行好的或合理的公共政策,导致政策失败。按照政策分析和公共选择学者们的看法,公共决策失误或政策失败的主要原因来自于公共决策过程本身的复杂性和困难,以及现有的公共决策体制及方式(政治制度或政府体制)的缺陷。政策失败的基本原因有:公共利益判定的困难、公共决策体制及方式的缺陷、信息的不完全、公共决策议程的偏差、投票人的"近视效应"、沉积成本、先例等对合理决策的制约、徇私腐败、政策执行上的障碍等。

公共选择理论家认为政策失败的主要原因有:第一,社会上实际并不存

---

① [美]查尔斯·沃尔夫:《市场与政府》,谢旭译,中国发展出版社1994年版,第34页。

在作为公共政策追求目标的所谓公共利益,各种投票规则并不能达成一致的社会选择。阿罗的不可能定理表明了这一点;布坎南也指出,在公共决策中实际上并不存在根据公共利益进行选择的过程,而只存在各种特殊利益之间的"缔约"过程。第二,即使现实中存在着一些大家利益比较一致的情况,现有的各种决策体制或公共选择方式(习惯方式、精英方式、民主方式等)也会因其各自的缺陷而难以达成最优政策。第三,决策信息的获取总是困难而且需要成本的,许多政策实际是在信息不充分的情况下做出的,这就很容易导致决策失误。此外,利益集团的影响也是导致决策失误的一个根源。

政策分析学者认为,政策执行是一个复杂的过程,涉及许多因素,如政策的形成、类型、渊源、范围以及受支持程度,社会对政策的印象,执行机关的结构和人员,主管领导的方式、技巧以及能力与信心,目标群体的组织化程度,社会政治经济环境等都是制约政策有效执行的因素。政策实施的效果具有不可确定性,政策从实施到见效有一个"时滞"问题,政策效果也是逐步减弱的。所有这些都会制约或影响政策取得预期效果,导致政策失败。

显然,在市场经济条件下,政府不再把市场决策纳入自己的公共决策范围中。在这个意义上说,政府公共决策的领域和范围减少了,但是,这并不意味着政府公共决策任务减轻,公共决策简单化了。相反,政府公共决策的任务更艰巨,决策过程更复杂化了。换言之,社会主义市场经济对公共决策提出了更高的要求。

那么,目前我国公共决策的现状如何,它是否适应我国社会主义市场经济发展的需求?如果不适应,应从何处入手来加以改革与完善以避免政策失败呢?

应当指出,党和国家在社会主义革命和建设的长期实践中,高度重视公共决策及政策的正确性问题,把这一问题提高到社会主义革命和建设能否取得成功的高度来认识,并积累了丰富的公共决策及政策研究的成功经验、理论和方法。特别是十一届三中全会以来,党和国家不断地探索并奠定适应于改革开放和经济建设需要的现代化公共决策的新基础,着手进行政治体制及行政体制改革,将决策的科学化、民主化作为政治体制改革和社会主义民主政治建设的一个基本内容、任务和目标,在迈向公共决策现代化的道路上取得重大突破。例如,确立了以经济建设为中心,建设具有中国特色的社会主义作为公共决策的根本指导思想;提倡和发扬实事求是、调查研究、民主集中制等一系列的决策原则;着手解决党政决策职责不分、权力过分集中问题；强调采用科学合理的决策程序和方法；重视充分发挥群众的智慧和力量，重视专家咨询；建立与发展各种政策研究组织；并在公共决策实践中进行现代化决策的尝试等。可以进一步采取的措施有：

——营造民主、平等的协商决策氛围。决策者必须同各种社会团体、政党组织、利益集团、不同阶层的人民进行广泛的联系，交换信息，商洽方案，以取得他们的支持。这就需要在全社会造成一种民主、平等的协商气氛。

——明确各决策主体的权限、职责和范围。必须明确政党系统（中国共产党）、人民代表大会和行政机关（政府）三者各自的决策权限、职责和范围，既要保证党对公共决策工作的领导，又要保证人大的最高决策权，保证和发挥政府作为一个公共决策主体在制定政策法规中相对独立的作用，并充分发挥政协的决策协商和监督职能。

——大力发展思想库或智库。既要加强党委、人大和政府内部的政策研究机构的建设，使之能积极主动地进行政策研究及咨询，又要培育体制外的政策研究组织，扶持一批高层次、高质量的民间思想库或智库，让其充分参与公共决策过程，发挥参谋咨询功能。

——完善决策的信息系统。准、全、快的信息是正确决策的基本前提。建立健全收集、处理信息的高效机构，有利于形成信息畅通的流动网络，实现公共决策信息系统的现代化。

——规范公共决策程序。理想的公共决策过程包含问题界定、目标确立、方案设计、结果预测、方案比较与择优和追踪监控及评价等功能环节或阶段。加强问题界定、政策评估、政策监控等薄弱环节。

——推进公共决策的法制化建设。以法律形式确定决策权力的结构和科学合理的决策程序，建立健全决策责任制，明确决策者的义务和责任，规定决策参与者的资格和义务，保障人民群众参与决策的民主权利，将公共决策纳入法制化轨道。

——借鉴国外的先进理论、方法和技术。为了克服目前我国公共决策的手段、方法陈旧、落后的弊端，必须大胆借鉴国外政策分析的理论、方法和技术；并加强我国公共决策基础理论和方法论的研究，推出高层次学术成果，促进实际政策研究水平的提高。

——造就一支专业化的政策分析人才队伍。加强政策分析的人才培养，造就一支具有较宽知识面，掌握现代政策分析理论、方法及技术的专业化人才队伍。

3—8

社会事业决策的民主化科学化[*]

　　社会事业是公共部门的重要组成部分，它与人民群众的物质与精神生活息息相关。社会事业的发展既取决于国民经济的发展状况，也取决于社会事业机构自身的决策与管理水平。实现社会事业决策的民主化科学化，将极大地促进社会事业的发展，从而提高为人民服务的质量。改革开放以来，我省科、教、文、卫、体等社会事业迅速发展，社会事业机构的决策民主化科学化有了良好的开端。但是，离现代化、民主化和科学化决策的要求还有不小的距离。这也是我省社会事业发展滞后的一个深层次的原因。"十五"加快我省社会事业的发展的一个当务之急是要加快社会事业决策的民主化和科学化的步伐。

一、我省社会事业决策民主化科学化取得的进展

　　十一届三中全会以来特别是20世纪90年代以来，随着我省综合经济实力的显著增长以及经济位次的不断前移，省委省政府顺应民心民意，集中广大干部群众的智慧，对我省各项社会事业的发展及时作出一系列正确决策，促进了我省社会事业的迅速发展。其中，"两基"教育达标率、千人病床平均数、艺术创作获全国性大奖数等都在"九五"期间都居于全国领先地位。我省在社会事业决策民主化科学化道路上迈进了一大步，主要表现在以下四个方面：

　　1. 在决策观念上，改革创新意识逐渐增强。20世纪80年代中期以来，中央关于科技体制和教育体制改革的决定等相继发布，启动了社会事业体制

---

[*] 这是作者作为福建省人民政府顾问向省有关部门提供的一个调研咨询报告。

的全面改革。省委省政府根据中央部署,结合福建实际,果断决定对科技、教育、文化、卫生、体育等社会事业进行全方位改革,并对各个领域不同阶段的改革任务提出明确要求。尽管各个领域改革有其自身的内容,但改革的重点都放在长期以来计划体制下所形成的阻碍社会发展的管理体制和运行机制上。全国最早利用彩票形式筹措体育发展经费,全国第一张彩票就是在我省开始发行的。

2. 在决策目标上,对社会事业的重要性达成共识。对政府的工作内容,我们过去只笼统地提社会发展,把社会事业一般地包括于各项建设计划之内,而没有凸显这一领域发展的重要性。到了80年代中后期,省委省政府提出"科技兴闽"发展战略,强调了科技与教育作为基础性、先导性领域在经济和社会发展进程中所起到的重要作用,从而明确地提出发展社会事业,开始把握社会事业发展的结构、性质和发展的前瞻性。仅从"九五"期间我省社会事业建设投资情况来看,列入"九五"全省社会事业重点项目的有19个,总投资额达36.2亿元;全省23个城市已建成或在建的社会事业重大项目超过100个,总建筑面积超过150万平方米。我省各级决策部门对发展科技教育及各项社会事业重要性的认识不断深化,促进协调发展的意识日益增强,这是我省社会事业取得巨大成就的一个主要因素。

3. 在决策运行机制上,在一些社会事业领域先后建立了目标管理责任制。如计划生育和环境保护工作实行"一票否决制";许多地方制定了各项社会事业的发展规划,明确各个阶段的发展目标与任务;初步建立了重大社会事业决策项目必须提请该领域专家咨询论证的制度等等。

4. 在决策参与和决策程序上,已迈步走向民主化的轨道。省人大和省政协每年都有关于社会事业发展的重大提案,并且得到省委省政府的高度重视;有关部门在深入调查研究和广泛听取各方面意见的情况下,对提案中所提出的问题给予明确的答复。如省政协关于将艺术学校升格为艺术学院的提案,两次作为优秀提案被表彰,省委书记宋德福对该提案的内容十分关心,并作了重要的批示。省委省政府为了进一步沟通与科技界的联系,自1985年开始定期举行"科技月谈会"和"社会科学季谈会",让专家学者参与社会事业决策的过程。

二、我省社会事业决策民主化科学化存在的问题

在充分肯定我省社会事业决策民主化科学化已有明显进步的同时,必须

清醒看到，我省社会事业决策科学化民主化的水平不高，离现代化、民主化和科学化的要求还有较大差距，这是造成我省社会事业发展整体上相对滞后、与我省经济位居全国前列地位不相称，为人民服务的质量不够高的一个重要原因。我省现有的社会事业决策体制基本上是在计划经济体制上形成和发展起来的。尽管随着向市场经济体制的转轨，这种旧的决策体制已经动摇，向现代化的决策体制迈进了一大步，但是传统的决策体制及模式并未彻底消除，现代化的决策体制并未最终确立起来。我省社会事业决策上存在的问题主要表现在以下几个方面。

1. 决策视野狭窄，缺乏战略性决策眼光。这集中体现在一些决策者常常忙于事务，陷身事务，以为决策就是审批项目、分配资金、任免干部等，反而忽视甚至忘记宏观性战略性问题。其表现主要集中在以下三点：

一是没有正确认识与处理好经济发展与社会进步的关系。如不少地方往往将经济发展的一些要求视为硬指标，而将社会事业的一些项目看作是软约束。一个较为突出的现象是，不少城市在制订发展规划时，几乎没有给社会事业留下足够的发展空间。在城市的公园、广场和住宅小区，适合群众健身、娱乐的场所和设施相当缺乏。

二是没有正确认识与处理好经济效益和社会效益的关系。不少市民反映，福州作为历史名城，在房地产开发和旧城改造中，对文物的保护不够重视。特别是五一广场附近有深厚的历史文化积淀（两山两塔一庙），但由于受房地产开发的影响，整体形象受到破坏。又如，福建会堂与多数文化活动中心其实也可以像杭州市那样，做到一个场所多功能化，但我省在这一方面的决策明显有欠缺。

三是没有正确认识与处理好领导政绩和群众利益的关系。在有些地方，社会事业的发展虽然取得一些成绩，但并没有得到群众的充分认可。原因常常就在于某些项目的选择和建设，是有些领导急功近利的短期所为，被喻为"政绩工程""形象工程"，群众感到不满意，甚至认为是中看不中用的花架子。

2. 决策程序化程度不高，程序往往名存实亡，得不到认真遵守。理想的公共决策过程包括从问题界定、目标确定、方案设计、结果预测、方案的比较与择优到跟踪评价等一系列功能环节或程序。改革开放以来，在国内外大环境积极因素的促进和推动下，我省社会事业的各个领域对决策行为大多有一些程序上的规定。有的领导在选择社会事业的重大项目时，能深入第一线进行调查或委派专人调查，提请主管部门进行可行性研究并写出报告，或广泛征求专家的意见；对一些投入资金数额大、社会影响面广的重点建设项目，还拿到各级人大、政协会议上听取意见。但由于各种原因，在实际操作中有些功能活动环节或程序往往被有意无意地忽略。在这次课题调研中，我们通过座谈、问卷调查等方法，收到不少群众反映的意见。有的认为一些重大建设项目是先施工后立项；有的说某某工程项目是"条子工程""领导项目"；有的坦言，某某项目自始至终只有少数人在操作；还有人认为福建会堂等项目效益极差，甚至被称为"一大败笔"。

3. 决策民主化程度仍然偏低。所谓决策的民主化是指必须保障广大人民群众和各种社会团体以及政研组织和专家学者能够充分参与决策过程，并在决策系统中形成民主的体制程序与气氛。我省社会事业决策的这一方面的不足之处，既表现在民众和专家学者参与不够，也表现在决策系统内民主集中制得不到全面的贯彻落实。突出地表现在一些领导同志犯"倾向性过于明显"的错误。即需要决策的问题刚刚提出，他们似乎主意已定，把自己的观点早早托出；有时只是感到有些为难或压力就开口表态；有时甚至主观武断，直接确定。于是，一些决策辅助人员，尤其是那些受其管辖的政策研究室人员，只好"命题作文"，或以论证的形式去诠释，或做一些小的修修补补。这样，领导的意见便披上"民主""科学"的外衣。有的时候只是在拍板前匆匆忙忙开个座谈会，事先并没有让与会者有足够的时间对决策做认真的研究，与其说是"论证"，不如说是"通报"，与会者的意见也就只能是意向性的了。这种决策方式，只不过将过去一人"拍脑袋"变为集体"拍脑袋"而已，最后仍然是"拍脑袋"。

4. 决策利益常有矛盾，协调机制有时失灵。我省在发展社会事业时，由于管理模式实行条块分割，省市之间、部门之间自成一体，互相独立，在决策利益机制上有时出现极不协调状况，无法做到合理配置有限的社会资源，盘活现有的资产。如不少群众反映，在福州这块有限的地域里，省市完全没有必要各建一个人民会堂、科技馆、博物馆等，这实际上是财力、人力的严重浪费。也有人认为，福建革命历史纪念馆和冰心文学馆选址在福州市郊或远郊，这在很大程度上限制了其使用效率。之所以出现这些不合理的现象，关键在于省市之间利益机制不协调，从而影响到决策的水平和效果。此外，在不少地区还出现社会事业单位资源短缺和资产闲置共存的情况。如在医疗卫生领域，农村乡镇卫生院和计生所两套医疗系统共存造成资源浪费。而在体委系统，各地体育场馆设施和学校的相应场馆由于行政隶属关系不同，无法优化组合、资源共享。这些都应该引起足够的重视。

5. 决策监督环节相对薄弱，决策的法制化程度不高。决策的法制化是指通过法规和制度来规定和约束决策者或决策团体的行为以及决策过程，特别是通过法规制度来保障人民群众参与公共决策的民主权利，并使决策者的行为受到法律和人民群众的有效监督。在这方面，我省社会事业部门决策的缺陷也是明显的。

我省实际上仍延续计划经济时期形成的由政府主导公益事业的管理体制。因而，一些决策者喜欢闭门造车，暗箱操作，人民群众对社会事业发展的决策内容大多不甚了了，知之不多，也就谈不上对决策整个过程进行监督。至于失误，更无从追究责任。这些又都与缺乏配套的法规制度密切相关。比如，一个决策实施后，群众和有关方面怎么进行查询、质询，执行者怎么改进、提高，目前仍然找不到明确、可行的有效规定。结果好的决策也可能变成纸上谈兵。

三、我省加快社会事业决策民主化科学化前进的步伐

目前我省在社会事业决策上所存在的薄弱环节以及出现的失误，既是由传统的计划经济体制向市场经济体制转轨时期的过程中难以避免的现象，也与我们的决策观念、决策体制、决策方法手段等尚未适应新的社会经济发展形势的要求有关。在迈向新世纪之际，面对我省经济发展和社会全面进步的迫切需要，特别是加入WTO以后，外资与民资将凭借其雄厚的实力和巨大优势，与公共部门争夺教育、卫生、文化、体育、广电、新闻、出版、网络等市场，廉价收购传统产品、优质资源与优秀人才，这使我省的社会事业发展面临严重的挑战。为了促进我省社会事业的大发展，必须以改革创新为动力，加快我省社会事业决策的民主化科学化的步伐。针对目前存在的问题以及面临的新形势，我们提出如下建议：

1. 明确决策范围，加强宏观调控

在市场经济条件下，在社会事业领域中存在着两种类型的决策：一种是市场决策，另一种是政府决策或非市场决策。市场决策是指市场主体（企事业单位和消费者）根据市场供求关系来决定私人物品的生产和供应，即企事业单位决定生产什么，如何生产和为谁生产，消费者决定购买和消费何种产品和服务。政府决策是指政府部门为公共物品的生产和供应，为宏观调

控市场运行而作出的决策。社会事业部门既生产公共物品，也生产私人物品，它必须将两种类型的决策加以区别。因此在社会事业决策中，首先要弄清楚哪些属于市场决策的范围，哪些属于非市场（政府）决策的范围，哪些问题政府应该作出具体决定，评估论证，投入人力物力；哪些问题政府不必进行决策，只需制订战略上的指导方针即可。社会事业内容繁多，范围广泛，但从性质上可以分为公益性事业和营利性事业两大类型。根据社会和市场体制发展的趋势，需要政府进行决策的，显然只应该是前一类社会事业，后一类则不应该再进行决策和具体管理。这样有利于分类发展，有所为又有所不为。我省在发展社会事业决策中，有些失误就不属于决策本身问题，而是政府部门本来就不应该管的。比如，医院盖多少层，文艺人员编制、待遇多少，高校的后勤设施怎么配套等。不属于自己决策范围而去决策，不仅是决策失误，而且也是职责不清、职能没有转变的表现。这就应该对文化、卫生、教育等行业的多种组织、项目、活动等进行全面梳理，合理界定，凡不属于政府应该直接投入、操作的，都应该实行多元化投资与管理，推动它们沿着产业化方向发展。

同时，必须对我省今后事业的发展作出长期规划，进行整体部署，互相配套，分清轻重缓急，量力而行，以避免类似省、市在福州重复、低水平投资兴建会堂、博物馆、纪念馆，以及有关部门不顾资金条件盲目攀比之类的浪费行为发生。对于省市重点文化工程、新闻网站、"123"健康工程、科普项目、群体活动场所等，都应该根据当地人口、经济、历史、社会的发展情况，坚持"布局合理，规模适中，位置适当，不求最大，只求最好"的原则，使全省各地社会事业呈现各具特色的发展局面。

2. 加强政研机构建设，完善公共决策体制

现代化的公共决策或政府决策以一定的体制机构作为基础，必须形成一个以决断子系统为核心，以信息、咨询和监督等子系统为支撑的现代化决策系统。完善我省的社会事业决策体制，可以采取的措施有：一是省委、省政府与各市、各部门等决策主体的权力与职责也要划分清楚，属于谁的权力与职责就属于谁，该集中的权力与职责必须集中，该下放的权力与职责就该下放，省政府、省级部门与福州市之间在发展社会事业决策中，有时明显地存在互相埋怨指责、讨价还价等现象，就与这种宏观调控不力存在直接联系。二是大力发展政策研究机构。一方面，要完善政府内的政研机构，保障其应有的较高地位，强化其参谋咨询功能。赋予这些政研机构以相对的独立性、主动权和工作的灵活性，使之能积极主动地对政策问题进行跟踪研究，主动

提供咨询、建议，而不是被动地作政策调研论证。另一方面，应发展民间的思想库或智囊团，让专家学者充分参与社会事业的决策过程。我们特别建议要组建审议会，提高决策水平。组建审议会，是指在省委省政府和有关社会事业管理部门，组建由专家学者组成的各种半官方、半民间咨询智囊机构——审议会，审查、论证及预测决策层提出的决策项目。在这方面，西方国家特别是日本有可供借鉴的经验。审议会成员可以由省内各高校、研究机构真正有水平的自然科学与社会科学专家学者担任，也可以少量聘请国内外著名专家。他们都不是固定编制人员，而是根据需要定期或不定期聘请，不占政府编制，不领工资，报酬通过审议项目的合同或协议书确定，并给予一定荣誉。这一方面可以补充、健全我省社会事业的决策辅助机构，另一方面也有利于专家学者发表独立见解，充分发挥作用。

目前，省委省政府及各部门、各地市的政策研究机构虽然在决策民主化、科学化中都发挥了重要作用，但由于隶属、身份等原因，在独立见解方面受到很大限制。每月、每季度仍在召开的科技月谈会、社科季谈会，虽然在我省各项重大决策的民主化、科学化上也发挥过重要作用，但毕竟不能与专业的咨询组织相提并论，亟待进一步组织完善。

3. 优化决策系统的运行，逐步实现决策过程的程序化

按照理想的政策制定过程从问题界定到跟踪研究、评价的一系列功能环节，使公共决策过程程序化，特别是要注意加强问题的界定、结果预测和跟踪评价这些薄弱环节。必须克服那种"阵风式"的政策研究方式，对相关的问题作长期的观察、调研，注重政策实施效果的评价，以此作为修正、补充、继续或中止相关政策的依据，防止或减少政策的扭曲、变形、过时或政策之间的相互抵触、前后矛盾，从而提高政策制定与执行的质量。同时，必须变革公共决策方式，实现由经验型决策向现代化决策的转变。当务之急是完善作为一种决策方式的"民主集中制"以及从群众中来、到群众中去的原则。

在"八五""九五"期间，我省一些社会事业项目决策失误，原因往往就在于这种论证和研究非常不够，有时从项目提出到完工，实际过程没有认真论证预测；或者"先斩后奏"，开工再补做论证预测；或者造成既成事实，再进行"追认"；或者在论证中大而概之，只作定性分析，不作定量分析，缺乏科学依据。严格决策程序，坚持科学论证是西方国外公共决策的成功经验之一。比如美国州市政府计划在某地段地下铺设水管，应不应该铺，怎么布线，管子的直径是多少，都规定要有调查数据支持，如当地现在的人

口，现在的排水量，未来的排水量，都用电脑模拟，选择最佳方案。因而，此类城市基础设施往往几十年不变仍应付自如。法律规定，没有经过既定程序和科学论证以及数据支持的决策不许拨款。

在决策程序化以及民主化方面，我们特别建议建立公示制度，实行公开听证。建立公示制度，是指我省有关社会事业的重大决策，都要通过电视、报纸等媒体提前公之于众、进行民意调查，让群众知道，并设立热线电话或接受信访，听取群众的反映；实行公开听证，是指我省有关社会事业的重大决策，一般要在决策涉及的范围内，举行听证会议，让有关社区或集体选派代表出席并发表意见，并允许旁听、提问，把我们政府的决策变为阳光下的行为。实行公示听证制度，既是发扬人民民主，增加政府透明度，增强人民主人翁责任感的需要，也是防止克服官僚主义、主观盲目性的重要保证。去年，北京市决定公费医疗制度改革前，便组织有关部门和人员用3个月时间，反复征求各方意见，仅调查问卷就发放并收回10000张，结果受到群众的认同与赞许。深圳市和烟台市近几年实行城市规划公示制，不仅受到群众的欢迎与好评，也避免了一些不科学的行为，也是一个很好的例证。我省的一些社会事业决策应该建立公示和公开听证制度，增加透明度，倾听各方面的呼声，以克服关起门来自己和几个人忙，"速战速决"，暗箱操作等弊端，提高决策质量。

4. 学习和采用先进的公共决策理论、方法和技术，提高社会事业部门决策者和管理者的业务素质

我省社会事业决策科学化民主化水平不高与这一领域的决策者管理者的素质不够高，缺乏现代化的决策理论、方法和技术密切相关。目前国内外已发展出一整套关于公共决策和公共管理的新理论、方法和技术，特别是一整套定性、定量和创造性思维的方法和技术（如系统分析、博弈分析、组织与政治分析、价值评价等方法技术以及计算机模拟）。为克服目前我省社会事业决策的方法技术滞后的局面，必须学习和采用现代化的公共决策和公共管理的理论、方法和技术；同时，必须下大力气提高社会事业部门的决策者、管理者的业务素质，使他们成为具备现代化的公共决策与管理的理论素养，有较宽的知识面，掌握现代化的公共决策与管理的方法与技术的新型公共管理者。因此，必须加强对现有社会事业部门的决策者和管理者的培训，更新其知识与技能，以适应新时期我省社会事业发展的需要（在这方面，我省有优势——厦门大学在公共政策、公共管理学科领域有雄厚的实力，处于全国的先进行列，有能力为我省培训社会事业部门的决策者和管理者）。

5. 用法制手段来规范、约束决策行为，将社会事业决策纳入法制化轨道

要保证决策的民主化、科学化，使社会事业决策更加合理或至少避免重大失误，必须有一套较为完善的法律和规则。既要依法确定决策权力的合理结构，依法确定科学合理的决策程序，又要建立健全决策者的责任制，明确规定决策者的法律义务和责任，使之对决策行为负责。当前特别需要强化对决策的监督检查，落实决策责任制。就是说，对每一项社会事业的重大决策实施后，要紧接着进行跟踪、反馈，查证决策是否按原定方案进行，是否达到预定目标，然后上报和公布，发现偏差及时加以纠正，如在决定、执行中有重大失误，应该及时严肃追究，特别与领导职务的上下挂钩，不允许一走了之。以往我们省的一些社会事业决策，往往是方案归方案，实施归实施，以为投资、开建就万事大吉，至于有没有超标、超要求，建完以后效益如何，没有受到应有的重视，致使一些项目"挂羊头卖狗肉"（如在一些地方、部门的活动中心、接待中心等）；或者计划与预算一再突破，可有可无；或者没过几年就明显过时（如省科技馆等）；甚至有些项目非但不能收到预定的社会、经济效益，反而养了一大帮闲人或设备，成为包袱。这与决策后必要的监督检查和责任制没有到位存在很大的关系。

我们建议省人大常委会以及省政府法制局把上述措施及好的经验及时提炼上升，变为法规，从法制上保证社会事业决策民主化科学化。在重大问题上真正做到决策范围不明确、职责不清不决策；没有经过专家咨询和充分论证的不决策；没有公示听证的不决策；不进行监督检查与效果评估的不决策；没有遵循必要程序和落实责任制的不决策。从而提高决策质量，确保我省社会事业的发展符合人民群众的利益，提高为人民服务的质量。

3-9

特区政策制定系统及其运行的优化*

公共政策制定系统构成一个国家及地区的政治系统或政治体制的核心部分，优化特区的政策制定系统及其运行正是特区增创体制新优势、推动特区的新发展的一个极为重要和不可忽视的方面。本文试图对此加以简要探讨。

一、增创特区体制新优势的有效途径

政策制定系统及其运行之所以是增创特区体制新优势的一个重要的方面或一条有效的途径，是由政策制定系统在整个政治系统和政府管理中的地位以及政策问题在特区发展中的决定性作用等所决定的。

国家、政府总是担负着社会管理的基本职能，现代政府必须规范和引导社会经济主体的行为，配置各种稀缺资源，提供公共物品，调节收入分配，协调各种公众利益，从而实现对社会经济生活的干预或履行社会管理职能。这种干预或管理职能的实现主要是通过公共政策这一基本手段或途径来实现的。政策制定系统总是一个国家或地区的政治系统或政治体制的核心部分或最主要的系统，而政策则是国家或政府干预社会生活的一种日常方式，政府的行政管理过程实质上就是一种政策的制定与执行的过程。

在现代市场经济的条件下，公共政策的地位和作用更加突出。现代市场经济绝不是放任自流的经济，政府必须规范市场经济的秩序及其运行。市场秩序来自两个方面：一是受市场价值规律所支配的市场内在秩序；二是来自市场外部的"非市场决策"所构造的秩序。后者的出现是因为市场不是完

---

* 原载《特区理论与实践》1995年第12期（这里删去了副标题"特区增创体制新优势的一种思路"）。

美的，它具有结构性的内部缺陷，会"失灵"，需要政府干预，以弥补市场缺陷，纠正市场失灵。"非市场决策"也就是政府的公共决策，即公共政策的制定及执行。公共政策成为各国政府调控市场经济的基本手段，它们既为市场经济的运行提供外部秩序，又要促进其内部秩序的建立。因此，现代市场经济条件下的公共政策的制定更需要科学化与民主化。

从我国经济特区本身的情况看，公共政策在特区社会经济发展中起着决定性的作用。特区是特殊政策的产物，它被赋予比内地更开放、灵活和优惠的政策，从而使特区获得了首要的推动力。从20世纪80年代初到90年代初，特区政府的一个基本职责是用好用足和用活这些特殊政策，这是特区政府管理的核心。一方面，由于各特区的具体情况并不一致，在发展中所遇到的问题也不尽相同，因而中央或省无法对这五个特区"一刀切"，许多政策主要靠特区政府提出，然后报送中央或省批准或备案，部分特区（深圳、海南、厦门）也先后被授予地方立法权，在政策制定上拥有更大的自主权。另一方面，中央或省制定的某些特区政策往往带有宏观性、一般性，操作性不太高，这就要求特区政府结合本地实际制定实施细则，方能加以协调这两方面的因素，促使特区在实践中逐步形成自己的政策制定系统，这一系统在特区有着举足轻重的地位和作用。

党的十四大之后，我国的改革开放和经济建设进入了新的阶段，在新的形势下，特区面临着内外两种政策挑战。从外部来说，随着全国全方位、多层次的开放格局的形成，特区的优惠政策内移或扩散，有的内地开放地区所制定的某些优惠政策（如税收方面）甚至超过特区；特区原有的一些优惠政策也被慢慢收回，特区同其他地区又被放在同一起跑线上；特区社会经济同国内基础更好的地区的差距，使得特区无法成为许多新政策的试验点（上海、天津、大连等地正积极探索经济体制改革的新路子，争当"排头兵"）；中国经济国际化进程的加快，在某种程度上也限制了特区的优惠政策（如在外贸优惠政策上，国际上就要求全国一体化）。显然，凭借"优惠政策"起飞的特区，其政策优势日趋下降。从内部上说，目前各特区的发展战略已从单纯的外向型走向全面开放型，并多瞄准"自由港"模式，市场经济也向更高的层次推进。特区面临着许多其他地方所未遇到的特殊政策问题，我国经济的进一步开放也大大加强了特区经济的市场化和国际化程度，特区经济的市场敏感性更强，经济发展中的风险性因素更多。这就要求特区的公共政策必须更合理、灵活和有针对性，以解决特区目前及今后所面临的各种新问题。

特区所面临的内外政策挑战，要求特区在改进政策制定系统，提高政策制定质量即公共决策的科学化、民主化上下大功夫，这是增创特区体制新优势的一个突破口。特区要增创体制新优势，这里的体制新优势显然是指经济体制、政治体制（包括行政体制）的优势，即充分发挥特区在这两种体制改革上所形成的先发优势。从全国的范围来看，目前已到了加快政治及行政体制改革步伐以适应经济体制改革发展需要的时候了。特区能否在政治及行政体制改革上大胆探索，创造出新经验，不但对特区发展更上一层楼，而且对全国的改革开放和市场经济的发展都有十分重要的意义。特区增创新优势，政治及行政体制改革是一个主要的方面，而决策的科学化与民主化是政治及行政体制改革的一个基本目标。因此，改进特区的政策制定系统，提高政策制定质量是特区增创体制新优势的一条有效途径。

二、特区政策制定系统及其运行的现状

现在，让我们看看特区政策制定系统及其运行的基本情况吧。应该首先指出，特区的政策制定系统及其运行与全国是基本一致的，但带有某些特点。

政策制定系统的体制机构。可以将特区政策系统的体制机构粗略地分为体制内的机构（官方机构）和体制外的机构（非官方机构）。所谓的体制内机构指的是政治体制的各个组成要素，包括市（省）委、市（省）府、市（省）人大、市（省）政协等党政机构，它们是政策制定的主体。其中，党委常委会、人大常委会和政府全体会议是决策子系统，是特区公共政策制定系统的核心；而党委政研室、市府体改委（办）及有立法权的人大立法机构等是专门的政策研究单位，属于参谋咨询子系统；各特区的社会经济发展研究中心和信息中心是咨询、信息系统。所谓的体制外机构是指参与公共政策制定系统及其运行的、在政治体制之外的政策研究组织，包括特区政府所聘请的顾问团、大学的相关研究机构，以及一些类似于西方思想库的民间政研单位，如中国（海南）改革发展研究院、深圳综合研究院等。这些体制外的机构是研究、咨询性质的，它们为政府部门提供咨询参考，参与某些政策课题的研究，提供相关的知识信息建议或参与政策方案的论证，是体制内机构的一个重要补充。

政策研究人员。由于特区的区位优势以及经济发展优势，与内地相比，特区正式政研组织人员的素质较好，各特区成立后，这些政研组织吸引了一

大批高学历的人才，充实了特区的公共政策制定系统。从对厦门市政策研究机构的人员构成的调查情况来看，政策研究人员年龄较轻，大学及研究生毕业的人员占相当高的比例，主要来自人文社会科学领域，包括中文、哲学、经济、政治学、社会学和历史等学科。有的特区还拥有博士学位、教授职称的政策研究人员。

政策系统运行。特区的政策制定系统基本上是围绕特区党委、政府工作重点和中央政策而运行的，即根据中央政策要求及各特区的工作重点来安排政策调研、政策规划及其论证和实施。以最主要的政研单位市（省）委政研室为例，基本的做法是，每年根据中央政策和特区工作重点提出调研课题方案，报请市委常委会议审订批准，然后根据每个政策课题涉及的内容，由各相关党政部门组成联合课题组进行调研，形成调研报告，并由政研室协调统一，最后向决策系统提出对策建议由决策子系统拍板定案。特区政策系统运行的政策产出主要包括两方面的内容：一是将中央的有关政策具体化，制定出实施细则；二是根据各特区的实际制定专门的政策法规。在获得立法权的特区，这后一方面的政策产出相当重要。

纵观十六年来特区政策制定系统及其运行的情况，应该说成就是巨大的。这主要表现在：第一，特区的社会经济发展之所以能取得今天的辉煌成就，除了中央及省的指导及正确的政策之外，与特区公共政策制定系统及其较好运行有关。没有特区政策制定系统的努力工作，没有对中央给予的特殊政策的灵活执行，特区要取得今天这样的成就，是不可想象的；同时，各特区发展的快慢也与各特区政策制定系统灵活高效运行程度相关。各特区的政策研究机构在特区的各项发展政策的制定方面做了大量工作，功不可没。第二，特区政策制定系统作为全国政策制定系统的一个子系统，起到了"四个窗口"和"两个扇面"的作用，特别是在对外开放、对台港澳的关系、经济体制和行政体制的改革等方面的政策研究取得重要成就，为全国的改革开放和经济建设尤其是市场经济的发展提供了有益的政策经验。第三，特区的政策制定开始步入法制化的轨道。获得立法权的各特区的政策制定系统迅速地把这种权力运用到重要的政策制定上，开始对特区的长远发展政策进行系统全面的规划，并对在特区实行多年、证明是行之有效的政策措施加以总结、提炼，使之上升为特区的法律法规。第四，特区的体制外的政研组织开始发育成长，并逐步在特区政策制定过程中发挥作用。例如，中国（南海）改革发展研究院、深圳综合研究院是两个突出的例子，厦门大学的研究力量在厦门特区的许多政策的制定上也发挥了越来越大的作用。

但是，我们必须清楚地看到，特区的政策制定系统及其运行在许多方面并不尽如人意，与内地省市的政策制定系统相比，特区的政策制定系统并没有多少创新优势，离真正的决策科学化与民主化仍有相当的距离。特区公共政策制定系统及其运行不完善，有缺陷。这主要表现在：第一，从特区的整个政策制定系统及过程上看，尽管科学的政策制定系统已开始发育，但传统上的政策制定活动由党政机关尤其是决策子系统所包揽，缺乏完善的参谋、咨询和信息系统的局面并未彻底打破，政策制定上仍存在缺乏充分调查、论证、监督和评价的弊端。第二，党政机关的专门政研机构的权威地位不强，各种专门政研机构之间协调不够，政策研究机构充当秘书班子，政策研究机构不研究政策的现象在特区也还存在着。第三，非官方或体制外的政策研究组织发育缓慢，量薄弱。现有的体制外的政策研究组织不仅数量少，而且功能不全。它们与体制内的政策研究机构并没有形成制度化的联系，合作时断时续，民间的政策研究力量未能充分地参与到特区的政策制定系统及其过程之中，在某些决策者眼里，民间的政策研究组织充其量只能为政策论证服务，甚至被用来装门面。第四，一些政策研究人员素质不高，知识结构单一，政策研究手段、方法陈旧落后，缺乏现代政策研究所需的综合知识结构，未能掌握现代政策研究的理论、方法及技术；由于地位、待遇不高也挫伤了部分政研人员的积极性，难以吸引最优秀人才进入政研部门。第五，政策制定过程的科学化、程序化程度不高。合理的政策制定过程包括问题界定、目标确立、方案设计、结果预测方案的比较、抉择以及追踪研究和评价等功能环节，需要决策咨询信息等子系统的密切配合，而在特区政策制定过程中，一些环节是被忽略的，决策的科学化程序并未最终确立。第六，在政策产出方面，中央所给予的某些特殊政策未能及时领会和掌握，不能用足用好用活；一些成功的经验并没有及时加以总结提高变为政策；只重视单项政策，疏于政策的协调配套，"政出多门""各行其是""上有政策，下有对策"的现象也屡禁不止。

三、改善特区政策系统及其运行的思考

针对特区进一步发展的需要以及政策系统及其运行目前存在的缺陷，必须下大功夫优化、改善，可以采取的主要措施有：

一是必须建立健全政策制定系统，形成以决策系统为核心，以咨询参谋子系统和信息子系统为辅助的现代政策制定系统。要明确特区的政策主体是

市人大、市委和市政府，目前特别要强化人大作为政策主体的决策功能，充分发挥深圳、厦门及海南具有立法权的优势，要协调好政策主体客体之间的关系，营造好的政策环境。在市场经济条件下，决策权力不可避免地要走向分散化，任何一项政策，都必须获得社会公众的认可。决策主体必须同各种社会组织、政党组织、利益团体不同阶层人民进行广泛的沟通与联系，交换信息，商洽方案，以取得他们对政策的理解和支持，为政策的制定与执行创造良好的社会环境。

二是优化体制内的专门政策研究机构，从法律上保障其应有的地位。谋与断（参谋与决策）是政策制定过程中的两种不同的职能，应该相对分开。决策者的主要职能是断，而不是谋，必须坚决杜绝独断专行、长官意志，充分发挥参谋咨询机构特别是市委政研室、体改委、经济发展研究中心、市人大政研室一类的专门政策研究机构的作用；加强这些机构的建设，加强其参谋咨询功能，明确其职责是进行政策研究，而不是秘书班子；要在法律上保证其应有地位，提高其权威性；赋予这些机构以相对独立性与主动权以及工作的灵活性，使之能主动地对政策问题进行跟踪研究，主动提供咨询建议，而不是被动地作政策论证。另外，可以借鉴香港的做法，加强政策监督，即通过一定的法律，成立某些"法定组织"，实行强制咨询，政策出台必须先经法定咨询机构讨论评议，否则视为非法。

三是大力发展体制外或民间的政策研究组织，与体制内的政研组织相辅相成形成强大的参谋后盾。经验表明，决策的科学化民主化需要官方的和非官方的政研组织的紧密合作，各种方案（来自官方的和来自非官方或半官方的）的比较有利于找到更合理的政策。民间的政研组织具有官方政研组织所不具有的特点和优点，它们不受长官意志的影响，具有更大的独立性，能较客观地看问题和直接了解民情民意，因此，往往能提出可行的政策方案。特区的民间政策研究组织已经起步，但数量少，功能残缺。当务之急是大力发展民间的政研组织特别是利用大学研究所的研究力量，这是提高决策科学化、民主化的一条有效途径。

四是大胆引进国外先进的政策科学或政策分析的理论，提高政策分析人员的业务素质。在国外尤其是西方，政策研究已成为一门科学（即"政策科学"或"政策分析"），西方的政研组织特别是思想库及大学研究所已发展出一整套比较成熟的政策研究或政策分析的理论、方法及技术，特别是一系列的定性、定量和创造性思维的分析或研究方法及技术（如系统分析、损益分析、操作博弈、组织与政治分析、价值评价等方法以及计算机技术等)。要克服特区政策研究手段、方法陈旧落后的弊端,实现决策的科学化,必须采用科学的理论及分析方法。正如我们应该借鉴国外先进的管理理论、方法和技术一样,我们必须大胆引进、消化和吸收国外先进的政策研究或政策分析的理论、方法和技术。同时,必须提高特区专门政策分析人员的素质尤其是业务能力。政策研究是一种高智力、专门化的创造性脑力劳动,要求从业者具有广博的知识并掌握专门的研究方法及分析技术(既是通才,又是专家)。因此,必须对特区现有的政策研究人员进行培训,更新知识和技能,以适应现代政策研究的需要。在西方尤其是美国的大学或思想库,有大量的公共政策学院或研究所,培养政策研究的专门人才;在我国,这方面的研究生教育已开始起步。特区政研部门可以与大学合作,联合培训或培养政策研究人才。此外,应该为政策研究人员提供较好的工作条件和生活条件,吸引一流人才进入特区政策研究队伍。

五是优化特区政策制定系统的运行,逐步实现政策制定过程的程序化、科学化。要按照理想的政策制定过程从问题界定到跟踪研究与评价的一系列功能环节,使政策制定程序化,特别是要注意问题界定结果预测和追踪研究、评价这些薄弱环节。必须克服通常的那种"阵风式"的对政策问题的研究方式,对相关的问题及解决问题的政策进行长期的跟踪研究,注重政策的实施效果,建立科学的评价机制,进行定期或不定期的评价研究,以此作为修正或补充、继续或中止相关政策的依据,防止或减少政策的扭曲、变形过时以及政策的不配套或前后矛盾,从而提高政策制定及执行的质量。

3-10

作为非程序性决策典型的危机决策[*]

从决策的内容划分，公共决策可以分为程序式的常规决策与非程序性决策。而危机决策则是典型的非程序性决策。在相当长的时间里，我国行政管理学界对危机管理决策的研究重视不够，但是对一个国家、政府或者其他组织而言，遇到危机事件却是十分常见的。例如2001年美国的"9·11"事件、2003年我国非典型肺炎的暴发、2004年东南亚国家禽流感的传播以及2004年印度尼西亚海啸及其引发的大规模地震。对于危机事件，用传统的决策模式与方法是难以应对的，因为常规决策强调程序，强调对以往决策经验的借鉴，要求尽可能获得更多的信息与方案。而危机事件的典型特点就是非常规性、时间的急迫性、信息的极不完全性等。倘若照搬常规决策模式解决危机事件，必然会导致效率低下、处理缓慢。因此，加强对危机决策的研究，对关系到公共利益的公共组织而言，具有十分重要的意义。

关于什么是危机决策，学者们有不同的看法与理解。有几种代表性的观点：其一，认为危机管理需要一个既适用权威又适用民主的决策程序，在此环境下激发反应者作出一个富有弹性但又极具力度的决定。管理能力就是在及时决策和民主参与之间寻求平衡，以及在目标层层分解、责任到人和全体员工齐心协力向统一的核心目标冲刺之间寻求平衡。这种平衡最明显的基本方法是在缩减与准备阶段（危机事前阶段）让员工及各组织、团体参与到计划中来。通过对危机反应、恢复计划的有效参与，在危机反应与恢复过程中就能实现协作，各团体也就能接受指挥。这一分析阐明了危机管理的一个

---

[*] 本文是《公共组织理论》（陈振明、孟华主编，上海人民出版社2006年版）第四章一节的修订稿（原标题为《公共组织决策的新发展：危机决策》）。

核心问题——在一个分散无序、嘈杂混乱的环境中作出及时适宜的决策。①

其二,认为危机应对实质可以定义为一种决策情势。在此情境中,决策者认定的重大安全和核心价值观念受到严重威胁或挑战,突发意外事件以及不确定前景造成了高度的紧张和压力,为使组织在危机中得以生存,并将危机所造成的损害限制在最低限度内,决策者在相当有限的时间里所作出的重要决策和反应。②

其三,认为危机决策要求组织(决策者和人员)在有限的时间、资源、人力等约束条件下完成应对危机的具体措施,即在一旦出现预料之外的某种紧急情况下,为了不错失良机,而打破常规,省去决策中某些"繁文缛节",以尽快的速度作出应急决策。危机决策的特点在于:一是决策的首要目标是控制危机事态的蔓延,把危机控制在一定的范围内,最大可能地保护民众的生命和财产安全;二是组织在危机状态下的决策面临的约束条件主要包括以下内容:时间紧迫、信息有限、人力资源和技术支持稀缺;三是要求危机决策程序适当简化,决策者难以通过深思熟虑的理性思维推断和判断,只能是在有限的时间内和高强度的压力下迅速作出相对满意的决策方案;四是决策效果不同,效果的评估应当包括效率、效益、可获得性、公众知晓的程度、服务范围、可预测性、民主控制、公平性等内容。③

可见,关于危机决策的界定,共同点是强调危机事件对组织常态的一种威胁,以及在混乱的环境中,如何在紧迫的状态下,利用有限的资源与信息,作出恰当的判断,制定出适宜的决策,从而化险为夷。因此,所谓的危机决策,指的是决策者在危机事件发生后,利用有限的资源与信息,简化决策程序,制定方案并选择适宜方案的过程。

按照罗伯特·希斯在《危机管理》中的说法,危机决策有两种模式:一是危机事前决策,即在时间充分、信息充分的情况下,应当通过决策评估作出最优决策。这种决策包括以下八个步骤:确认决策面临的问题;确认决策标准的事实;决定评估标准、方式、权重;发展备选方案;分析备选方案;选择一个备选方案;执行备选方案;评估决策程序以及决策结果的影

---

① [美]罗伯特·希斯:《危机管理》,王成等译,中信出版社2001年版,第259页。
② 北京太平洋国际战略研究所:《应对危机:美国国家安全决策机制》,时事出版社2001年版。
③ 薛澜、张强、钟开斌:《危机管理:转型期中国面临的挑战》,清华大学出版社2003年版,第164—169页。

响。二是危机情况中的决策。实际情况中的决策者经常建立在信息残缺不全的基础上,许多重要信息没有,决策者可能遭到心理反应,导致决策混乱。例如,布雷姆提出了决策者在危机下可能发生的三种错误:目标不确定(从一个目标转向另一个目标,如同毫无目标、到处乱飞的蝴蝶);以点带面(以牺牲其他目标为代价集中于一个目标);拒绝(不作任何决策)。在真实的决策环境中,理性非常有限,纷繁复杂的方案、层出不穷的问题和头绪杂乱的决策往往交织在一起,组织文化会扭曲决策者的看法,以至于出现盲点;现实中,决策更可能是跳跃式理性思维的集合,决策者更倾向于构建简单模式而不是复杂模式;很多情况下,决策者会制定"满意的"或是"次优"的决策。①

顺便说,除了程序式的常规决策与非程序性决策的划分之外,还有另一种决策分类方法,也就是将决策划分为确定型决策、风险型决策和不确定型决策三种。确定型决策是指所处理的未来事件有一个显著的特征,事物各种状态是完全稳定而明确的,决策者对未来情况是十分明确地把握的。风险型决策是指决策者对未来有一定程度的认识,但又不能肯定的情况。这时,实施方案在未来可能会遇到好几种不同情况,可以根据以前的资料推断各种自然状态出现的概率。不确定型决策是指决策者对未来事件虽有一定程度的了解,知道可能发生的各种自然状态,但又无法确定各种自然状态可能发生的概率。由于有些因素难以确定,作出决定主要取决于决策者的经验、智力及对承担风险的态度,因而这种决策的主观随意性较大。

---

① [美]罗伯特·希斯:《危机管理》,王成等译,中信出版社2001年版,第259—275页。

3-11

建立健全危机预警与
危机决策机制*

处理危机的能力是现代政府核心能力之一，也是衡量政府管理水平高低的一个直接的标尺。温家宝同志在十届人大所作的政府工作报告中指出："要加快建立健全各种突发事件应急机制，提高政府应对公共危机的能力。"作为公共事务的管理者，当政府面临各种社会的突发事件或公共危机时，要作出及时有效的反应，就必须建立健全一整套行之有效的危机监测、预警、反应、处理和恢复的运行机制。而其中的首要环节是要建立和完善公共危机的监测与预警机制，以有效地提高公共危机决策与管理的质量。

公共危机具有突发性、紧迫性、不确定性、发展或扩散迅速、社会后果严重等特征（从"9·11事件"、SARS危机、禽流感、松花江污染等危机事件可以清楚地看出这些特征）。公共危机的决策与管理通常要在时间紧迫、信息不充分、事态发展不确定的情况下迅速作出和实施。危机决策与管理包括危机前的监测与预警，危机发生时的快速反应和处理（尤其是决策的制定和实施），危机过后的恢复、补救和善后工作三个阶段。在事前（危机发生以前），政府要通过各种渠道收集信息，跟踪事态的发展，感知和预测危机的发生和进程；在事中（当危机发生时），要能够及时作出反应，迅速出台应对措施，调动必要的人力、物力和财力，动员可能的社会资源去处理危机；在事后，要做好危机后的补救和善后工作，恢复正常的生活和工作秩序。政府通过提高对公共危机发生的预见能力和危机发生后的处理能力，既维护社会稳定，又增强自己的公信力。

凡事"预则立，不预则废"；"居安思危，思则有备，有备无患"；"安而不忘危、治而不忘乱、存而不忘亡。"这是我国有名的古训。美国的奥斯

---

* 原载《社会科学报》2006年2月16日第2版（原标题为《将危机消灭在萌芽状态》）。

本和盖布勒在《改革政府》（或译《重塑政府》）一书中提出的"企业化政府"模式的十大基本原则或基本内容之一，就是建立一个预见性政府（Anticipatory Government），强调政府管理应防重于治——"预见性的政府追求的是预防问题而不是提供克服问题的服务。"公共危机决策与管理首先要注重的是建立和完善公共危机的监测与预警机制。当然，最好是能够将问题消灭在萌芽状态，避免公共危机的发生；而当危机一旦发生，则能迅速而有效地加以解决。

那么，什么是危机监测呢？我们可以一般地将危机监测定义为：是用来提供关于危机的发生、发展及其处理的相关信息的一种机制；或者说，它是用来提供关于危机决策的原因和结果信息的一种政策分析程序。危机监测的作用就在于它可以敏锐地捕捉社会现象或事件的变化，描述危机是如何孕育、发生和发展的，说明处理危机决策的制定和实施之后出现的变化，并评估政策执行的结果。通过危机的监测，提供的危机发生发展信息和处理危机的相关政策信息，为危机预警、决策与处理提供依据。

危机决策则是面对刚刚发生或即将发生的危机，决策者为解决危机所做的快速对策选择过程（即处理危机政策的制定过程）。根据李刚在《美国危机决策管理》一文的归纳，虽然美国历届政府处理危机的风格和习惯有所不同，但是，其危机决策都包含着四个方面的内容：一是搜集足够的信息，以尽快判明当前的形势和问题的实质；二是判断所面临危机对哪些国家利益构成威胁，并初步拟定政策目标；三是寻找各种解决危机的方案，并考虑各种方案的利弊得失、风险和代价，在做出选择前尽量排除一些不确定的因素；四是一旦作出决定，再密切关注外界对危机对策的反应，以便及时地调整政策及其目标。

建立和完善危机的监测机制，不但要有专门的监测人员和监测机构（或信息管理中心），负责信息的搜集、整理、分析、传递和储存等工作，而且要建立相关社会领域、现象或事件的监测指标体系，并采取恰当的监测方式和技术。按照美国学者邓恩在《公共政策分析导论》一书中的说法，危机及政策的监测有社会系统核算、社会实验、社会审计和综合实例研究等方式。至于监测的技术，邓恩认为，与其他政策分析方法不同，监测并不涉及与各种方法有明显关联的程序。因此，许多方法对社会系统核算、社会审计、社会实验和综合实例研究等监测方式（如图示法、表格法、指数法、时间序列分析和回归分析等）都适用。

IV 政策案例

4-1

欧盟社会保护政策的兴起*

社会保护可以说是战后欧洲所取得的主要成就之一。欧洲福利国家通过对资源和机会的分配,有效地实现了国家内部的团结、经济的稳定和公民较高的生活水平。社会保护现已成为欧盟政策议程中的一个核心主题。社会保护在欧盟政策议程中的兴起,一方面体现了在欧洲一体化、全球化、人口结构的变化及新科技的发展等压力下,欧盟对于需要从欧盟层面来处理社会问题的迫切性的回应;另一方面,欧盟经济一体化对各成员国的制约,特别是欧盟单一市场政策的建立取消了各成员国控制本国货币的能力,使得各成员国越来越难以单独使用传统的凯恩斯主义的办法来处理他们所面临的社会压力,促使各国开始寻求由欧盟来协助他们应对新的福利挑战。

一、欧盟社会保护政策的沿革

欧盟在最初建立时,目标是要促进各成员国之间经济上的密切合作,推动欧洲经济的一体化。因此,社会政策几乎被排斥在欧盟政策议程之外。这种状况一直持续到20世纪90年代,欧盟才开始关注社会保护政策,提出要实现社会保护的趋同。欧盟社会保护政策的沿革可以分为如下三个阶段。

第一阶段:从1992年的"建议"到1999年的"趋同战略"。1992年,欧盟理事会采纳了欧盟委员会提出的两大建议——"社会保护目标和政策的趋同"和"社会保护体系中足够的资源和社会救助的通用标准"。这两大建议都主张促进各成员国之间社会保护的趋同(convergence),提议在欧盟层面制定"共同的目标来指导各成员国政策,以实现不同国家制度间的共

---
* 原载《马克思主义与现实》2015年第1期(赵会为本文的合作者)。

存……推动彼此间的协调来实现欧共体的基本目标"。① 但是这两大建议并没有取得多大进展。之后,欧盟委员会又于1995年、1997年和1999年相继出台了三大重要通讯文件:

(1)《未来社会保护:欧洲争论的框架》。该文件旨在"提出一个关于欧洲未来社会保护争论的框架,以鼓励各成员国能够共同反映他们在采纳社会保护体系以促进更有利的就业环境、更大的效能时必然会面临的问题,确保他们能够从市场一体化以及经济和货币联盟中充分获益"。②

(2)《现代化和改善欧盟社会保护》。该文件的最大贡献在于:第一次明确指出社会保护是一种"生产性要素"(productive factor),强调高水平的社会保护对于社会凝聚、政治稳定和经济进步能够产生有益影响,社会保护非但不是经济增长的阻碍物,相反,如果予以恰当的"重新调整"(recalibrated),可以成为欧洲竞争优势的来源。③

(3)《社会保护现代化的趋同战略》。到1999年,随着1月份欧洲统一货币的实现以及欧洲就业战略的日趋制度化,欧盟委员会意识到"进一步加深欧洲层面现有的合作,以协助成员国更好地解决社会保护的现代化,并形成欧盟层面社会保护的共同政治愿景的时机到了"。④ 在此背景下,欧盟委员会于7月份发布了《社会保护现代化的趋同战略》,战略确定了"就业""贫困和社会排斥""养老金""健康和长期护理"这四个重点趋同领域,试图通过各成员国之间的密切交流与合作来贯彻执行欧盟层面的社会保护政策。到年底,欧洲理事会批准了该趋同战略,并专门组建了一个高级官员组织来负责该战略的执行(在尼斯会议后该组织被社会保护委员会所取代)。此后,社会保护不再被看作是消极的再分配手段,

---

① European Commission (1992), On the Convergence of Social Protection Systems in European Union, https://ideas.repec.org/p/pra/mprapa/21297.html.

② European Commission (1995), "Communication from the Commission: the Future of Social Protection: A Framework for a European Debate", http://europa.eu/rapid/press-release_IP-95-1116_en.htm?locale=en.

③ European Commission (1997), "Communication from the Commission: Modernizing and Improving Social Protection in the European Union", http://europa.eu/legislation_summaries/employment_and_social_policy/social_protection/c10618_en.htm.

④ European Commission (1999), "Communication from the Commission: A Concerted Strategy for Modernizing Social Protection", http://eur-lex.europa.eu/legal-content/EN/TXT/?uri=CELEX:51999DC0347.

而是作为促进就业、推动经济增长的生产性要素被纳入了欧盟的一系列政策议程中。

第二阶段：从2000年（"里斯本战略"出台）到2010年。2000年3月在里斯本召开的欧洲理事会会议可以说是社会保护政策在欧盟层面取得实质性进展的一次重要会议。会议提出了欧盟未来十年的发展战略——里斯本战略，战略提出未来十年欧盟要"成为世界上最具竞争力和活力的知识经济体，能够实现经济的可持续增长，同时提供更多更好的工作以及更大的社会凝聚"。[①] 战略首次将社会保护政策置于与宏观经济政策和就业政策同等重要的位置，通过三者间的协同来构建"欧洲社会模式"（European Social Model）。虽然这种提法只是原则性的，但在欧盟社会政策发展的历史上，这种地位却是之前从未有过的。一些学者指出，里斯本战略实现了从之前仅是关注经济一体化过程中社会维度的补充性作用转向了要构建欧洲社会模式。[②] 该战略还将"开放协调法"（Open Method of Coordination，OMC）引入了社会保护领域，率先用于实现之前"趋同战略"所提出的四大共同目标之一——消除贫困和社会排斥，之后逐步扩展到养老金政策、医疗保健和长期照顾领域。

2005年，欧盟对里斯本战略进行了重新调整，将战略目标调整为"增长和工作伙伴关系"。在新的里斯本战略中重申了社会凝聚的目标，承诺继续推动贫困和社会排斥的实质性减少，并将之前社会包容、养老金、医疗保健与长期护理等三大领域的工作整合到一起，形成了一个单一的一体化过程，目的在于使社会保护政策与广泛经济政策指导方针和欧洲就业战略步调一致，实现社会、经济和就业三者之间的相互加强。[③] 但是，从实际实施效果来看，三者间相互加强的关联性很弱。总之，尽管在两个版本的里斯本战略中均强调要将社会保护置于与经济政策同等重要的地位，但从实践来看，两大战略中对社会保护的关注度仍然很弱，战略的

---

① The Lisbon Special European Council (2000), "Towards a Europe of Innovation and Knowledge", http：//europa.eu/legislation_summaries/education_training_youth/general_framework/c10241_en.htm.

② Rogowski. R and E. Kajtár (2004), "The European Social Model and Coordination of Social Policy", Amsterdam：TLM. NET Conference.

③ Communication to the Spring European Council (2005), "Working Together for Growth and Jobs：A New start for the Lisbon Strategy", http：//eur-lex.europa.eu/legal-content/EN/TXT/? uri = CELEX：52005DC0024.

重心依然是促进就业和增强经济竞争力。

第三阶段：2010年（"欧洲2020"战略出台）到现在。从2010年开始，欧盟社会保护政策的发展进入了一个新阶段。随着里斯本十年发展战略的结束，欧盟委员会紧接着又制定了"欧洲2020"战略。鉴于里斯本战略中较弱的社会维度，加之全球金融危机给欧盟社会带来的消极影响，新战略突出强调"要更专注于欧盟的社会维度"，并采取了一系列实质性措施[①]：(1) 将促进包容性增长与实现灵活性和可持续性增长作为"欧洲2020"的三个优先目标；(2) 将"至少要让两千万人摆脱贫困和排斥风险"作为该战略的五大"总任务"（headline targets）之一；(3) 创建了"欧洲反贫困平台"（EPAP），作为实现"欧洲2020"战略的七大"旗舰计划"（flagship initiatives）之一；(4) 将"促进社会包容和消除贫困"纳入新提出的十大"增长和工作综合指南"中，强调了养老金、医疗保健和公共服务等在维持社会凝聚方面的重要性。

与里斯本战略相比，新战略不仅把社会保护看作生产性要素，同时也是消除贫困和社会排斥、实现包容性增长的重要手段。不过，2014年的中期评估报告指出："欧洲2020"战略在前两个目标（灵活的、可持续的增长）方面取得了很大进展，但在包容性增长领域却进展缓慢。到2012年，欧盟贫困和受排斥人口非但没有减少，反而比2009年增加了1000万人。报告再次呼吁各成员国要建立有效的社会保护体系以实现减贫和社会排斥目标，强调"通过降低不平等以及对弱势群体的支持，社会保护在促进人类资本的投资、提升生产效率、促进社会政治稳定发挥着重要作用"。[②]

综上所述，经过半个多世纪的发展，社会保护政策在欧盟政策议程中经历了一个由边缘到中心的渐进演变过程。欧盟对社会保护的认识由最初作为经济的附庸被排斥在欧盟政策议程之外；到被视为生产性要素，作为实现欧盟经济一体化的手段而纳入欧盟发展议程中来；再到作为消除贫困和社会排斥，实现包容性社会的重要手段而居于"欧洲社会模式"的中心。可以说，社会保护在欧盟议程中得到了不断的拓展和加强。尽管如此，社会保护政策

---

① EU (2010), "Europe 2020: A strategy for smart, sustainable and inclusive growth", http://eur-lex.europa.eu/legal-content/EN/ALL/? uri = CELEX: 52010DC2020.

② European Commission (2014), "Taking Stock of the Europe 2020 Strategy for Smart, Sustainable and Inclusive growth", http://ec.europa.eu/europe2020/pdf/europe2020stocktaking_en.pdf.

却并没能获得与经济政策同等的重视,欧盟层面社会保护共同愿景的形成在短期之内仍有困难,促进经济发展、保持其在国际市场中的竞争力依然是目前欧盟优先考虑的重点。

二、欧盟社会保护的政策内容与改革措施

随着社会保护政策被纳入欧盟发展议程中,"社会保护的现代化"成为欧盟政策议程中讨论最多的一个议题。这主要是由于当前欧盟各国面临着"共同的"问题:不断强化的国际竞争、人口的老龄化、劳动力市场和家庭中性别角色的变化以及新技术的引进等,所有这些变化产生了新的社会风险,而传统的社会福利体系已经无法适应新的需求。鉴于此,欧盟提出要实现社会保护的现代化,认为如果不能适应现代化(modernize)社会保护体系,将导致更多的失业风险、贫困和社会排斥。[①] 具体来讲,欧盟所倡导的社会保护政策及改革措施主要有:

1. 实行积极的劳动力市场政策

随着经济增速放缓,失业问题已经成为欧盟最严重的问题之一,下图是欧盟失业率的基本统计数据。从图中可以看出,近十年来,欧盟整体失业率居高不下。其中,青年人和女性失业率最高(2013 年分别为 23.4% 和 10.9%),而且长期失业率居高不下。另外,非自愿性职业中断、家庭模式的改变、兼职和长期合同工等新型工作安排的出现以及对新技能的需求等又导致了大批"有工作的穷人"。为有效应对劳动力市场的新变化,欧盟提出不能再仅仅依赖传统的"保护"模式(如收入替代保障等消极福利计划),而要在稳定性与灵活性以及权利和责任之间寻求新的平衡。

欧盟的劳动力市场政策主要涉及两类群体:第一类是失业者。欧盟对失业者的支持重点是要由提供失业救济转向工作,使受助者实现自力更生。为此,欧盟各国相继采取了各种"激活政策"来提升就业率。这些政策大体可以分为三类:一是向目标群体(特别是青年人)提供失业津贴,同时辅以一定的培训计划,目的在于通过强化那些完全依赖社会福利的人的技能来增加其工作机会,帮助其顺利进入劳动力市场。例如在意大利,补贴性培训

---

① European Commission (2000), "Social Policy Agenda", http://eur-lex.europa.eu/legal-content/EN/TXT/? uri = CELEX: 52000DC0379.

工作在所有第一次参加工作的青年就业人员中所占比例高达60%—65%。①二是向受助者提供津贴，同时要求受助者应当用工作来回报他们所获得的救助，即以工作换福利，不过一般所提供津贴数额很小。如在瑞典，受助者获得的津贴只是为了补偿找新工作的生活开支，受助者必须要积极找新工作且愿意申请由公共就业局推荐的工作才有资格获得失业补助。② 三是以丹麦最为典型。丹麦的"激活法案"（Activation Act）规定：受助者可以先无条件获得最长6个月的失业津贴或救助津贴（年老工作者获得津贴期限相对要更长），在此之后救助金的获得就需要救助者以参加工作或是接受教育为条件，其中救助者获得的工作主要是由政府提供的福利性或是补贴就业，而所受教育则主要根据受助者个人自身条件来决定，受教育期限一般为18个月。③ 与前两类计划相比，第三类政策更为完善。

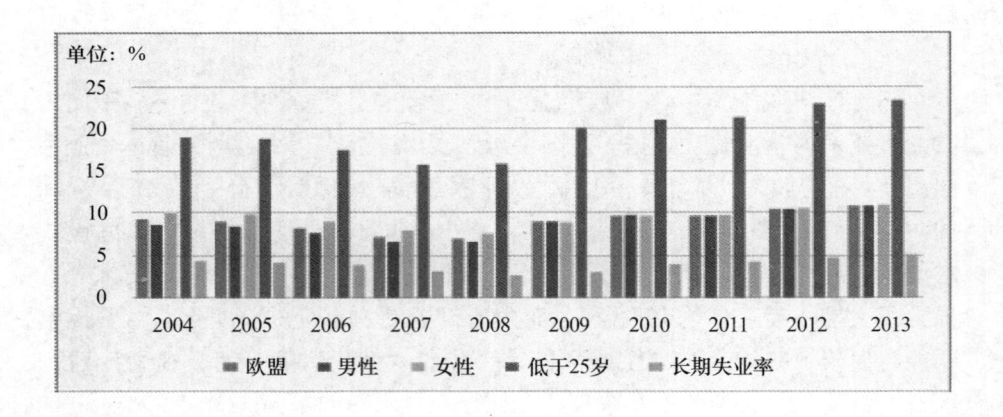

图4—1 欧盟失业率统计数据④

---

① Esping – Andersen, etc. (2001), "A New Welfare Architecture for Europe?" Report submitted to the Belgian Presidency of the European Union, http://www.euro.centre.org/data/1182414898_63513.pdf.

② 瑞典官网：http://www.sweden.cn/work/labormarket/employmentbasedbenefits/。

③ Abrahamson and Peter (1999), "Activation and Social Policy: Comparing France and Scandinavia", Paris: Drees.

④ 数据来源：欧洲统计数据官网，http://epp.eurostat.ec.europa.eu/portal/page/portal/income_social_inclusion_living_conditions/data/database#。

第二类是"有工作的穷人"。由于贫困就业群体从事的大都是低技能、低工资、低生产率工作,因此,欧盟将干预集中于提升贫困就业者的劳动技能上来,通过教育、培训来提升低收入者的竞争力,使之能够适应变化的劳动力市场条件和潜在的职业转换。2010 年,欧盟推行的两大旗舰计划:青年行动计划(Youth on to the Move)和"新技能和工作议程"(An Agenda for new skills and jobs),目的都是要提升劳动者(特别是青年就业者)的劳动技能、降低他们在劳动力市场的弱势性。① 除了能力提升计划之外,欧盟还要求要辅之以收入补助计划,使贫困就业者通过工作所得收入要高于福利救助,确保工作划得来(make work pay)。

2. 消除贫困和社会排斥,促进社会包容

"欧洲2020"指出,目前欧盟在创造充满活力、创新和开放的经济的同时,却仍有大量的人被排斥在机会和繁荣之外。到 2012 年,欧盟约有 24.8% 的人口面临着贫困和被排斥的风险(2008 年为 16.5%),其中女性面临的风险要高于男性(女性为 25.8%,男性为 23.8%);20% 最富有的人口的收入是最贫困的 20% 人口收入的 5.1 倍。②鉴于此,欧盟将反社会排斥、促进社会包容作为各成员国社会保护改革的重点。不过,欧盟消灭贫困和社会排斥的议程一直都以这一观点为主导:有薪酬的工作才是最好的脱贫之路,有一份稳定的工作和持续的收入来源是防止脱离社会的关键因素。因此,欧盟用于解决社会排斥和贫困的各项政策措施几乎均围绕着促进就业来展开。除了上述积极的劳动力市场政策对失业者提供支持之外,针对妇女、老人和移民这三类最容易被劳动力市场排斥的人群,欧盟提出了以下改革措施:

第一,平衡有薪酬的工作和家庭责任,促进男女机会平等。欧盟认为消除妇女贫困和被排斥风险的最有效手段是增进妇女在劳动力市场的参与率。但是由于妇女往往很难平衡有薪酬的工作和家庭照顾的责任,导致了妇女的就业率低于男性。为扫除妇女就业劳动力市场的障碍,欧盟提出③:(1)扩

---

① EU (2010),"Europe 2020:A strategy for smart, sustainable and inclusive growth",http://eur-lex.europa.eu/legal-content/EN/ALL/?uri=CELEX:52010DC2020.

② 数据来源:欧盟统计数据官网,http://epp.eurostat.ec.europa.eu/portal/page/portal/income_social_inclusion_living_conditions/data/database#.

③ Esping-Andersen, etc. (2001),"A New Welfare Architecture for Europe? Report submitted to the Belgian Presidency of the European Union",http://www.euro.centre.org/data/1182414898_63513.pdf.

大公办的儿童照顾服务,确保妇女能够享有可负担得起的日托服务;(2)增加儿童津贴,避免妇女在面临工资较低、儿童照顾成本较高的双重处罚(double penalty)时选择退出劳动力市场;(3)为父母双方提供带薪育儿假,确保丈夫和妻子公平和共同承担家庭责任。从欧盟各国实施情况来看,北欧国家在该领域做得最好。如芬兰有些城市开始出现了24小时托儿所,芬兰就业部长还要求将对年龄小的学生放学后的照顾作为法定权利以适应更长、更不规律的工作时间以及单亲家庭的需求;丹麦政府提供有非常慷慨的育儿津贴,可以覆盖儿童照顾成本的66%;① 瑞典规定父亲和母亲分别享有60天的带薪育儿假,在孩子出生时,父亲还有额外的10天带薪假期,从而使得瑞典丈夫花费在家务负担上的时间比欧洲其他任何地方都要高(每周21小时,接近妻子在家庭照料方面花费的时间)。② 这些措施的实施显著提高了欧盟各国妇女的就业率,不仅降低了妇女贫困率,同时还极大地降低了儿童的贫困风险。

第二,为移民提供保护,实现移民整合。目前居住在欧盟国家的人口中有超过3000万(约占欧盟总人口的6.4%)为欧盟以外的移民,其中有2/3来自第三世界国家。③ 尽管移民对于缓解欧盟各成员国劳动力短缺、促进经济的持续发展作出了有益贡献,但是这些外来移民依然遭到了欧盟创始国民众的强烈排斥。如即便是在瑞典这样有着高度干预的福利国家,来自南斯拉夫、非洲和波兰的移民家庭贫困率是瑞典本国居民家庭贫困率的5倍多,④ 而且移民人口的这种不利处境会在代际之间传递。为消除移民的社会排斥、推动欧盟各国对移民的吸纳与整合,欧盟提出了一系列旨在创建共同的欧盟移民政策的具体措施。除了要为贫困移民提供充足的社会救助外,最主要的是要增加移民的教育和职业培训的机会、制定严格的反歧视规定、承认移民

---

① [英] 威尔皮·铁蒙恩:《新风险——在北欧福利国家还新吗?》,载 [英] 彼得·泰勒-顾柏《新风险新福利——欧洲福利国家的转变》,马继森译,中国劳动社会保障出版社2010年版,第82页。

② 瑞典官网,http://www.sweden.cn/work/labormarket/employmentbasedbenefits/。

③ EU (2010), "The European Platform against Poverty and Social Exclusion: A European framework for social and territorial cohesion", http://ec.europa.eu/social/main.jsp?catId=738&langId=en&pubId=6028&type=2&furtherPubs=yes.

④ [英] 威尔皮·铁蒙恩:《新风险——在北欧福利国家还新吗?》,载 [英] 彼得·泰勒-顾柏《新风险新福利——欧洲福利国家的转变》,马继森译,中国劳动社会保障出版社2010年版,第91页。

在外国获得的资质、提供语言培训等，以此来消除移民进入当地劳动力市场的障碍，使之能够平等地参与到当地的社会、经济、政治和文化生活中来。

第三，加强对老年体弱者的长期照顾。随着欧盟老年人，特别是高龄老人数量的增加，有越来越多的体弱老年人需要照顾，而传统的照顾者——中青年女性——大多进入了劳动力市场。老年照护需求的增加和非正规照护体系的弱化，使得各国政府的老年照护体系面临着巨大压力。如何使体弱老年人得到恰当的照护，同时又不会威胁到福利国家模式的可持续性发展，成为一项急需解决的问题。为避免体弱老年者陷入贫困，欧盟要求各国能够提供充分的、可获得的、高质量的老年照顾服务。不过由于欧盟各国社会经济发展水平的不同以及福利模式的差异，各成员国在处理养老照护问题方面也存在一定差异：（1）在欧洲大陆国家，老年照护作为新的风险，政府主要通过建立某种新的保险形式来防范此类风险，如德国建立的"长期照顾保险计划"；①（2）在北欧国家，则认为服务供给要比转移支付更为重要，因此鼓励由私营部门（主要针对富裕老年人）和家庭（针对贫困老年人）来承担老年照护责任，政府只起"兜底作用"，如瑞典为激励家庭承担养老照顾责任，政府还对那些需要照顾年迈父母的人给予临时请假权，以及允许其缩短工时等优惠；②（3）在地中海国家，如西班牙，由于对传统由家庭妇女来承担老年照顾责任的依赖性仍很大，因此政府的调整措施也主要是对有照顾任务的家庭给予税收减免优惠，辅之以非营利或非政府组织对困难家庭成员的支持。③ 总体看来，所有这些改革措施的实行均明显地缓解了体弱老年人的贫困状况。

3. 确保养老金安全以及养老金制度的可持续性

欧盟是世界上老龄化最严重的地区之一。到2030年欧盟65岁以上人口将由2010年的8700万增至1.24亿，增长幅度高达42%。届时，欧盟需要

---

① ［英］安德列斯·奥斯特、弗兰克·彭克尔：《一个保守福利国家的新社会风险：德国》，载［英］彼得·泰勒－顾柏《新风险新福利——欧洲福利国家的转变》，马继森译，中国劳动社会保障出版社2010年版，第36—37页。

② ［英］威尔皮·铁蒙恩：《新风险——在北欧福利国家还新吗？》，载［英］彼得·泰勒－顾柏《新风险新福利——欧洲福利国家的转变》，马继森译，中国劳动社会保障出版社2010年版，第83页。

③ ［英］刘易斯，莫雷诺：《西班牙向新风险过渡：告别"超级妇女"》，载［英］彼得·泰勒－顾柏《新风险新福利——欧洲福利国家的转变》，马继森译，中国劳动社会保障出版社2010年版，第136—137页。

领取养老金的人数将会超过 2500 万。[1] 在支出加大、财源萎缩的双重夹击下，欧盟各国原有的养老金体系均面临着"可持续性危机"，欧盟养老体系改革已是迫在眉睫。为更好地解决老年人保障问题，欧盟采取了以下几个措施：

第一，实行积极的老龄化政策，延长退休年龄。在 2012 年 2 月发布的养老金白皮书中，欧盟呼吁 27 个成员国酌情上调本国公民的退休年龄，以积极应对人口老龄化趋势及当前欧洲国家的政府债务及经济困境，同时还建议欧盟成员国可通过将退休年龄与人口平均寿命挂钩、有效限制提前退休、取消退休年龄男女差异等手段实现这一目标。[2] 从欧盟各国来看，瑞士将妇女的退休年龄由 62 岁提高到了 64 岁，德国、英国、比利时、荷兰等也相继将女职工法定退休年龄从 60 岁或 61 岁逐步提高到 65 岁与男性职工保持一致。[3] 此外，欧盟还呼吁各国要在养老金和福利计划中纳入激励性因素，鼓励老年人继续参与工作、促进终生学习，"让生命更加丰盛"（add life to years）。目前各国所采取的激励措施主要有：（1）为雇主提供税收优惠政策来鼓励用人单位雇用老年人；（2）增加老年工作者的养老给付金来激励老年人就业；（3）为老年人提供就业培训、二次教育等机会，增强老年人的市场竞争力；（4）颁布法律规章，废除年龄限制等阻碍老年人进入劳动力市场的限制性规定。[4]

第二，建立多支柱的养老金体系。为缓解政府福利支出的压力，欧盟提倡由私人来承担更多的养老责任，在公共养老金计划之外建立第二养老金支柱，并鼓励实施多支柱。从近年来欧盟各国的改革来看，养老金私营化已经成为当前养老金制度改革的共同趋势，各成员国正试图以私营养老金作为国家养老金的补充。如瑞典要求工人投资购买补充性的私营养老金；德国在 2001 年养老金改革后建立了由国家补贴的私人养老金支柱，并给予了强有力的财政支持；其中英国在养老金私营化方面走得最远，其目标是到 2050 年要将私营养老金的供给提高到 60%。通过推行养老金私营化，虽然可以

---

[1] 新华网：《欧洲积极老龄化和"代际团结年"在哥本哈根启动》，http://news.xinhuanet.com/world/2012-01/19/c_122603770.htm。

[2] 全国老龄工作委员会办公室官网：《欧盟呼吁成员国上调退休年龄》，http://www.cncaprc.gov.cn/guoling/13995.jhtml。

[3] 陶金：《欧洲：社会保障一体化背景下的养老保障改革》，《世界经济情况》2010 年第 4 期。

[4] 朱劲松：《欧盟与日本老年人口就业鼓励政策》，《国际劳动》2010 年第 5 期。

缓解政府养老支出负担,但是如果政府缺乏健全的规范制度,则有可能加剧低收入群体的贫困风险。

总之,无论是积极的劳动力市场政策,还是反贫困和社会排斥政策或是养老政策,所有社会保护的政策措施都是围绕着"以就业为中心",通过扩大劳动力队伍,促进劳动力市场的灵活化、机会的均等化等来提升人们的能力,而不再依赖提高税收或是社会缴费进行补偿性的福利转移。从这个意义上来讲,欧盟社会保护的现代化实际上一种"社会投资"。

三、欧盟社会保护政策的执行机制：开放协调法

鉴于欧盟各成员国之间福利模式的不同、发展水平的差距,而且社会保护依然是各成员国的内务、欧盟在社会保护领域权力有限,因此,欧盟在推动各成员国执行社会保护政策及改革中采取了"开放协调法"（Open Method of Cooperation, OMC）这一机制（或政策工具）来协调各成员国社会保护改革进程,推动各成员国在社会保护政策领域的趋同。

开放协调法最初运用于欧盟就业领域,"里斯本战略"后作为一种新型的治理模式引入了社会保护领域。"里斯本战略"结论中指出：开放协调方法的基本要素包括：（1）为欧盟及各成员国确定指导原则,同时,制定实现某些具体目标的短期、中期和长期时间表；（2）在适当的条件下,根据国际上的最佳实践以及各个成员国和不同部门的具体情况,设定一些定量的和定性的指标,以此方式进行比较,选择最优的经验；（3）在考虑成员国和地区之间差异的前提下,把欧盟的指导原则转化成国家或地区政策,确定具体的目标以及执行措施；（4）以互相学习的方式进行定期的监督、评估和同行评议（peer review）。[1]

作为一种不同于传统"硬性法"的"软"协调工具,开放协调法具有以下四个特征：（1）不具有法律约束力。开放协调法着重的是通过信息的交换、标杆管理、专家评审以及"点名羞辱"（naming and shaming）等非强制性手段来推动各国社会保护的改革,欧洲立法被明确排除在外。（2）互补性。开放协调法并非是对已有实施规则的替代,而是作为其补充。它不排

---

[1] 张浚：《开放式协调方法和欧盟推进全球治理的方式：以援助政策为例》,《欧洲研究》2010年第2期。

斥传统的基于法律、法规等的"硬性法"模式。(3)开放性。开放协调法非常强调多元主体的参与，包括社会伙伴、NGO和地方政府代表机构等，认可各利益相关主体在社会保护领域所扮演的重要角色，要求各成员国政府与社会利益相关者建立广泛的合作关系。(4)灵活性。开放协调法允许各成员国结合自身国情采取差异化战略，在制定和实施政策时要充分考虑到不同的环境和目标，以及与其他政策间的协调，并即时作出相应的调整。

作为欧盟社会保护政策的执行机制或政策工具，开放协调法的应用程序有如下四步[①]：

第一，制定欧盟层面的具有综合性、一致性的共同目标。社会保护共同目标的制定必须要在欧盟宏观发展战略框架下来展开，确保社会保护共同目标与欧盟广泛经济政策指导方针（BEPGs）和就业指导方针（EGs）相协调。同时，共同目标需要同时包含社会保护三个领域的内容，为社会保护三个领域具体分目标的制定明确方向。

第二，制定合适的定量和定性指标，并设置基准（benchmark）使之成为比较各成员国之间最佳实践的有效手段。在总的目标确定后，需要把目标方案具体细化为合适的定量及定性指标，以供各成员国在社会保护各部分的改革实践中参照、遵守或靠拢。指标的设置既要能够涵盖较为广泛的领域以充分反映欧盟的共同目标，同时还要尽可能简洁。为实现开放协调法框架下相关指标的可靠性、可比较性和即时性，欧盟制定了欧洲一体化社会保护统计数据体系（European system of integrated social protection statistics, SSPROS），并于2008年开始运用。

第三，各成员国在共同目标的指导下拟定具体的发展目标和实施措施，并提交年度报告。社会保护改革政策的选择仍然由各成员国自己来决定，但是各成员国有义务贯彻欧盟层面的指导方针，不能偏离太远。各成员国要根据欧盟制定的目标、方针、建议和指标，并结合本国国情，采取最恰当的行动计划，并每年向欧盟理事会提交一份全面的年度报告，阐明他们在达成具体行动目标方面所做的努力，以及接下来将要采取的政策措施、改革建议和综合配套战略；并论证改革的可行性、合理性和可能会遇到的困难，以便欧盟对该国实现共同目标的进程进行评估。

---

① European Commission (2003), "Strengthening the Social Dimension of the Lisbon Strategy: Streamlining Open Coordination in the Field of Social Protection", http://eur-lex.europa.eu/legal-content/EN/TXT/?qid=1414828912832&uri=CELEX：52003DC0261.

第四，对各成员国提交的社会保护联合报告展开监管和评估比较，并制定欧盟层面的《社会保护联合报告》。在各成员国提交社会保护改革报告后，由来自各成员国、社会保护委员会、欧盟委员会及理事会的专家代表组成的评议小组根据之前设定的共同目标和基准，对各成员国社会保护改革实践进行制度化和周期性的监督，评定出"最佳实践"（best practices）供成员国相互监督和标杆分析，作为进一步政策改进的参考。除了欧盟层面的评审外，各成员国之间也要展开同行评审，以促进相互间的学习和竞争。最后，基于上述监督和评估，社会保护委员会和欧盟委员会共同拟定一份综合性的、前瞻性的《社会保护联合报告》（Joint Social Protection Report）（以下简称《报告》）并提交欧洲理事会，作为制定下一轮共同目标和行动方针的参考。该《报告》每三年发布一次，期间可以做轻微调整。《报告》发布后，理事会对各成员国给出有针对性的评估建议，由成员国决定是否依据建议加以完善。

如何看待开放协调法及其有效性？人们褒贬不一。开放协调法的优点在于：首先，开放协调法的运用为欧盟介入其能力最弱的领域（社会保护领域）提供了可能，而且通过建立协调程序，它有助于实现失业、社会排斥、养老金等敏感问题的去政治化，减少各成员国对欧盟层面提出的社会保护改革方案的抵制。其次，开放协调法是一个非常具有包容性的工具，它体现了对各成员国在福利体制以及经济、政治、社会、文化等方面的多样性的尊重，为各成员国充分发挥其能动性选择最有效的社会保护政策提供了广阔的空间。再次，通过将各国的实际表现与基于共识的标杆进行比较，以及通过接受同行评审和公共监督，开放协调法能够营造一种"以监督来促进学习"的良好氛围，而且有助于避免各国政府采取一些"损人利己"（beggar-my-neighbor）的策略，减少了成员国之间的恶性竞争。①

开放协调法的最大的弱点在于不具有任何约束力。欧盟在社会保护改革领域所给出的所有指导方针、共同目标及改革框架等均不是法律条款，不具有法律执行力。这样就使得各成员国有很大的自由权来选择他们最有把握实现的指标，而不一定是最需要解决的问题。而且，即便是各成员国未实现欧盟制定的发展目标或指导方针，欧盟层面也没有任何的制裁措施。对于理事会最后所给出的建议，各成员国可以采纳也可以弃之一旁而不用担心惩罚。

---

① Scharpe. F. W., *The European Social Model: Coping with the Challenges of Diversity*. Blackwell Publishers Ltd, 2002.

所有这些均给欧盟社会保护目标的趋同带来了困难。除了缺乏法律约束力之外，还需要注意的是在欧盟现有的法律制度框架下，通过开放协调法所确定的共同目标是以不对欧盟内部市场和货币组织构成挑战为前提的，[①] 这样就使得欧盟社会保护政策的焦点主要是与欧盟一体化密切关系的问题。因此，欧盟应用开放协调法的根本目的在于保证欧盟一体化的顺利进行，而不是着眼于改变各成员的社会保护现状。

四、结语

社会保护在欧盟政策议程中的兴起，既是出于欧盟构建"社会欧洲"、实现社会发展与经济一体化相协调的现实需要，同时也是对经济全球化、技术进步以及人口结构变迁等新社会风险所带来的压力的回应。欧盟在社会保护改革进程中采取了一种积极的"社会投资战略"来取代传统的消极性收入再分配政策。这些改革措施并不是对欧盟传统福利国家制度的改组，而只是作适当的调整。欧盟在改革过程中所采用的开放协调法既反映了欧盟对各成员国之间福利体系差异性的默认，同时也体现了欧盟在干预社会保护政策领域权力的缺乏。作为一种妥协性解决办法，开放协调法的使用意味着欧盟试图通过促进各成员国社会保护政策的趋同，建立与经济政策规模相似的超国家社会保护体系的失败。[②] 不过，可以确定的是，未来欧盟既不会退回到"紧缩时代"，也不会一成不变地维持"僵化的福利体系"，欧盟仍将会不断地进行社会保护政策的创新，使欧盟社会保护体系在保持其相对优势的同时，更好地应对所面临的一系列新的经济和社会挑战。

欧盟社会保护的政策及改革对于现阶段我国社会治理与社会政策的改革有某些可供参考与借鉴之处：

——欧盟各国将社会保护政策与劳动力市场政策紧密结合起来、强调人力资本投资的理念，这有借鉴意义。我国未来社会政策的走向也有可能逐步由"满足公民基本需求"的社会保障模式向"增加人的能力和机会"的投资型社会保护模式转变。

——欧盟层面所提出的社会保护改革措施，是对各成员国所面临的一系

---

① 田德文：《欧洲社会政策与欧洲一体化》，社会科学文献出版社2005年版，第277页。

② Scharpe. F. W., *The European Social Model: Coping with the Challenges of Diversity*. Blackwell Publishers Ltd., 2002.

列新风险的回应。我国同样进入高社会风险的发展阶段,在未来的社会政策领域要更加重视预防性措施的运用,将干预重心由"事后保护"转向"早期预防",由解决贫困问题转向减少人们的贫困风险。

——欧盟在社会保护政策过程中特别重视开展"社会对话",强调社会合作伙伴的参与。非政府主体(或社会主体)的参与,是我国社会治理的题中应有之义。可以借鉴欧盟社会政策过程的这种做法,在政策的制定和实施过程中要打破传统"自上而下"的模式,向"自下而上"与"自上而下"结合的途径转变,鼓励弱势群体、社区组织、NGO等所有利益相关者更多地参与政策过程,形成网络状的新的治理形态。

——开放协调法作为一种"软"法在运用于欧盟社会政策领域时,取得了比传统"硬法"更好的效果。在我国社会政策推行的过程中,同样面临着政策主体的多层级、目标群体复杂、利益多元化、地区及发展水平差异性大等问题。开放协调法的灵活性、弹性化、尊重差异、强调交流与合作等特征,可以应用于我国社会政策执行中,以协调不同利益、不同层级、不同地区、不同部门之间以及政策主体与目标群体之间的关系;也可以尝试将该方法应用于其他涉及敏感性问题或是牵涉利益群体众多、执行阻力大的政策领域。

当然,欧盟社会保护政策是欧盟为适应经济与社会变化形势以及一体化与多层治理需要的产物,其兴起有特定的情境及体制背景。这是我们研究及借鉴欧盟社会保护政策及其改革的经验教训时所必须加以注意的。

4-2

加拿大人才引进战略及政策的评价*

国家竞争力中最重要的因素是人才。为强化国家竞争力,世界各国都积极制定与实施包括人才引进战略在内的人才发展战略及政策。加拿大作为西方发达国家之一,在人口稀少、人才短缺的窘境下,把人才引进作为其人才发展战略的重心,形成了较为系统配套的人才引进战略及政策体系,为加拿大经济社会的发展奠定了人才基础。本节简要评述加拿大的人才引进战略及政策,并指出其可供借鉴之处。

一、加拿大人才引进战略及政策的内容

加拿大是一个典型的移民国家。根据《加拿大统计年鉴(2103)》(*Statistics Canada2013*)提供的数据,截至 2011 年,加拿大拥有超过 600 万的非本土出生的居民,占总人口的五分之一。移民的类型包括家庭移民、投资移民、技术移民和难民。在过去的十来年,加拿大每年平均接受超过 20 万的移民作为其常住居民,其中约一半的移民来自亚太地区,主要居住在包括多伦多、蒙特利尔、渥太华在内的大城市周围。为了满足人才要求,加拿大政府在大力发展高等教育及基础教育的同时,注意国外人才引进,形成了较为系统配套和颇具特色的人才引进的战略及政策体系。

——以引进人才为目的的移民政策。加拿大人才发展战略中最突出的特点就是通过移民政策尤其是技术移民政策来吸引人才。人才移民在加拿大国家发展中扮演着关键和重要的角色。高技能人才、投资或商业人士、受过高

---

* 本文是作者主持的中国人事科学研究院一个委托课题的总结(陈芳为项目的主要合作者,研究生李倩、贡天国和廖定连等参与了项目研究)。

等教育的外国留学生是其优先考虑对象。加拿大政府在移民政策上首先是从便利国家发展、进行国际竞争的角度来制定，因此，经济技术类移民占有最多份额，并且成功率最高，所有投资移民项目都可以一步到位取得永久居民身份，并立即开始享受加拿大各种福利政策。① 在留学生方面加拿大大力吸收外国留学生，以此来补充急缺的人才。在加拿大每年大约20万的移民中，技术移民占60%以上。准许入境的技术工人分为两类：一类是企业家、投资者和经过考核的技术工人。后者强调教育成就和语言能力（英语和法语）。准许入境的技术移民一般看其教育和技术水平，最近的新分数制度强调一般技术。加拿大技术移民还有着不同于其他国家的技术移民的几个特点：不要求申请人在加拿大有亲属或经济担保；不必在加拿大找到雇主才能申请；一人成功，即可实现家庭移民；申请者移民获准有利亲属移民；可申请的职业、专业领域宽广；不需托福等英语成绩。②

——宜居的多元文化政策环境。多元文化政策是加拿大不同于世界上绝大多数国家的一个鲜明的特点。多元文化政策为加拿大人才发展战略的实施提供了重要制度基础。在加拿大学者让·孔兹看来，加拿大的移民政策以平等、尊重个体权利和多样性为基本原则，目标在于在确立融合过程中新移民和加拿大社会共同责任的前提下，推动常住居民成功地融入加拿大。《权利和自由法案》、《多元文化法案》和《移民和难民保护法案》等一系列法律和立法，均支持这一目标的实现。因为移民需要全方位地参与接受他的社会，这意味着一方面移民需要接受其所在社会的规则和价值；另一方面，接受他的社会也需要调整自己，以适应多样性的新现实。③多元文化主义政策以各民族的利益作为基本的价值取向，给予各个民族的语言、传统文化、风俗习惯和生活方式以平等的地位，因而容易得到各个民族的认同和支持。多元文化政策有利于对技术移民的吸引和利用，因为多元文化政策的核心是承认其他族裔文化的存在，承认其他族裔的贡献，反对种族歧视，主张民族平等。加拿大注重多元文化政策，重视多元文化主义的实施，不仅从法律上对多元文化主义进行具体的规定，在组织机构部门设置上、财政投入等方面都对多元文化主义政策提供多方面的保障。

---

① 王辉耀：《国家战略：人才改变世界》，人民出版社2010年版，第63页。
② 王荣等主编：《移民加拿大》，天津大学出版社2003年版，第15—16页。
③ 转引自陈振明、安德鲁·桑克顿主编《地方治理中的公民参与：中国与加拿大比较研究的视角》，中国人民大学出版社2016年版。

——构建先进科研平台及高水平教育研究网络。加拿大十分重视通过高层次人才项目来推进人才发展战略的实施。2000年,加拿大联邦政府发起了加拿大首席研究员项目(CRC项目),计划把加拿大发展到21世纪的世界经济领先国家地位,成为全球前5位的研发国家,吸引世界顶尖人才到加拿大服务,更重要的是通过这些优秀学者吸引世界上众多精英学生的到来,形成人才流入的良性循环。在2008年的时候,加拿大又提出了优秀首席研究员项目(CERC项目),计划通过7年10亿加元的奖励保证加拿大全球研发的领先地位。同时,加拿大政府还实施了其他的类似的项目,吸引了来自全球各地的一些学者来到加拿大,为该国的科技发展和经济发展作出了重要的贡献。加拿大高校一般都制定了各自的战略研究计划用来指导学校的科研发展。高校是招收留学生的执行者,通过从世界各地招收留学生,并通过其他相应的配套政策使这些留学生能够留在加拿大,也是加拿大实施人才发展战略的一项重要策略。高校还是CRC等项目的执行者,CRC等项目的席位一般都是分给加拿大国内的一些著名大学,由大学内的科研机构和学者完成创新项目。

——高待遇以挽留人才。这是加拿大留住人才的一个重要措施。待遇包括减免税收、提高薪酬、改善科研基础设施等。加拿大多年来一直致力于通过加强基础设施、科研环境建设来吸引、留住并用好世界一流人才,进而支撑加拿大世界水平的研究和高资质人才的培养和训练。加拿大创新基金会(CFI,1997年创建)设有基础设施运行基金(IOF:Infrastructure Operating Fund)通过对基础设施持续和稳定的支持,使高资质人才受益。根据2010年的一项调查,该年度总共有32412人次受益于CFI提供的基础设施,CFI还设立了领导者机遇基金(Leaders Opportunity Fund)为吸引来的国内外优秀科学家提供基础设施资助。CFI还向CRC计划入选者提供配套设备购置基金。[1] 这些措施都有力地促进了人才留在加拿大,为其科学研究和经济发展服务。

——完善的社会保障体系。只要成为加拿大公民,就能立刻享有加拿大完善的社会保障服务。从社会保障类别上分,有社会保险制度、社会救助制度、全民医疗保健制度等。从资金来源分,有税收支持的社会保障项目,也有缴交保险费支持的社会保障项目(养老保险、失业保险、工伤保险等)。

---

[1] 乌云其其格:《21世纪加拿大人才开发战略与政策措施》,《世界科技研究与发展》2012年第5期。

从管理体制上看,既有联邦政府管理的项目,也有省政府自己管理的项目,同时非政府组织和商业组织也分担社会保障和服务职能。从覆盖范围上看,社会保障计划几乎覆盖了所有的社会成员,特别是收入保障计划和医疗保险计划。因此,加拿大建立了比较完善的社会保障体系,能够使进入加拿大的移民留下来,享受在加拿大的各种社会福利。

二、加拿大人才引进战略及政策实施的效果

加拿大人才发展战略最成功之处就在于其人才吸引战略方面。加拿大主要通过技术移民、科研项目引进等各种途径来吸引其经济发展最需要的优秀人才。下面将从移民政策评价、高端科研人才项目评价和留学生政策评价三方面对加拿大的人才吸引战略进行评述。

1. 移民政策评价

加拿大是一个典型的移民国家,移民在加拿大人口构成中占有较大的比例,在国家发展中扮演着十分重要的角色。在人才引进方面,加拿大通过不断制定、调整移民政策,来吸引加拿大发展所需要的劳动力,尤其是其中的优秀部分,即人才。根据加拿大的移民法,加拿大移民主要有家庭团聚类移民、经济类移民和难民移民,其中最主要的是经济移民,由独立技术移民和商业移民所构成,占加拿大移民的一半以上。在吸引人才方面,加拿大主要是通过独立技术移民来吸引大量的专业技术人才。另外,经验移民和企业家移民也是加拿大吸引人才的重要类型。从1987年到2011年加拿大移民总数总体上变化不大,其中在移民的三个大类别中,经济类移民一直占据着较大的比例。经济移民为加拿大的经济发展带来雄厚的资金以及优秀的人才,可谓加拿大移民政策的成功之举。

——独立技术移民。独立技术移民作为加拿大移民的最重要的组成部分,一直备受加拿大联邦政府的重视。21世纪以来,加拿大独立技术移民主要通过加拿大联邦政府的"联邦技术工人项目"(FSWP, Federal Skilled Worker Program)来实施。这个项目主要是从2002年加拿大公布新的移民法之后开始实施的。从2012年开始,加拿大又实施了"联邦技术工人贸易项目"(Federal Skilled Trades Program),以此来满足加拿大技术工人的需求。加拿大2008年到2012年的移民总数基本上是稳定在25万人左右,从具体类别上看,经济类移民占了15万人左右,经济类移民中又以独立技术移民为主,占了10万人左右。在此所谓的独立技术移民一般指技术工人。加拿

大公民与移民局在2010年对加拿大技术移民项目进行了评估,针对"联邦技术工人项目"(FSWP, Federal Skilled Worker Program)从2002年开始实施到2008年之间这七年的发展情况进行了评估。该评估通过比较科学的方法,针对此项目的几个关键点,即FSWP的必要性与相关性、联邦技术工人的经济结果、联邦技术工人选择的新途径、雇佣机会的安排、联邦技术工人的流动性、联邦技术工人选择标准的有效性、FSWP申请的程序和项目的其他结果这8个方面,进行了比较详细的评价。[1]

——经验类移民。在加拿大经济移民的构成中,经验类移民(CEC, Canadian Experience Class)是一个重要的组成部分。经验类移民在2008年开始启动,其主要目的是方便那些拥有高技能及加拿大工作经验的临时居民,包括国际学生及外国技术工人取得永久居民身份,为优秀留学生毕业生及拥有一技之长的海外临时劳工提供永久居民身份的途径。与技术工人移民不同,经验类移民不需经过评分程序,而是只要满足最低条件就可能被允许移民。截至2012年,加拿大已经吸引了两万多高技能人员或留学生移民加拿大。经验类移民成为"加拿大政府旨在保证加拿大留住具有较强工作素养的人才的一个最新的政策之一,使得这些人才能够为加拿大的经济作出贡献,能够很快地融入加拿大生活","具有雇主所需的高技能的留学生能够直接进入加拿大全国所有的社区工作,这是加拿大经验类移民真正的价值"。[2]"经验类移民使得加拿大在吸引和驻留具有高技能的最优秀的和最聪明的人才方面具有更强的竞争力,这些人才应证明他们能够融入加拿大劳动市场和社会的能力","经验类移民允许这些具有高技能和高学历的人才把他们的知识和技能贡献于加拿大的经济,能够更新加拿大的劳动力,使得加拿大的劳动力在世界舞台上保持竞争力"[3]。"经验类移民是满足雇主需要的一个很理想的项目,这个项目有助于加拿大经济的增长"[4]。

——企业家移民(Entrepreneurs)。这也是加拿大移民政策中的重要组

---

[1] 加拿大公民移民部网站:http://www.cic.gc.ca/english/resources/evaluation/fswp/index.asp#toc

[2] 加拿大公民移民部网站:http://www.cic.gc.ca/english/department/media/releases/2011/2011-11-02a.asp

[3] 加拿大公民移民部网站:http://www.cic.gc.ca/english/department/media/releases/2013/2013-02-28.asp

[4] 加拿大公民移民部网站:http://www.cic.gc.ca/english/department/media/releases/2012/2012-09-14.asp

成部分，通过企业家移民，加拿大吸引全世界的企业家、商业人才移民，为加拿大的经济发展服务。加拿大的企业家移民计划开始于20世纪70年代。由于旧的企业家移民计划存在比较大的缺陷，实施效果不明显，于2012年7月暂停申请。作为加拿大"2012经济行动计划"的一个组成部分，新的企业家移民计划——创业签证计划（Start-up Visa Program）于2013年4月1日开始实施，目的是吸引海外高端精英人才和企业家赴加拿大创办企业，创造就业。针对最新的创业签证计划，加拿大欲通过此计划引进企业家人才。根据加拿大公民移民部的描述，"由于认识到创新与企业家精神作为加拿大经济驱动力的重要性，我们打算推出新的项目来吸引企业家移民"[1]。这个计划将使私人部门公司有机会接触到更广范围内的企业家，包括来自世界上最优秀和最聪明的企业家人才[2]。预计这个项目会给加拿大的企业家人才的引进起到促进作用。

2. 高端科研人才项目评价

高端科研人才项目主要是指加拿大政府为了吸引高端科研人才而实施的一系列的项目。这些项目主要包括加拿大首席研究员计划、加拿大优秀首席研究员计划、凡尼尔博士奖学金项目和其他的一些项目，各省和地区也相应地实施了相关的项目。下文将结合相关数据，对加拿大首席研究员计划、加拿大优秀首席研究员计划和凡尼尔博士奖学金项目的实施效果进行评价。

加拿大首席研究员计划（CRC，Canada Research Chairs）始于2000年，每年投资3亿加元，设立2000个首席研究员席位，用于吸引世界级的尖端人才，是推动加拿大的研究领域迈向世界尖端行列的核心发展战略。加拿大首席研究员计划评估委员会分别于2002年、2004年和2010年发布了加拿大首席研究员计划三年评估报告、五年评估和十年评估报告。根据2010年的评估报告，加拿大首席研究员计划很有继续进行下去的必要，而且该项目已经取得了成功。评估报告认为加拿大首席研究员计划实现了四个方面的目标：吸引和留住了优秀的研究者；增强了大学创造和提供新知识的能力；帮助大学在战略研究领域培育比较优势；有助于高技能人才的培训。数据表

---

[1] 加拿大公民移民部网站：http://www.cic.gc.ca/english/department/media/releases/2012/2012-04-18.asp

[2] 加拿大公民移民部网站：http://www.cic.gc.ca/english/department/media/backgrounders/2013/2013-01-24.asp

明,加拿大首席研究员计划对于加拿大大学吸引和留住优秀研究者来说是一个非常值得重视和有效的工具,68%的席位所有者来自加拿大本土,32%从国际研究机构来到或者回到加拿大,超过半数的席位被用来留住人才。研究发现,截至 2010 年 7 月,大约 19% 的席位拥有者在这十年期间离开这个计划,首席研究员计划有助于缓解加拿大大学在吸引和驻留人才方面的障碍,成为大学吸引和留住人才的一个重要且有效的工具。[①]

加拿大优秀首席研究员计划(CERC, Canada Excellence Research Chairs)于 2008 年开始启动,旨在吸引国内外最顶尖的优秀学者和研究人员,提升加拿大整体国际竞争力,并在世界人才竞争市场中拔得头筹。由于其选择程序更加复杂,确定的周期较长,迄今为止,还很难对加拿大优秀首席研究员计划给加拿大吸引顶尖人才方面的成效进行一个较为客观的评价。但是从这一计划的级别与权威性、所提供的巨额资助来看,其将为加拿大科研发展引来世界各地的优秀人才。

凡尼尔博士奖学金项目(Vanier Canada Graduate Scholarship,简称 Vanier CGS)启动于 2009 年。作为加拿大"科技战略"的重要组成部分,旨在通过每年在加拿大和全球范围内吸引 500 名顶尖博士生前往加拿大学习,以促进加拿大在经济、社会和科学研究方面的发展。奖学金资助每人每年 5 万加元,资助年限不超过三年。截至 2013 年,"凡尼尔博士奖学金项目"共授予 660 位博士奖学金,其中 164 位为国际留学生。凡尼尔博士奖学金项目提供丰厚的奖学金待遇,计划的顺利运营与所取得的阶段性进展,为加拿大招徕了大量来自国内外的热门博士人才,在很大程度上缓解了加拿大因人才流失而出现的尴尬窘境。这些优秀的博士学生遍布各个科研领域,在为其所在大学注入了新的科研力量的同时也促进了其所在领域科技研究的前进,推动了加拿大高等教育的发展,推动加拿大本土科研力量的进步。

3. 留学政策评价

加拿大比较开放的留学生政策,吸引着世界各地的优秀学生到加拿大留学,并且提供了留学生申请移民加拿大的政策途径。根据世界银行的数据,加拿大 2008 年到 2012 年这五年之间的移民总数为 109.84 万人[②],2010 年

[①] 加拿大首席研究员计划官网:http://www.chairs-chaires.gc.ca/about_us-a_notre_sujet/publications/ten_year_evaluation_e.pdf

[②] 世界银行数据库:http://data.worldbank.org/indicator/SM.POP.NETM

的留学生的数量为21.82万人①。与其他国家相比，加拿大吸引的移民总数较多，属于典型的移民国家。同时，由于重视留学生和国际教育，加拿大的留学生数量也一直保持着比较高的水平。

加拿大留学生的人数从2000年到2010年以每年7%的速度增长。在留学生的构成中，大学阶段学习的留学生的比例是最高的，占到了全部留学生数量的一半以上，而且以每年8%的速度不断增长。②根据加拿大政府2010年对留学生的一份评估报告，留学生给加拿大带来了经济和社会等多方面的效益。同时，加拿大还为留学生提供了转变为移民的途径，在2008年有10357名留学生通过移民转变为加拿大永久居民，而这一数字在2003年仅仅为5486名。55%的留学生以技术工人或技术工人配偶或家属的身份移民加拿大，55%的留学生接受了大学层次的教育，11%的留学生接受了贸易层次的教育。加拿大实施的留学政策是吸引人才的重要之举，为吸引优秀人才促进加拿大的经济发展作出了巨大贡献。

4. 人才驻留政策评价

人才引进与人才培养所获得的人才，要得到有效利用，最终还需一定的人才驻留战略来保证。加拿大在人才驻留方面具有十分独特的自然和社会基础优势，同时，加拿大也采取了相应的政策来推进人才驻留，使对加拿大发展有益的人才能够留住，为加拿大的经济发展与科学研究贡献力量。下面从生活环境、社会保障、创业就业环境、科研创新环境四个方面对加拿大的人才驻留战略进行评价。

——生活环境方面。加拿大人才驻留的生活环境主要包括自然环境和人文社会环境两个方面的因素，其中人文社会环境主要是指多元文化环境和宽松的移民环境。从自然环境方面来讲，加拿大地广人稀，风景优美，生活环境舒适，被称为世界上最适宜居住的国家之一。空气清新少污染，人口稀少，有利于居民的健康生活。根据世界银行的数据，加拿大2008年到2012年的人均二氧化碳排放量为15.2吨，比2003年到2007年降低8个百分点。加拿大2009年PM2.5的平均水平为每立方米19毫克。从人文社会环境方面来讲，加拿大驻留人才的主要环境是多元文化环境和宽松的移民环境。

---

① 加拿大外事、贸易发展局数据：http://www.international.gc.ca/education/assets/pdfs/economic_impact_en.pdf

② 加拿大外国事务部网站：http://www.international.gc.ca/education/assets/pdfs/economic_impact_en.pdf

1971年加拿大联邦政府宣布实施多元文化政策；1988年加拿大联邦议会通过了《加拿大多元文化法》，以法律形式确定了其多元文化政策，并成立相关的部门来具体实施多元文化政策。加拿大的多元文化氛围有利于使人们产生归属感，使其更好地适应加拿大文化，有利于更好地留住人才。加拿大是一个移民国家，由于人口稀少，长期以来实行宽松的移民政策，吸纳各国优秀的人才来到加拿大工作生活。为更好地吸引并留下更多的高层次人才，加拿大尽力简化移民程序，方便加拿大发展所需人才能够顺利方便地移民加拿大。

——社会保障方面。加拿大是一个具有较高福利的国家，拥有较为完善的社会保障体系。加拿大社会保障体系可以分成三个部分：收入分配政策、医疗保健政策和社会服务政策。在加拿大居住的全体公民和永久性居民，均享有加拿大的医疗保障，也意味着只要移民加拿大就能享受由医疗机构向国民提供免费或低收费的，包括预防保健、疾病诊治和护理康复等医疗保健服务。除了为公民提供一般性的医疗保障以外，加拿大政府针对不同群体，如老年人、残疾人、儿童、原住民，以及不同的社区和家庭都提供了相应的社会福利，并为其提供相应的收入保障。根据 Nationmaster 数据库的统计，加拿大社会保障支出占 GDP 的比重为 13.2%，在世界各国中排名第 12 位。加拿大养老金占 GDP 的比重达到了 84%，位居世界第五位[1]。2010 年加拿大的卫生支出占到了 GDP 的 11.4%，人均卫生支出为 4445 美元，位居世界第七，每千人有 2.4 个医生。[2] 由此可见加拿大在社会保障、卫生支出方面的优势。

——创业就业环境方面。加拿大政府有着一个有效的劳动力市场。政府通过提供相应的就业保险，建设安全、健康的工作环境，协调劳资关系，处理国际劳工事务并设立严格的劳动标准，保护劳动者的权益，为公民创造一个完善的劳动力市场、优越的工作环境。在船业环境方面，加拿大是七国集团中，净负债率占 GDP 比重最低的国家，并且具有较低的企业所得税。同时，加拿大各省、地区政府为更好地吸引投资，营造良好的税收环境，也采取了相应的税收政策。

根据普华永道 2013 年的数据，加拿大 2013 年最新的个人边际税率为

---

[1] OECD 数据：http://www.oecd.org/finance/private-pensions/47827915.pdf
[2] OECD 数据：http://www.oecd.org/canada/BriefingNoteCANADA2012.pdf

29%（针对联邦一般收入），企业边际税率为15%（针对联邦一般性投资）。①根据heritage思想库的商业自由度数据分析，加拿大的商业自由度为91.7分②，说明在采取措施努力降低政府对工商业的监管③。根据世界经济论坛的数据，加拿大2010—2011年度的最新技术可得性指数为6.3，在各国中排名第14位，风投资金可得性为3.6，排名世界第19位。④

——科研创新环境方面。科研环境对科研工作者从事科学研究工作有重要的影响，良好的科研环境能够吸引到更多的从事科学研究、技术创新的高层次人才。加拿大具有良好的科研环境基础，其高等教育在世界上也属一流，国内有多所世界一流的高等学府，这为高层次科研人才留在加拿大提供了良好的科研创新场所与基地。加拿大政府重视科学研究，建立了完善的针对科研的资助体系，为科学研究提供资金支持，同时也制定了针对科研的税收优惠政策，为科研提供了良好的税收环境。

三、几点启示

加拿大是西方发达国家之一，科技实力和经济实力雄厚，具备丰富的研究教育资源和人才发展平台，其人才引进战略和政策的经验对于我国相关的战略及政策的制定与执行有一定的参考与借鉴价值。

一是构建人才的激励机制。注意人才的激励机制的构建，是加拿大人才战略与政策的一个经验。应该研究如何运用先进的管理理念设计合理的激励机制，并逐渐形成长期的、有效的激励制度。激励重点由以金钱刺激为主到成就和成长为主；激励的方式强调个人激励、团队激励和组织激励的有机结合；激励的时间效应上把长期激励和短期激励结合起来；强调激励手段对员工的长期正效应。高校人才激励应建立起长效机制，确立激励的长期、中期和短期目标，并分别建立相应的激励制度，使激励真正实现制度化。长期目标应是建立理念共享的大学文化，创建一种无私和忘我的校园氛围。通过这种激励机制，一方面有利于吸引优秀人才，为我所用；另一方面，有利于留住优秀人才，继续为我国经济发展服务。

---

① 普华永道数据：http://www.pwc.com/ca/taxfacts
② heritage 数据：http://www.heritage.org/index/country/canada
③ 加拿大政府网站：http://actionplan.gc.ca/en/initiative/reducing-red-tape
④ 世界经济论坛：http://www3.weforum.org/docs/GITR/2012/GITR_DataTable2_2012.pdf

二是创造一流的科研环境。加拿大本身就具有良好的科研环境基础,其高等教育在世界上也属一流,这为高层次科研人才留在加拿大提供了良好的科研创新场所与基地。加拿大政府重视科学研究,建立了完善的针对科研的资助体系,为科学研究提供资金支持,同时也制定了针对科研的税收优惠政策,为科研提供了良好的税收环境。我国在培育良好的人才发展环境方面,可以借鉴加拿大在这方面的经验。人才作用的充分发挥需要良好的学术和用人环境。人才引进后,如何创设良好的学术环境,实现人尽其才,是当前人才战略面临的一个挑战。我国要想实现人才的回流与驻留,需要下更大力气营造良好的人才发展环境,尤其是科研创新环境。

三是完善留学政策。加拿大与美国、澳大利亚一样,是移民国家,有着完善的人才移民政策,开放的移民人文环境,吸引人才战略有活力,人才移民在其国家发展中扮演着重要的角色。高技能人才、投资人士、外国留学生是加拿大政府移民政策的优先考虑对象,而且所有移民项目可以一步到位取得永久居民身份,并且立即开始享受各项福利政策。在吸收外来优秀人才时,加拿大政府设定了相对宽松的录取要求、多样的选择、友好的签证政策和相对低廉的留学费用,这些举措使加拿大成为近年来热门的留学目的地。这也可供我国制定完善留学及吸引国外人才政策时参考。

4-3

高层次创新型科技人才队伍建设的战略与策略
——厦门市的个案研究[*]

人才竞争力是一个国家和地区的核心竞争力。推进高层次创新型科技人才队伍建设，无疑是厦门市在海西战略实施中发挥引领作用的支撑点。作为经济特区，厦门市是海峡西岸经济区的中心城市，是推动整个海峡西岸经济区发展的引擎，必须在未来的十年间在福建经济发展中发挥引领作用。近年来，厦门市提出了增强自主创新能力，建设科技创新型城市的战略目标。高层次、创新性和复合型以及重点产业急需人才的培养和储备不足，特别是具有高层技术、管理能力，思想意识与国际接轨，具有创新能力的顶尖级人才奇缺的状况已经成为高新技术产业发展的"瓶颈"[①]。因此，推进高层次创新型科技人才队伍建设，无疑是厦门市在海西战略实施中发挥引领作用的一个关键。本文在调研及访谈取得大量实际资料的基础上进行理论与对策分析，探讨厦门市高层次创新型科技人才队伍的战略与策略。

一、高层次创新型科技人才队伍建设的机遇与挑战

当前国内外的科技人才竞争激烈，厦门推进高层次创新型科技人才队伍建设面临着相应的挑战与机遇。

1. 机遇

国际视野中的科技人才再分配是厦门市建设高层次创新型科技人才队

---

[*] 原载《第一资源》2012年第2期（孟华等人为本文的合作者）。
[①] 厦门市科技局：《2007年厦门市科技工作情况》，2008-03-25，http://www.xm.gov.cn/zwgk/bmxx/kxjsj/gzbg/200804/t20080407_204210.htm。

伍所面临的重大机遇。自2008年以来的全球金融危机日渐蔓延,并正在导致新一轮全球范围内的科技人才再分配。面对这一机遇,中共中央办公厅转发《中央人才工作协调小组关于实施海外高层次人才引进计划的意见》,要求各地区各部门做好海外高层次人才引进工作。中国已经直接到美国去实施"人才抄底"。中组部出台的"千人计划"就引起海内外的强烈关注。2008年,上海市、江苏的无锡、辽宁的大连等市政府都率队前往英美等国实施海外招聘。① 对于厦门而言,这无疑也是一个顶尖科技人才引进的良好机遇。厦门所在的福建省是一个著名的侨乡之省,拥有1200多万闽籍海外侨胞和港澳同胞,分布在世界170多个国家和地区。在2009年的第十一届海峡两岸经贸交易会上开通的华侨华人经贸协作网明显有利于促进海外高层次人才的引进和高新技术项目成果的交流与合作等。在这一过程中,厦门市在福建省的优势地位决定了这些交流与发展机会就是厦门的高层次创新型科技人才队伍的重大发展机遇。

台湾地区经济衰退形势下的科技人才外流则给只有一海之隔的厦门提供了又一个科技人才引进的重要机遇。台湾这些年内斗不止,政客关注政治斗争而忽视经济发展,导致经济发展速度缓慢,失业率不断上升,大量科技人才流向大陆。除此之外,大量目前在台的科技人才也表示愿意来大陆工作。台湾联华电子集团对其500名中层员工进行过调查,想了解他们最愿意到什么地方工作。结果显示,愿意前往大陆工作的中层员工高达54%。② 另外,据台湾《经济日报》报道,一零四人力银行与数字时代杂志发布《员工分红费用化与科技人职场动态》调查,半数高科技工作受访者愿意来大陆工作,而且,年薪愈高者来大陆工作意愿愈强。③ 在台湾地区科技人才向大陆的流动中,厦门具有吸引台湾人才的特定优势,这是因为,厦门与台湾地区隔海相望,唇齿相依,人缘贴切,风俗人情相同,地方语言相通。如果能更好运用这些优势,并且避免一些与长三角、珠三角相比的不利条件的影响,是将台湾地区经济衰退导致的科技人才外流机遇转化为厦门高层次科技人才队伍扩大的现实必要条件。

---

① 王辉耀:《人才战争》,中信出版社2009年版。
② 华夏经济网:《去中国化毁了台湾经济 四小龙中发展最慢》,2008-07-15,http://big5.huaxia.com/tslj/rdgc/rdgcwz/2008/07/1042650.html.
③ 央视网:《岛内调查显示台湾半数科技人才想西进大陆》,2007-10-05,http://news.cctv.com/taiwan/20071005/101073.shtml.

2. 挑战

近几年来,全国各地都掀起了对高层次人才特别是高层次科技人才的争夺战。2002年9月,上海浦东新区人才交流中心率领企业到中关村招聘急需的软硬件开发的科研项目带头人。[1] 2005年11月,江苏42所高校在南京国展中心举行的2005年江苏省秋季中、高层次人才交流大会上打起了"人才大战"。[2] 2005年12月浙江省人事厅就率领省内众多知名单位在上海虹桥宾馆举办了一次高层次人才洽谈会。[3] 目前,这场人才争夺战已经发展为对海外高层次人才的争夺。从上海的"浦江人才计划"、浙江的"钱江人才计划",到河北省的"海外留学人才集聚工程"等,中国各地正在不断地调整政策、优化环境,为海外人才归国搭建干事创业的平台。但是,与以往盲目引才不同的是,高层次人才正在成为人才引进重点。以苏南地区为例,2007年5月该地区掀起了一场前所未有的智力争夺。各城市人才引进目标都指向海外高层次创新型科技人才。[4]

在这场高层次人才的争夺战中,厦门面临着巨大的挑战。虽然改革开放以来,厦门作为经济特区所吸纳、沉淀下来的人才竞争力仍然相对较强[5],但是,伴随着东部沿海的快速发展以及西部开发、中部崛起、振兴东北等战略的实施,多个经济圈异军突起,我国区域经济的发展呈现出崭新的格局。当前,各类人才有着更多的选择,流动方式及范围日益多元化。而厦门市的经济发展水平、工资报酬水平与广州、深圳、上海等地存在一定的差距,学术氛围还不够浓厚,创业环境还有不少有待完善的地方,为此,人才的吸引力相对来说还比较弱,一些高层次或急需的专业技术人才不愿到厦门市落户创业,而原来已引进的人才,由于才能得不到充分发挥,造成一部分人才流失。这也就意味着,在新一轮的高层次科技人才争夺战中,与长三角、珠三角地带相比,厦门所在的闽南金三角的吸引力明显要低得多。

---

[1] 高慧:《长三角地区开发区人才引进与培养模式比较》,2008-01-02,http://www.docin.com/p-84469.html。

[2] 黄勇:《42所高校"血拼"中高层次人才战南京开打》,《江南时报》2005年11月14日。

[3] 李晓明:《宾馆单间上演高层次人才争夺战:跳槽,很私密很从容》,《新闻晨报》2005年12月5日。

[4] 杨晓冬:《中国引进海外人才步伐加快》,《中国人事报》2007年9月14日。

[5] 倪鹏飞主编:《2008年中国城市竞争力蓝皮书:中国城市竞争力报告》,社会科学文献出版社2008年版。

二、高层次创新型科技人才队伍建设的路径选择

厦门市高层次创新型科技人才队伍的发展方向，必然是要紧紧抓住机遇，巧妙地应对挑战，有策略、有针对性地找准发展的基点，确定发展的方向，并选择发展的原则。

1. 基点：区别情况，分梯次引进高层次科技人才

区分情况主要是针对厦门各用人单位对顶尖科技人才的需求以及吸引力而言。从厦门的实际情况来看，各用人单位所具有的对顶尖科技人才的需求与吸引力存在着客观的差异性，大致上可以划分为两种情况。一是对顶尖科技人才的需求强烈且对人才具有较强的吸引力。厦门大学、海洋三所以及环境科学院等中直机构非常典型地属于这种用人单位。相比之下，这些用人单位吸引顶尖科技人才的能力较强，同时，顶尖科技人才向这些单位的流动也更多地是由这些单位自身的吸引力导致的，与其在厦门并无非常明显的关系，且这些单位吸引来的顶尖人才通常对厦门市的相关人才政策不敏感。二是对顶尖科技人才要么需求不明显，要么对人才具有的吸引力不强。除中直机构外的其他厦门用人单位可以被归并为这种类型的用人单位。这类用人单位在对顶尖科技人才的需求以及自身吸引力方面都或多或少存在着一些问题，而人才选择这些单位更多地会受到厦门市整体环境的影响，相应地，选择这些单位的科技人才对于厦门市的一些科技人才政策也相对会更为敏感。

划分梯次则主要是针对高层次创新型科技人才而言的。一般情况下，海外高层次科技人才相对而言会比台湾地区的高层次科技人才更有竞争力，而台湾地区的高层次创新型科技人才又会比大陆的科技人才更具竞争力。基于这一考虑，我们可以将海外的高层次科技人才定义为第一梯次，台湾地区的高层次科技人才定义为第二梯次，大陆的高层次人才定义为第三梯次。

厦门市建设高层次创新型科技人才队伍的基点就是要将这两种情况与三个梯队的人才结合起来。从人才引进上来讲，就是要充分发挥第一种类型用人单位的优势来吸引第一梯次的顶尖科技人才，政府在此过程中主要是做好后勤保障工作；同时，政府要帮助或引导第二种类型的用人单位将引进科技人才的重点放在台湾地区高层次科技人才以及大陆高层次科技人才。当然，我们在此只是基于扬长避短的考虑集中两类单位的引进人才而已。

2. 定位：从引进、培养个人转向引进、培养创新团队

科技研发需要团队的协作，科技创新团队成员之间的鼎力合作可以实现

"1加1大于2"的奇效。创新团队是以高层次创新型科技人才为领军人物,同时集合不同层次且在科技研发中能够相互配合共同攻关的群体。它的形成可以有不同的形式,从而也需要耗费不同的时间。耗时最少的自然是将成熟团队直接引进过来,但这种引进方式需要一定的机缘巧合,且成本相对较高。第二种形式是有计划地引进一些不同的个体,但注意其相互间在科研工作上的配合可能性,从而为其发展成为成熟的创新团队提供前提。这种团队引进方式的典型代表是厦门大学的生物医学院。第三种形式则是根据单位现有高层次创新型科技人才的科研活动领域以及特定的研发项目,组织培养创新团队。这种方式需要耗费较长的时间,但因团队成员基本无须再引进或者只需要引进一些一般层次的科技人才作为支持,因而成本较低,是最为现实的一种创新团队形成方式。

除了尽可能地引进创新团队之外,厦门市还要注重转变高层次科技人才集中于高校,而高新技术产业缺少足够的科技创新人才支持的不利形势,在创新团队的构建中,要注意促进校企联合,发挥高校高层次科研人员的领军作用,利用他们的实力带动企业中的科研力量,从而通过盘活高校科技人才的创新能力来推进厦门产业的发展。

3. 原则:引进与培养并重,高层与中层衔接

高层次创新型科技人才队伍的建设必须要注重引进与培养相结合,这不但是由厦门市的实际情况决定的,也是人才管理的客观规律决定的。厦门市作为二线城市,在高层次科技人才的争夺中不但无法与上海、北京、广州等一线城市相比,而且,由于周边缺少发达的一线城市的辐射与支持作用,整体的引才能力不足。在此情况下,虽然可以凭借一些中直机构部分带动高层次科技人才的引入,但引进人才的难度相对较大。同时,根据人才管理的客观规律,当一个城市的科技发展过多地依靠引进人才来支撑时,势必会极大地削弱本地人才的积极性。如果引进人才将大量的机会都挤占掉,对于构建科技创新团队,共同攻克科技难关也是很不利的。因此,自主培养人才与积极引进人才相结合是加强高层次创新型科技人才队伍建设的普遍原则和基本做法。当前,在激烈的高层次科技人才争夺中,厦门市必须要立足于自主培养和自我发展。加强后备人才梯队工程建设,始终把年轻后备人才的培养工作作为紧迫的战略任务,摆在各项工作的突出位置。引进国内外高端人才及高层次科技人才的工作,也要以此为基础,并且重点落实在厦门市紧缺、急需的顶尖科技人才上。

高层次创新型科技人才队伍的建设还必须注重高层与中层或者说后备科

技人才的衔接。科技人才有着不同的层次，而且互相依存、上下承接。从这个意义上说，高层次创新型科技人才队伍建设应该实行分层管理，即以高层次创新型科技人才队伍建设为核心，把其他层次的科技人才队伍建设都带动起来，形成多渠道、分梯级的科技人才队伍建设工作格局。只有实行科技人才的分层管理，才能适应科技研发工作的团队式特点，让高层次创新型人才能够找到创新团队的不同层次的成员，并带动创新团队从事科技研发。

三、高层次创新型科技人才队伍建设大环境的营造

要推进厦门市高层次创新型科技人才队伍建设，必须先为这项工作的进行创造有利的环境。具体而言，就是要调整政府的管理理念，推进产业的纵深发展，培育并提升科技人才的发展载体以及打造公共服务平台。

1. 理念更新

一是要打破保守思想。我们在调研中发现，有许多单位和高层次科技人才将厦门与上海、深圳等城市进行比较，认为本地政府的思想偏于保守，不利于人才的引进与保留。主要表现为两点：一是因为对科技人才的评价保守，注重学历，从而使得一些企业的重要科技人才无法得到市民待遇。二是柔性借才措施中给予科技人才的待遇相对有限，且外籍人士还无条件享受这些待遇。相比之下，深圳不管国籍、户籍和地域而向高层次科技人才提供对应或者说等同于市民的待遇的做法是很值得厦门学习的。打破政府保守思想，必须从这些保守性政策的调整做起。

二是要优化服务意识。我们在调研中发现，一些海外归来的高层次科技人才对于国内办事烦琐、协调性差的部门运作很是头痛，认为这些人才引进安置过程中的许多事情浪费了他们宝贵的科研时间与精力。因此，他们希望市政府能够成立专门的机构部门，解决引进的高科技人才诸多现实问题特别是家属问题，解决其后顾之忧，为其提供一站式服务。另外，服务意识的加强还表现为政府要主动与企业包括民营企业和私营企业进行沟通，了解企业科技研发中到底需要什么样的政府支持。

三是要强化责任意识。近年来，我国已经将引进海外高层次人才上升到了国家战略的层面，厦门也需要将高层次科技人才队伍的建设上升到城市战略的层面。而要确保各级领导及相关职能部门能够真正重视这项工作，在当前的行政体制下，最有效的方式就是无锡、苏州等地采取的目标责任制考核

方式。① 在这种责任机制下，政府部门才能爆发出不亚于招商引资的热情去招揽高层次科技人才到所辖地创新创业。

2. 产业发展

高层次创新型科技人才与一个城市的产业发展是息息相关的。高层次创新型科技人才能够带动产业的快速发展，同时，产业发展的水平也决定着高层次创新型科技人才的流向。然而，厦门的经济总量较小，产业积聚不明显，没有一条完整的产业链，而且目前厦门的企业主要是属于加工制造业，其研发机构通常不设在厦门，这就影响到厦门的科技人才集聚效果。同时，外地产业集聚区域的存在还在一定程度上影响到了厦门科技人才的流动。针对厦门的这种现实情况，要吸引高层次创新型科技人才到厦门工作，就必须推进厦门的产业发展，推动产业升级换代，尽快形成完整的产业链条，必须着力培养行业的龙头企业，扩大市场影响，为科技人才提供更大的发展空间。为此，厦门市必须结合产业发展规划以及中长期科技发展规划，制定引进高层次创新型科技人才的规划。这种规划应该既有短期的，也有长期的，并分部门、分产业地进行编制、实施。只要是产业发展急需的科技人才，都可以引进。让产业与高层次科技人才互动，才能以项目引人才，靠人才促发展，实现良性循环。

3. 服务提升

城市政府在推动高层次创新型科技人才队伍建设以及加强城市自身的科技创新能力过程中，必须要提供高质量高水平的公共服务。

一是强化政策支持。厦门市最为重要的政策支持是抑制房价的相关政策支持。缺乏了这些抑制房价政策的支持，即使能够吸引进精英人才，也留不住，而且现有高端科技人才流失的现象也无法有效得到遏制。同时，根据厦门市现有人才政策的情况，首先要加大政策的宣传力度，保证用人单位与高层次创新型科技人才个人能够适当了解政策和使用政策，发挥政策的应有效用。其次要尽快制定针对高层次创新型科技人才的相关政策。再次，要修正现有政策中的一些明显缺陷，主要包括：评价制度要更科学，不局限于学历而强调能力，同时不同体系人员的评价要有一致性；借助于科学的评价制度对现有人才以及要引进的人才进行公正的政策激励，做到不偏不倚；高层次

---

① 曾航：《"抢人"：长三角打响海归人才争夺战》，《21世纪经济报道》2009年4月22日；中共苏州市委组织部：《苏州向海内外创新创业人才抛出"绣球"》，2006年10月19日。http://www.szzzb.gov.cn/message.asp?id=2649。

创新型科技人才的家庭安置政策要更人性化，更多地体现政府的服务意识；建立健全推动专利产业化的政策与措施等。

二是推动校企以及科研机构与企业的协作。在此方面，厦门市政府已经做了很多工作，然而，如何推动高校、科研机构与企业的合作，特别是驻厦门的中直科研院所与企业的合作还是一个值得努力的领域。以中科院城市环境研究所为例。虽然作为中直机构，该所拥有一批很有实力的高层次海归人才，但是由于刚刚成立不久，科技创新平台建设还不够好，人脉资源积累也不够广泛，社会影响力和知名度比较低。所里的高层次科技人才迫切需要地方政府做好中介角色，加大宣传力度，发挥牵线搭桥的作用。

三是培育科技创新的公共服务平台。近几年，厦门市在培育科技创新平台、搭建高层次创新型科技人才载体方面已经做了很多工作，也取得了很大的成效。但是，我们在与高层次创新型科技人才的访谈中了解到，他们普遍反映，厦门的科技创新平台仍然不够。根据这种情况，厦门市政府今后还必须着力于科技创新公共服务平台的建设，以更好地吸聚高端人才。而且，一个城市真正吸引高层次创新型科技人才的不是优厚的薪资待遇，而是他们得以发展的软环境，特别是科研环境、学科带头人作用、师资力量等。

四、高层次创新型科技人才队伍建设政策的完善及创新

1. 人才引进措施

引进海外以及台湾地区的高层次创新型科技人才，必须注意做好两项核心工作：一是消除其后顾之忧；二是消除其事业发展的顾虑。

消除高层次科技人才后顾之忧其实就是要求在引进海外及台湾地区高层次人才时重在引心[①]，需要做更为细致的工作。要根据他们的实际情况，提供"保姆式服务"，想方设法帮助他们解决工作、生活上遇到的实际困难，解除他们的后顾之忧，让人才放心回来、安心干事，获得与其创造的社会价值相应的自身价值。对于厦门市政府而言，如果中直机构引进海外顶尖人才，厦门市政府应该想办法在其家属安置、子女择校以及住房安排方面切实

---

① 仲祖文：《再谈"引才的关键是引心"》，2009年7月7日，http://www.czdj.gov.cn/newhr/ReadNews.asp? NewsID = 2381&BigClassName = &BigClassID = 18&SmallClassID = 22&SmallClassName = %BE% AB% B2% CA% CE% C4% D5% C2&SpecialID = 0。

提供足够的支持，比如改变家属安置由单位解决的传统做法，改由市人事局和劳动部门负责协助解决。

为这些人才创造良好的事业发展条件则重在消除其"英雄无用武之地"的顾虑。海外及台湾地区高层次科技人才回国或来大陆工作本身就冒着相当大的风险，他们毅然放弃了优越的生活条件以及工作条件，就是希望能够有所成就。引进这些人才首先要着眼于帮助他们成就事业，从产业、事业发展的实际情况和未来需求出发，精心思考和设计海归人才的事业空间，为他们创造事业腾飞的条件，让他们带着希望回来，切切实实感受到更受重视、更有用武之地、更有发展前途，这样，他们才会踏踏实实地回来，认认真真地实施科技研发。

引进海外及台湾地区高层次科技人才还要考虑引进方式、引进中的问题以及引进问题的处理方式。厦门的大型科研机构在此方面已经积累了一些成功经验：(1) 通过校友网络引进。如厦大生物医学院的五位研究员的引进。(2) "专家找专家"方式，即业内人士引荐。厦门大学能源研究院的李宁院长便是以此方式引进的，而目前李宁院长在引进人才时仍然采用这种方式。(3) 借助国际会议的宣传平台。此种方式在厦门大学王亚南研究院的人才引进中起到了相当重要的作用，吸引了不少海外归来的高层次人才。(4) 组团到海外招聘。此方式以中科院城市环境研究所为代表。除了已经有的人才引进方式之外，引进海外人才还可以借鉴以下方式：首先是通过引进国内外著名猎头公司或与其合作，构建一个覆盖全市主导产业和新兴产业的高效快捷的海外高层次人才引进网络，并对引进高层次创新型科技人才成效显著的猎头公司，政府给予一定的奖励；其次是在海外留学生高集聚地区建立海外联络点，着力引进具有科技成果回国实施成果转化的高层次人才；再次是加快建立闽籍海外科技人才信息库建设，并实现信息的动态更新，为推进厦门产业发展提供海外高层次科技人才的信息支持；最后是推动社会化引才的发展，并在政策层面上对引进海外高层次科技人才的单位或个人进行适当奖励。对于台湾地区高层次人才还可以有以下引进方式：一是有针对性地设计一些激励措施，促使在厦门的台湾企业能够低成本地将在台的研发工作转移至厦门；二是成立在厦台湾企业以及高层次科技人才联谊组织，通过联谊组织的定期活动，了解台湾企业以及这些科技人才的发展需求，尽可能帮助解决；三是将海外引才社会化的措施推广至台湾人才，通过奖励引进台湾地区高层次科技人才的单位与个人，促使引进台湾地区人才的活动逐步社会化。

国内高层次创新型科技人才的引进要相对容易一些，一是因为他们觉得厦门与其先前所待的地方应该不会有太大的落差，二是因为他们的相关信息很容易收集，使得引才的针对性更强也更有效。在具体的引才措施或方式上，引进海外、台湾高层次创新型科技人才的方式同样适用于国内人才。除了前述的措施或方式之外，针对国内高层次创新型科技人才，还可以有以下几种引才方式：一是政府定期率领用人单位到高层次创新型科技人才聚集的地区引才。如果厦门的用人单位能够给他们提供更好的工作岗位、更重的工作责任和更好的工作机会，他们是会选择来厦门的。我们调研中的一些企业反映，他们在跟随政府到外地招聘时会招到一些高层次科技人才。所以政府应该更多地与企业或其他用人单位进行沟通，根据他们的需求选择适当时机，率团赴外地招聘高层次科技人才。二是设法扩大厦门在高层次创新型科技人才中的影响。可以通过联络中央级媒体或影响较大的网站对厦门各科技园区、产业发展优势以及相关政策进行系列的介绍，来扩大厦门的影响。三是建立引进高层次创新型科技人才特聘专员制度。负责高层次创新型科技人才以及创新成果的信息收集和推介工作，对在高层次创新型科技人才推荐、项目合作等方面作出显著贡献的特聘专员，政府将给予一定的奖励。四是通过科技会议带动科技项目与科技人才的交流，进而吸引高端科技人才。

2. 人才培养措施

对于厦门来讲，抓好学术技术带头人的梯队建设，做好享受国务院特殊津贴和省市级拔尖人才的选拔工作，充分整合利用现有各种资源，加强青年人才创新性思维和独立思考问题能力的培养，全面充实后备高层次科技人才队伍，才是高层次创新型科技人才队伍建设的百年大计。要加强对现有科技人才的培养，可以通过多种方式实现。我们在调研中发现，厦门的企业事业单位在实践中已经实行了多种培养方式。比较典型的有：以老带新的师徒关系下高层次科技人才的培养；项目负责制下技术带头人或负责人对普通科技人员的培养；合资企业中台湾研发人员对厦门研发人员的培训；请专家讲学；鼓励科技人才承担项目；送研发人员去高校或台湾母公司参加培养；出国考察、参加研讨会等。另外，市政府还专门安排有出国培训经费，可以实现对机关事业单位高级管理人才的出国培训支持。这些培养方式形式多样，对科技人才的成长都起到了很重要的作用。但在现有培养方式的基础上，还可以重点推广使用以下几种培养方式：

一是扩大项目负责制的使用范围。由于厦门现有高层次创新型科技人才主要集中于高校，所以，可以考虑通过项目负责制的培养将高校的高层次创新型科技人才盘活。这要求市政府要有意识地鼓励企业将一些实践中的科研难题以及围绕产业发展所需要研发的一些项目拿出来，组织厦门的高校与企业联合组成项目组，通过合作培养企业的科技人才，同时也可以主导厦门高校科研方向向有利于本地产业发展的方向走。

二是派管理人员到外资企业跟班学习先进管理经验。外资企业中先进的管理经验对于高端管理人才的培养至关重要，而厦门有着 DELL、ABB 等知名的跨国公司，市政府完全可以将一批优秀的机关事业单位的管理人才送到这些企业中跟班学习，以培养一批有着先进管理理念的高端管理人才。

三是跟知名高校联合组织一些具有轰动性效应的培训活动。晋江市人事局曾组织企业家到清华大学参加培训，产生了非常好的效果。厦门市可以效仿这一做法，通过与企业进行沟通，组织厦门市企业的科技研发主任和技术骨干到知名学府进行短期的培训学习。培训根据行业展开，可分成几期，政府要提供一定的经费支持来确保企业的配合。

四是推动中外联合办学。可以依托厦门大学或其他大型科研机构，由市政府提供一定的资金或其他形式的帮助，实现中外联合办学。这可以有两种办学方式：一是与一个固定的外国院校合作办学；二是外国的院校不固定，依靠厦门大学教师与外籍教师的人脉关系或者通过网络等形式，定期或不定期地按照事先的计划安排，依照厦门高层次创新型科技人才培养的需求，吸引一些外国的专家来厦门讲学。

3. 人才激励与评价措施

对于高层次创新型科技人才的激励，必须坚持一定的原则，其中有两项原则至关重要。一是不但要激励个人，更要激励用人单位。激励个人是很重要的，但是，目前厦门市用人单位还未形成争先恐后抢夺科技人才的态势，这就不利于用人单位正确地看待和合理地使用以及积极地激励高层次创新型科技人才。因此，政府必须适时地对用人单位进行激励，以提升单位领导对此问题的关注，督促用人单位改善科技人才的工作环境，为这些高层次创新型科技人才出成果创造条件，并且能够主动地留住人才。二是不但要激励新引进的高层次科技人才，也要激励原有的高层次科技人才。与国内其他城市一样，厦门市在政策制定中，倾向于花大力气和大笔资金引进新的人才，而对本土培养的人才以及早先引进的人才不能很好兼顾，从而导致原有科技人才工作积极性受挫，甚至造成人才流失。因此，人才激励政策的制定必须做到新老并重，不能顾此失彼。

对高层次创新型科技人才实施激励的内容选择也要根据这一人群的特殊

性展开。对于高层次创新型科技人才来讲，虽然家庭安置等的后顾之忧必须要予以解决，但是，工资、待遇甚至住房都已经不是吸引他们的主要因素，他们更倾向于追求政府与社会的认可与尊重。许多海外人才回国都与单位领导的充分重视和尊重密切相关。这就要求在今后的工作中，市政府以及各用人单位必须切实关注这一人群的精神需求。一是为他们打造事业发展的平台，相信他们的能力并对他们委以重任；二是通过特定的形式明确肯定他们的价值，如切实兑现政策承诺，或者适当地通过电话、信件等方式表达对他们工作的关注并询问其工作难处。

人才评价其实是人才激励的一个重要方面。厦门市虽然已经在人才评价方面努力作了一些调整，但中小企业科技人才的职称评定权却属于省科技厅，其职称评定采用的方法不同于高校、事业单位和大型国有企业，这套方法对人才的要求极高，且明显是以学历等传统因素为基础的。工作于不同部门或单位的高层次创新型科技人才如果因单位性质的限制而产生职称评定上的差异，这是很不利于激发科技人才的工作积极性的，也不利于科技人才的正常成长。因此，厦门市应该与省科技厅进行一定的沟通，探讨可行的方式来放宽对中小企业中优秀人才评职称的限制，采取和大型国有企业类似的方法。对高层次创新型科技人才的评价还必须考虑要突破职称的限制，并且要与激励结合起来。可以参考深圳的评价体系，将高层次创新型科学人才区分为国家级、省级与后备高层次、领军创新型科技人才，借助于外部的评价体系（即国家与省的各类精英人才的选拔机制）进行人才的归类与区分。在这种评价体系基础上，无论是新引进的人才还是原有的人才，都可以套用这一评价体系，然后根据其层次的差异享受不同的待遇与激励措施。

4. 人才挽留措施

调研中发现，高层次创新型科技人才在将来五到十年离开厦门的可能性相对较小，主要的原因是，这些人通常都已经事业有成，在厦门有着良好的事业发展机会与平台，占有大量的社会资源，社会认可度高，家庭稳定，如果离开会带来相当大的沉淀成本。因此，厦门市要做好高层次创新型科技人才的挽留工作，主要不是从这一群体入手，而是要切实关注高层次创新型后备科技人才的流失问题。目前的政策制定只注意那些已经成名的高层次科技人才，而这些政策对他们来说效用并不明显，吸引力也不是很大，那些还未成名但具有潜力的真正需要政策支持的年轻人却没有得到足够的关注，缺乏相应的扶持措施，这非常不利于年轻科技人才的成长，从而导致这类科技人才的大量流失。这一点也是用人单位以及许多高层次创新型人才所强烈呼吁的。有许多高层次创新型科技人才都反映,他们被引入后,如果进行科研工作就必须要组建科研团队,但是,由于不同梯队的科技人才在厦门的生活工作境遇不同,导致中层科技人才流失过多,一些单位高层次创新型科技人才的助手频频更换,使得科研工作团队的建设受到阻碍,也直接影响高层次创新型科技人才的工作成效。

要避免这些后备科技人才的流失,厦门市政府必须着力做好以下几项工作:

一是切实采取有力措施降低房价收入比。在现有经济发展水平的条件下,居民工资的增长受到了较大的约束,因此,可行的途径是采取有力措施降低房价。同时,科技人才的保障性商品房定价要客观实在,不要变成"鸡肋",人才住房补贴要根据城市经济实力和物价逐年提高。

二是建立科技人才流失的预警系统。市政府要与各用人单位协作,共同做好科技人才流失的预警工作,以便做到及时了解科技人才流失情况,分析流失原因,并制定应对流失的有效措施。同时,要设定科学的科技人才流失警戒线,政府就要协助用人单位客观分析原因,督促并协助其挽留科技人才的工作。

三是对高层次创新型科技人才以及后备科技人才流失少的单位进行一定的奖励。科技人才的流失虽然与厦门市的大环境建设直接相关,但更为明显地受到用人单位人才管理活动的影响。厦门市政府要有意识地对各用人单位在高层次创新型科技人才以及后备科技人才流失方面的情况以及所做的科技人才挽留工作进行评价,对表现好的单位予以一定的表彰奖励,而对流失率过高的单位则要协助其查找原因并解决人才流失的问题。

厦门设立国家综合配套改革试验区的可行性研究[*]

国家综合配套改革试验区的选择需要符合国家发展的整体战略规划，必须具备一定可行性，具备经济社会发展实力、区位优势乃至心理的承受力。因此，设立国家综合配套试验区，首先要把自身的战略优势最大限度地发掘起来，找准自身定位，走出自己特色，结合已有改革的经济、社会和文化基础，制定切实可行的试验方案。随着浦东新区、滨海新区和成渝综合配套改革的推进，国家也将循序渐进扩大试验区试点范围，进一步推动区域经济的平衡发展。因此，把握机遇，结合经济特区转型和海峡西岸经济区建设，建立国家综合配套改革试验区，对于厦门实现跨越式发展，推进海峡西岸经济区建设，促进国家统一大业，将具有深远的意义和影响。

一、厦门设立国家综合配套改革试验区的必要性

国家建立综合配套改革试验区的初衷，就是要让试点城市结合具体区域的实践特点，先行试验一些具有国家层面意义的重大改革开放措施，从而为国家探索新的改革思想、新的发展路径、新的增长模式、新的改革模式积累经验并发挥示范作用。在此意义上，厦门设立国家综合配套改革试验区堪比改革开放初期设立经济特区，对于新时期下经济特区乃至海峡西岸的区域的发展将具有极其重要的推动作用。

1. 厦门设立国家综合配套改革试验区，有利于国家重要经济区域的平衡发展。目前，有两个国家综合配套改革试验区试点以及深圳均位于环渤海

---

[*] 原载《东南学术》2008年第6期（这里删去原来的正标题"设立国家综合配套改革试验区，推进海峡西岸经济区建设"，李德国、陈文博等人对本文有贡献）。

经济区、长三角经济圈和珠三角经济圈,而重庆和成都则处于推动西部发展的节点位置。国家的战略意图十分明显,即通过相关试点的发展推动各大经济区域的整体发展。但是,当前我国的经济发展过于依赖三大经济圈,而国家的整体发展还需要其他区域的均衡发展。厦门所处的海峡西岸经济区极有可能成为我国原有的三大热点区域出现后的第四个热点区域。尽管中央已高度重视海峡西岸经济区的发展,但实践的支持与其他区域相比仍然较为缺乏,它的建设仍然没有像珠三角和长三角那样进入实质性和整体性的阶段,迫切需要新的战略来推动。

从地理版图上看,海峡西岸经济区是以福建为主体,面对台湾,邻近港澳,北承长江三角洲,南接珠江三角洲,西连内陆,涵盖周边,具有自身特点、独特优势,辐射集聚、客观存在的经济区域。而随着长三角、珠三角以及环渤海区域的强劲发展,中国东部区域将迈入联动化的整体发展阶段,彼此对接、相互联通将是发展的重要趋势。从区域位置来看,厦门所处的海峡西岸经济区位于上海浦东新区和深圳特区之间,且与台湾一衣带水,骨肉相连,既符合改革试点区域适度分离、综合布局的整体需要,又符合中央支持海峡西岸经济区建设的政策需要。在此情况下,厦门设立国家综合配套改革试验区,既有效对接"长三角"和"珠三角",扩大区域整合范围,又能够进一步发挥对台合作与交流的区域意义。而建立国家综合配套改革试验区后所进行的突破性、原创性和系统性的改革,将有利于提升中国东南城市群的整体竞争力,有利于推动海峡西岸区域经济的快速发展,有利于实施全国区域协调发展总体战略。

2. 厦门设立国家综合配套改革试验区,有利于海峡西岸经济区建立更为强大的发展节点。一个区域经济的发展,离不开一两个核心城市的带动,珠三角要靠广州、深圳的带动。长三角已经形成了以上海、苏州、南京、杭州为核心的辐射广角。纵观各综合改革试验区试点,尤其是沿海地区的试点,无不实力雄厚,傲视众城。在此意义上,海峡西岸经济区的建设,与厦门、福州和泉州的城市竞争力提升有着密切的关系。可以看出,中心城市和城市群将成为我国知识和技术创新中心、先进制造中心,成为带动区域发展的火车头。

厦门是海峡西岸经济区的主要中心城市之一,理应在周边地区发挥重要的凝聚力和辐射力。但目前厦门所起的带动作用,远小于长三角的中心城市。从经济总量的角度看,厦门的经济实力在全国范围内仍偏低。由于厦门作为强大中心节点的效应尚未展现出来,使得海峡西岸经济区尚未形成真正意义上的中心城市和城市群，而且三个主要城市的规模也明显落后于长三角、珠三角和京津唐地区，成为一种"较为严重的弱核带动式城市群"。由于缺乏中心节点的聚集效应和枢纽功能，海峡西岸城市之间发展目标相似，产业结构雷同，导致区域资源的使用浪费，损害了区域整体利益。在此情况下，厦门迫切需要新一轮的系统改革和跨越式发展，逐步增强在周边地区的凝聚与辐射能力、辐射范围以及影响强度，真正发挥龙头作用，以实现海峡西岸经济区的战略构想。

3. 厦门设立国家综合配套改革试验区，有利于加速海峡两岸的合作交流，实现国家统一大业。海峡西岸经济区的建设，在经济上可对接长三角与珠三角，让福建经济发展成为东南沿海发展的重要组成部分，进而成为参与全国经济一体化和国际市场竞争分工的主要成员；在政治上，能够起到为两岸形成一个经济协作区奠定基础的作用以及将台湾融入大陆区域经济圈一环的作用。而后者的意义，更是随着近年来台海局势的复杂化而日益凸显出来。

厦门作为海峡西岸经济区的龙头和中心城市，在海峡两岸经贸交流方面具有重要的地理优势。近年来，台湾在经济发展过程中的资源缺乏、市场狭小、用地难求和污染问题逐渐暴露出来，迫切需要更为理想的发展腹地。由此，建立国家综合配套改革试验区，将有利于厦门充分发挥"近台优势"的吸引力，进一步推进闽台两地的衔接和互动。例如，在综合配套改革框架内，厦门可以发挥两岸交流的优势，在高科技产业上充分借鉴台湾新竹科学工业园的发展模式，从而为国家探索区域经济发展新模式提供新的经验和启示。

4. 厦门设立国家综合配套改革试验区，有利于探索新时期经济特区发展的新模式。我们知道，在开放之初设立经济特区进行改革试验的目的，是降低政策失败可能带来的冲击和成本，而经济特区的建设目标，最后被设定为给国家建立完善的社会主义市场经济体制提供经验。而为了吸引更多的参与者，国家在经济特区实施了许多当时其他地区不享有的政策措施，同时承诺特区可以进行其他有关试验，以"杀出一条血路来"（邓小平语）。现在，随着全国性的市场经济体制的完善，符合国际标准的、统一的、完全的市场经济体系已经初步建立。这意味着，特区的原有的政策将逐步普适化，进一步淡化。但是，这并不意味着特区历史使命的结束，也不意味着特区自身存在的问题已经得到妥善解决。

经济发展与政治发展、社会发展具有动态的关联性，在经济发展到一定时期后，政治发展和社会发展必然会提上日程，而只有经济发展到一定程度，才能为进一步的改革提供相匹配的财政基础，这符合国际经济发达地区的成长规律。特区长期以来以经济发展为主轴推进改革，为国家积累了重要的改革经验，但在发展过程中也呈现了经济发展与社会发展相脱节、环境污染严重等较一般地区更为突出的问题。同时，特区自身的改革探索也远未结束，在一些重点领域和关键环节上，特区尚未取得深层次的突破。而特区经过多年的发展，已经为未来的综合改革积累了相当雄厚的经济基础，在公共服务和社会事业上的改革具备了良好的条件。众所周知，公共服务供给与财政能力是高度相关的，公共服务支出比例的增高也离不开财政能力的支持，否则，公共服务制度的改革就难以持续。在此意义上，特区建立国家综合配套改革试验区，不仅有利于探索新时期的特区发展模式，也有能力实现新的改革任务。可以说，厦门进行国家综合配套改革试验，对于未来经济特区的体制和制度设计具有典型意义，能够起到完善国家发展战略空间布局、促进区域协调发展的作用。

5. 厦门设立国家综合配套改革试验区，有利于厦门实现新一轮的跨越式发展。目前，厦门已经在新一轮跨越式发展的道路上迈出了坚实的步伐，经济发展与社会和谐都取得了不俗的成绩。但是，我们仍然要居安思危，毕竟，与兄弟城市相比，厦门的发展仍具有较大的追进空间。而新一轮的跨越式发展，离不开制度创新形成的整体效应，综合配套改革将对厦门产生巨大的发展推力。

此外，厦门在近些年快速发展的过程中，也出现了不少城市发展的共性问题。如产业布局、财政和金融体制、土地体制、环境资源管理体制还存在不少问题；行政改革滞后于经济体制改革，创新力度比较欠缺；公共服务和社会管理制度结构尚未完善；城乡差距较大的现象仍然存在等。这些问题将是厦门实现新一轮的跨越式需要加以重视的，其解决无疑需要综合配套改革的系统思路，也只有从更高、更宏观的制度创新格局入手才能应对这些发展过程中面临的棘手问题。可见，建立国家综合配套改革试验区，是厦门实现新一轮跨越式发展的基础和保障，也是作为经济特区所应该承担的责任和所必须具备的勇气。

二、厦门设立国家综合配套改革试验区的有利条件

经过二十多年的发展，厦门充分发挥了经济特区"先行先试、敢闯敢

试"的创新精神,在经济发展和体制创新上已经取得令人瞩目的成就。特别是近年来,厦门实施新一轮跨越式发展战略,加快融入海峡西岸经济区建设,大力推进科技、医疗卫生、教育、社会保障、文化、体育等社会事业发展,居民生活品质大幅提升,人居环境、创业环境、投资环境和发展环境进一步优化,城市综合实力显著增强。在中国社会科学院近两年发布的中国内地城市综合竞争力排名中,厦门连续位居第九位;在2006年11月11日世界银行发布的中国120个城市投资环境评价报告中,厦门名列第五而成为"中国投资金牌城市"之一。可以说,厦门已经具备设立国家综合配套改革试验区所必须具备的区域平衡发展、典型性和代表性、经济社会承受能力和实践基础等条件。

1. 厦门所处的地理与经济区域符合国家推动区域平衡发展的整体战略要求。"区域协调发展"近年来是国家调整宏观经济版图的重要战略。一方面,从当前我国主要经济版图的布局而言,目前在国内,长三角、珠三角(包括港、澳)和环渤海(包括京津唐)等地区,已逐步通过区域内城市功能的整合,正在不断刷新城市系统格局,带动地区经济高速增长,成为我国经济增长的核心地区。相对而言,厦门所处的海峡西岸经济区尚未形成真正意义上的城市群,城市规模也相对较小。在这个意义上,厦门设立国家综合配套改革试验区,将更大程度提升其龙头带动作用,不仅可以促进海峡西岸经济区在长三角与珠三角之间的融通作用,还可以带动其腹地地区(如江西)的整体发展。

另一方面,随着国际产业升级和转移速度加快,作为台湾产业转移和投资的主要选择地之一,厦门经济发展将迎来重要的战略机遇期。目前,厦门正在有条不紊地推进两岸产业对接,深化产业升级,利用台湾产业优势将电机、机械产业联合起来,发展高科技产业。全球知名的台湾4大光电企业已有3家选择落户厦门,厦门已成为台资光电企业的重要聚集地,成为台湾科技企业西进聚集地。而国家设立综合配套改革试验区,一个重要目的就是促进区域产业升级,改善经济结构和增长模式,厦门已经具备这方面的经验和要求。

2. 厦门作为率先进行经济改革的东部沿海地区,其发展现状、问题和障碍具有较大的典型性和代表性。国家综合配套改革试验区必须具备一定的典型和代表性,而厦门作为经济特区在自身发展过程所出现的问题,在当代中国城市中具有较为较高的代表性和典型性,其行政改革、经济转型、公共服务以及城乡统筹上所面临的压力甚至高于一般的城市。一方面,改革开放以来,厦门所处的东部地区经济取得了很大发展,但这种发展仍然在较大程度上建立在廉价劳动力或土地资源等其他资源消耗的基础上。随着资源的逐渐消耗,这些地区进入了资源约束阶段,因此东部经济必须从传统的消耗资源模式转向以创新为基础的经济增长模式上来。实际上,近年来厦门改革探索的一个重要主题,就是转变经济增长方式,提高经济增长质量,着力解决结构不合理、产业层次低、第三产业发展滞后、地区产业结构趋同等问题。

另一方面,随着原有经济特区优惠政策的普遍化,厦门面临着再次创业的机会与挑战。厦门的发展和改革意味着特区体系将再次展现改革领头羊精神,意味着从经济改革进入到整体改革的战略部署的实现。同时,厦门在经济发展过程中所遇到的问题,急需国家重新调整特区政策,通过再次启动综合配套改革,为建设中国特色社会主义的示范地区,发挥改革开放的"窗口"和"试验田"作用引入新的动力系统和发展空间。

3. 厦门已经具备设立国家综合配套改革试验区的经济社会承受能力。厦门经过多年的发展,已经初步具备人才密集、创新环境好、体制比较先进、市场透明度高等优势,其在海峡西岸经济区中的龙头作用已逐步显露出来,对扩大闽台经贸合作的作用也正逐步显现,完全具备作为国家综合配套改革试验区的区域实力和影响作用。可以说厦门自身综合经济的增长,对于解决这些问题已经具备良好的财政基础,其成功解决的经验将随着厦门影响力的扩大为区域乃至全国提供更多的示范作用。

更为重要的是,在不断改革创新的过程中,厦门的政府能力得到大幅提升,社会承受能力也不断增强,这些良好的心理基础将有利于综合配套改革试验区改革措施的有效实施。作为经济特区,厦门一直是创新和改革的前沿地区,社会群众对改革的心理承受能力随着经济的持续增长和政府体制的完善而大大增强,设立综合配套改革试验区所必需的自主意识、竞争意识、平等意识、民主法制意识和开拓创新意识,正不断走向成熟和理智,构成了积极健康的社会心理。这些良好的社会承受能力,对于综合配套改革将起到积极的推动作用。

4. 厦门对综合配套改革试验区的政策创新框架已经积累了深厚的实践基础和改革经验。正如前文所指出的那样,国家综合配套改革试验区的选择不仅要考虑地域战略意义,还要考虑当地的经验累积情况。从上海浦东和天津滨海新区的经验看,综合配套改革试验区的政策创新框架包括行政管理体制改革、现代金融服务体系构建、科技产业改革、土地管理改革、财政预算和分配方式改革等方面,而厦门在探索经济特区建设过程中,已经积累了充分的条件，具备了相当丰富的综合配套改革经验，完全可以发挥原有的优势，进一步整合单项式的改革。

首先，厦门近年来在一些改革领域已经走在了国内城市的前列，在政府绩效改革、公共财政制度改革、行政审批制度改革等方面的成就有目共睹，具有较为坚实的实践基础。而在关系民生福利制度改革方面，厦门保障性住房建设经验全国瞩目，甚至可能成为国家房改新政的蓝本。综合盘点这些改革，它实际上已经触及了综合配套改革的大部分内容，在这些领域所取得的改革经验，无疑是申请国家综合配套改革试验区最有说服力的证据。

其次，厦门已经为设立综合配套改革试验区奠定了良好生态文明基础。当前，党的十七大报告已经指出要"建设生态文明，基本形成节约能源资源和保护生态环境的产业结构、增长方式、消费模式"。把生态文明写入党代会报告，这是我党执政兴国理念的新发展，是落实科学发展观、实现全面建设小康社会目标的新要求。综合配套改革试验区作为实施国家战略的试点地区，必然更加要推动生态文明的建设。而厦门经济特区一直关注生态文明问题，牢固树立了建设生态城市的理念，其实践经验不仅富有创造性，也具有示范性，其建立国家综合配套改革试验区，具有巨大的生态环境优势。

再次，厦门在统筹城乡发展、促进公共服务均等化方面已经取得较大进展。近年来，厦门市不断加大对农村的投入和政策的倾斜，农村城市化进程不断加速，城乡逐步实现一体化，城乡二元经济结构得到有效缓解。随着社会主义新农村的建设，岛外农村已成为厦门投资的重要热点，2005年岛外固定资产投资首次超过50%，农村基础设施逐步完善，市道、区道、镇道、村道形成网络；厦门市还着力建设农村社会保障体系，出台《厦门市被征地人员基本养老保险暂行办法》，建立失地农民基本养老保险制度；在公共服务均等化方面，1.5万农村低保对象得到应保尽保，大病统筹保障，解决了农民有病看不起和因病返贫的问题。种种措施已经取得初步的成效，城乡统筹已经进入良性发展的渠道，这些都为未来推进综合配套改革提供了极其有利的条件。

5. 厦门外向型经济的经济格局已基本形成，能够积极发挥作为综合配套试验区的国际影响作用。国家综合配套改革试验区的一个发展目标就是建立高度开放和完善的市场经济体制，为中国参与全球化经济竞争提供重要平台。改革开放以来，厦门经济特区更是扮演着中国外向型经济的"南风窗"和"桥头堡"的重要角色。厦门经济特区成立的二三十年里，厦门的出口贸易也获得了持续高速的发展。据统计，厦门关区的出口贸易占了福建省出口贸易的半壁江山,而厦门本市的出口贸易更是占到了厦门关区出口贸易的三分之一强。不少世界著名的跨国公司,如柯达、戴尔、ABB、太古等企业都已来厦投资;5家外资银行目前在厦门有分支机构,数量仅次于上海、北京、深圳和广州;2006年以来,上百家台湾光电、电子信息、精密机械等行业的企业整体"西移"厦门,其中台湾光电行业的四大巨头,已有3家落户厦门;以中国国际投资贸易洽谈会(简称"投洽会")和海峡两岸机械电子商品交易会暨厦门对台进出口商品交易会(简称"台交会")为主体的经济交流平台正不断扩大等等。厦门在外向型经济发展方面所取得的成就,能够有效发挥作为综合配套试验区的国际影响作用,进一步推进中国经济与世界经济的有效接轨。同时,作为经济增长与环境保护和谐发展的典型,厦门将有力回应和消除国外对中国大量使用资源和能源的粗放式经济增长的担忧。

总之,厦门目前已经有了相对较好的综合配套改革基础,完全有能力先行先试,在体制改革的重点领域和关键环节取得突破。厦门如果以这些良好的条件为基础,利用自己的特色大胆创新,积极申请,展现良好的改革主动精神和奋斗精神,就能在改革浪潮中发挥特区的先导作用,并最终在建立国家综合配套改革试验区上获得国家的认可与推进。

三、厦门设立国家综合配套改革试验区的竞争战略

(一)竞争战略的选择

随着重庆和成都逐步启动城乡统筹综合配套改革,新一轮的改革浪潮已经铺开。如果能率先取得国家综合配套改革的试点地位,即极有可能在新一轮的改革中领跑中国,成为未来深化改革、展现国家实力的热点地区。正因如此,申请建立国家综合配套改革试验区的竞争不断升级,各地无不努力把握这一发展的大好机会。厦门如果要在建立国家综合配套改革试验区的竞争脱颖而出,必须明确自己与关键竞争对手的优劣势所在,从竞争格局的角度出发了解内外部环境变化的影响。因此,以下将运用SWOT方法对厦门所处内外环境所形成的优势(strength)、劣势(weakness)、机会(opportunity)和威胁(threats)四个方面的情况结合起来进行分析,以寻找制定适应本地实际情况的竞争战略的方法。

1. 优势

厦门建立特区以来,励精图治,不断超越,已经形成了良好的竞争优

势。这些优势必须在申请综合配套改革试验区过程中充分体现出来，如此才能形成改革的延续性，保持核心竞争优势。

(1) 地理优势。厦门地理位置优越，与台湾隔海相望，自古就有"扼台湾之要，为东南门户"之称。自宋代以来厦门与台湾同属一个行政单位，大陆移民始从厦门移往台湾。相似的地理位置、气候条件与生活习性使两者在环境、人脉、文化和风俗等方面有着良好的亲缘性。这种特点的地理位置和历史渊源关系，使厦门成为承接台湾产业转移的良好腹地、商贸来往的交通要道以及两岸合作交流的前沿阵地。

(2) 区位优势。厦门地处闽南金三角之枢，与闽粤赣三省十几个地市紧密相连，是海峡西岸经济区南端的重要中心城市。建设海峡西岸经济区，离不开厦门作为重要发展支点的带动和辐射作用；长江三角洲和珠江三角洲的南北对接，离不开海峡西岸经济区的支持。

(3) 经济优势。特区设立以来，厦门经济社会发展取得了举世瞩目的辉煌成就。GDP 年均增长 18%，工业总产值和财政总收入年均递增 24.1% 和 21.3%。短短的时间内，厦门已经从昔日的海防小城发展成为基础设施完备、城市功能发达、人居环境优越，在国内外闻名遐迩的滨海现代化城市，完全具备改革所需要的经济承受能力。

(4) 政治优势。厦门作为经济特区，尽管政策优势已不明显，但在长期的改革创新过程中已经形成了良好的政治改革优势：厦门拥有较大城市立法权限，法制建设较规范；厦门在规范政府职能、提高行政管理能力的工作和成绩上已经走在国内前沿；厦门各项社会改革事业不断推进，社会稳定和谐，民生福利较好，群众对改革有良好的心理预期和接受能力。

(5) 生态优势。厦门环境优美，气候宜人，先后获得过联合国人居奖、国家园林城市、国家环境保护城市和全国文明城市等骄人荣誉，是国内外著名的旅游风景区以及外地人才、国外人才的工作生活首选地；厦门在生态文明建设上已经创造性地形成了"厦门经验"，这些令人瞩目的成就也正是国家对综合配套改革试验区所期待和盼望的。

(6) 港口优势。濒临大海，拥有能够进行国际运输的优良海港是厦门建立国家综合配套改革的重要优势之一。厦门港口设施先进，一直位于全国十大港口之列，近年来港口货物吞吐量激增，厦门港已是闽西南地区乃至整个福建省、粤东、赣南进出口货物的主要通道之一。

2. 劣势

(1) "特区"劣势。厦门作为经济特区的特质既是优势，又是劣势。当前，理论和实务界对是否在经济特区基础上设立国家综合配套改革试验区尚存在争论，部分省市地区认为特区再建立国家综合配套改革试验区将使中西部地区的资源劣势进一步恶化，不利于当前开发西部、振兴东北和中部崛起的战略目标。而且，由于特区优惠政策的丧失，经济特区在吸引外资方面面临更为严峻的挑战。

（2）规模劣势。厦门目前城市规模、市场容量和经济总量都较小，辐射能力较弱；在经济增长速度上，厦门的环比增长速度在近几年与沿海部分城市相比明显下降；厦门所处的海峡西岸经济区的集聚经济尚未形成，各城市之间的产业竞争效应大于协同效应。国家综合配套改革试验区必须具备一定的规模效应，能够提供经济要素低成本、高效益流动的环境，在此基础上迅速聚集更多的生产要素，通过乘数效应辐射到更大区域。而厦门受限于经济腹地、产业结构等原因，在规模方面具有一定劣势。

（3）交通劣势。这与福建特殊的地理环境有较大的关系，福建境内多山，山高路险，曾有"闽道更比蜀道难"之说。近年来，厦门以及整个福建的交通状况已经大为改善，但与珠三角、长三角及环渤海地区相比，其公路、铁路网络均处于劣势。目前，各经济发展圈正以核心城市为基础，争相打造"一小时经济圈""三小时经济圈"等快速交通系统。而厦门处于铁路运输的"末梢"，出省通路不畅，使得厦门与周边省市交通不便，难以形成发展腹地。

（4）人才劣势。厦门具有吸引人才的环境优越性，属于省内高校数量较多的城市。但与上海、天津、深圳乃至成都等城市相比，厦门的人才储备仍然不足。不仅高端人才相对缺乏，技术工人的缺乏也是比较明显的弱点。这不利于未来产业升级换代，吸引高科技产业投资的发展趋势。

（5）文化劣势。受厦门特有地理环境和传统的影响，厦门具有悠闲平和的文化性格。这种"舒适安逸"和"少有进取"的文化基因多多少少渗透到行政文化体系中去，使得厦门的改革往往只是跟随全国城市亦步亦趋，与深圳、上海等城市相比缺乏突出的战斗精神和创新力度。

3. 机会

（1）海峡西岸经济区建设。十七大报告明确指出，"支持海峡西岸和其他台商投资相对集中地区经济发展"。截至目前，已有38个国家部委、中央企业与海峡西岸经济区签订协议和备忘录，从规划布局、项目安排、政策措施等方面进行部署和安排。可见，随着国家对海峡西岸经济区支持力度的加强，将出台更多的具体扶持政策，这对厦门设立国家综合配套改革试验区无疑是巨大的利好机会。

（2）台湾产业转移。从产业成长的规律看，台湾产业的外迁已成必然之势。2001年以来，上百家台湾机械企业、电子企业、食品企业按行业整体迁移海峡西岸的"群雁现象"多次出现。当前上海、江苏等地在承接台湾产业转移方面的政策创新力度较大，成果显著，厦门必须抓住机会，调整和升级自身的产业结构。此外，两岸农业合作交流扩大和台湾农产品在大陆销售的加快，也是厦门深化发展的良好机会。

（3）综合配套改革试点扩大。国家相关部门已经指出，我国将在逐步提高综合配套改革试验区准入条件的同时，选择更多的地方进行试点改革。各个试点具有相对不同的改革重点，国家不可能只把试点区局限在目前的几大区域之内，未来还会结合新兴区域，形成新的改革焦点。

4. 威胁

（1）竞争者众多。如前文所指，当前国家综合配套改革试验区的竞争相当激烈，沈阳、武汉、长株潭等地方均有较为明显的竞争优势，且地处东北和中部，符合国家振兴东北和中部崛起的战略意图。

（2）台海局势复杂。近年来台海局势时有缓和，时有波动，使得地处战备前沿的厦门面临一定威胁。如果"两岸三通"等扩大两岸交流合作的措施能顺利推行，台海因素将从"威胁"转为"机会"，反之，可能对国家选择综合配套改革试验区造成一定的负面影响。

（3）公共关系。申请建立国家综合配套改革试验区意味着必须站在新的"聚光灯"下推销自己，同时接受国家乃至更多兄弟城市和地方的评价。对于已是经济特区的厦门，在公共关系方面面临一定劣势。如何应对舆论，强化宣传，接受挑战，将是建立国家综合配套改革试验区的一个重要面向。

5. 竞争战略

根据SWOT分析的结果，厦门设立国家综合配套改革试验区具有相当大的比较优势，机会较大，但仍需要克服特定的劣势和外部威胁。总的来说，厦门的竞争战略可以从以下角度出发：

（1）SO战略，依靠内部优势，利用外部机会。重点把握中央建设海峡西岸的政策倾斜，捉住台湾产业梯度转移的时机，将厦门在经济、政治、社会和环境等方面的优势往海峡西岸建设和对台工作这两个历史命题上挖掘，强调厦门所担负的历史使命。一方面，在更为深入宣传并扩大海峡西岸经济区的战略地位和影响的同时，必须强调厦门作为龙头城市如何发挥更大作用，如何强化对周边地区的凝聚与辐射能力，如何扩大辐射范围和提高影响强度等问题；另一方面，将产业升级和经济结构改善作为设立综合配套改革试验区的重要目标，突出厦门在承接台湾产业转移上的优势及其对于我国如何参与全球范围内的生产要素重组和产业升级的重要作用，明确指出厦门设立综合配套改革试验区有利于东部地区在参与新型国际分工、提高经济增长质量上积累经验。

（2）WO战略，利用外部机会，克服内部劣势。厦门建立综合配套改革试验区的内部劣势多为客观因素，这些劣势实际上可以通过加速海峡西岸经济区建设和对台交流这两个历史命题来改变。因此，厦门在竞争战略的选择上，应该明确指出，设立国家综合配套改革试验区不仅有利于海峡西岸的壮大和对台经贸的融合，对于厦门改变长期以来的规模较小、对内经济辐射能力受限等劣势也将产生深远的影响。

一方面，要突出厦门内在环境改善与海峡西岸经济区建设之间的良性循环作用，厦门内在环境的改善带动着海峡西岸经济区的发展，而海峡西岸经济区的建设也不断地改善着厦门的内在环境，吸引着越来越多的台商投资，起到扩大对台交流的作用；另一方面，厦门的"内在劣势"在发挥对台交流作用上已起到一定的阻碍作用，迫切需要国家新的战略来推动厦门地区的建设，强调建设一个经济繁荣发达、环境优美舒适、社会温馨和谐、人民幸福安康的经济特区，树立良好的特区形象，不仅使广大人民群众普遍受益，促进人的全面发展，更会对海峡对岸产生强烈而持久的震撼力、吸引力、感召力和影响力，从而积极促进祖国统一大业。

（3）ST和WT战略，依靠内部优势，减少内部劣势，避开外部威胁。首先，厦门必须强化宣传工作，提高外界对厦门战略位置重要性的认识。目前，外界对厦门的形象认识往往限于环境优美这一角度上，因此，在申请设立试验区过程中，必须从环境这一角度拓展宣传，从地缘的角度加强宣传，既可以提高社会各界对厦门的认知，还可以起到对台宣传与示范的作用。其次，将"经济特区"的事实转化为优势。经济特区已经享受了国家已有的部分优惠政策，这是不争的事实。但是，我们在申请过程中可以强调在当前特区优惠政策普遍化的形势下，特区已无政策优势；同时，特区经过多年的发展，所遇到的问题往往比一般的城市更为迫切需要解决，尤为需要迈上一个更高的改革台阶，而其解决问题的实践基础和经验积累，也比一般城市要明显。最后，加强公关工作。厦门申请设立国家综合配套改革试验区，必须避免把自己放在与其他申请城市竞争面的位置上，而应该树立"双赢"的公关思路，通过广泛的城市联盟与城市伙伴创建，指出厦门设立试验区对于国家区域平衡发展的作用，指出厦门作为对台交流平台在促进各兄弟城市与台湾地区的交流上的帮助等作用。

（二）战略制定

建立国家综合配套改革试验区是一项涉及城市发展的方向性、全局性和长远性问题，对城市未来的发展具有重要的影响作用。因此，依据有效的决策体制、规范的决策程序和现代化的决策技术方法来制定这项发展战略，是应对日益复杂的社会背景，减少风险性和不确定性的必要过程。科学的战略制定过程应该包括前期、中期和后期三个阶段。

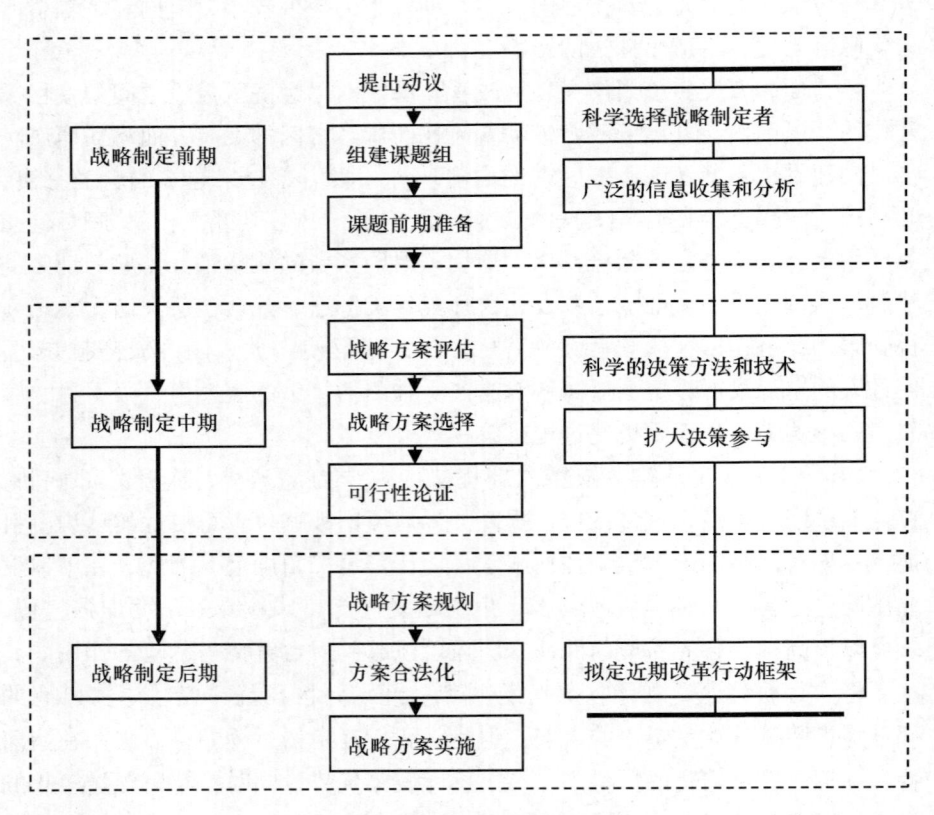

图4—2 战略过程框架

前期主要是战略制定之前的若干准备工作，包括提出动议，将设立国家综合配套改革试验区的发展战略制定纳入政策议程；建立一个目标一致、分工明确的课题组，设计综合配套改革的总体方案，并将目标具体化，确定目标实现的具体途径、措施和方法等。

中期主要是进行战略方案的评估、选择和可行性论证。包括对战略方案进行科学性及可能收到的效果进行系统评估；在评估方案基础上，对各种可行方案进行比较和鉴别，获得最优的战略方案；围绕政策目标，运用定性和定量相结合的分析方法，对战略方案是否可行进行系统的分析和研究。

后期主要是战略方案的合法化和启动实施。包括将战略方案提交市人民代表大会、市委、市政府和政策研究机构讨论，选择性地发挥非官方评估者（如企事业单位、民间研究机构、广大市民）的参与作用，提高决策民主性；依照法定权限和程序将发展战略提交有关国家机关进行审查、通过、批准、签署和颁布；启动战略方案的实施等。

总而言之，战略制定过程的三个重要环节就是：（1）形成目标明确、具有合力、能够产生最佳效能的研究团体。人员配置是课题取得成功的基础，课题负责人熟悉决策程序，具有丰富知识经验和良好沟通能力。课题组成员必须具备多学科、多层次的知识结构，必须充分发挥专家的作用。（2）扩大民主参与，达成共识。考虑建立决策的社会公示制度和听证制度，让市民或市民代表能够参与关系到自身利益的政策制定过程。增强决策制定的公开性和透明性。强化对舆论的合理引导和调节，考虑建立专门的公共关系处理小组，提高决策合意性。（3）寻求国家有关部门的合法化或认可。可以考虑建立专门的领导小组，积极与国家有关部门协调、沟通，力求中央认可改革方案，并为改革方案提供配套的制度支持。

经过严密的论证、广泛的讨论和国家有关部门的认可后，国家综合配套改革试验区的战略方案进入实施、调整和反馈过程。必须着重做好战略转化的过程，明确重点改革专项，划分战略实施步骤，完善组织保障体系；加强战略方案的实施效果监控和评估，根据内外环境和具体条件对战略方案进行科学调整，建立方案战略反馈系统。

首先，完善组织保障，加强统一指挥。国家综合配套改革试验是事关城市综合发展的重大战略，涉及社会经济的方方面面，其实施是个系统过程，必须坚持统一领导、统一指挥的原则，组织好班子，建立好完善的工作机制，积极推进既定战略的实施。一般而言，要成立市委、市政府主要领导亲自挂帅的战略实施领导小组，有关部门作为领导小组成员单位，领导小组下设办公室。领导小组的主要任务是总体负责方案规划和实施，协调改革过程中发展的重大问题，积极与上级乃至国家有关部门协调沟通，监督改革任务完成情况，办公室的主要任务由领导小组确定，具体做好方案论证、选择和转化工作，督促有关部门实施改革，对重大问题及时汇报并提出处理意见，供领导小组决策。

其次，细化战略对策，分类推进各项改革任务。综合配套改革是宏大的工程，是一揽子改革措施的有机结合，需要整体的制度创新。这不仅包括区域管理模式、行政管理体制、经济体制、社会管理和公共服务事业体制、文化体制等层面的改革，还涉及各项改革之间的系统整合，政策制定的相互衔接，改革措施的绩效评价以及重点领域、关键环节的问题分析等重要科学问题。因此改革不可能一蹴而就，必须将改革目标分解为具体的改革任务或专项，确定改革阶段。着重制订近期行动计划，明确具体改革事项、重点改革内容、工作目标、工作进度和责任主体等，确保各项改革任务落到实处。加强专项方案研究，对实施难度比较大的改革事项，要组织力量开展调研，形成切实可行的具体实施方案。

最后，完善战略方案的效果评价与监控机制，建立反馈体系。综合配套改革试验战略实施以后，势必对城市发展和建设造成一定影响，但这种影响是否有效、是否符合改革目标、是否符合社会经济承受力，就需要建立效果评价机制。为此，必须建立改革战略的关键绩效指标，把改革效果指标分为城市竞争力、人居环境舒适度、人居安全感、公共服务绩效水平、城乡协调程度等方面，结合战略实施后的实际数据和表现得出改革的实施效果。必须加强对战略方案的督促与检查，从政府自我督促检查、人大监督、舆论监督和市民监督等方面完善监控体系，找出战略方案实施的误差，综合实施过程中的实际情况，采取相应的调整措施。

四、厦门推进国家综合配套改革试验的发展前景

厦门推进国家综合配套改革试验，必须瞄准国际前沿，高起点布局改革战略，着力于通过系统的制度创新，消除制度瓶颈，实现超常规、跨越式的发展。因此，在规划国家综合配套改革时，应该根据国家政策导向，以位居世界经济产业发展前端，塑造高效的制度体系，构建和谐的文明城市，创造生态的人居环境为发展目标和愿景，为海峡西岸经济区的腾飞和两岸和平统一作出历史性贡献。

第一，以临空经济为依托，打造高新技术产业基地。临空经济是未来世界经济发展的强大增长极。目前，世界上许多国家和地区非常重视依托机场资源发展区域经济，纷纷在机场周边建设临空经济区，包括工业区、物流园

区、自由区和商务区等。厦门应发挥空港优势，形成海港陆港空港互动的立体枢纽经济。以厦门机场为核心动力，加快发展国际临空高新技术产业基地，如计算机及其附件、微电子、IT、光电等产业制造及研发中心，强化物流、会展和国际交往功能。厦门必须重视临空经济的发展，打造强大临空经济区，促使航空港相邻地区及空港交通走廊沿线地区生产、技术、资本、贸易和人口的聚集，形成多功能经济区域。

第二，以临港工业为依托，打造海峡西岸先进制造业基地。首先，要壮大港口航运业，加速厦门港与高雄港货物的对接和流动，构建海峡西岸航运物流中心；其次，要建设有特色的临海工业体系，培育壮大海洋生物制药业，开展风能、潮汐能、波浪能等海洋能源的研究和试点，加快发展海水淡化等新兴产业；最后，发挥港口优势，以石化、汽车、机械、船舶和能源等工业为重点，发展形成规模总量较大、技术领先、带动作用强的临港工业集聚区，使厦门湾成为海峡西岸经济区中功能齐全、服务优良、环境优美的先进制造业中心。

第三，以人居环境为依托，打造生态文明示范基地。国外研究表明，在高级人才流动性不断增强的今天，高质量的城市生态环境，成为吸引这些人才和建立金融、咨询以及高端制造业等现代经济核心产业的积极影响因素。可见，在现代社会优良的人居环境不仅能够集聚最重要的生产要素——人才，而且也有助于资本、技术、信息向城市集中，从而全面提升综合竞争力。厦门应该继续发挥人居环境优势，将更多的投资用于改善生活质量、环境质量和"城市意境"，将城市塑造成一个创新、文明、和谐、安全的生活、参观、娱乐和消费场所。加快发展风景旅游业，形成富有特色的建筑风格、人文风俗和文化品味，使城市"既是一个景观、一片经济空间，也是一种气氛、一种特征、一个灵魂"。

第四，以"五缘六求"为依托，打造对台交流合作基地。闽台两地有割不断的地缘、血缘、文缘、商缘、法缘，就是未来加强合作交流的优势所在。厦门应该充分发挥"五缘"优势，进一步推进经贸、交通、旅游、农业、文化交流和载体建设。厦门应在"联结两岸、促进双赢"中发挥更积极的作用，通过加快自由贸易港区建设，扩大台商投资区，促进两岸实现"三通"，通过承接台湾产业转移，争取在光电、软件和动漫产业等方面取得突破；创新对台金融业务试点，加大力度引进航运物流、金融保险、教育卫生和中介服务。以经贸融合为突破口，大胆创新，使厦门成为台湾与大陆融合的重要平台和基地，促进两岸和平统一。

第五,以区域优势为依托,打造海峡西岸中心城市。城市经济圈是一国经济的重心和增长极。它必须满足三个条件:有一个首位度较高的城市经济中心;有若干腹地或周边城市;中心与腹地的内在经济联系紧密,具有"极化—扩散效应"。目前,厦门的产业辐射与带动作用已日益显现,海峡西岸经济区积累的产业能量也正逐渐释放。但与长三角、珠三角和环渤海经济圈不同,海峡西岸还缺乏一个具有较高首位度的城市。因此,厦门必须致力于提高城市首位度,增强中心城市功能,提高集聚辐射能力,提升现代服务功能和培育区域要素共同市场。必须加快推进自由贸易港的建设,促进对台"三通",加强两岸金融合作,建立区域性金融中心。要改善交通,拓宽腹地,与周边地区建立紧密合作关系。未来的厦门应该充当促进海峡西岸经济区城市间合作的核心,充当开创新市场的市场孵化器作用,引导现代服务业发展,成为首位度的海峡西岸中心城市。

总之,厦门设立国家综合配套改革试验区,可以"先做后说",但更重要的是——"边做边说",以务实的行动来消除威胁,通过实实在在的改革经验积累来强化自己的竞争优势,以强大的实践经验和数据作为最有力的申请依据,最终在激烈的竞争中脱颖而出。

厦门实施综合配套改革试验总体方案的战略分析[*]

2011年12月,正值厦门经济特区建设30周年之际,国务院批准实施了《厦门市深化两岸交流合作综合配套改革试验总体方案》(以下简称《总体方案》),厦门成为继深圳之后第二个成为"国家综合配套改革试验区"的"经济特区"。《总体方案》明确提出:"到2020年,建立充满活力、富有效率、更加开放,有利于科学发展和密切两岸交流合作的体制机制,形成两岸新兴产业、高端服务业深度合作集聚区,城乡一体化、基本公共服务均等化、厦漳泉大都市区同城化、经济国际化水平全面提升,形成完善的服务型政府行政管理体制,两岸交流合作不断加强,形成两岸共同发展的新格局。"宏伟目标如何实现?如何正确认识、积极利用自身的优势和外部机遇,以加快推动厦门科学发展跨越发展,是厦门全面实施综合配套改革需要认真考虑的基本战略问题。本文先对厦门综合配套改革试验作SWOT分析,在此基础上,提出厦门综合配套改革试验的战略定位与战略选择,并指出以行政管理体制改革创新来推动综合配套改革战略实施。

一、厦门实施综合配套改革试验总体方案的SWOT分析

(一)优势(Strengths)

厦门经济特区设立综合配套改革试验区,应当立足厦门的独特优势,探索深化两岸交流合作新模式、新途径和新领域,力求服务两岸关系和平发展大局有新局面。其独特优势主要概括如下:

---

[*] 原载《电子科技大学学报》2012年第5期(吕志奎为本文的合作者)。

1. 区位优势

厦门市地处祖国大陆的最东南端福建省的东南部、九龙江入海处，背靠漳州、泉州平原。并且位于台湾海峡西岸，与宝岛台湾隔海相望。独特的区位特势为厦门的综合配套改革提供了重要基础。

厦门地处海峡西岸经济区，东临宝岛台湾，西靠中国腹地尤其是成渝地区、武汉城市圈和长株潭城市群，南承港澳珠三角，东南接东南亚各国，北临长三角，东北辐射日、韩、俄等国。独特的区位环境和地理条件促进该区域同外界的交通往来。随着"十二五"期间"三纵八横"高速公路网的建成，海西将被打造成为长三角、珠三角等国内重要经济区域间不可或缺的交通走廊，并且可以带动其腹地的整体发展。这里还有着辽阔的海域及众多的优良港湾。厦门多年来坚持"以港立市"，不断以海港、空港的优势作为融入经济全球化的切入点，形成了陆海空立体交通体系，构筑连接国内外的交通、信息网络，使厦门成为国内外合作与交流的外贸口岸和枢纽港，并以物流带动资金流、人才流、信息流，全力推动厦门经济社会向前发展。

厦门有近台优势，担当着对台合作交流窗口的战略任务，这赋予了厦门综合配套改革以独特的政治意义。随着2008年年底两岸海运直航、空运直航、直接通邮全面启动，厦门在两岸"三通"中的地位和作用愈发显著。除地缘优势外，厦台之间还具有血缘相亲、文缘相承、商缘相连、法缘相循等"五缘"优势。作为海峡西岸经济区的重要中心城市，厦门认真贯彻中央惠台方针，结合"五缘"优势，大力开展厦台经贸、科技、农业、旅游、文化等领域交流合作，建设两岸交流合作平台等，在很多方面都创下了"第一"，这些都成为厦门全面实施综合配套改革的重要助力。

2. 特区优势

厦门经济特区多年的发展，已为厦门综合配套改革试验的顺利开展积累了深厚的实践基础和宝贵的改革经验。

（1）经济发展。厦门经济特区建设30年来，其经济实现持续快速增长，从1978年至2011年，全市生产总值从4.796亿元升至2535.80亿元，工业总产值从7.48亿元增加到4569.97亿元，财政总收入从1.55亿元增至651.61亿元。截至2012年上半年，全市生产总值达到1157.65亿元，比上年同期增长11.4%，全市财政总收入384.79亿元，比上年同期增长12.4%。特区成立以来，GDP、工业总产值和财政总收入分别实现年均递增17.98%、24.0%和22.28%，有力地推动了全市经济总量的迅速扩张，促进全市财税总量的大幅增加，为深化两岸交流合作综合配套改革试验的开展提供了财政支持。

经济特区是以发展外向型经济为己任的,厦门特区自创立以来始终坚持开放创新,扮演着中国外向型经济的"南风窗"和"桥头堡"的重要角色,充分利用经济特区的投资环境、国际经贸联系等一切优势,积极参与国际竞争与合作。目前已有不少世界著名跨国公司、外资银行等入驻厦门。在厦台资企业有 2700 多家,厦台产业联系日益密切,台资已成为厦门经济特区最重要的经济力量之一。厦门经济特区充分利用国际、国内两个市场、两种资源,形成了经济特区、台商投资区、出口加工区、保税区、高新技术园区等多层次、全方位的对外开放格局,已成为先进制造业重要的生产研发基地、境外资本的重要集聚地和对外交流合作的重要前沿平台。这都有助于厦门更好地发挥作为国家综合配套改革试验区的国内国际影响力,进一步推进厦门开放型经济的快速发展。

(2) 体制改革经验。30 年来,厦门发扬敢闯敢试的特区精神,勇当改革开放的"排头兵",实现了制度、体制和机制的系列创新,诸如在市场化改革、行政审批制度改革、政府绩效改革、公共财政制度改革、现代金融服务体系构建、公共服务均等化等多方面都走在了国内城市的前列。经济特区经历了由特区管委会到特区政府的行政管理体制的转变,积累了一些处理政府与市场、政府与社会关系的经验。从 1995 年开始,厦门市就提出了创新行政管理的要求,即依法行政、规范行政、高效行政、透明行政、服务行政、廉洁行政的理念。因此,厦门有条件在全国率先实施综合配套改革,承担起经济调节、市场监管、社会管理和公共服务的职能与职责。

(3) 对台工作基础。厦门坚决贯彻落实中央对台方针政策,发挥"五缘"优势,体现"六求"作为,很好地履行了中央赋予的使命,发挥了对台工作前沿平台的作用。不仅拓展了两岸往来通道,厦金直接往来通道功能不断完善,厦台"三通"稳步推进;对台经贸合作日益繁荣,2010 年台湾跃升为厦门市第二大贸易伙伴,2011 年全市对台贸易总额达 72.4 亿美元,增长 13.4%,对台贸易占全省比重为 62.4%;通过举办海峡论坛、海峡两岸民间艺术节、海峡两岸文化产业博览交易会等大型对台活动,既交流两岸人民的情感,也实现实质的项目合作,涉及科技、教育、新闻、出版、体育、卫生等领域,有力地推动了两岸文化交流合作;而且还在两岸基层政党交流、改善涉台服务环境等方面实现了突破。这些对台工作基础,一方面见证了"五缘"优势、特区政策优势的重要性,另一方面也为厦门市深化两岸交流合作综合配套改革试验的进行带来了宝贵的经验。

3. 基础设施和公共服务优势

厦门拥有优良的港口物流、便捷的交通通信、繁荣的商业贸易、丰富的旅游会展、温馨的人居环境和绿色生态环境以及不断提升的高品质的教育、医疗卫生、文化和体育等基本公共服务。这些优势为深化两岸交流合作、构建两岸同胞融合温馨家园创造了良好平台。

4. 文化底蕴优势

作为我国最早实行对外开放的东部沿海城市之一，厦门市不仅实现了整个城市的经济增长，大力推进科技、教育、文化、体育、医疗卫生、社会保障等社会事业的发展，更重要的是，作为改革和创新的前沿阵地，这个城市具有在改革发展中先行先试的优良传统，广大人民群众的开放包容意识、平等自主意识、开拓创新意识、民主法制意识得到提升，并且伴随政府绩效的改善和改革的稳步推进，群众对改革的信任、支持及参与程度也较高。这些都构成了积极的社会心理承受力，是促进厦门市综合配套改革的思想观念优势。

（二）劣势（Weaknesses）

要推动厦门市综合配套改革试验的进程，除了要突出和发挥厦门具有的优势特点，还应当重视其自身的劣势和不足，在改革试验过程中扬长避短，因势利导。以下从三个方面对劣势进行分析。

1. 城市发展空间约束

（1）厦门市行政区划小，城市发展面临极限。截至2011年年底，厦门市行政辖区面积为1575平方公里，只相当于福州的八分之一，泉州的七分之一。厦门市如何发挥海西经济区龙头示范作用，这是一个严峻的问题。且受制于行政辖区狭小，厦门市土地资源相对缺乏。在现有土地总面积中，耕地、园林、林地以及水域占了1300平方公里左右，能用于城市建设的用地充其量只有260多平方公里，城市规模扩张将面临极限。并且随着经济发展，厦门市地价不断攀升，这将使市内企业发展受到抑制，继而在动态层面上削弱城市经济增长的潜力。

（2）岛内外差距及城乡二元结构。由于特区的特殊优惠政策，厦门岛内首先进入城市化阶段，而在岛内投资相对饱和时，岛外地区才得以扩张，催生了一批"二级城市"的兴起，如同安、翔安、集美、海沧等，继而带来"二级城市"周边乡村就地城市化的问题。厦门长期呈现小岛经济形态，岛内外差距巨大，且城乡二元结构显著。可以说，要完成厦门城镇化建设，实现城乡公共服务、社会保障的对接，进而实现城乡统筹发展，是一项艰巨的事业。

2. 高层次人才聚集程度不高

全市现有人才总量仅 46.1 万人，聚集度不高，人才聚集效应难以发挥。同时，高层次人才非常匮乏，具有高级职称的人才仅 2.52 万人，高层次创新型人才尤其缺乏，仅有 1300 多人，且三分之二集中在高校院所。在非公经济领域，具有研究生以上学历人员占人才总数的比例仅为 1.9%。①厦门市的人才结构与产业结构的调整升级需要存在一定偏差，没有形成良性互动，影响了人才效能的提升。从地区分布上看，岛内专业技术人才占总数的 80% 以上，岛外人才极其缺乏，难以适应岛内外一体化发展的需要。厦门的区位特点，影响了厦门与其他地区人才的交换以及合理流动。

3. 行政管理体制存在的弊端

随着厦门城市经济社会的转型发展，一些深层次的体制性障碍和矛盾不断显现，特别是行政管理体制还存在不符合科学发展要求的方面。政府职能转变还不到位，职能边界模糊；政府市、区、街道三级间财权和事权不统一；政绩考核体系简单化；各区经济同质化竞争、产业重复建设；机关部门改革创新需求和欲望不强；社会组织发育不健全，社会组织管理体制缺乏灵活性；基层公共服务和社会管理人力资源匮乏，公务员队伍缺少有效的新陈代谢机制，等等。上述问题在一定程度上制约着厦门实现科学发展新跨越，深化行政管理体制改革势在必行。

4. 经济发展中的不足

（1）经济规模偏小。虽然 2011 年厦门市的 GDP 增长率在全国 15 个副省级城市中排第二，但 GDP 总量仍是最小的，约为广州市 GDP 总量的 20.5%。即便在省内，厦门市 GDP 为 1623.21 亿元，而福州市为 2524.28 亿元，泉州更高达 3002.29 亿元，相形之下，厦门市经济规模较小。其中，工业规模也较小，2009 年厦门市固定资产投资方面居 15 个城市的最末，且与排名 14 的城市差距由 2005 年的 37.1% 扩大到 2009 年的 46.7%；在利用外资、引进项目方面，厦门市实际利用外资在 15 个城市中由 2005 年的第 9 名降为 2009 年的第 11 名。

（2）经济发展方式还具有传统粗放特征，且区内产业链条短、产业关联度低、集聚效应缺乏、经济辐射力弱。厦门经济发展面临产业结构不合

---

① 黄兴国：《厦门市人才效能的比较分析与对策建议》，《厦门科技》2011 年第 3 期。

理、产业层次低、地区产业结构趋同、资源消耗大、科研技术和自主创新能力弱、工业增加值率低等问题,经济发展方式亟待进一步转型。且受限于狭小的行政辖区及自主知识产权的缺乏,厦门市可供展开的产业链是有限的。而产业链缺失,区内分工协作不够,使得区内难以获得规模经济和范围经济的效应,形成不了像长三角、珠三角等高度经济一体化区域的集聚优势。加之处在福建东南一隅而长期经受的经济网络不畅等问题,这些都制约了厦门的实际经济辐射力,严重影响厦门特区在祖国大陆对外与对台经贸交流合作中的地位和作用。

(3) 典型的出口导向、外向型经济特征,民营经济发展水平不高。与长三角活跃的民营经济不同的是,厦门经济是典型的外向型经济。外向型经济存在较大的风险,且面临后劲不足的问题。厦门经济发展中呈现产业链条短、集聚效应低、自主创新能力弱等缺陷,而两头在外的生产模式,使相当部分大企业成为无根企业,随时可以迁走,这对主要依靠外向型经济拉动的厦门经济而言,乃一大隐患。另外逐渐被边缘化的民营企业,也反过来影响了厦门市外向型经济的发展。例如由于缺乏与之相配套的中下游企业的支持,致使产业链断裂,大型外资企业在厦门的发展受阻,这也是近年来厦门市吸引外资(台资)能力下降的原因之一。

5. 两岸交流合作体制还不健全

虽然厦门在两岸交流合作中积累了众多宝贵经验,然不可否认的是,相关的体制机制仍不够健全,这也体现在两岸的直接往来、两岸产业合作发展、金融体系构建、社会管理体制等方面。以对台招商体制机制为例,目前厦门市对台招商项目库存量下降,大项目更少。再由于国企同台商投资企业在体制机制上尚难融合,集体企业、民营企业在资金、技术、管理、市场网络等方面与较高水平的台商投资企业难以匹配,因而承接台商投资的有效载体已不多。且吸引台商投资的方式也较单调,目前除合资、合作、独资等投资方式外,其他如 TOT、BOT、投权转让、风险基金、证券投资和并购等投资方式都尚未启动,给台商投资带来极大局限性。即便台商投资了,也可能面临可投资的领域狭窄、管理体制复杂、方式不灵活等问题。

(三) 机遇 (Opportunities)

1. 两岸关系日益和缓

近年来,海峡两岸关系不断改善,朝着一种有利于两岸和平、共同繁荣的趋势发展。两岸交流合作和协商谈判取得丰硕成果;全面实现"三通"

有助于两岸人民的交流往来；两岸经济合作框架协议的签订和实施标志着两岸经贸合作已由过去以投资、贸易合作和对话交流为特点的"对台开放"阶段，开始进入到基于经济合作框架协议的"双向互动"阶段。这些转变势必扩大两岸共同市场，因而更需要通过构建深化两岸交流合作综合配套改革试验区这样的平台，以点带面，重点突破，推动两岸互动走向深入、落到实处。

2. 海西经济区发展战略

2009年5月国务院颁布《关于支持福建省加快建设海峡西岸经济区的若干意见》（以下简称《意见》），提出了一共八大项28小项的指导意见。2011年3月又批复了《海峡西岸经济区发展规划》。"海西"发展战略上升为中央决策和国家战略，为海西的发展提供了历史性的机遇。《意见》将以福建为主体的海峡西岸经济区定位为两岸人民交流合作先行先试区域、服务周边地区发展新的对外开放综合通道、东部沿海地区先进制造业的重要基地和我国重要的自然和文化旅游中心。这一强烈的信号必然使海西乃至对岸的台湾产生巨大的反响。

中共福建省委八届十一次全会提出要以发展港口群、产业群、城市群为突破口，加快推进经济结构战略性调整，全力推进港口群、产业群、城市群"三群"联动发展，在更高起点上推进福建发展和海西建设。厦门积极融入海峡西岸经济区建设。海西经济区通过全国的努力和中央各部门的支持以及海峡西岸四省区域的联动发展和大力推动，也为厦门进行国家综合配套改革试验提供了进一步改革创新、先行先试的机会和空间。

3. 厦漳泉大都市区同城化

2011年8月福建省人民政府正式发布《加快推进厦漳泉大都市区同城化工作方案的通知》。加快推进厦漳泉大都市区同城化建设，创新区域合作体制机制，通过强化分工、合作和协调，实行区域战略性规划，推动基础设施共建共享、推进产业发展合作共赢、促进基本公共服务一体化、建设资源要素统一市场体系，有助于实现区域组团式发展，提升参与国际竞争和两岸合作的能力，充分发挥厦漳泉大都市区在海峡西岸经济区乃至在我国东南沿海的辐射力。这亦能突破厦门城市、经济发展所面临的局限，加强厦门在对台交流合作中的前沿平台功能，深化两岸交流合作综合配套改革试验，增创厦门区域发展龙头新优势。

4. "大交通"建设有序展开

《福建省贯彻落实〈国务院关于支持福建省加快建设海峡西岸经济区的

若干意见》的实施意见》以"加快形成海峡西岸港口群、构筑以'三纵八横'为主骨架的高速公路网、建设大运力快捷铁路运输通道、完善干支结合的空港布局"等内容为具体目标,进一步细化了对外开放综合通道的发展思路。并将在"十二五"期间,进一步加快建设并完善旨在"延伸两翼、对接两洲,纵深推进、连片发展"的高速公路网。这将使得厦门市孤岛地理劣势得到较大改善,产业链条得以与周边省市贯通促进,经济辐射力发挥受到的客观因素制约也将有所减弱。

最后,国家选择在厦门设立深化两岸交流合作综合配套改革试验区,国务院批准实施的《总体方案》赋予厦门推进改革的政策措施达80多项,支撑长远发展的平台十多个,这是厦门特区建设30年来涉及领域最广、政策措施最多、改革力度最大的一个综合改革方案。实质上,这正是促进两岸合作交流,并实现厦门新一轮跨越式发展的最重大机遇。

(四) 挑战 (Threats)

厦门实施综合配套改革面临难得的历史机遇,也面临巨大的竞争压力。

1. 国际金融危机深层次影响和国内经济下行的挑战

当前,厦门转型发展面临的经济增长的外部环境十分严峻,国际金融危机深层次影响还在不断加强,全球经济正在遭遇持续下降的风险,我国进出口向下压力依然较大,国内经济下行压力仍然较大,转变经济发展方式的挑战很大、任务很重。因此,在全球经济增速缓慢和国内经济下行的背景下,推动厦门综合配套改革,对于加快转变厦门经济发展方式,走产业高端化道路具有重要意义。

2. 与国内其他综合配套改革试验区的竞争

综合配套改革试验区,在许多人看来就是"新特区",其意义可以与改革开放初期设立经济特区相比。目前,国内其他城市都争相加入国家综合配套改革试验区的争夺战。这实质上是对经济发展权利的竞争。一旦成为综合配套改革试验区,在金融、土地、税收、财政等政策上将有很多优惠。面对全国重要区域发展规划相继获批,新一轮的区域改革发展竞争更加激烈,厦门的综合配套改革试验既要从全国各地综合配套改革试验的共性问题入手,发挥体制机制创新方面的试验区作用,又要找准特区转型发展的战略定位,争创特区新优势。从这个意义上说,厦门面临的竞争压力显而易见,改革创新任重道远。

3. 特殊政策优势的淡化

随着祖国大陆渐进式改革开放发展战略的深化实施,市场经济体制在全国范围的初步确立,以及加入世界贸易组织的契机,我国改革开放进入一个新的阶段,厦门特区原有的一些特殊优惠政策也逐渐淡化和丧失,这必然会给厦门对台优势的进一步发挥带来挑战。此时地方政府或许更应该考虑,如何在综合配套改革试验先行先试的框架下,实现厦门市经济特区改革发展从单纯的国家政策支持转向地方制度自主创新上来。

4. 周边区域经济发展带来的强大竞争

由于两岸的"五缘"优势,最初台商对大陆的投资主要集中在福建沿海地区,但伴随"三通"的开放以及周边区域经济环境的改善,厦门市的前沿效益将不再那么凸显,台商投资可能逐步向其他区域集中,例如"珠三角"和"长三角"地区。它们是我国区域经济发展中较早较快较好的。从GDP总量、人均GDP、地方财政收入、科技投入、利用外资、进出口等重要社会经济指标来看,它们都具有较大优势。厦台两岸经贸交流合作可能会遭受周边经济区域的虹吸和挤压。

二、厦门实施综合配套改革试验总体方案的战略定位

厦门全面实施综合配套改革的优势与劣势同在,也面临着巨大的战略机遇和风险挑战,适合采取"集聚优势"导向的改革战略,通过不断的集聚优势,构建优势资源集聚高地,争创特区新优势,带动发展方式转变,促进城市健康成长,提升城市发展的核心竞争力,推动"创新厦门、宜居厦门、平安厦门、文明厦门、幸福厦门"五个厦门建设。集聚优势发展战略强调全方位、多角度的提炼、吸引、升华、创新和辐射优势。在集聚效应的作用下,越来越多的资源进入集聚区内,形成集聚优势。就厦门全面实施综合配套改革来说,政府要运用集聚优势发展战略指导国家创新型城市建设、创新资源整合、创新运行实施以及创新价值实现,积极主动扮演优势资源集成商角色,积极推进各类资源要素的整合集聚,集聚厦门科学发展跨越发展的优势资源,提升优势集聚的扩散效应和辐射效应。

表4—1　　厦门实施综合配套改革试验的环境分析框架

内部环境分析＼外部环境分析	优势（S）①经济特区优势和国家计划单列市；②厦门与台湾的"五缘"优势；③生态软环境优势：国际花园城市、国家园林城市、国家环保模范城市、中国优秀旅游城市、全国十佳人居城市和全国文明城市等；④沿海港口物流；⑤国内国际旅游会展城市；⑥文化底蕴与文化产业优势	劣势（W）①传统比较优势弱化，人口规模小、GDP总量偏小和外向型经济，要素制约显著、产业链条短、集聚效应低；②高端人才匮乏和自主创新能力不强；③孤岛地理劣势、土地资源缺乏和城市国土空间约束；④岛内外发展差距；⑤政府职能转变还不到位
机遇（O）①国家和福建省海西发展战略机遇；②国家综合配套改革试验区"先行先试"政策机遇；③全国首批"国家创新型试点城市"；④两岸"三通"，两岸关系改善；⑤区域经济一体化加快发展	优势机遇策略①集聚对台优势，创新和深化厦台经贸、产业、科技、教育、文化等领域合作，形成两岸深度合作交流集聚区，提升产业集群整合力②集聚国家和福建省推进海西发展战略机遇优势，深化区域合作，建设海西中心城市③集聚港口资源优势，打造厦门东南国际航运中心，提升厦门港口集群整合力④集聚高端人才和科技创新优势，建设"创新厦门"⑤集聚海峡旅游资源和生态优势，健全旅游公共服务体系，全面提升城市文化文明品位；构建区域生态环境协同保护机制，提升区域生态环境质量⑥集聚国家计划单列市的公共管理权限优势，推进政府管理创新，加快建设公共服务型政府	劣势机遇策略①调整和优化产业结构，大力发展创意经济、创意产业，减少对外向型经济的依赖②落实"人才兴市"战略，引进高端人才，构建人才资源集聚高地③自主创新与引进创新相结合，引进和汇集国际国内先进科技创新资源④建立节能减排约束制度，大力发展绿色经济、循环经济，建设低碳城市⑤优化提升岛内发展空间，拓展岛外发展空间，培育岛外新发展极；出台岛内外基本公共服务均等化发展规划，缩小岛内外发展差距⑥创新行政管理体制机制，理顺政府与市场、社会关系；实行城市土地利用总量调控，集聚土地资源，细心用地，节约集约用地

续表

挑战（T） ①国际金融危机和国内经济下行压力；②国内社会矛盾更加复杂；③与国内其他综合配套改革试验区的竞争；④厦漳泉大都市区同城化带来的挑战；⑤新一轮的区域改革发展竞争更加激烈	优势挑战策略 ①做大做强会展、旅游和金融服务等特色产业 ②建设政产学研协同创新平台，促进经济发展从要素驱动转向创新驱动，提高城市内生增长能力 ③促进厦台、厦漳泉区域协同治理，改革区域社会管理体制 ④学习其他综改区的好经验，发挥特区敢为人先的优势	劣势挑战策略 ①争取国家专项资金和项目，自主创新，加快发展战略性新兴产业和创意经济 ②争取国家体制改革政策资源和社会管理创新试点 ③依托海西经济区和厦门大都市区同城化建设，促进产业结构调整和转移，形成区域产业分工协作格局，建设厦漳泉城市群
战略定位与战略选择	充分挖掘和有效利用自身优势，积极把握和用好外部机遇，实施集聚优势战略，带动厦门特区发展转型，增创特区新优势，打造发展优势型城市，服务"五个厦门"建设	

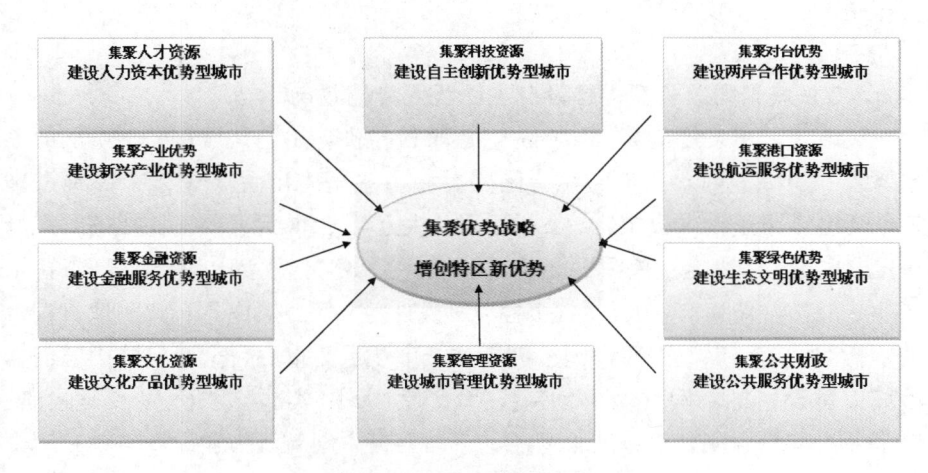

图4—3　集聚优势战略

（一）集聚人才资源，建设人力资本优势型城市

人才资源是城市发展的第一资源。厦门具有良好的人才政策优势。厦门市政府近年出台了"双百人才计划"，对引进的海外高层次人才，给予每人

100万元补助，各级补助累计最高可达400万元；对引进的领军型创业人才，提供最高2300万元的各类扶持资金，其中创业启动资金100万元至500万元。厦门要坚持实施"人才兴市"战略，坚持人才发展优先，吸引更多优秀人才，构建优秀人才集聚高地。一是集聚教育能力优势。教育是培养人才、提高人力资本水平的重要能力。教育能力优势体现在经济体能够提供优质的师资队伍、教育基础设施，能够培养出行业领域的拔尖创新人才。二是以高层次人才为重点，加强高级管理人才、高级专业技术人才和国际化人才队伍建设，大力提高各类人才的学习、实践和创新能力。探索建设"海峡西岸人才港"，完善人才柔性流动机制，逐步取消人才集聚的制度障碍，集中精力、灵活务实地引进高端人才资源和打造优质人力资源集聚平台。三是加强留学人员创业园区建设，构筑卓越的人居环境和商业环境，积极引进拥有自主知识产权、掌握尖端技术的专业人才，为建设创新型城市提供强大的人才保障。四是发挥厦门市对台独特区位优势，通过举办系列活动，促进项目、人才、技术、资本等要素的有效对接。积极借助台交会、"9·8"投洽会、海峡论坛等重大涉台活动，以会引才，推动两岸人才智力交流与合作。通过人才资源集聚，带动产业、科技创新和知识要素集聚，发挥人才智力、产业和科技密集的优势，广泛凝聚各方力量，在服务综合配套改革中发挥独特作用，引领"创新厦门"建设。

（二）集聚科技资源，建设自主创新优势型城市

科技是城市发展的第一生产力。集聚科技优势始终是城市转型发展的灵魂要素。2010年4月，厦门在全国同类城市中率先出台《关于全面推进国家创新型城市建设的决定》（以下简称《决定》），得到了国家科技部的充分肯定。《决定》确定围绕海西经济区建设，突出对台优势，在推动高新技术产业、战略性新兴产业、人才引进等方面加大力度，形成具有鲜明地方特色的创新型城市。以厦门建设国家创新型城市试点为重点，全面实施国家创新型城市建设目标，确立城市创新发展战略，坚持实施"科教兴市"战略，以全面实施综合配套改革试验为抓手，加强自主创新能力建设，培育有利于创新能力提高的体制和机制，促进经济发展从要素驱动向创新驱动转变，构建创新型城市体系，建立创新激励机制，全面提高城市综合实力和核心竞争力。

（三）集聚对台优势，建设两岸合作优势型城市

厦门经济特区因"台"而设，在海峡两岸合作方面有着得天独厚的优势。近年来，厦门市积极发挥与台湾地缘近、血缘亲、文缘深、商缘广、法缘久的"五缘"优势，凸显厦门对台"试验区""窗口""前沿"的三大特色，在海峡两岸交流合作方面进行了多方面尝试，成为两岸交流活跃的前沿平台。厦门市要以全面实施《总体方案》为契机，积极落实中央和省惠台政策，结合实际制定更加开放的对台经贸政策，探索两岸通关便利化措施，通过构建服务型政府行政管理体制和新型高效的社会管理体制，优化保护和服务台胞正当权益的制度政策环境，给予台湾人才居民待遇，吸引台湾人才来厦交流合作、投资兴业和工作生活，形成两岸同胞融合最温馨家园，努力把厦门打造为内陆深化两岸交流合作最具优势的城市。

（四）集聚产业优势，建设新兴产业优势型城市

城市要发展，离不开人口集聚，而人口集聚既取决于城市产业的发展，还取决于城市产业的类型和结构。没有产业（主要是工业和现代服务业）的支撑，就没有就业岗位，就聚集不了大量人口，到头来，城市就是一座空城。产业集聚被认为是获取区域竞争优势的有效途径。目前，两岸实现"三通"，空中有厦门与台湾的飞机直航，海上有厦金"小三通"。厦门与台湾语言相通、习俗相近，文化一脉相承，两地的产业合作可谓是"天时地利人和"。《总体方案》明确提出"形成两岸产业深度合作集聚区"，将厦门建设成为海峡西岸先进制造业和新兴产业基地，依托台商投资区和重点产业园区，共同建设两岸产业对接专业园区。厦台都可发挥各自优势，共同开拓大陆市场和国际市场。通过产业集聚，带动人才、资本和技术等要素集聚。通过完善科技、人才、资本三大要素，在两岸搭建一个设施齐全、功能完善、产学研结合与互动等为一体的科技产业化服务平台，吸引高科技人才和高新技术项目集聚，促进科技成果转化并产业化。在旅游产业方面，厦台可以协同打造海峡旅游品牌，实现两岸旅游产业对接，健全和完善海峡旅游公共服务体系，强化厦门作为海峡旅游目的地、集散地和重要口岸城市功能，进一步发挥厦门作为海峡旅游优势型城市的重要作用。在文化产业方面，厦台可以合作发展创意产业，创新两岸文化交流合作方式，探索文化产业化、社会化发展思路，建设一批两岸文化交流合作基地。

（五）集聚港口资源，建设航运服务优势型城市

2012年7月，福建省政府正式印发的《福建省交通运输"十二五"发展规划》明确提出，"十二五"期间，全面落实三大港口整合决策部署，从港口资源、资产运作、企业经营等不同层面推进跨港资源整合，推进福州、湄洲湾、厦门三大港口建设。厦门港在福建三大港口中率先完成整合，不仅吞吐量大增，国际影响力也迅速扩大，如今，全球前20名的班轮公司都在此设立了分支或代理机构。原本属于厦门、漳州两市的厦门港、漳州港，整合成厦门港后，2009年成为福建省第一个亿吨港，并跻身全国八大集装箱干线港行列。厦门要抓住综合配套改革的战略机遇，加快建设服务于开放型经济的现代化港口设施和对外通道，继续全面推进大港口、大通道、大物流建设，全力构建厦门东南国际航运中心，形成现代化、规模化、集约化和信息化港口群，提升厦门港在全国乃至亚太地区港口中的影响力和辐射功能。

福建省出台的《关于加快发展港口群促进"三群"联动的若干意见》提出把东南国际航运中心建设成为设施先进、功能完善的国际集装箱枢纽港、国际一流的邮轮母港、对台航运的先行区、具有高度资源配置能力的航运服务集聚区，引领海峡西岸经济区先行先试、科学发展、跨越发展的重要引擎。厦门东南国际航运中心的建设，为国内外航运界提供了重要商机，有利于促进国内外航运资源向厦门东南国际航运中心集聚。为此，要加快推进航运要素集聚和资源整合。推动厦门港以"市场运作、利益共享"模式构建海峡西岸港口群内支线运输网络及港口企业整合和港口资源要素集聚。吸引对台中转货物，打造大陆对台货物分拨中心。做大做强厦门对台贸易中心、厦门航运交易所、海事仲裁中心和福建电子口岸，推进厦台两地海关、检验检疫、食品安全、质量标准认证的跨部门合作，实现信息共享、监测互助、协同监管、联合执法。要加快完善厦门核心港区集疏运通道和港口信息化、自动化，发展壮大临港产业，加快发展邮轮经济和航运总部经济，力争把厦门港建成国际集装箱枢纽港和国际知名邮轮母港，建成对台航运先行区和主通道。

（六）集聚金融资源，建设金融服务优势型城市

《总体方案》提出厦门"建设两岸区域性金融服务中心"，这是国家已批复的唯一冠以"两岸区域性"的金融中心，大陆对台金融合作的重大金融改革创新项目，厦门具备条件的优先安排在厦门先行先试，体现了国家对厦门建设两岸金融中心的高度关心和大力支持。这为厦门加强两岸金融交流合作提供了强大动力，而且也为两岸经贸投资便利化创造了更加有利的条件。厦门两岸区域性金融中心的形成过程，就是各类金融机构集聚的过程。要充分发挥对台优势，加大两岸金融产业对接是关键。《总体方案》提出"鼓励银行、证券、保险、股权投资机构来厦设立总部、资金营运中心、研发中心、外包中心或后台服务机构"，"进一步研究厦门建设现代化支付系统的城市处理中心，逐步形成对台离岸金融市场，推进多层次资本市场体系建设，大力发展期货市场"等。不断健全和完善厦门金融要素市场体系，增强厦门对两岸各类金融资源如资金流、客户群的吸纳、集聚、服务、辐射功能，极大地推进两岸金融中心的建设进程，将厦门两岸区域性金融服务中心打造成为功能齐备、特色鲜明、配套完善的金融集聚区、试验区和示范区。

（七）集聚绿色优势，建设生态文明优势型城市

党的十七大报告指出要"建设生态文明，基本形成节约能源资源和保护生态环境的产业结构、增长方式、消费模式"。这是我党执政兴国理念的新发展，是落实科学发展观、实现全面建设小康社会目标的新要求。综合配套改革试验区作为实施国家战略的试点地区，必然更要推动生态文明的建设，大力发展绿色经济，实现绿色发展，将厦门建设为海峡西岸森林城市。深化厦门市综合配套改革试验，对于如何保护生态环境、处理跨域性的环境治理问题、有效开发和利用绿色经济资源、优化产业结构、提升居民消费模式、打造吸引人才汇聚的高质量城市环境等方方面面都提出了更高的要求。厦门是"全国十佳人居城市"，城市气候宜人，风景秀丽，环境优美。厦门今后要继续集聚城市绿色发展优势，把生态环境作为一项公共产品和公共服务来提供与生产，推进低碳生态城市建设，以厦漳泉大都市区同城化建设为契机，加快建立区域生态环境协同保护制度，实现区域环境基础设施资源共建共享，提升区域生态环境质量，建设宜居宜业的生态环境优势型城市。

（八）集聚文化资源，建设文化产品优势型城市

集聚文化资源，是城市转型发展的重要内涵。厦门文化底蕴深厚，文化产业资源优势明显。《总体方案》提出"以闽南文化为纽带，坚持民间推动与市场运作并举，创新交流合作的方式方法，全面提升两岸文化交流合作的层次和水平，建设一批两岸文化交流合作平台和文化产业基地"。厦门要积极集聚闽南文化优势,充分利用现有的优秀文化资源和优质生态资源、丰富旅游资源,发挥"文化+生态+旅游"的优势,把文化产品、生态环境与旅游服务相结合,形成文化资源集聚效应,做大做强城市文化产业。推动文化与生态环境、旅游服务、工业、市政建设、教育、体育等有机融合,建设一批公共文化服务示范区和两岸文化交流合作平台,促进各类优势资源向文化服务示范区和文化交流平台、文化产业园区集聚。积极开展闽南文化营销,举办厦台文化交流活动,通过旅游、广告、会展和学校教育等平台,向国内外宣传推介闽南文化产品,将丰富的文化资源优势向文化产业和文化资本优势转化,将厦门打造为海西文化产品优势型城市。

(九) 集聚公共财政,建设公共服务优势型城市

过去五年,厦门市累计实现财政总收入 2382 亿元、地方级财政收入 1302 亿元,分别年均增长 19.7% 和 22.6%,每年超过 60% 的财政支出用于公共服务和公共产品,全市用于民生保障的财政支出总额超过 800 亿元。厦门在全国率先实现基本养老保险、基本医疗保险城乡全覆盖,岛内外基本公共服务水平逐年提高。"基本公共服务均等化"是厦门综合配套改革的主要目标之一。《总体方案》要求以"服务型政府建设为目标,营造良好的发展软环境,创新政府公共服务管理体制机制"。公共财政是政府履行公共服务职能的重要支撑。要继续集中公共财政资源保障和改善民生,促进公共财政资源向公共服务和社会管理领域集中,加快促进厦门岛内外基本公共服务均等化,推进厦门岛内外协同发展。建立与厦门经济发展和政府财力增长相适应的基本公共服务财政支出增长机制,要优先安排预算用于基本公共服务,并确保增长幅度与财力的增长相匹配、同基本公共服务需求相适应,不断提升市民幸福指数,建设"幸福厦门",打造海峡西岸生活品质之城。

(十) 集聚管理优势,建设城市管理优势型城市

政府在城市发展优势集聚过程中依然发挥着不可或缺的作用,适宜的公共政策和公共管理制度在集聚发展优势方面功不可没。城市管理制度优势体现在城市管理制度安排能够有效率地促进城市经济社会发展,生产关系能够适应社会生产力的发展。厦门市各级政府要主动集聚城市公共管理和公共政策优势,引领厦门转型发展、科学发展、跨越发展。要以全面实施综合配套改革试验为契机,以构建服务型政府行政管理体制机制为抓手,推动行政管理体制改革创新,大力加强城市管理能力建设,推进城市管理优势集聚,形

成有利于推进厦门科学发展跨越发展的城市管理制度安排和政策环境，提升城市管理质量，提高城市公共服务竞争力，打造海峡西岸生活品质之城。要重视城市国土资源管理。"土地是黄金，用地要细心。"推进节约集约用地，提高土地综合利用率，实现有序集聚土地资源，高效统筹岛内外一体化和城乡一体化发展，是厦门全面实施综合配套改革的重要任务。

厦门市知识产权战略的制定与实施[*]

实施知识产权战略是贯彻厦门市委、市政府建设海峡西岸经济区中心城市发展规划的有力措施之一,是实现将厦门市建设成为科学技术创新型城市的重要保障,是科教兴市战略、可持续发展战略、人才战略等的有益补充。根据我市"十一五"规划关于要"形成一批具有自主知识产权的知名品牌和国际竞争力较强的优势企业"的要求,特制定《厦门市知识产权战略框架》(2006—2010年)。

一、制定和实施知识产权战略的背景

(一)我国制定知识产权战略的必要性和紧迫性日益突出

当今世界知识产权在经济、科技和贸易中的地位得到了历史性提升,并成为各国增强国力、促进经济社会协调发展的重要因素。日本明确提出将知识产权战略作为立国之策;美国将知识产权当作国家基础性的战略资源。从国际大环境来看,知识产权保护范围日益扩展,保护水平逐步提高,竞争日益加剧。

自改革开放以来,我国已基本建立了体系完整、与国际接轨的知识产权制度,成为世界上的知识产权数量大国。加入世界贸易组织后,我国知识产权问题日益突出,产业发展逐步被国外的知识产权与专利抽空,国内企业出口深受技术性贸易壁垒之困,纠纷日渐增多,出口频频受阻。因此在国家层面上制定和实施知识产权战略已成为推进和保证国家总体发展战略实施的必

---

[*] 本文是作者所承担的2005年"厦门市知识产权战略的框架研究"的课题成果(研究生陈诚、王嘉乐和冯晓对本文有贡献)。

然选择。自国家"十一五"规划将自主创新、保护知识产权上升为基本国策后,知识产权战略将成为中华人民共和国成立以来经济、科技领域继人才发展战略、科教兴国战略、可持续发展战略之后的第四大战略。

(二) 厦门市制定知识产权战略的时机基本成熟

在实行知识产权制度的近20年来,厦门市积极开展知识产权普法宣传和教育,进行企业专利试点工作,实施品牌发展战略,加强知识产权执法,企事业单位创新意识和创新能力不断增强,知识产权产出持续增多,知识产权保护环境不断改善,知识产权保护工作的合力正在形成,为厦门市实施知识产权战略奠定了良好的基础。但同时我市知识产权工作还面临许多困难和问题,主要表现为:民众、部分政府官员和企事业领导者知识产权意识淡薄,知识产权政策缺乏系统性,制度建设滞后,各类知识产权的管理主体不统一,协调和预警机制缺乏,以及知识产权事业经费不足,适用人才短缺等。

因此,厦门市要建设成为海峡西岸经济区中心城市,必须主动应对国际国内知识产权环境,抓住机遇,迎接挑战,制定适合本市情况并具有前瞻性的知识产权战略,为我市进一步由知识产权大市转向知识产权强市作出合理规划,为本市经济、社会、科技的可持续发展提供重要动力,使知识产权成为厦门市的核心竞争力。

二、知识产权战略的指导思想和基本原则

(一) 指导思想

以邓小平理论和"三个代表"重要思想为指导,立足厦门市实际,合理预期发展前景,以科学发展观统领知识产权事业全局,努力走出一条知识产权创造、管理、实施和保护全面协调发展的道路,努力完善知识产权制度建设,着力增强知识产权工作综合能力建设,不断加强知识产权人才培养,充分利用经济特区的资源优势和对台优势,坚持知识产权发展和保护并举,促进经济结构调整和增长方式的转变,提升厦门市的城市核心竞争力,推动厦门市国民经济发展和社会进步。

(二) 基本原则

制定实施厦门市知识产权战略,必须坚持与把厦门市建设成为海峡西岸

经济区中心城市和科学技术创新型城市相适应为原则；必须坚持专利、商标和版权等知识产权组成部分有机整合、突出重点为原则；必须坚持政府引导与市场拉动相结合为原则；必须坚持支持知识产权建设与知识产权保护并重为原则；必须坚持知识产权体系完善和人才培养并举为原则。

三、知识产权战略总目标和分类目标

从2006年至2010年，以巩固、拓展、提高为指导方针来推动厦门市知识产权工作，以增加企业、科研单位和高校的科技创新和自主知识产权的产出为重点，提高我市企业和产业的核心竞争能力。整合、优化海峡西岸经济区资源，进一步完善知识产权相关制度。重点体现为：全市知识产权意识要进一步提高；全市企业、科研单位和高等学校的知识产权管理工作要巩固并加强，知识产权管理制度及配套措施要普遍建立；知识产权法律法规体系要更加完备；知识产权政策导向和部门合力要逐渐明确；知识产权储备人才体系要初步建立。

（一）总目标

以国家"十一五"规划要建立海峡西岸经济区为契机，经过五年时间的努力，逐步建立适应社会主义市场经济体制要求、符合市场经济规律和国际规则、科学有效的知识产权工作机制；初步形成以人才高地为支撑的城市知识产权创新体系，不断完善行政与司法并行运作的知识产权保护体系；努力形成全社会共享的知识产权公共服务体系。努力将厦门市建设成为创新活力强劲、要素市场齐全、转化渠道畅通、知识产权人才集聚、运作体制完善的海西区中心城市。

（二）主要分类目标

1. 知识产权创新能力

（1）专利产出：全市专利申请量和授权量与全市国内生产总值同步增长。2006—2010年，全市专利申请量每年增长25%，到2010年专利申请量达8530件，发明专利申请量占全部专利申请量从现在的14.6%增长到22%；全市专利授权量年增长9%，到2010年专利授权量达到2400件。平均每百万人获授权的发明专利达到900件，继续保持在国内的领先地位，并在某些关键领域和若干科技前沿拥有一批自主知识产权或掌握核心技术。

(2) 商标产出：到2010年，全市企业国内有效注册商标力争达到2.5万件，每百万人拥有注册商标的数量达到9000件。驰名（著名）商标的群体和市场影响力有较大发展和提高。其中中国驰名商标总量超过10件，福建省著名商标总量超过160件；全市境外有效商标注册总量有较大提升，并形成2—3个国际驰名商标。

(3) 版权：全市年度版权登记量超过3000件，推进和发展以软件网络领域、创意设计领域、媒体传播领域为重点的新型版权产业。到2010年，全市核心版权产业占国内生产总值的比例达到国内领先水平。同时，为10—20家版权保护重点企业举行授牌仪式，做到重点企业重点保护。

(4) 集成电路布图设计：不断提升我市集成电路设计企业的设计水平和整体实力，集成电路布图设计登记量持续保持全国领先地位。

(5) 植物新品种：重点培育具有我市农业优势的原创性品种，以蔬菜、林木、果树、花卉等植物新品种的培育和申请保护为重点，制定厦门市优良植物新品种选育保护计划，积极与台湾省合作开发具有地域优势的新品种。到2010年，植物新品种权的申请量有大幅度提高，品种权实施卓有成效。争取国家在厦门市设立果树、林木、花卉等有资源优势和技术优势的单个属种的新品种测试基地2处，福建省省级基地5—10处。

2. 知识产权的人才保障

(1) 培养高素质的知识产权人才队伍。实施以企业和中介为重点的知识产权人才培养计划，加大政府在知识产权人才培养方面的支持力度，引导企业建立相应的培训计划，重点培养知识产权管理人才、实务操作人才和中介服务人才。依托厦门市大学知识产权管理中心等相关教学机构，内培外引优秀人才，形成50人左右的从事知识产权理论研究和教学的高级教师队伍，培养一支1000人左右的熟悉企业研发和经营的实践型企业、事业单位知识产权管理骨干队伍，培养一批懂技术、懂法律、熟悉国际惯例的从事知识产权管理的公务员队伍，培养一支200人左右业务能力强、服务水平高的知识产权中介服务人员队伍。

(2) 建立各类知识产权专业人才的供需信息库和评价系统。包括建立知识产权人才供需信息库，吸引专业人才到厦门市发展；鼓励企业将知识产权人才评价标准写入绩效体系和激励体系；优化知识产权的人才发展环境，针对知识产权人才专业发展需要，提供共享的专业文献、专业数据库等硬条件；提供社会保障的软条件，从而形成厦门市知识产权人才的海西区比较优势。

（3）充分发挥知识产权专家的咨询作用，建立知识产权的知识管理系统。聘请国内外知名知识产权专家、公共政策学者、国际经济法学家，充分发挥专家在知识产权工作中的咨询与参谋作用。以厦门市大学知识产权管理中心为基础，以多种形式开办知识产权管理、保护、贸易论坛，结合形势变化要求，作出及时的战略分析和对策研究。

3. 知识产权的经济贡献

（1）知识产权对经济发展的贡献显著提高。到 2010 年，拥有自主知识产权的产品产值占高新技术产品产值比重达到 60%。提高自主知识产权的产品出口额。到 2010 年，具有自主知识产权的产品出口额比重明显增长。

（2）大力促进专利技术转化为现实生产力。到 2010 年，我市 90% 以上的高新技术企业、60% 的传统制造业企业拥有不同形式的自主知识产权，高等院校、科研院所发明专利的本地实施转化率达到 50%。

4. 知识产权的政策环境

（1）完善知识产权地方法规和政策体系。拟制定《厦门市专利管理条例》《厦门市促进知识产权实施条例》，并在政府出台的发展产业、调整结构、推动创新、鼓励创业、吸引人才等政策中体现知识产权保护和管理的相关内容。

（2）每年定期编制并公布中英文版《厦门市知识产权发展状况》白皮书、《知识产权纵横谈》及《厦门市知识产权典型案例》。对于知识产权案件的案件严格按法定程序进行，并选取典型和符合公开条件的案件向社会宣传发布，接受公众查询。到 2010 年，建立起比较完善的具有地方特色的知识产权法规和政策体系，为激励我市企业、事业单位创新提供良好的法制和政策环境。

5. 知识产权的管理、维护体系

建立比较完整的知识产权管理、保护和服务工作体系。完善全市知识产权协调机制和区级知识产权管理机构，全市 90% 以上的企事业单位建立知识产权管理制度。加强知识产权执法队伍建设，成立市专利稽查大队，改善执法条件，强化知识产权行政执法。重点培育 3—5 家实力较强、专业门类齐全、综合性的知识产权中介服务机构。扶持和培育具有示范带动效应的知识产权优势企业至少 50 家。

四、知识产权战略的工作重点与重要举措

我市将知识产权的创造、管理、实施、保护、宣传教育和对台的知识产权交流与合作作为今后的重点工作环节,以大力推进我市知识产权战略的实施。

(一) 知识产权的创造

知识产权的创造就是生产力的创新,是实施知识产权战略的前提。要形成以政府为主导、企业为主体、高校为智囊,三者密切合作的"官产学"一体化研发机制,充分发挥我市高等院校、科研单位在基础研究领域的研发优势,大力提升企业的知识产权自我开发能力,鼓励企业与高校以委托开发、技术协作、共同开发的形式,依托项目建设,尽快吸收高等院校和科研院所的智力成果,转化为现实生产力,对企业和高校给予政策和资金支持,鼓励和推动创新成果的开发和应用。

1. 充分发挥大专院校和科研院所知识创新摇篮的作用

要充分发挥厦门大学、集美大学、厦门理工学院等高校的人才优势和基础设施优势,在自然科学、人文社会科学和文化艺术等领域做好基础研究工作,依托国家重点课题建设,重点对信息、生物、材料等高新技术领域进行攻关,力争在核心竞争领域实现突破。

以形成并拥有知识产权的数量及质量作为评定科研机构科研贡献及能力的重要指标之一,并列入科技计划项目评审指标体系,对于获得知识产权质量和数量较高的科研院所,政府优先安排进行新项目评审。

2. 充分发挥企业技术创新主体的作用

引导企业建立和完善知识产权管理制度,帮助企业设立专门的知识产权管理部门,引进高科技人才,鼓励企业申请国家、省市级专利。切实将专利工作纳入企业的技术开发、技术引进、技术改造、产品生产和销售、企业经营战略与决策等各个环节之中,制定和应用专利战略,提高企业技术创新能力和参与国内、国际市场竞争能力,逐步形成拥有自主知识产权、高附加值、高技术含量的名牌产品和实用技术。

鼓励企业研制自主知识产权的国际标准、国家标准和行业标准。自2006年起连续三年,每年在市科技发展资金中安排100万元专项经费,重点资助企业、行业组织等研制结合自主知识产权的国际标准、国家标准和行

业标准。

设立知识产权专项资金。自2006年起五年内,每年拨出300万元用于资助我市自主知识产权开发和利用工作,对经认定的发明和实用新型专利的申请、使用及专利信息网络建设等予以资助,并实行适当的税收优惠政策。市知识产权管理部门在高新技术企业认定、高技术产品评审、中小企业技术创新基金申请等工作环节上将把知识产权作为重要资格指标和条件。

3. 优化国家级、省市级创业园、技术中心以及高新技术企业

以厦门市国家高新技术创业中心为知识产权创新龙头,完善厦门市国家留学人员创业园、中国台湾学者厦门市创业园、厦门市光电子孵化器、中创海外企业孵化器的孵化服务软硬件,为企业的技术孵化提供良好的条件。

以火炬高新区和海沧区为知识产权创新基地,使火炬(翔安)产业区、同集园、北大生物园、信息光电园和火炬园的品牌、资源、政策、服务、管理优势向整个厦门市扩展和延伸。

以厦华、厦工、金龙、涌泉等国家级企业技术中心为知识产权创新先锋,带动其他省市级企业技术中心,一起建立和完善企业的技术创新体系。

以厦门市科技创业广场和厦门市台商科技企业育成中心为重大自主创新平台,为台湾乃至全国的高素质人才和中小科技企业来厦创业提供一个良好平台。

4. 加大重视和激励科技创新人员的力度

设立科技创新奖,重奖对我市高新技术产业发展中有突出贡献、创造巨大经济效益的科技人员,提高科技创新人员的经济效益和精神效益。同时鼓励企业要自觉建立对技术成果发明人或设计人的激励机制,自觉维护发明人或设计人的权益。

(二) 知识产权的管理

知识产权的管理就是发展力的优化,是实施知识产权战略的基础。我市知识产权工作由市知识产权工作领导小组统筹协调;市知识产权局要负责全市知识产权工作和涉外知识产权事宜,牵头拟定知识产权管理的重大政策和对策,组织和承办市知识产权工作领导小组办公室的具体事宜;市工商、出版等部门要履行相应的知识产权管理职能;市科技、文化、经济、商贸、法制、司法、公安、口岸、海关等有关政府机构要在各自的知识产权领域做好相关工作;各区政府要把知识产权工作列入重要议事日程,统筹协调,落实工作机构、人员编制和经费。

1. 完善知识产权管理体系

目前我市知识产权管理体制面临多头管理、条块分割的体制瓶颈,要逐步建立、健全责任明确的工商、专利、版权行政机关建制,各部门要在市政府及市知识产权工作领导小组的统一指挥下相互合作,协调管理全市的知识产权工作。

2. 发展壮大知识产权中介服务组织

应积极培育、扶持、规范、监督知识产权中介服务组织,提升其综合服务功能,为全社会提供专利、商标、版权等与知识产权相关的检索、咨询、评估、中介、培训和法律援助等服务。

3. 充分发挥知识产权行业协会的作用

推动和指导厦门市知识创新与知识产权保护协会、市商标(品牌)协会、市版权协会等行业协会开展多种形式的知识产权法律咨询、保护、调解等活动,增强行业协会的知识产权协调管理、自我规范、自我约束和联合抗衡功能。

行业协会要协助会员单位建立和完善知识产权工作体系和制度,依法维护会员单位的合法权益和行业的整体利益,督促会员单位尊重他人知识产权。

4. 建设知识产权信息服务平台

大力推进我市知识产权信息化工程,整合知识产权信息资源,形成一个集专利、商标、版权信息和服务于一体的知识产权信息服务平台。针对本市的重大科研领域、重大工程及重点产业,建设一批共享的知识产权信息数据库,及时更新信息并开发专用软件,为企业制订和实施知识产权战略服务。

5. 建设"一门式"厦门市知识产权网站

网站要提供国际、国内最新的知识产权信息和构建快速、便捷的服务窗口,实现网上知识产权政务公开、业务受理、检索查询、咨询服务等多项功能,努力满足社会各界对知识产权信息和网上办事的需求。

(三)知识产权的实施

知识产权的实施就是创新力的运用,是实施知识产权战略的核心。我市政府及相关部门要创造一切条件促进知识产权成果的转化、交易和运用,制定和落实促进自主知识产权技术实施的扶持激励政策,建立网络平台加速知识产权的交易和转移,引导和鼓励知识产权作为一种新型的风险投资方式参与分配。

1. 制定和实施《厦门市专利管理条例》《厦门市促进知识产权实施条例》

要以法律法规的形式加强市知名商标认定工作和自由知识产权转化工作，保障我市技术交易场所的设立与运营，为鼓励和实施技术转让提供有力的法律保障。

2. 建立知识产权交易市场和网上专利技术市场

要进一步促进专利技术的商业化和销售，有效地防止先进专利技术的闲置。成立专利技术转移促进部门，积极组织知识产权市场和技术展览，为技术发明、申请和商业化活动提供有力支持。

3. 对自有知识产权成果的实施提供资金支持和政策优惠

我市有关部门和区政府掌握的各类科技产业化发展资金，将主要用于支持具有自主知识产权的科技成果的转化。经认定的拥有自主知识产权的高新技术成果转化项目，自认定之日起三年，可减免税收。

4. 引导社会风险资本进入知识产权领域

构建以企业自主投入为主，银行贷款、外资和其他社会资本为辅的多渠道、多层次的投融资体系。着力开展知识产权质押工作，知识产权人可以按有关规定用知识产权作为财产质押标的物向银行贷款，解决高新技术产业化过程中资金不足的问题。鼓励留学人员、科技人员以专利、专有技术等知识产权作为投资股本兴办科技型企业。

5. 扶持和打造本土的知名品牌

要加快培育本土的著名商标和产品，编制《厦门市著名商品名录》，注重对传统商标和知名品牌的保护，积极扶持和打造中国驰名商标和中国名牌产品，鼓励企业运用知识产权争创国际知名品牌。

（四）知识产权的保护

知识产权的保护就是竞争力的维护，是实施知识产权战略的关键。要通过完善立法、加强执法、严格监管、扩大国际交流合作、兴起全民教育等手段形成一个比较完整的知识产权保护体系，以建立我市良好的市场经济秩序，促进健康、规范的市场体系和社会信用体系的形成。

1. 严格遵守、全力贯彻、不断完善知识产权有关法律法规

市相关部门要严格遵守国家《专利法》《著作权法》《商标法》等知识产权相关法律法规，积极贯彻《厦门市专利保护规定》，进一步补充维护专利权人、商标权人和著作权人的相关政策措施。

要简化对各种商标申请文件的要求；增加与国际申请有关的申请和审查程序；修改复审行政制度，以增强复审工作的公平性、专业性和连贯性；完善在市知识产权工作领导小组统筹协调下的信息通报制度、案件移送制度、联合执法制度和执法责任制；健全包括省内外区域之间的执法协作机制，杜绝地方保护主义；建立全市知识产权举报投诉服务中心，设立统一的知识产权举报电话，并通过完整的案件受理、转交办理、跟踪监督、办结反馈、情况汇总等工作机制，强化案件督办。

2. 联合各区、各部门加大对知识产权侵权行为的打击力度

市知识产权局、区政府、区检察院和警方各部门应加强信息通报，相互协作、密切配合，定期召开有关知识产权侵权的联席会议，组织全市性知识产权执法检查行动，严厉打击盗版、商标侵权、专利侵权等违法行为，尤其要加强信息网络管理，加大对网络盗版的打击力度，建立和保护知识产权的良好市场环境。此外，行政执法和司法部门要密切注意加强与高新技术专家、熟悉知识产权法律的专家的沟通，聘请其担任专家咨询员并协助处理疑难案件。

3. 加强进出口环节知识产权保护

管理部门要把握知识产权国际规则和主要贸易伙伴国的法律政策变化等相关信息，制订进出口贸易中的知识产权保护措施；海关要依法及时受理知识产权的保护申请，建立进出口商品的知识产权审查备案制度；对外贸易部门在进出口贸易中，应向海关提供进出口商品的知识产权法律状况及授权许可情况，切实加强进出口贸易和国际科技合作与交流的知识产权保护。

4. 加强会展知识产权管理

要加强对会展知识产权保护工作的指导，指导会展主办单位制定和完善知识产权保护规定，设立专门机构负责处理参展企业的违法违规行为。在重大会展活动期间，市知识产权管理部门应当派人进驻会展，进行指导，开展执法工作，依法受理和查处侵犯知识产权、假冒他人知识产权和冒充知识产权行为。

5. 定期公布我市知识产权保护现状，建立预警机制

市知识产权领导小组要坚持每年年初向社会发布上一年度的中英文版《厦门市知识产权保护状况》白皮书，向驻厦门市领事馆通报厦门市知识产权保护情况；市知识产权管理部门要帮助各企事业单位、行业协会密切关注国内外知识产权领域发展的新动向，及时预测知识产权发展趋势和竞争态势，每半年向相关企事业单位发布知识产权保护预警信息一次，指导企业熟

悉并积极主动地运用知识产权国际规则,并及时处理知识产权案件和突发案件。

6. 加强知识产权管理的国际交流和合作

争取亚太地区创新孵化论坛在厦门市召开,学习和借鉴美国、日本、西欧等发达国家在知识产权保护和管理方面的先进经验和做法,按照《与贸易有关的知识产权协议》和知识产权保护的国际公约以及我国知识产权的有关法律,妥善处理国际科技经济交流、版权贸易与合作等方面的知识产权事宜,及时解决涉外知识产权纠纷,依法保护外商投资企业的知识产权。

(五) 知识产权的宣传教育

在全社会形成知识产权意识是知识产权工作顺利开展的前提条件。应加快知识产权的宣传普及,增强市民知识产权意识,扩大知识产权保护的社会基础。重点培养知识产权管理的高端人才,向各行各业输送一批懂管理、懂业务、懂法律、懂经营、懂网络的复合型人才。

1. 围绕"4·26"世界知识产权日,集中开展"知识产权保护宣传周"活动,组织"中国公众知识产权有奖知识大赛"等竞赛活动,举办著名商标展,组织行政人员、执法人员开展知识产权保护的咨询活动,免费发放《知识产权纵横谈》《厦门市知识产权典型案例》等宣传资料,并在《厦门市日报》、《厦门市晚报》、《海峡导报》、厦门市电视台等报刊、广播、电视、网络媒体上开辟知识产权专版,加大知识产权普及宣传力度,并选取近年来典型的知识产权侵权案例进行报道和解读。

2. 在中小学开设知识产权启蒙课程,从小开始培养青少年尊重知识产权的观念和意识。将"4·26"世界知识产权日同时定为"厦门市发明创造日",奖励中小学生的发明创新活动。在有条件的学校资助设立发明实验室,组织有兴趣的学生积极进行课外发明活动。

3. 各大专院校要将知识产权基础知识课程列入学生选修课中,有条件的高校可开设知识产权专业。大力支持市知识产权局与厦门市大学公共事务学院合作成立"厦门市大学知识产权管理中心",该中心近期内将以开展短期培训为主,为省市知识产权管理人员提供有关课程,为企业、科研机构、中介结构等提供有关的咨询服务,承担学校培训项目以及知识产权论坛、研讨会。条件成熟后扩展到本科教育、硕士教育、MPA 以及博士教育,为福建省和厦门市培养知识产权管理人才、实务操作人才和中介服务人才。

4. 将知识产权法律法规纳入政府、企事业单位领导、管理人员、科技人员培训和普法教育计划，组织国内外有关知识产权专家进行专业指导，市、区党校要将知识产权知识培训纳入领导干部课程，加大从事知识产权相关工作的行政管理人员、执法人员的业务学习力度，提高管理和运用知识产权的能力。

（六）对台的知识产权交流与合作

进入20世纪90年代后，台湾逐渐重视知识产权战略的实施，尤其是加入WTO后采取了一系列措施提高其自身的创新能力，在知识创新与知识产权保护等方面取得了骄人的成绩。我市与台湾隔海相邻，是海峡西岸的重要中心城市，加强厦台知识产权的交流与合作，对我市知识产权的创造、管理、实施和保护工作都具有重要意义。为此，应该做好以下几项工作：

1. 充分发挥我市对台工作优势，大力加强厦台知识产权合作与交流，成立海峡两岸知识产权交流培训中心，每年举办一次两岸知识论坛，学习借鉴台湾在知识产权管理、保护方面的成功做法，努力提高我市知识产权的研究和管理水平，把我市建设成为祖国大陆与台湾知识产权交流和合作的重要基地。

2. 市知识产权管理部门要积极与台湾相关知识产权协会、组织合作，交流知识产权领域的法律信息，交流专利信息及其整理和应用方面的经验。进行双向人才交流和培训，培养和提高知识产权保护领域从业人员的专业技能，并加强经验交流。

3. 要积极与台湾相关知识产权组织交流两地在经贸科技合作，特别是知识产权转让方面的信息，促进厦台两地知识产权之间的转让。

4. 要积极与台湾相关知识产权组织举办包括知识产权项目的展览、研讨会、技术交流、知识产权保护问题的会议。鼓励我市知识产权协会、中介服务机构开展与台湾知识产权协会、中介服务机构的业务合作交流及人员交流培训。

5. 市政府将建立专项资金，用于资助我市企业在台湾申请与贸易、科技有关的知识产权及相关维护费用。

6. 在知识产权信息平台中突出海峡两岸的信息交流，为在厦门市的台资企业服务。

7. 鼓励台湾技术成果发明人或设计人来厦门市投资、工作，可享受优先办理五年期《台湾居民来往大陆通行证》、1—5年暂住及多次往返签注出入境便利。

五、知识产权战略评估

1. 建立实施厦门市知识产权战略跟踪机制,确保知识产权战略进程随环境作出必要调整。

2. 采用平衡计分卡对厦门市知识产权战略有关任务的执行和完成情况进行绩效评估。

(1) 用平衡计分卡阐述知识产权战略和衡量指标以更清晰地说明知识产权战略实施的阶段性成果和最终成果,并且更具开放性和透明性;

(2) 在专利、版权、商标等分管部门以及科技、文化、经济、商贸、法制、司法、公安、口岸、海关等有关政府机构建立基层的平衡计分卡,确保涉及知识产权战略的各政府部门成为统一行动的整体。

3. 市政府将各部门完成的知识产权管理和保护情况纳入市政府目标管理内容进行考核。

4—7

转产就业政策创新的"翔安样本"*

2013年5月14—15日，习近平总书记在天津考察时强调："就业是民生之本，解决就业问题根本要靠发展。"党的十八届三中全会提出"完善城镇化健康发展体制机制，推进农业转移人口市民化"。新型城镇化进程中地方治理的重心是解决就业问题，保障和改善民生。近年来，厦门市翔安区在学习贯彻党的十八大及十八届三中全会精神以及落实《美丽厦门战略规划》的过程中，大力开展被征地农民和海域退养渔民转产就业工作，积极探索一条将转产就业与基层治理有机结合的路子，取得阶段性的成效并形成了一定的经验，对于新型城镇化进程中地方的转产就业及民生改善与基层治理具有标本的意义。

一、翔安区转产就业政策的制定与执行及成效

翔安区是厦门市最年轻的行政区，于2003年10月正式挂牌设立。该区地处海峡西岸经济区最前沿，是厦门市海岸线最长的行政区，三面环海，沿线靠海为生、以渔为业的社区众多。建区十余年以来，翔安由农村向城镇快速转型。适应工业化和城镇化的需要，全区共征地9.9万亩，海域退养13.3万亩，涉及90个村（居），33个社区涉及海域退养和57个村（居）涉及被征地，共6.8万户、21.3万人，约占全区112个村（居）和27.3万户籍人口的4/5；涉及征地征海的村（居）的劳动年龄人口为12.9万人，占全区15万劳动年龄人口的86%。被征地农民和海域退养渔民是城镇化进

---

* 原载《中国行政管理》2015年第3期（这里删去正标题《民生改善与基层治理》，吕志奎为本文的合作者）。

程中备受关注的特殊群体，他们为翔安经济社会发展作出了重要贡献。转产再就业，牵动着千家万户农渔民家庭的生活。如何有效破解农渔民"转产难"和"就业难"问题，让农渔民公平分享改革发展成果，是翔安区推进新型城镇化以及实现城乡发展一体化无法回避的重大挑战。

2013年7月，厦门市出台了《美丽厦门战略规划》，被征地农民和退养渔民的帮扶被列入这一规划之中。借助"美丽厦门·共同缔造"这一契机，同年9月，翔安区制定了《翔安区贯彻〈美丽厦门战略规划〉推进被征地农民和海域退养渔民转产就业工作试点方案》，在全市率先开展转产就业试点工作，全面推进"收入倍增行动"，着力创新体制机制，实施民生"15条"政策。主要内容有：大力推动被征地人员基本养老保险；实施困难家庭老人养老补助；实施保障性就业补贴；实施未升学初、高中毕业生进职业院校学习制度；加强技能培训，创造就业机会；鼓励辖区内各类企业招用被征地人员和退养渔民；扶持产业发展，引导手加工业；打造创业平台，服务农渔民创业；政府开发的市场、公寓、店面等优先照顾本地失业人员承包、租赁，实现自主创业；实施创业补贴，加大创业扶持力度；促进现代农业发展，努力增加农民收入；扶助就学，减轻困难家庭负担；保障困难群体的生活救助和就医需求；加强基层就业和社会保障服务等。这些政策内容基本上实现农渔民基本生活保障的全覆盖。

翔安区委区政府还将大嶝街道作为转产就业试点街道，培育双沪社区和创业街典型点，同时把马巷镇琼头社区、新店镇欧厝社区作为推广点。在总结试点经验基础上，2014年3月在全区特别是33个沿海社区全面推进被征地农民和海域退养渔民转产就业工作；同年5月翔安区出台《全面开展被征地农民和海域退养渔民转产就业工作的方案》，提出转产就业路线图和时间表，将转产就业与全面深化改革、推进治理现代化有机结合起来，推动转产就业从民生政策创新向基层治理创新的转变。

目前，翔安区的转产就业正在全面有序开展。该区在短时间内，因地制宜地实现了农渔民就近、就地就业和创业，政策成效显著，基本完成了预期目标。农渔民人口压力向人口红利转化，初步实现"少有所学"、"青有所创"、"壮有所立"和"老有所养"。通过拓宽企业正规就业、灵活就业、公益性岗位就业、创业带动就业以及基地带动就业等五大就业渠道。截至2014年10月，已实现转移农村劳动力13946人，其中2013年试点期间共转移7298人，超额完成2013年7000人的年度目标；2014年1—10月转移6648人，已完成2014年7000人目标的94.9%；保障性就业补贴实现了

"保基本、广覆盖、可持续",农渔民社会保障服务体系不断完善;传统农业渔业向现代都市型农渔业转型升级;基层社会治理创新取得重要进展,全区转产就业形成了良性运行的制度化治理体系。

二、从民生改善到基层治理创新:翔安转产就业政策的机制设计

转产就业的核心是农渔民的民生保障问题。翔安区以保障和改善民生为切入点,推动改革的政策设计与试点探索的有机结合,注重民生政策设计的系统性、整体性和协同性,通过民生问题的解决和民生的改善,促进基层治理创新,力求为农渔民幸福安康提供一整套更全面而有效的政策与治理机制,体现了从传统管理模式向现代治理模式的转型。

(一) 多元主体共治机制

习近平总书记指出:"提高改革决策的科学性,很重要的一条就是要广泛听取群众意见和建议,及时总结群众创造的新鲜经验,充分调动群众推进改革的积极性、主动性、创造性,把最广大人民智慧和力量凝聚到改革上来,同人民一道把改革推向前进。"翔安区在开展转产就业工作中,引入"共同缔造"理念,坚持走群众路线,按照"决策共谋、发展共建、建设共管、效果共评、成果共享"("五共")原则,创新社会治理体制,推进基层治理主体多元化,加强党委领导,发挥政府主导作用,充分调动群众和社会各界积极参与转产就业,探索一条"让群众快乐就业,让参与铸就和谐"的新路子。

——有效发挥基层党组织作用。推进区域化党建,成立社区"大党总支",设立"党代表服务站",组建"社区党员义工队",发挥基层党组织、群团组织、社区"两委"班子在转产就业中的先锋模范作用,为农渔民提供信息咨询、政策解释、就业辅导和创业指导等服务。

——注重发挥市场力量在转产就业中的重要催化作用,挖掘民间社会资本,培育和发展多元化的转产就业服务主体,政企联动促进公益性就业。成立全市首个家政公司,由区国企成立家政、物业等劳务派遣公司,将招商企业的用地数与解决本地劳动力人数挂钩,增设公益性岗位。同时,探索"政府+市场+农户"农村集体发展用地开发模式。

——创新社会动员机制,发挥各种专业性组织的积极作用,把农渔民有

效组织起来。在农村社区,成立"乡贤理事会""老人协会""巾帼志愿服务队"等微自治组织,鼓励和支持农渔民、社会和企业各方面积极参与转产就业试点工作和基层社会治理。

——组织开展青年创业联盟活动,成立全市首个镇级青年创业促进会——"马巷青年创业促进会"等,促进变补血为造血,引导农渔民以创业带动就业。

目前,翔安区初步形成了以社区党组织为核心、以群众自治组织为主体、社会各方广泛参与的新型城乡社区治理体系,让基层党组织、市场和社会的活力有效释放。

(二)精细化治理机制

转产就业工作涉及经济社会和生态环境等多方面,是一项系统化的民生幸福工程。翔安区采纳系统思维,精细化治理,从城乡区域协调发展角度整体谋划,注重从城区开发到生态建设,再到农渔民基本权利保障问题等方面做好转产就业顶层设计和整体规划,按照先试点、再总结经验推广,分阶段、渐进式开展转产就业工作,并根据环境变化,不断完善转产就业政策体系。在转产就业政策制定、就业培训、岗位设置、项目引进上充分考虑渔民特点和本地特色,加强不同方面政策配套和衔接,推进转产就业与社会保障、和美家园、社会治理和产业转型等方面的对接与协同推进,使相关政策措施产生共振效应,达到整体治理效果。

——根据农渔民实际情况,按学龄阶段、就业阶段、创业阶段、老龄阶段等不同阶段,从就业创业、社会保障、教育培训、医疗保险和生态环境等多方面完善和落实扶持政策,制定差别化的基本公共服务体系,确保政策公平性。注重发挥转产就业社会保障政策的托底功能,加大扶贫解困力度,推进基本公共服务均等化、标准化和精细化。重视农渔民转产就业信息数据库的建立,以农渔民家庭信息为基础,建立转产就业大数据管理系统,推进转产就业治理信息化。

——充分尊重农渔民利益诉求,主动回应社会关切,从农渔民关注焦点、生产生活难点寻找转产就业治理创新切入点,开创了群众参与、社会协同、互动合作的治理新模式,实现基层政府职能转变的标志性跨越。创建"92580就业我帮您"、转产就业便民服务台、转产就业基地、创业者之家、教育基金会、巾帼志愿服务队、党员义工队、文化生活园、公共纳凉点、社区网格化等精细化服务品牌,为农渔民创造良好的发展环境。

——注重因地制宜、分类施策，注重发展传统优势产业，引进灵活就业项目，实现转产就业管道多样化、形式多元化。

（三）跨部门协商联动机制

顺利推进转产就业，需要各级政府分工协同，多部门整体联动。为此，翔安区成立区"保障和改善民生工作领导小组"（简称"领导小组"），由区委书记任组长，区其他领导、镇（街）、区各主要职能部门及区国企的负责人为小组成员，从组织机构上确保转产就业政策有领导抓，有专人管。领导小组办公室加挂"翔安区收入倍增行动办公室"，办公室主任由区委副书记担任，相关部门负责人担任副主任。

一是以领导小组为依托建立转产就业职能分工与协作机制。领导小组办公室下设五个工作组：政策完善创新组、资金保障助学助困组、就业创业社保组、发展用地保障组、综合宣传报道组。各工作组指定专人担任联络员，跟踪落实本小组负责的相关工作。领导小组的人员构成使得区党政决策层可以直接对区直各部门和各镇（街）落实转产就业政策进行调控和督查，形成政策设计和政策执行合力，协调各个部门来督查和防止各部门在落实政策过程中的不一致行为和偏差。

二是以领导小组为依托的周例会已成为制度化、常规化的集体协商与共识决策机制。领导小组为转产就业政策制定和执行创造了新的组织安排和问责方式，其实现机制是通过"周例会"制度来达成政策共识。周例会制度构成政策落实督查过程的一项基本制度保障，主要发挥统筹协调、实施督办的功能，协调解决转产就业政策落实中的重要问题，确保转产就业项目任务如期完成。区委书记、区委副书记和分管副区长通常参加周例会，会议主要内容可以大致归为两部分，第一部分为各有关部门汇报和讨论前一阶段转产就业工作的进展和所发现的问题，第二部分为确定解决上述问题的政策方案。重点协调需要跨部门合作解决的难题，并明确下一阶段转产就业工作的重点和要求。周例会与走访调研和实地考察等方式相结合，促进了区、镇（街）上下良性互动，有助于部门间信息沟通，促进政策学习与动态治理。

（四）责任分级治理机制

翔安区建立了转产就业责任分级治理机制，将转产就业年度目标任务逐级进行数量化分解，合理确定区、镇（街）相关部门责任分工，并与年度绩效考核挂钩。各部门各镇（街）根据《关于进一步改善和保障民生工作的实施意见》中的职责分工要求，负责全区转产就业决策部署的具体落实，确保转产就业目标责任落实到部门、落实到人。

一是明确责任部门和协办部门。各部门的政策制定和行政管理责任围绕转产就业聚焦。区人力资源和社会保障局牵头负责推进政策落实，各有关部门履行职责，建立目标式跟踪落实的责任制度。出台《关于建立区、镇领导挂钩联系转产就业工作推广点制度的通知》，按照区镇（街）分工、责任传导、协调各方、上下联动的原则，每名区级领导挂钩联系1个转产就业推广点，并相应配备一名镇（街）领导和一名具体责任人，负责对转产就业落实情况的督查，形成齐抓共管的工作格局。

二是构建责任传导机制和动态督查机制。翔安区、镇（街）两级转产就业工作责任分级治理的实质是将原本过度集中的权力资源进行相对分散的配置，通过明确转产就业政策落实多元主体的权责利进行均衡的分工，整合各方资源，上下协调联动，分解落实政策目标和任务，层层传导责任和压力，形成横向协调一致、纵向贯穿到底的推动政策落实的工作合力，实现对各部门各镇街落实转产就业政策的全过程、动态化督查与问责。通过政策落实督查和问责，不断调整和完善转产就业政策，优化组织资源、人力资源、财政资源和信息资源配置。

（五）政策落实督查"第三方评估"机制

智库或思想库的参与是国家及地方治理的题中应有之义。2015年1月20日，中共中央办公厅、国务院办公厅印发的《关于加强中国特色新型智库建设的意见》提出："建立健全政策评估制度。加强对政策执行情况、实施效果和社会影响的评估。探索政府内部评估与智库第三方评估相结合的政策评估模式，增强评估结果的客观性和科学性。"在民生政策落实督查中引入独立的第三方评估，是翔安区转产就业治理方式的一个创新举措。2014年3月，翔安区人力资源和社会保障局与厦门大学公共政策研究院联合成立《翔安区被征地农民和海域退养渔民转产就业治理创新》课题组，委托课题组跟踪转产就业政策落实情况，就转产就业等民生保障政策效果展开评估，以便与自查和督查情况进行对比分析，用第三方评估促进政府管理方式改革创新，通过加强外部监督，更好地推动政策落实。厦门大学公共政策研究院作为独立的第三方对翔安区转产就业试点及推广工作开展了近半年的调研及评估研究，2014年年底所形成的课题调研报告《翔安区转产就业政策评估与治理创新研究》得到了厦门市政府的主管部门和国内公共管理与公共政策领域的专家学者的高度肯定。

在问卷设计和实地调研过程中,课题组成员与区人力资源和社会保障局、就业管理中心、各镇(街)党政负责人以及已经退养和还未退养的农渔民多次开展深度交流和研究探讨,充分采纳农渔民、社会组织、企业和政府各方主体意见,不断修正完善政策评估方法,减少了错误信息判断,增加了政策评估结果的真实性、客观性和公信力。

课题组通过深度访谈、问卷调查和部门座谈会、小组讨论、个案分析等多种方式,获取和充分掌握第一手数据资料,形成转产就业政策执行情况和落实效果文献库和数据库。

课题组运用前后对照研究法,对海域退养前后、转产就业前后农渔民就业的产业分布、五大渠道人数分布、培训人数、培训生活补贴、手加工业补贴发放、就业巩固率、养老保险参保情况、困难家庭养老补助发放、家庭收入变化以及农渔民对转产就业政策的满意度和认同度进行客观评价,客观真实地分析政策实施前后的变化情况,找准问题症结,并为下一步政策延续或调整提出合理化建议。这为翔安区转产就业以及民生改善与基层治理提供了智力上的有效支持,起到了积极的推动作用。

三、翔安区转产就业政策创新的标本意义

翔安区转产就业治理创新实践,抓住了经济、政治、文化、社会和生态五大建设的汇聚点,这种创新应被看作是以有序推进农渔民人口市民化为切入口,对新型城镇化进程中民生改善与基层治理模式的有益探索。以地方治理创新来解读和看待转产就业问题,可以比较容易理解中国新型城镇化进程中政府与市场、社会关系的基本特征以及如何更好发挥市场作用、社会作用和政府作用,也更能够从整体上把握新型城镇化的发展路径。

翔安区转产就业所面临的主要问题为未来地方治理创新提供了可以探讨的空间。在由农村向城市转型发展过程中,如何通过治理创新来保障和改善民生,翔安区转产就业政策创新实践启示在于:

一是地方及基层治理的重心是就业及民生问题的解决。翔安区通过推进民生领域制度创新,促进公共资源向基层延伸、向基层覆盖、向弱势群体倾斜,让基层民众共同分享制度创新带来的增值收益,促进社会公平正义,通过人民生活改善协调好基层政府与民众之间的关系,巩固基层治理的合法性基础,提升基层治理能力。

二是加快培育多元化创新主体，创造多方参与、协同创新的基层治理生态环境，促使基层政府、市场、社会和民众等多元创新主体的创造能量充分释放。翔安的经验是鼓励和引导市场力量、社会资本和社会组织参与基层公共服务提供和基础设施建设；在转产就业以及民生改善与基层治理中引入第三方机构的参与，发挥智库或思想库在公共决策与公共事务治理中的作用；为农渔民建立组织化的社会参与机制，引导农业转移人口有序参政议政和参与基层社会治理，充分依靠群众的智慧，充分发挥人民群众首创精神。

三是关注转产就业以及民生保障政策系统的优化与持续改进。不同年龄、性别、文化程度和职业的民众对就业以及民生改善的利益诉求存在差异，因此要充分调查掌握民众利益诉求的共性和个性，进而在政策设计过程中注重分类施策，增强民生政策的针对性和有效性，最大限度地预防政策偏差和制度供给错位、缺位以及越位问题。

在推进国家及地方治理现代化的大背景下，翔安区转产就业政策与治理创新实践提供了一个关于民生改善与基层治理创新的鲜活样本，为当前新型城镇化背景下地方治理现代化提供了新的经验。当然，翔安区转产就业以及民生改善与基层治理创新实践所取得的只是阶段性的进展，还有诸多的问题没有解决，未来还会面临许多重大挑战，改革、发展与治理任重而道远。从全国的范围来看，翔安区转产就业政策创新实践的阶段性成果及经验具有标本意义，值得从地方治理现代化角度进行跟踪研究与深入解剖。

4-8

建设工程"最低价中标"政策的评估[*]

建设工程一直是一个资金密集、技术密集的特殊行业，不仅大量的投资存在很高的风险，而且各种各样的商业贿赂也有了可乘之机。对于政府工程而言，价值目标取向更加重要。一方面要合理使用"纳税人的钱"；另一方面也要严格保证工程质量。从各国的实践经验来看，工程招投标制度的科学、合理和完善与否，直接关系到财政资金能否得到有效使用、政府工程质量能否得到保证、腐败违纪现象能否得到遏制、行业能否健康发展。因此可以说，招投标制度对于整个建筑行业以及建设领域的行政管理而言，确实是牵一发而动全身的事情。

我国自20世纪80年代推行建筑工程招投标制度以来，二十年间几经变迁发展，对于规范建筑市场确实起到了重要作用。尤其是《中华人民共和国招标投标法》的颁布更是将工程招投标的规定规范以法律形式加以确定。"厦门市建设工程经评审最低价中标办法"（以下简称"最低价中标"政策）就是《招投标法》与厦门实际相结合的创新产物，它以一系列的制度规范试图降低财政投融资工程的平均成本，降低腐败问题发生的可能。自2003年全面实行以来，"最低价中标"政策对于节约财政资金起到了比较明显的作用。按照厦门市政府的数据，从2003年4月开始到2006年9月为止，本市"最低价中标"的1203项工程共计节约财政投资34.15亿元（厦门市人民政府：《有形市场，高效服务：厦门建设工程招投标发展十年综述》，2006年10月）。

但是，在实践中，"最低价中标"也受到了来自多方的质疑和批评，主

---

[*] 本文原为作者2006年承担的地方政府委托的"厦门市建设工程经评审最低投标价中标办法的公共政策评估"项目研究报告的摘要（署名：课题组，课题负责人：陈振明）。

要集中在工程质量、企业经营环境、行业影响、计价造价等方面,业内的反对声音不断。在厦门市新一轮跨越式发展的进程中,"最低价中标"政策的实际作用究竟如何,该政策是否能够达成最初的政策目标,政策对本市建筑市场和建筑行业的健康发展有何利弊?为了回答这些问题,对"最低价中标"政策进行一个全方位的客观评估,厦门市委政研室和厦门市建设与管理局于2005年年底委托厦门大学公共事务学院进行这项以公共政策评估为主要形式的课题研究。随后,课题组对行政主管部门、主要行政事业单位、行业协会、监管部门、建设单位、施工企业和监理企业进行了实地调研,并结合调查问卷的形式进行研究。课题组经过充分的实证研究结合严谨的规范分析,对"厦门市建设工程经评审最低价中标办法"作出了一个基本的评估,可供各级领导的决策参考。

一、对于"最低价中标"政策的基本评价

(一)"最低价中标"政策节约财政资金的效果

课题组以工程预算价为基数,选取了中标时的标价下浮率、决算时的标价下浮率两大指数加以说明:

首先,课题组整理了2004年1月至2006年8月(2004年2月份数据缺失)1061项"低价工程"的标价数据,对其中标时的标价下浮率进行统计分析,得到平均标价下浮率约为19.63%。其中2005年3月以后的指数呈下降趋势,且波动幅度趋于平稳。若暂不考虑原材料市场价格波动,至少可以部分说明,2005年上半年开始,施工企业的投标逐渐趋于理性,低于成本报价的风险有所降低。

其次,由于真正的财政资金节约度应以决算价为标准,因此课题组经过相关逻辑推演,总体样本决算时的标价下浮率约为5.56%。这一保守估算可以一定程度上显示"最低价中标"工程实际节约的财政资金在5%—6%之间。显然,这与原先政府主管部门所认为的该政策的执行使得财政资金节约了20%的说法有较大的差距。造成节约资金缩减的主要原因是:投标单位的逆向选择和道德风险、工程设计的缺陷、相关政策规范和措施的不完善等。

总体来说,"最低价中标"政策在一定程度上遏制了不良竞争的滋生,压缩了建筑行业暴利的空间,规范了招投标市场的发展,也的确节省了部分的财政资金,应该给予充分肯定。但是在宣传上应实事求是,避免过分夸大

其节约财政资金的效果。

（二）"最低价中标"政策治理腐败的效果

从实行经评审"最低价中标"政策以来，厦门市从招标公告的发布、招标文件的编制、资格审查、开标评标和标后监管等环节入手，强化对建筑市场的管理，一定程度防范和抑制了寻租腐败的产生。但同时，"最低价中标"政策中旨在增强招投标过程公平公正性，进而遏制腐败的一系列制度安排并没有完全达到预期效果，特别是施工企业对该制度反腐效果的认同度并不高。可以具体从招投标管理过程的三个环节来看：

1. 标书发布、购买与资格审查阶段。这一阶段采取"背靠背"的投标方式，取消投标报名、不限制投标人数量、将"资格预审"改为"资格后审"、不集中答疑和勘查现场等措施，对"围、串标"起到了一定的遏制作用。然而，在利益的驱使下，一些异化行为也开始出现。一方面由于评标委员会的资格审查一般只从报价上予以认定；另一方面，一些实力较差，管理混乱，甚至不符合工程基本要求的施工企业和个人通过挂靠适合资质的企业，不切实际地编制低成本标书，最终冒险以绝对的低成本价格如愿以偿地承揽到本身无能力承担的工程，从而形成了劣质企业驱逐优质企业的恶性竞争局面，严重影响了建筑施工企业的正常运营，更给整个建设市场发展带来了风险。

2. 开标、评标和定标阶段。这一阶段是整个招投标过程的关键，而这个过程的唯一主体就是评标委员会。由此可见评标委员会及其组成人员在招投标过程中的举足轻重的作用。在调查施工企业对评标专家组成以及工作方式的主观态度中，课题组发现，虽然厦门市"最低价中标"政策进行了诸多制度创新，以增加招投标的透明度、促进招投标公平公正的进行、从源头上遏制腐败。但是，由于目前配套措施不完善，在推广的过程中出现了一些偏离政策设计初衷的问题，如评标过程难以避免专家随意性过强的现象，专家库库容有限，技术门类划分粗糙化，缺乏完善的评标专家行为约束机制，企业无申辩权利等。

3. 标后管理阶段。厦门市制定出台的《建设工程最低投标价中标后工程建设管理暂行办法》，明确了纪检监察机关、招标办、工商局、工程造价站、财政审核所等部门的职责，建立了严格的现场验收和签证制度，同时要求工程质量安全监督部门加大监督检查的力度，并实施建设工程特邀巡视员制度。然而，由于市场经济法制不够健全、行业诚信尚待强化、政府职能转变和机构精简、执法监督的人员不足等原因，给工程标后管理与监督增加了难度，这种标后管理在实际中很难有实际成效，成本也大，成本效益的估算困难。

（三）"最低价中标"政策对建设工程质量的影响

作为一项社会影响深远的公共政策，评价"最低价中标"政策效果不仅看眼前，而且要看长远。从长期效益的评价方面来看，工程的质量不容忽视。

1. 施工企业意识和行为的分析。企业在集体行动中是非理性的，为了生存、赢得市场，企业就必须遵守游戏规则，想尽办法压缩成本，以最低的价格获得工程项目。但是，在取得项目以后，企业的行为又是非常理性的。中标的企业不会以常规的行为来完成以"零"利润甚至是低于成本价而拿到的项目，而更可能以一个市场行为人的身份遵循"花最少的钱办最多的事"的信条去完成工程。在这个过程中，建设工程的质量往往不是首要的考虑。

2. 工程质量监管模式的分析。首先，目前的政府工程质量监管主要以建设工程质量安全监督机构为主。由于中标价过低，安全管理设施费的投入会减少，工程质量自然受到影响，这给监管带来诸多难题。"质安站"的工程质量监督只能因势利导，立足于确保地基基础、主体结构安全和重要使用功能。其次，从监理单位的监督来看，由于定位缺乏科学性、监管理念差异、企业的不配合等因素，其"三控两管一协调"的职能很难起到实质性作用。

3. 工程质量的现实数据分析。由于工程质量是一个周期现象，虽然可以通过规范研究证明在市场成熟度和诚信度不好的情况下"最低价中标"可能给工程质量带来隐患，但是近几年的数据表明，标价下浮率和工程目标优良率之间存在着较不显著的负相关。因此，很难从实证分析中证明"最低价中标"会对工程质量造成决定性影响。

（四）"最低价中标"政策运行对企业的影响

对于"最低价中标"政策反对声音最大的当属企业。由于其利润空间被大大压缩，既得利益受损，必然会通过各种渠道表达反对态度。可以说，目前社会上流行的反对声音，多数来自这些利益相关者。但不可否认，"最低价中标"政策的实施对建筑企业的经营确实也造成了一定程度的挤压。

1. 投标者的报价理性。对于"最低价中标"政策对招投标的规范作用，政府和企业各执一词。企业认为"最低价中标"政策本身有严重缺陷，对企业生存和行业发展都造成了严重危害；而政府则深信企业作为逐利主体，对该政策的反对仅仅是由于压缩了其本已相当丰厚的利润空间。为此，课题组构建了影响招投标秩序的重要因素——投标者的报价理性作为论证。通过对 2004 年 1 月至 2006 年 8 月工程项目记录的模型分析可以发现，施工企业投标报价的非理性趋向明显减弱，趋同性增强。可见，当"最低价中标"的制度体系确立起来以后，经过一个阶段磨合，为了生存和发展，投标者的报价理性逐渐增强。

2. 企业利润。对于"最低价中标"政策对企业的经营环境造成了影响，这是客观事实。但程度如何，却是一个很难量化求证的问题。为此，课题组选取了企业利润为主要指标加以说明。根据企业的介绍，现今的平均利润在 2%—5% 之间，比政策实施前的 12%—15% 的利润率下降了 10 个百分点。这一数据起码可以证实两点：一是"最低价中标"政策确实极大压缩了企业空间，企业的经营环境受到一定挑战；二是使得暴利的建筑行业逐渐回归到社会平均利润。经过分析数据可以看出，在企业经营环境中，政策的影响力远不如材料费等客观因素。但也应该从制度上保护企业的发展环境，如风险包干系数的科学定量，给其更为广阔的经营空间。

（五）"最低价中标"政策对建筑行业发展的影响

从理论上讲，"最低价中标"是建筑市场成熟的标志和行业的未来发展方向，能够促进施工企业加强管理，挖潜增效，进行技术改造，降低企业成本，提高施工企业自身发展意识和能力；简便的操作过程节省了招投标中各环节的成本，有利于搭建公正透明的市场环境。然而，厦门市"最低价中标"政策在实际操作过程中，在实现"三高一低"要求的同时，却在一定程度上制约了建筑行业的发展。

1. 管理水平。虽然从规范意义上政策设计将带动建筑行业管理水平的提高，但实际上"最低价中标"政策的实施使大多数施工企业将主要精力集中在压低投标价格、竞争工程项目上，而缺乏提高管理水平的动力。从长远看，这不利于建筑行业的有序发展。由于评标估算时间有限，管理、技术、信誉、文明施工等诸多细节因素均不在考量范围之内。若长期将目光片面地集中在价格因素上，势必导致一定数量的施工企业忽视工程项目管理等其他重要方面。

2. 行业诚信。企业必然是追求利润的，正常的企业不可能长期实施低于自身成本的自杀性策略。实施"最低价中标"政策后，企业为了生存，不遗余力压低报价甚至将报价降到与自身实力不相符的水平，以便获得工程，这有可能导致施工企业在合同执行过程中偷工减料，以次充好。若无相应的诚信体系，在"最低价中标"的评标过程中，就不能从实质上把投标者的诚信记录作为评标的重要部分。由于工程质量是一个周期现象，很可能在实际上损害了业主利益，威胁到建筑行业诚信经营，影响建筑行业健康发展。

3. 竞争机制。"最低价中标"政策加剧了目前的建筑行业事实上存在的大量的包工头承包现象，就连国有大型施工企业也越来越多采取将中标工程分包转包给私人包工头的做法，仅仅收取一定的挂靠费；而一些实力较差、管理混乱，甚至不符合工程基本要求的施工企业和个人，由于在实力上远逊于优质的企业，在"无工程肯定会死、有工程也许可以活"等的困境驱使下，更加促使其以低报价作为中标的筹码，通过挂靠合格资质的企业，不切实际地编制低成本标书，从而最终冒险以绝对的低成本价格承揽到本身无能力承担的工程。若不采取措施纠正这种现象，必将破坏建筑行业秩序，造成"劣胜优汰"的局面。

（六）"最低价中标"的政策伦理分析

由于"最低价中标"政策过程坚持公平、公正、公开和透明的原则，在很大程度上规范了施工企业的行为，约束和堵塞了他们为了获得工程而寻租的盲动性和可能性。因此，这项政策也在很大程度上遏制了建设工程领域的腐败现象。"最低价中标"政策的实施已取得了显著的经济和社会效益。但从政策伦理的层面上做深层次的探究，仍可以发现一些有违政策伦理之处。

归纳起来，课题组对"最低价中标"政策评估研究的主要发现是：

1. 近一段时间以来，施工企业的投标逐渐趋于理性，低于成本报价的风险有所降低；政府的政策导向和配套措施对投标者的引导作用逐渐加强；施工企业在自身个别成本的基础上对项目一般成本的认知趋于一致。

2. "最低价中标"政策是否真正节约了财政资金，应该以工程决算价为基准进行核算。如果按照这个标准，原先被广泛宣传的财政资金节约比率要打一个不小的折扣。此外，"低价中标、高价结算"也在一定程度上存在。对于"最低价中标"能否真正大幅度地节约财政资金，应该进行一个重新的评估。

3. 实行"最低价中标"以来，厦门市建设工程质量优良率明显滑坡，企业在利润被压缩的情况下基本没有确保质量的足够激励。但是没有经验数据表明"最低价中标"政策与整体工程质量下降之间存在明显的相关关系。

4. 在"最低价中标"政策下，企业经营利润明显被压缩，抵御风险能力有所弱化，对企业经营和行业长远发展造成一些负面影响；另外，施工企业所宣称的"大量亏本"或"经营不下去"的说法有些言过其实。必须将既得利益受损者为了保护自身利益的说法与对政策走向的正常忧虑加以区别。

5. "最低价中标"政策对于治理腐败起到了一定作用，相关配套措施的出台与实施也反映出政府从源头上遏制工程腐败的决心和信心。然而，目前仍有一些更为隐蔽的违规现象存在。主要的政策利益相关者对于评标委员会的运作也提出一些质疑。通过实际观察，课题组也认为评标委员会的运作亟待进一步规范，评标专家的个人素质和职业操守有待进一步提高。

6. "最低价中标"政策对于行业重组和可持续发展产生了一些负面影响，对于资质高、信誉好、经营稳健的企业（尤其是大型国有企业）更为不利，有时甚至产生"劣胜优汰"的不合理现象。行业长远发展迫切需要更好的制度环境。

7. 目前对"最低价中标"工程质量的管理基本上本属于"严防死守"的被动式管理，有些标后监管制度安排的效力有限。在企业缺乏搞好工程质量内在激励的前提下，再严密的监管都可能失效，而高昂的监管成本却还使得"最低价中标"所节约的成本打折扣。

8. "最低价中标"的有些制度设计上有欠公平，尤其是表现在于被认定不合理报价的企业缺乏申诉权利等方面。

综上所述，厦门市"最低价中标"政策控制日益攀高的建筑成本，节省财政资金，同时遏制建筑领域的腐败问题的出发点都不同程度地有所实现。更为重要的是，厦门市以极大的勇气进行公共政策创新，勇于借鉴国外先进经验，加快建筑行业的市场化步伐，这是难能可贵的。但是，在缺乏成熟的市场环境、完善规范的制度体系、健康诚信的市场主体和谙熟市场规律的政府组织的环境下，该政策的实施必然会遇到许多瓶颈。

二、"最低价中标"政策的调整与完善

基于"最低价中标"政策评估的发现,我们认为对这项政策的处置有两种选择:一是对该政策加以调整与完善——即在保持"经评审最低价"核心精神的基础上对该政策进行一定补充、修正和调整,并着力加强制度建设,完善相关的配套制度规范;二是适时废除"最低价中标"政策,代之以新的政策。课题组认为,作为一种将招投标价值最大化的市场化方式,"最低价中标"政策的基本假定是科学合理的,是我国经济发达城市建设工程招投标制度改革的必然方向,这种改革的取向应该予以充分的肯定。目前这项政策实施中出现的许多问题,并非是由这项政策本身造成的,而更多的是由于制度环境不健全,尤其是制度"嵌入性"不足所致——即一个先进、合理的制度安排在现有的传统制度框架内难以完全发挥其制度绩效。这里所说的传统制度框架既包括相关法规、规章,也包括现有的组织设计。那种认为目前市场环境和其他客观条件不具备因而不宜推行"最低价中标"中标的观点并不可取,应该在修正和完善该政策规定的同时,培育、型塑建筑市场,着手更新制度供给,完善配套措施,并对各个相关公共部门的职能进行重新界定,调整工作思路,改善公共服务提供质量。

课题组认为,完善"最低价中标"的制度环境、更新制度供给是一项庞大的系统工程,涉及方方面面,需要上级领导的充分重视和横向职能部门的大力协助。课题组在总报告和分报告中分别提出了相关的政策改进建议。在总报告中提出的主要对策建议有:

1. 实事求是地审视和评价"最低价中标"政策的实际效果。全市建筑系统应该更新观念,实事求是地重新审视"最低价中标"政策对于节约财政资金的实际效用,切忌片面夸大;要从制度上堵住"低价中标、高价结算"的漏洞,严格设计变更和追加投资的审批程序。在这样一个高度市场化的制度体系下,完全可以作出"每家企业都倾向于争取更多追加投资"的假设,对于大幅度的设计变更或投资追加超过一定数额的,应该举行专门的听证会,由建设单位、施工单位、监理单位、质量安全监管单位、勘察设计单位、专家委员会等多方进行听证。听证结果再交由财政审核所进行审核,并应基本尊重听证意见。

2. 全面推行"预选承包商"制度。① 为了应对目前工程质量风险增加、企业"劣胜优汰"的现状，为了进一步保护行业发展、保证工程质量，可以全面推行"预选承包商"制度，从目前的施工企业中按照工程资质门类分别严格筛选出 200—300 家资质高、信誉高、质量记录优良、技术力量雄厚、经营稳健的施工企业，由这些企业参与"最低价中标"项目的投标。为了给预选承包商以经营压力，并鼓励其他企业提高管理水平和工程质量，还应实行"末位淘汰制"，每年更新若干个预选承包商。深圳推行该项制度的效果已经得到认可，经过一段时间的准备，厦门应该借鉴兄弟省市的成果经验，用更加完善的制度设计全面推行"预选承包商"制度，鼓励行业的良性发展，打破恶性循环，也进一步保证工程质量。

3. 改革现行的计价造价体制和工作方式。中标价能否真实反映工程建造成本和合理利润，主要依靠计价造价部门。为了从源头上确保合理中标价，需要对现行的计价造价体制和工作方式进行改革。对于行业反映强烈的方面进行认真研究，更新制度供给。另外，应该避免行政力量和长官意志对于计价造价过程的影响，让真正的专业人士客观科学地开展工作。关于这一部分内容，课题组将在后面的分报告中提出具体对策。

4. 改进评标专家组的组成与运作方式。目前"最低价中标"政策防止、遏制腐败的制度仍存在漏洞，运作过程也有诸多不够规范之处，最为集中地体现在评标专家组的构成与运作方式上。必须改进评标专家组的组成与运作方式：一是应该对专家的抽取方式进行改革，并不定期自动冻结部分专家的评审资格，提高投标者违规运作的难度和成本。二是应该经常更新专家库，保证库内专家的专业化和年轻化。应该树立权责统一观念，对专家的违规行为进行制度约束。可以做出这样的规定：不同企业对同一专家提出质疑若干次以上的，该专家的资格即可予以冻结。三是为了避免不合理废标，可以借鉴深圳经验，在专家认定不合理报价后，增加申诉环节，允许企业对自

---

① 目前业内很多人士呼吁把企业的质量记录和信用记录纳入评标过程，以防止工程质量表现差的企业拿到工程。这种观点虽然看似合理，但是这种"对投标人的考察印象、缺乏具体内容的综合信誉等指标，都属于对投标人的评价指标，不是对投标文件的评价指标，与评标的目的不相吻合"。这样的做法就使得经评审的最低价法又回到了综合评估法的老路上去，实际上又是一种限制和排斥投标人、对其实行歧视待遇的做法，与低价中标的核心精神是相违背的。"客观上也为制造不公平竞争和假招标提供了条件。"而相比之下，预选承包商制度则是一种过渡性制度安排，既保证了相当程度的竞争，又为"最低价中标"政策下的工程质量构筑起了第一道防线（参见建设部专家组《建设工程招投标管理专题调研》，2005 年）。

己的成本结构和降低成本的具体方式进行解释,解释不合理的再予以废标。这对于增强这项制度的公平性将大有帮助。

5. 建立监管联动机制。要改变现有"被动式防守"的监管意识,建立起监管联动机制。重新认识几种标后监管方式的实际效力,对于效力有限的方式应该适时予以废除,例如特邀巡视员制度等。针对这一现状,可以考虑将质量监管和安全监管部门分离,充实质量监督管理队伍,继续参照标价下浮率等指标对"重点"工程进行严密监管。

——监察部门要把关口前移,全程介入招投标各个环节。为了更好地从源头上预防和制止腐败,监察部门要把关口前移,将招投标各个环节都纳入监管范围。在公证上,摒弃公证机构的形式性公证,强化公证的真实性、合法性,防止违法乱纪行为的发生;强化公证的法律责任,加强对相关当事人法律责任的追究,促进形式公证向法律公证转变。在执法上,制止利用职权违规干预、插手招投标活动的行为,打击非法操纵、出卖标底等违法违规行为,切实加快履法行为从人格化向法制化转变。

——探索建立业主行为约束机制。一是制定国有投资项目"投资责任人负责制度",使国有投资的业主归位到单位和个人,由其承担项目责任,从而达到约束业主市场违规行为的目的;二是引入工程保证担保制度,通过第三方利益主体的介入,约束市场各主体行为,目前可尝试实行的担保种类有投标保证担保、业主支付担保、工程建设合同履约担保等;三是改革国有投资项目的管理体制,实现国有投资项目市场化运作,政府部门仅作为招投标市场的管理者和监督者,不再参与招投标活动及市场竞争。[1]

——建立健全建筑行业约束机制。建筑行业协会应充分发挥行业协会的自律作用,制定相应的行业规定,以约束各建筑承包商。一是凡参与投标者在招投标过程中不得恶意串通,一旦发现立即取消串通者的全部招投标资格,情节严重的承包商请有关部门吊销其从业资格;二是建立健全举报制度,凡在发包、招投标过程中徇私舞弊者,一经查出,对举报者给予重奖,对被举报者给予相应处罚;三是建立健全廉政诚信档案,报监督机关备查,协助监督机关作好行业行风整顿工作;四是建立起严格的市场清出制度,凡被查出有过行贿记录的建筑商,在 1—3 年内不得从事建筑业,不得参与工程招投标。

---

[1] 参见《如何规范工程招投标市场》,中华人民共和国建设部网站:http://www.cin.gov.cn/construction/ml/061309.doc.

6. 组建政府工程总业主（工务署或类似的机构）。虽然现有的代建制避免了很多原有的老问题，但是仍有局限性。厦门市"最低价中标"政策的完善可以参照香港、深圳等地的经验，用流程再造的理念组建建筑工务署或类似机构，充当财政投融资工程的总业主，整合监管职能，强化专业队伍建设。这样做的好处有三：一是使行政流程合理化，避免了相关政府部门之间的"扯皮"现象，提高行政效率、节约行政成本。二是建筑工务署由于拥有一支非常专业的专家队伍，使得施工企业很难依靠信息不对称来"蒙混过关"。① 实践证明，在解决"低价中标、高价结算"的问题上，统一业主的专业化管理具有较为优越的组织绩效。三是减轻了标后监管权力分散的弊病，用建筑工务署的"项目部"或"项目组"制整合监管权力，常驻施工现场，对于标后监管具有很好的效果。② 近年来厦门的行政管理体制改革取得了不小进展，政府治理能力也显著提高，进行政府间流程再造、整合建设系统组织机构的时机已经成熟，作为与"最低价中标"配套的最为重要的机构重组，完全可以把组建建筑工务署作为未来一两年政府管理创新和机构改革的一项重要工作来抓。

以上是宏观层面的一些基本政策建议。在分报告中，课题组还从质量安全监管、施工企业质量保障、政策公平性及反腐败、完善计价造价体系和行会建设五个方面对"最低价中标"政策做专题研究评估，并提出更为具体的政策建议。主要有：

1. 在质量安全监管方面

——创新工程质量安全监管工作制度。首先，健全建设工程安全生产相关配套的法律、法规体系，实现建设工程质量安全政府监督管理的法制化；其次，建立健全建设工程质量和安全监督管理的三大体系（各建设主体的治理保证体系，包括建设监理、工程保险在内的社会监督保证体系和建设工程质量和安全政府监督管理体系），保证建设市场良性运转，提高建设工程整体质量；再次，应将质量行为的宏观控制与实体质量的抽查监督相结合，政府通过建立和健全法律体系和质量监督保证体系掌握和运用市场经济规律，支持和鼓励质量体系认证，培育和营造参建各方的质量意识。

——建立建设市场与施工现场"两场联动"的模式，实现建筑市场和

---

① 在深圳，建筑工务署几乎汇集了该市大部分的建筑行业精英人才，很难想象那些人员素质低下的中小型企业能够使用文字游戏或偷梁换柱的伎俩来达到不合理追加投资的目的。

② 深圳经验表明，编制四五百人的建筑工务署所发挥的作用，明显高于原先的分散业主制。

施工现场实现信息对称。为了实现这一目标，应该采取的主要措施是：一是建筑行政主管部门应进一步完善有关法规，尽快建立健全建筑市场参与主体不良记录档案，大力推进建筑市场诚信回归；二是认真做好资格预审工作，把好施工单位入围的关口；三是最大限度减少可能影响报价的不确定因素，使得所有企业都能得到公平的对待；四是加强对评标专家的筛选和监督工作，并建立相应的失职追究机制。

——强化监理企业在建设工程质量安全过程中的作用。进一步完善监理职能，在工程建设中对人的不安全行为、物的不安全状态、作业环境防护及施工全过程进行安全评价，实施动态监控管理和督查，杜绝各类事故隐患，实现安全生产；同时，明确投资、工期、质量"三大目标控制"与安全工作的关系，以安全为基础，强化对安全工作的检查、监督和管理。

2. 在施工企业质量保障方面

——加强施工企业资质管理。首先，要鼓励技术力量强、有实力的企业进行工程总承包，以便提高建筑施工队伍整体水平。其次，让管理较弱但有一定专业施工水平的施工队伍进入建筑二级市场（劳务市场），在总承包管理下进行分包施工。此外，还应建立企业招投标信用等级和项目经理信用考核制度，对中标企业和项目经理的履约情况进行跟踪和抽查，奖励诚信行为，将业绩列入企业诚信档案，作为投标的重要参考依据。

——加强工程施工过程中的监督管理。在施工过程中通过甲方代表及时检查、监督监理工程师的工作质量，对监理单位的资质、管理力量、信誉等方面的情况进行严格审查。监理单位要严格按照厦门市出台的《建设监理条例》等相关规定执行工程监理工作，充分发挥监理作用，提高工程质量水平。

——实行工程质量终身负责制。为了从根本上杜绝质量隐患，应实行工程质量终身负责制，给工程项目经理套上"紧箍咒"，"最低价中标"的工程质量才有保证。

3. 在政策公平性及反腐败方面

——进一步完善专家评审制度，充分发挥专家评标委员会的作用。首先，加强对评审专家队伍的管理，建立健全评标专家管理制度，严格评标专家资格认定，加强对评标专家的培训（尤其是加强招投标相关法律法规的学习，强化其法治观念）、考核、评价和档案管理，根据实际需要和专家考核情况及时对评标专家进行更换或者补充，实行评标专家的动态管理；还应该通过与主管部门签订廉政公约，强化专家的道德素质与业务素质。

——完善监管制度，遏制腐败行为。监察部门要把关口前移，全程介入招投标各个环节；建设行政主管部门要与检察、监察、司法部门加强合作，以及与外地相关职能部门的沟通与协调，实现信息共享机制，形成治理腐败的合力；还应探索建立业主行为约束机制，引入工程保证担保制度，制定国有投资项目"投资责任人负责制度"，实现国有投资项目市场化运作，而政府部门仅作为招投标市场的管理者和监督者。

4. 在完善计价造价体系方面

——做好工程勘察设计和招标文件编写工作。工程招标前必须对勘察设计进行反复论证，对招标文件的编写、定标后招标单位和中标单位签订的合同必须十分细致周到，避免最低价中标后通过各种"追加、变更"增加工程造价。

——合理界定建筑工程施工项目最低成本价方案、最高控制价与最低控制价。应将招标投标过程中的成本进行明确划分，取消笼统而含糊不清的成本归类；对"基准价"的概念，给出明确的界定方法；建立信息反馈机制，使材料价格能够准确反映即时的市场行情。针对最高限价过低的情况，最高控制价可以考虑采用"平均期望值"法，给企业一定的利润空间；应该定期对人工单价的社会平均最低降低幅度进行合理界定。

——完善定额管理制度，规范清单计价。由于当前计价规范、配套措施尚不完善，不宜马上取消现有政府发布的定额。但随着市场经济体制的逐步完善和工程量清单计价模式的逐步成熟，价格会遵循市场规律进行自我调节，政府应转向对工程造价进行宏观调控，发展企业定额和行业指导定额，建立完善的市场参考报价体系。

——推行工程保证担保制度，建立相互制约机制。应尽快建立工程保证担保制度，在项目造价中明确工程担保费用的来源，培育充分竞争的工程保证担保市场，建立完善的中介代理服务机构，发展保险市场，满足担保市场的配套需要。

5. 在行会建设方面

——加强行业协会的自我管理。在加强自身建设，提高人员素质，健全监督制约机制的同时，行业协会的运作应当以行业发展和社会需要为标准。

——强化协会的职能权限。应该逐步强化协会的职能权限，完善有关法律法规，依法加强政府监管和行业自律。如专门的行业协会可以取消进行恶意竞争、扰乱市场秩序的企业的会员资格，并向社会公布。

——建立信用信息系统。通过建立信用信息系统，充分发挥协会提供信息以及信息过滤作用,公正客观地反映企业和从业人员的经营业绩和从业表现,推行"承包商选优名单"机制。

——有效防止利益寻租。应该建立完善的管理机制,设计科学的权力制约结构,防止行业协会沦为利益"寻租"的主体。

总之,经评审的"最低价中标"政策代表了建筑行业的未来发展方向,改革的基本向是正确的,但相配套的制度供给没有完全到位,因而政策效果一时难以尽如人意。许多人士认为该政策必须有足够的准备阶段,须在市场环境完善、条件成熟后才能付诸实践。而实际上,任何一项政策的实施都需要一个磨合阶段,需要在执行中逐步完善,如果坐等时机"成熟",往往错失改革的机遇。厦门市应该着手更新制度供给,出台政策配套措施,治理市场环境,完善"最低价中标"政策,使其发挥更大的正面作用。

V 决策咨询

5-1

关于提升政府信息公开工作质量的几点建议[*]

《中华人民共和国政府信息公开条例》（以下简称《政府信息公开条例》）的颁布与实施，对于提升政府的透明度，建立"阳光政府"，强化对行政权力的约束，满足人民群众的知情权，产生了巨大的推动作用与实际效果。但在实施过程中，亦出现了一些需要改进的问题。现针对具体问题，提出若干对策建议，以供参考。

一、可以考虑在中央政府和省级政府层面设立信息公开审查委员会。信息公开审查委员会由负责信息公开的行政首长、公务人员和专家学者组成，负责回应政府信息公开过程中出现的复杂议题，并设立专门的投诉机制，以强化对公民知情权的保障和对各级政府信息公开执行情况的监督。比如政府以涉及国家秘密和信息不存在等理由，拒绝公开信息时，可以启动审查机制，以弥补现有权利保障机制的不足，降低公民权利救济的成本，提升政府信息公开的专业服务能力。具体的制度设计和审查程序，可以组织相关专家进行论证，并提出相关草案。

二、建立地方的政府信息公开首长负责制。现行的《政府信息公开条例》规定：各级人民政府应加强对政府信息公开工作的组织领导，国务院办公厅是全国政府信息公开工作的主管部门，县级以上地方人民政府办公厅或者县级以上的地方人民政府确定的部门作为推进，指导、协调或监督本行政区域内的政府信息公开工作。这一制度规定在中央政府层面，效果显著；在地方层面则制约了政府信息公开工作的开展，因为地方的办公厅（室）作为协调机构，在推进政府信息公开工作方面，权威性有所不足。笔者在地

---

[*] 本文是2015年9月作者提交给国务院办公厅政府信息与政务公开办公室的书面征询意见（合作者为李学）。

方实地调查过程中发现,许多负责政府信息公开的部门,往往受制于政府内部的条块分割,推进工作容易受阻,需要求助于分管领导,予以推进。分管领导对政府信息公开的自觉与重视程度,成为影响了政府信息公开质量的一个重要因素。因而,设立地方的政府信息公开首长负责制,可以强化政府信息公开工作部门的权威,降低政府信息公开工作中的部门壁垒,提升工作效率,亦有益于增强各级行政首长对政府信息公开工作重要性的认识,体现现代公共行政责权一致的原则。

三、强化公开信息真实性的责任机制建设。国家设立政府信息公开制度的目的,在于保障民众的知情权,降低因信息不对称而诱发的腐败和寻租行为的风险。然而,由于历史的原因,政府信息的真实性问题,一直是我国国家治理过程中的一个尚未解决的问题。加之现有的政府信息公开制度,只规定了政府公开相关信息的义务,并未对信息的真实性和完备性,作出明确的规定及问责措施,导致有些地方政府在开展信息公开工作过程中,弄虚作假,造成信息失真、失实。这不仅影响了民众知情权的落实,而且会降低政府信息公开制度的公信力和民众对政府的信任度(这一问题在公务消费信息公开方面表现较为突出)。因而,强化公开信息真实性责任机制建设,不仅有助于完善政府信息公开制度,而且有助于提升政府的公信力。对于在政府信息公开过程中,编造数据、瞒报数据、提供错误信息的行为,加以问责及惩罚。

四、明确"三安全一稳定"的具体标准。现行政府信息公开条例规定:行政机关公开政府信息,不得危及国家安全、公共安全、经济安全和社会稳定。应该说,设立这一规定的初衷是正确的。但是,对比国外关于排除信息公开范围具体而明确的标准而言,这项规定显得有些粗略,缺乏明确的标准,赋予了政府部门过大的自由裁量空间。司法部门亦因为缺乏相关的行政经验,对于政府以之为借口的拒绝公开信息行为,往往难以合理鉴别;地方政府则可以利用这一规定的粗略,掩盖自身的违规或失职行为。这影响了政府信息公开工作质量的提升。因而,可以参照国外的严格排除的相关规定,明确具体的操作标准。

五、确立政府信息公开报告的书写规范。现行政府信息公开条例规定,每年3月31日前公布本行政机关的政府信息公开年度报告,并规定了年度公开工作报告中应当包括的如下内容:行政机关主动公开政府信息的情况;行政机关依申请公开政府信息和不予公开政府信息的情况;政府信息公开的收费及减免情况;因政府信息公开申请行政复议、提起行政诉讼的情况;政府信息公开工作存在的主要问题及改进情况。但是，由于缺乏具体的书写规范，一些地方政府所公开的工作报告质量不高。一个突出的表现是自我表扬多，套话大话多，而对存在问题及原因的分析少，缺乏深度，针对性也不强。甚至出现有的地方政府的工作报告雷同的现象。对于公众重点关注的不予公开的事由、行政复议和行政诉讼的起因等信息，如果过于粗略，则不利于社会的监督。因而，确立政府信息公开报告的书写规范，尤其是细化五项基本内容的书写要求，对于提升政府信息公开报告的质量，乃至于整个政府信息公开工作的实际效果，均具有重要的意义。

六、撤除依申请公开的不合理要求。现行政府信息公开条例规定：公民、法人或者其他组织还可以根据自身生产、生活、科研等特殊需要，向国务院部门、地方各级人民政府及县级以上地方人民政府部门申请获取相关政府信息。其中，要求信息申请者在申请信息时，说明申请信息的理由，并由相关机构确认其申请理由是否成立。这一不合理规定不仅增加了公民获取政府信息的难度，而且不符合依申请公开的国际惯例。欧美国家的相关法律并未在申请主体和使用目的上作任何限制。因而，撤除依申请公开的不合理要求，不仅符合当下开放社会的发展趋势，而且在执行上也比较容易把握。鉴于中国的国情，撤除这一不合理的规定，也有助于降低公众申请信息的成本，增强民众关注政府信息公开的信息，增加行政机关的压力，有利于提升政府信息公开的水平及质量。

（注释：本建议所称的政府信息，是指行政机关在履行职责过程中制作或者获取的，以一定形式记录、保存的信息。）

关于建立健全干部正向激励机制的若干建议[*]

2016年3月7日,习近平总书记在参加十二届全国人大四次会议黑龙江代表团审议时的讲话中指出:"要充分调动广大干部积极性,不断提升工作精气神。干部干部,干是当头的,既要想干愿干积极干,又要能干会干善于干,其中积极性又是首要的。"要提高干部的工作积极性,首要的在于建立健全正向激励机制。这需要从信念、考评、用人、培训、奖励、容错纠错、工资福利等方面入手。而建构容错纠错机制是全面从严治党新常态下提高干部积极性的重要一环。

一、强化理想信念教育。理想信念是"共产党人的精神之'钙'"。应加强对党员干部的理想信念教育,引导党员干部树立正确的世界观、价值观与人生观,把全面从严治党的规定内化为党员干部的共识。同时,应加强爱岗敬业精神教育,培养职业精神,让干部具备高度自觉的责任担当意识。

二、明确选拔任用标准。习近平总书记在2013年的全国组织工作会议上指出:"选什么人就是风向标,就有什么样的干部作风,乃至就有什么样的党风。"对干部最好的正向激励是让踏踏实实、认认真真干事的干部得到重用。在用人导向上要坚持维护老实干事的干部的权益,让"想干愿干积极干""能干会干善于干"的干部大展身手,"促进能者上、庸者下、劣者汰"。总结推广福州市"一线考察干部"工作机制,在征地拆迁、重点项目建设等急难险重任务一线培养锻炼干部、考察使用干部。

三、强化干部能力培训。借助"互联网+"等平台,利用各类教育机构,为干部提供多种类、全方位的学习机会,提高干部的"敢干事"、"能干事"和"干成事"的素质与能力,造就一支学习型、服务型和创新型的

---

[*] 本文是2017年4月作者给省政府办公厅提交的咨询建议(苏寻、兹玉鹏对本文有贡献)。

干部队伍。

四、畅通干部流动渠道。根据干部队伍建设和实际工作的需要，适时调整干部岗位，让"能者上、庸者下、劣者汰"，使干部轮岗交流常态化，充分发挥干部流动的正向激励作用。

五、改进绩效考评制度。一是根据干部所在岗位的类型，研究制定不同考核指标，对各级领导班子和干部进行全方位、多层次考核，可试行考核积分制度，精确量化考核标准；二是完善考核工作中的限时办结、督查问责等过程管理方法，对重要工作缩短考核时限并加强对实施过程的跟踪调度；三是在统一平台公开考评结果；四是以绩效考评结果作为评价和使用干部的基本依据。

六、创新公务员奖励机制。可以借鉴国际公共服务奖励机制（如"联合国公共服务奖"、"欧洲公共部门奖"、"美国政府创新奖"、中国台湾地区"政府服务品质奖"等）建设的经验，设立"福建省公共服务优胜奖"（重点奖励"敢干事"、"能干事"和"干成事"的个人或单位），健全公务员奖励机制。

七、建立工资指数化机制。参照物价水平并比较公务员与社会其他人员工资水平，为调整干部收入提供科学的参照系，使干部收入与社会总体工资水平匹配，解决好干部的工资福利待遇问题。

八、推行职务职级并行制度。要进一步落实县以下机关公务员职务职级并行制度，参照公务员法管理，拓宽基层干部发展通道，让更多干部从职级晋升中获得奖励和认同。

九、解决基层干部的"后顾之忧"。习近平总书记强调，要为基层干部解决"后顾之忧"，"鼓励基层干部大胆探索，勇于创新，积极寻求解决问题的办法"。设立基层干部艰苦岗位津贴，着力解决各种工作、生活问题，激励干部扎根基层、做好基层工作。

十、构建容错纠错机制。一是成立容错纠错裁定委员会，由纪检监察、组织人事、政法、市场监管、安监、审计、环保、督查等部门的人员组成。二是形成容错免责的规范化程序：（1）单位或个人认为符合容错免责条件的，应在启动问责程序后的7个工作日内，由所在单位向裁定委员会提出书面申请；（2）裁定委员会对申请事项进行调查核实，出具书面调查报告；（3）裁定委员会根据调查结果提出初步认定意见，报同级党委研究确定；（4）认定结果以书面形式向申请单位或个人反馈，并予以答复解释；（5）对认定符合容错免责的情形，可采取召开会议、书面通报等方式在一定范围内公开;(6)容错免责事项材料由相应纪委办公室存档备案。三是纠错和预防。对确定容错免责的单位和个人,裁定委员会应采取个别谈话、发函提醒等方式,指出错误和问题所在,帮助分析原因,督促制定整改措施并监督落实。对同一类问题频繁出现或同一行业、领域集中出现的易错情形,裁定委员会进行针对性研究分析,找出易错风险点和问题症结并警示提醒,防止类似错误和问题重复发生。

关于制定和实施公共服务创新战略的建议[*]

实现基本公共服务均等化与有效供给是现阶段我国科学发展与和谐社会建设的一项重要内容,也是当前我省抓住战略机遇,推进海西区建设与发展的一个重大任务。

近年来,随着经济的快速发展以及财政能力的提高,我省已经具备了推进基本公共服务均等化的良好基础。但由于各种因素的影响,我省推进基本公共服务均等化还存在一些深层的问题:区域和县社会经济发展不平衡,山区市县和沿海市县的经济社会发展水平差距比较大;城乡统筹发展难度较大,农村公共服务供给总量不足;基本公共服务均等化的财政投入与需求不相适应;公共服务有效供给的水平还不高,公共服务体系自身的改革与发展力度不够大。

基本公共服务均等化战略目标的实现,不仅要依靠财政投入力度的加大,还需要公共服务有效供给水平的提高。因为基本公共服务均等化与有效供给关系密切——公共服务的"公平"与"效率"必须有机地结合起来;基本公共服务均等化不能过度依赖于政府自身的力量;公共服务的有效供给可以保障基本公共服务均等化落到实处。

当前,必须创新我省基本公共服务均等化与有效供给的战略。我们认为,这种创新战略有如下四个方面的内容:

——出台基本公共服务均等化的战略行动规划。均等化的内容、标准和时间必须有统一的行动安排,以便不同的决策部门有明确的行动指向。这包括明确基本公共服务均等化的基本内容;界定基本公共服务均等化的统一标

---

[*] 本建议于2009年7月由福建省社科联以"要报"形式报送福建省人民政府办公厅(李德国对本文有贡献)。

准；推出基本公共服务均等化的阶段计划。

——建立可持续的基本公共服务均等化的财政支持体制。支撑基本公共服务均等化的公共财政体系必须与我省经济发展水平相适应，避免过度庞大、臃肿而影响社会经济的持续健康发展。重点是优化公共财政的支出结构；确立财政支持的重点领域和群体；探索横纵结合的转移支付模式。

——深化行政管理体制改革，提高政府公共服务能力。基本公共服务均等化不是单纯的财政投入问题，它内在本质和关键之处是行政管理体制改革。要点有：以决策与执行分开为切入点，理顺政事关系；合理分摊各级政府基本公共服务均等化的成本与责任；转变政府职能，加强政府公共服务能力建设；构建基本公共服务均等化的法律约束机制。

——完善公共服务体系，提高公共服务有效供给水平。推进事业单位改革，提高事业单位的公共服务供给能力；以提供和生产分开为切入点，建立公共服务的社会参与机制；探索政府与市场之间的可抉择公共服务供给机制，根据不同公共服务的特性选择适合的供给机制；建设基本公共服务的绩效评估制度；建立新型的基本公共服务信息平台，增强基本公共服务供给的透明度和便利性。

5-4

关于厦门市率先基本实现教育现代化的提案*

推进教育现代化，提高人口素质，是落实科学发展观，构建社会主义和谐社会的重要内容，更是全面建设小康社会和到21世纪中叶基本实现现代化面临的一项重大历史性课题。国务院最近批转的《国家教育事业发展"十一五"规划纲要》中提出，发达地区要率先发展，初步实现教育现代化。

教育现代化的灵魂是教育思想的现代化，它要求我们把教育作为人类的基本权利来加以推进，为人发展的每个阶段提供受教育的平等机会，保证受教育者的广泛性和终身性。教育现代化的核心内容包括结构和功能两个方面。结构层面的现代化要求我们"重新思考教育机构与社会之间的关系和各级教育的衔接交替问题"，构建科学合理的教育结构，建立一个人人都能学习并且终生都能学习的教育体系；功能层面的现代化是指通过内容和方式多样化改善教育质量，使教育与科技创新、经济建设、社会发展和文化繁荣紧密结合起来，为经济社会全面、协调和可持续发展作出更大的知识贡献。

作为我国改革开放最活跃和经济社会发展较快的地区之一，厦门市在推进教育事业发展，深化教育体制改革，整合教育资源等方面作出卓有成效的探索，已取得了显著的成就。但是，当前厦门市的教育发展现状与教育现代化以及本地经济社会发展的要求尚存在一定的差距，主要表现在：整体教育发展规模和水平相对滞后，人均受教育年限与发达国家的12—13年相比具有明显差距；教育资源相对匮乏，岛内外城乡之间的教育公平性尚待提高，个性化、人本化的教育形式较少；教育与人才培养存在结构不合理现象，正规与非正规、学历与非学历、学校与社区、教育与培训之间相互衔接较弱，

---

* 这是作者主笔的2008年厦门市政协会议界别小组提案。

尚未形成完善的国民教育体系和终身教育体系；教育管理体制过于集中，办学体制单一，现代学校制度尚未建立；教育对经济社会发展的知识贡献值仍然偏低，难以培养大量适应现代制造业和服务业需求的技术人才与创新型人才，产学研之间尚缺乏密切合作，教育对自主创新能力的提高影响较为有限等。

按照科学发展观的要求，为促进厦门教育事业的发展，提高教育对经济社会发展的贡献值，我们提出厦门市应确立在未来5—10年内率先基本实现教育现代化的目标，制定教育现代化的发展政策措施，建设与海峡西岸经济区重要中心城市相适应的现代化教育体系，为厦门市实现跨越式发展提供更为强劲的智力支持。根据当前国际上教育发展的趋势以及厦门市自身的实际状况，我们建议厦门市从以下五个方面推进教育现代化建设：

——增加公共教育经费投入，实现教育投入水平现代化。将教育置于优先发展的战略地位，建立教育投入的优先增长机制，使教育投入水平达到中等发达国家水平。按照教育经费占GDP比例的国际口径进行比较，目前北美和西欧发达国家公共教育经费已经占到GDP的5.6%左右（UNESCO，2007）。厦门市应根据自身实际情况，争取在公共教育支出上达到中等发达国家水平，保证教育事业的长续发展。

——提高市民受教育程度，实现教育发展水平现代化。实现教育现代化的一个重要的指标是人的受教育年限和受教育质量。市民受教育的程度，主要用入学率、完成率和识字率等指标来衡量。一般来说，要求基本普及幼儿教育，城镇3岁以上幼儿学前教育入学率达到95%；基本普及高中阶段教育，新增劳动力的受教育年限达到15年；基本实现高等教育大众化，18—21周岁人口高等教育入学率达30%左右。

——推进学习型社会建设，实现教育体系的现代化。建立结构合理、内容先进的国民教育体系和终身教育体系，形成全民学习、终身学习的学习型社会。按照世界银行的划分，现代化的教育体系应该包括：（1）全民教育（Education for All），指幼儿教育、基础教育和中等教育，保证每个公民都能享受到良好的受教育机会；（2）知识经济的教育（Education for Knowledge Society），指高等教育、职业技能教育、终身学习等，这是提高教育的知识贡献值的关键部分；（3）公共教育，指健康、营养、疾病（尤其是HIV/AIDS）和环境等方面的教育。

——吸收先进教育理念，实现教育管理的现代化。推行先进的教育理念，运用科学、民主的教育管理模式，提高教育的质量，满足人民群众接受多样化、个性化、优质化教育的需求。建立公私合作（Public – Private Partnership）的教育模式，形成多元化的办学格局和新的投融资体制；建立以学生为本的教学体系和管理制度，开展多种形式的教育教学改革实验，提高教育教学水平和人才培养质量。

——改善教育质量，实现教育产出的现代化。提高教育对经济社会发展的知识贡献值，为科技创新、经济增长和社会和谐提供高素质的人口群体。具体而言，必须推进教育的产学研结合，运用教育科研成果来提高工业竞争力，提高高等学校对经济建设和社会发展的贡献力；完善职业技能教育和继续教育，培养大量接受过良好教育的创新型人才以及技术熟练的劳动力。

当务之急，就是按照教育事业又好又快发展的要求，制定教育现代化的建设纲要，明确我市教育现代化的内涵和目标体系，这就需要我们做好以下几个方面的工作：

——按照教育现代化的基本要求，对我市教育发展的现状及其与现代化的差距进行客观评估，分析我市推进教育现代化需要解决的存在问题。

——建立我市教育现代化的目标体系和评价指标体系，按照教育思想、教育发展水平、教育管理、教育与社会经济的协调程度等指标来形成教育现代化的标准体系，为全市推进教育现代化提供指导。

——建立教育现代化的工作推进机制和督导评价机制，加强制度创新和改革的力度，注重内涵发展，处理好速度与质量的关系。

——按照分区规划、分类指导、分层推进和点面结合的原则推进教育现代化，保证教育资源配置的公平性，建立教育现代化改革试验区，逐步实现全市的教育现代化。

关于创新老年教育服务供给机制促进老年大学发展的建议[*]

从全球范围看,包括老年教育在内的公共服务正在经历激烈变革。一方面,服务购买等市场化机制的应用越来越广泛,这改变了政府单方提供公共服务的传统模式。另一方面,政府与不同社会主体也开始通过诸如 PPP 模式尝试合作生产和提供公共服务。公共服务经历了政府独立承担生产和供给职责,到政府向其他组织购买服务,再到与其他组织合作生产和供给的转变。同时,一个完整的公共服务周期可以划分为服务规划与设计、服务运营、服务交付、服务评估及服务监督等不同环节或阶段。当前我国公共服务改革可以在传统政府供给、市场化服务购买与合作生产和供给三种机制中灵活选择与组合,构建公共服务供给的新机制并形成新模式。创新老年教育供给机制作为《老年教育发展规划》的主要任务之一,其本质是要充分利用政府调控、市场调节、社会组织助推、消费生产者等不同机制的组合优势,实现老年教育公共服务的多元主体的权利和义务分配、责任分担与资源互补。为此,我们提出创新老年教育服务供给机制,促进我省老年大学发展的如下十条建议。

一、优化老年教育的整体规划,构建老年教育服务合作供给机制

积极应对人口老龄化,发展老年教育事业需要反思已有的公共资源配置方式,从宏观上重新规划与设计资源在不同类别老年教育、不同类型老年

---

[*] 本文是 2017 年作者以福建省人民政府顾问的名义提交省人民政府办公厅的咨询建议(张婷对本文有贡献)。

人、不同地区之间的分配。《老年教育规划（2016—2020年）》鼓励社会力量参与老年教育，但实践中，一方面，不论是市区级的老年大学还是街道、社区的老年学校经费绝大多数来自政府拨款，特别是市区级老年大学作为事业单位实行"收支两条线"的预算管理制度，衣食无忧的时候使其缺乏改革创新的动力；另一方面，对社会机构寻利的担忧制约着对社会教育机构的接纳度，市场化和志愿性机制的应用有限。这种状况必须改变，要逐步实现老年教育多元主体的权利和义务分配、责任分担与资源互补。与此同时，在微观上将教育内容设计的权利交给教育主体，充分发挥社会主体在老年教育服务供给上的作用。

二、提高现有老年大学办学开放度，使社会老人享有平等受教育权

部门、行业企业、高校举办的老年大学初期大多面向本单位或本部门的离退休干部和老同志。虽然经过30多年的发展，各级老年大学学员来源日益广泛，但"优先保障本单位老人"的思维仍然根深蒂固。除了少量社会办学、自主管理的老年大学外，大部分老年大学为党委老干局或者部门离退休处管理，以财政资金作为主要经费来源。每位纳税人年老后都有享受公共资金资助的教育的权利，可以按照"先来先得"以及"就近入学"的原则，公平配置教育资源和机会。

三、合理配置财政资源，优先发展城乡社区老年教育

《老年教育发展规划》提出了"优先发展城乡社区老年教育"的任务，但实际的情况是，市区两级老年大学起步早，发展较为规范，资金及师资等方面较有保障；而承担社区老年教育主要任务的老年大学大多依托社区场所、设备和资源。调查表明，厦门近一半社区活动场地在200平方米以下，其中能提供给老年人用于老年学校教育的场地比较紧张。基础老年教育投入并未列入各级政府预算。社区老年教育的经费来自街道或社区拨款，少部分通过收取学费的方式来弥补。市、区两级老年大学长期运作，有一定自主运作的基础，政府可以考虑逐步"断奶"，培养老年大学以法人实体独立运作的能力。政府财政投入向街道和社区老年教育倾斜，确定基础老年教育财政

投入的占比。

四、利用好财政资金,发挥示范校的辐射和指导作用

建设一批能发挥示范作用的乡镇(街道)社区老年人学习场所是"老年教育发展规划"重点推进计划之一。各级党委和政府在本级老年教育中负有不可推卸的责任。党委领导、政府统筹,教育、组织、民政、文化、老龄部门密切配合,其他相关部门共同参与是发展老年教育事业的重要组织保障。从历史上看,公共资金是我国老年教育事业发展的启动资金,今后应成为调动社会力量多元投入的种子资金。要主抓示范,树立老年教育范本,发挥示范校的辐射和业务指导作用。

五、整合现有教育资源,形成老年教育合力

目前我国涉老机构较多,除了老年大学及老年学校外,还包括老年协会、老科协、老体协等。老年教育既姓"教"也姓"老",它是老年人重新融入主流社会的重要支点,是老年人再社会化的重要通道。发展良好的老年教育能助推老年人跟上时代和社会步伐,更好地融入主流社会。基于这一认识,应进一步加强涉老部门之间的融合,同时整合已有的文化体育科技资源服务老年教育。

六、推动社区老年人互助学习,培育生产型消费者

生产型消费者或产消者(prosumer)是由美国未来学家托夫勒首先提出的概念,用来描述消费者同时参与所消费的物品和服务的生产与提供。在消费生产者情况下,协作生产将取代单独生产,消费者将积极参与产品和服务的生产与提供,而且消费者的积极投入也成为高质量物品或服务生产的必要条件。

基础老年教育面临着需求旺盛但短期内有效供应不足的情况,更需要鼓励各种形式的互助学习以及作为教育受众的老年人的自我服务生产。让有专长的老人走向课堂,发挥余热;成立学员代表大会,在日常管理中通过学委

会的形式,让老年选举代表自我管理和帮助都是不错的形式。目前,"三个课堂"的教学模式在老年教育中得到了广泛应用。特别是随着《老年人权益保障法》的修改,国家从整体上鼓励老年人继续为国家建设作出贡献,"长者义工站"等各种形式的学以致用、老有所为的第三课堂受到了更多的重视。对于那些活跃在社区的老人应及时给予精神鼓励和嘉奖,提升老年人的自我成就感和满足感,形成良性循环。

七、根据老年教育服务的性质,灵活使用服务购买或项目合作等方式

服务购买作为20世纪70年代以来兴起的市场化服务方式,能够"将政府发现公共偏好和获取资源的优势与市场和社会组织生产和传递服务的优势结合起来",因此得到了广泛使用。对于老年教育中服务内容较为明晰、服务标准较为确定、服务监督较为容易的设备、师资等要素可以尝试采用政府服务购买机制。而对于那些服务内容难以明晰界定、产出不易衡量的部分则可以考虑基于服务结果取向的委托管理或合作生产和供给。

——针对老年大学寒暑假和周末时段校舍和设备闲置的情况,可以尝试错时共享办学场地及设备,最大限度地盘活现有资产。通过这种方式筹集的资金可以成立专门的老年教育基金,反哺基础老年教育。

——针对老年大学普遍反映的场地有限,无法满足老年教育需要的情况,尝试"以租代建",租借社会教育机构的场地。目前,在如何引入社会教育机构方面尚缺乏具体指导政策,基础老年教育机构虽然有联合办学的机会,但因为政治风险和法律风险问题,社会机构都处于观望中。为此应出台具体的政策文件,使基层可以遵照执行。同时应建立容错机制,鼓励创新。

——除了在新增产能上"以租代建"外,可以考虑更为彻底的"私人融资计划",将目前政府拥有的老年教育建筑和设备公开出售,政府不强调对建筑和设备的所有权,转而寻求使用权。

——向社会组织购买老年教育课程开发、教学管理、师资建设等服务。

八、引入市场化机制及第三方评估,提升老年教育的整体质量

现有的老年教育的课程开设缺乏明晰标准,课程多以学员口碑为参考,

或者根据社会热点选择，随机性较大。课程对老年人身心发展需要的回应度也不甚明了。老年大学中的书法绘画、养生保健、舞蹈等课程需求量大，市场发育较为成熟。老年大学在开设此类课程前，可以尝试引入市场办学力量，完善课程的规划和设计，提升课程的内涵和质量。

目前，对老年教育质量的监控主要由老年大学教务部门按照内部管理制度进行。只要不出现安全事故，作为出资人的政府很少对老年大学的教学质量进行管控。但教育质量的高低不会对老年大学的办学造成实质影响。虽然在一些老年大学，打造精品课程成为提升教学质量的重要抓手，但并不具有强制约束力。今后应鼓励全国老年大学协会等社会组织开展独立第三方老年教育发展状况评估，并将评估结果作为衡量各级政府相关部门绩效的标准之一。

九、试点长者教育个人账户，创建老年教育服务市场

目前老年教育的财政还停留在补机构、补砖头的阶段，大量资金投入到了校舍建设、设备配备维护、专职管理人员供养上。除了抓好重点示范老年大学和老年学校外，各级政府可以调整思路，改直接拨款到机构为直接将各渠道筹集而来的资金按人头和标准打入长者教育个人账户，这既可以激发老年人参与教育的积极性，将老年人的权益落到实处；也可以通过用户选择反向推动老年教育机构建设。

十、设立市级老年教育服务热线，创新老年教育服务方式

设立市级老年教育服务热线，做好联系供需的中间人，弥补价格传导机制缺失的问题。要做到有效回应老年教育需要，首先必须对现有老年教育资源做到心中有数。不少老人有继续学习的意愿，但苦于不了解学习的渠道和资源。从教育服务供给的角度看，可以考虑在摸清家底的情况下，设立统一的为老热线，为老年人提供咨询建议，帮助老年人寻找适合的教育资源。

5-6

提升福建省科技公共服务能力的若干对策*

科技公共服务是什么？迄今为止，在学界没有一个比较明确的回答。其主要分为广义和狭义两种界定。本研究主要从狭义上来理解科技公共服务的概念，尝试通过理论构建与实证筛选相结合的方式来开发一套科技公共服务评价的指标体系。

一、科技公共服务评价的研究现状

科技公共服务评价实践和研究是以"科技公共服务"作为对象，围绕这一对象展开而来。目前，国内外对于科技服务的研究主要集中在以下几点：其一，政府科技投入的评价。主要通过研究衡量科技投入的若干重要指标、R&D 的科技统计与绩效评价、全国科技进步监测指标体系、科学技术服务评价、政府科技投入的绩效评价指标和地方政府科技投入的绩效评价实践（比如广东省、浙江省等科技投入评价）等方面的研究为政府制定科技政策提供依据。其二，科技服务业的评价。主要是从宏观微观角度、科技服务业机构设置等方面进行研究，但是目前关于科技服务业的研究并不是很多，尚处于起步阶段。其三，科技某一具体领域的评价。主要是诸如农业科技服务、气象科技服务等方面的研究。总体来看，与"科技公共服务"相关的评价研究纷繁复杂，且可以被称为科技公共服务评价，已有的相关评价的研究和评价实践具备体系完善、研究丰富、基本上实现了科技公共服务的财政支出审计等特点。同时，科技公共服务评价的研究也存在相关评价零散

---

* 本文是作者 2015 年提交给福建省科技厅的 2011 年度软科学计划项目的成果简报（樊晓娇对本文有贡献）。

和交叉、以"科技公共服务"为直接评价对象少、缺乏一个科技公共服务的综合评价体系用以衡量科技公共服务的整体质量水平等问题。

二、科技公共服务评价指标体系构建的逻辑模型及构建过程

本研究成果借鉴国际评估学开创者韦唐对评价的界定，从评价的知识维度、价值维度、利用维度和对象维度来展开科技公共服务评价指标体系的设计。本研究中科技公共服务评价指标体系的开发思路是：将目标评价、科技创新过程评价、利益相关者的参与评价作为科技公共服务质量评价的三个立足点，对应于公共服务质量持续改进框架中的三个服务层次，即宏观层次和中观层次的客观服务质量、微观层次的科技公共服务使用者的感知质量。

评价指标体系最常见的有两种途径，一是通过搜集大量与评价对象相关的指标，然后通过德尔菲达或者专家进行筛选；二是根据评价对象的内涵、分类、功能等特点来设计评价指标的维度或通过理论推导评价对象的评价逻辑并据此设计相应的评价维度，然后根据设计的维度来搜集相应的指标，指标的筛选可以通过问卷调查的结果进行统计分析。本研究在第二种途径的基础上，吸收第一种途径的海量搜集法。首先构建科技公共服务的评价的逻辑模型；其次构建科技公共服务指标库；再次根据科技公共服务评价的逻辑模型进行指标的理论筛选，在此基础上设计问卷，进行指标的实证筛选；最后，通过问卷进行权重设置，完成科技公共服务指标评价体系的构建。

三、提升福建省科技公共服务质量的建议

本研究最后根据科技公共服务质量评价的指标体系来设计相关问卷，采取结构式问卷形式对福建省相关单位进行了调研，应用显得指标体系对福建省科技公共服务质量进行评价，发现福建省科技公共服务中存在着服务供给缺乏效率、供给比例略显失调、服务供给和服务需求匹配度低等问题。针对这些问题，课题组提出以下改进福建省科技公共服务质量的对策。

（一）明确阶段任务，设置功能中介

针对福建省科技公共服务的供给存在计划性较弱和积极性较差的问题，可以在五年规划纲要的指导下，细分阶段任务，设定每一阶段要达到的服务

目标以及相应的绩效奖惩机制。同时按照科技创新过程中所涉及的研究与开发服务、科技成果转化服务、科技创业与产业化服务分别设立具有功能属性的服务小组，对下负责局部管理和调配隶属于小组的服务单位或部门，对上可及时向科技公共服务主管部门反映科技资源的配置和科技公共服务的需求状况，发挥各服务小组的中介功能，串起各功能服务区以调动起科技公共服务的积极性，同时便于各功能服务区的资源调配和实施计划的调整。

（二）合理调配资源，创新激励机制

针对福建省科技公共服务在资源分配方面出现比例失当的问题，在中观维度上采取调整科技资源投入比例和制定针对自主创新主体的激励机制的策略。同时，制定针对自主创新主体的激励机制。比如制定针对高校关于基础研究和应用研究的激励机制，具体激励机制可从科研基金支持力度、科研成果奖励、科研信用库的构建等方面来进行创新。

（三）加强供需交流，区别供给服务

针对福建省公共服务供给忽视使用者感受的问题，可以通过科技公共服务交流平台，获取科技公共服务使用者的需求方向以及优先排序，以此作为科技公共服务供给计划或供给项目的依据；通过科技公共服务供给计划或供给项目方案来征询用户意见，形成供需双方的协商和妥协；最后根据所持资源和科技公共服务使用者的需求排序来进行方案决策。

（四）善用指标评价，发现改进空间

除上述针对福建省科技公共服务质量评价结果和存在问题所提出的应对策略之外，应当善于运用各种评价指标体系，用于检查和监测科技公共服务供给中存在的问题。最后，本评价指标体系开发方法也可应用于其他一般评价指标体系构建。

5-7

平潭综合实验区自由贸易港区管理创新方案[*]

平潭综合实验区要积极推进两岸区域合作,面向世界全方位开放,既要采取灵活的合作方式,吸引更多的合作主体,开辟合作渠道,更要积极完善自身环境,作为自由港区,应该积极借鉴国内外先进自由港区的发展经验,为深化发展、拓展交流创造条件。

一、创新自由贸易港区管理模式

平潭自由贸易港区的管理模式,决定着其政策执行效果及港区的发展,要保障平潭自由港区发展的绩效,实现高效、快捷的管理,需要在管理体制上进行创新。

1. 建立符合国际惯例的区域行政管理体制。自由贸易港区管理体制创新应把握几个原则:一要有利于管理的统一性和权威性;二要有利于确保监管的严密性和高效性;三要有利于促进自由港区功能发挥;四要有利于调动各方面对自由港区管理的积极性和协调性。实行前台联合办公,所有日常行政管理都纳入一个窗口,统一对外,后台自我管理,各负其责。从国际经验来看,大多采取统一管理、单一窗口的管理模式。一些国家和地区采取设立具有较大独立性的自由贸易区管理机构,统一管理,通过单一窗口实施日常管理。另外,许多国家的政府采用自由贸易区经营管理公司化的趋势,放松对经济活动的监管,下放决策权。

2. 建立更加高效的海关监管模式。更多地以电子监管、风险管理、海

---

[*] 这是 2012 年作者向平潭综合实验区管委会提交的委托课题"平潭实验区体制改革与创新研究"的政策建议之一(合作者:李德国等)。

关稽查等手段和制度，代替对自由贸易港区企业以卡口查验等为主的海关行政监管方式。高雄自由港区的联合稽查制度之所以不被企业广泛接受，是因为与之配套的备案、货物盘存等规则要求增加了企业的业务工作量。其实海关审计核查制度是比较广泛的一项国际惯例，美国海关对自由区也实行进区货物申报和稽查制度，同时取消对进出区货物逐单逐票地进行现场查验。平潭自由贸易港区可以在简化有关单据和程序、降低监管成本方面探索新的途径。

3. 建立以信息化为载体的港航信息系统。借鉴国际通行做法和发展新趋势，积极探索海关、检验检疫、边检等口岸管理部门和查验单位等服务措施的创新。依托信息化系统，建成集电子政务、电子商务、物流功能于一体，跨部门、跨行业、跨地区的口岸公共信息平台，实现口岸通关信息共享、高效便捷、规范安全、科学监管。以创建海关信用体系为基础，建立海关信用管理体系、诚信通管机制，依照守法便利、违法惩戒、分类管理、动态考核的原则，实现企业口岸通关有效监管和便捷通关。

4. 政府扶持与商业化管理相结合，遵循国际通行做法。政府的扶持可以集中社会力量为高科技开发服务，可以统一调配社会各方资源，可以综合协调各职能部门的工作。商业化的管理以效率为导向，在一定程度上可以减少全面行政化所带来的不利影响。国际通行做法体现在两个方面：一是要依托高等学府和科研机构而不是自然和一般劳动力资源，其发展主要侧重于人才和知识；二是其对技术和资金的集约程度要求比较高，而对密集型与资源密集型的产业则采取限制以至于拒绝的态度。所以能否吸引和培养更多的人才，能否在企业准入领域坚持国际通行做法是开发区进一步发展的关键。

二、改善自由贸易港区物流运作环境

自由贸易港区能否真正激发港口对国际货物集散和增值服务集聚的功能，除了区位、港口以及基础设施等条件，还取决于软环境，要加快平潭自由贸易港区的发展，改善物流运作环境势在必行。

1. 塑造航运服务业发展与产业融合的高地。平潭自由贸易港区的使命，不仅在于扩大集装箱装卸规模，增加国际中转能力，而且要成为福建高起点发展现代服务业的"激发器"，成为国际产业融合与转移的"加速器"。重点之一是培育航运服务业，出台国际上通行的优惠措施，把我国规模庞大的悬挂方便旗的国际海运船队吸引到平潭自由港来。同时，要大力吸引船货代理、航运保险、港航咨询等服务企业在自由港区聚集。另一个领域是促进产业链的延伸与融合，形成自由港区国际物流、加工业务与周边产业的一体化整合环境，如与重装备制造、高科技制造、研发等园区产业以及平潭周边制造与服务产业的相互渗透和支持，发挥国际航运中心的全方位服务功能。

2. 消除外贸集装箱国际中转运输政策障碍。制约平潭自由贸易港区国际中转业务成长的潜在瓶颈，既有市场因素，更有政策因素。为此，必须在自由转运政策上有所突破。比如允许国内班轮公司承运的集装箱在平潭自由港区进行"国内进口中转"和"国内出口中转"业务；允许外国班轮公司承运的国内其他港口为启运港或目的国际集装箱在平台自由港区自由中转，等等。这些业务的顺利开展涉及国内已结关出境货物再入境的海关监管，以及国内海运市场准入等政策。如果就海关监管而言，在处理进出保税港区的集装箱海运货物时，给予平台自由港区类似境外港口的地位，可以按照国际惯例使集装箱在港区内自由地拆拼和有效地中转，使国内经平台自由港出口集装箱能够得到与境外港口同等的便利。一份对台湾企业的调查结果显示，货物转运环境是企业进入自由贸易港区首先要关心和考虑的因素。如果平潭自由港区国际中转政策不畅，就难以对国际物流企业产生充足的吸引力。

三、完善自由贸易港区法律环境

平潭作为自由贸易港，其发展、成熟与法律政策的制定、执行以及修改密切相关，健全立法，形成完备的法律制度体系，营造适合平潭自由贸易港区发展的软环境至关重要。

1. 推动自由港区国家层面立法。要通过立法确立自由港区的性质定位、基本政策框架和宏观管理模式，推动国家层级的立法，由国家甚至区域立法规定一系列自由区的性质和作用，分析调整不适合区域发展的现有法律，同时细化操作规程，赋予自由港区的法律地位。这样便可使管理者和投资者都有法可依、有章可循，从而规范自由港区的各项活动，保证最大的自由和便捷。

德国的自由港是由宪法保障的，只允许改变自由区的界限。根据德国联邦法规定，自由港可视同第三国地位，货物只有从自由港输入欧盟市场时才须向海关结关，交纳关税及其他进口环节税。海关部门对自由港采取不同于一般保税区域的管理模式，对进、出自由港区的船只和货物给予最大限度的自由,自由和便捷的管理措施贯穿于从货物卸船到运输再到装运的整个过程中;美国于1934年通过了《对外贸易区法案》,当中规定"对外贸易区是一个限定的进入区域,位于进口港或毗边进口港处。由对外贸易区管理局授权的某个公司按照公用事业原则进行经营,同时受美国海关的管理和监督",明确了对外贸易区的概念、功能、管理模式等内容。同时国际性的公约,如《京都公约》专项附约四的第二章,对自由区的定义为缔约方境内的一部分,进入这一部分的任何货物,就进口税费而言,通常视为关境之外,以及区域性的法律如《欧盟海关法》等都对自由区有专门的说明和具体的规定。

2. 健全法律法规体系,配合灵活的调整机制。平潭自由港区应颁布一系列法律规章保障其良好的运作,同时为了应对发展中面临的不确定性因素,并设立相应的调整机制,以便使其具有弹性,能够适应不断变化的外部环境需要。

美国颁布《对外贸易区法》以后,又切实制定和颁布了《美国对外贸易区管理手册》以及《美国对外贸易区委员会通用条例》,更加保障了对外贸易区的良好运作。中国台湾也就自由贸易区专门制定了《自由贸易区设置管理条例》《自由贸易港区通关管理办法》等法律和操作规则。除这些外,它们的成功运作得益于拥有一套反应快速、准确、灵活的调整机制。例如台湾《出口加工区设置管理条例》实行以来随着地区的经济发展趋势和区内产业结构引导,先后进行了六次修改,主要是企业入区条件等有关方面,通过调整使区内企业经营更加自由、灵活。

3. 提供更多税收优惠制度。进一步予以平潭自由港区企业各方面的税收优惠。通过立法完善平潭自由港区的退税制度,对于区内企业的增值税、营业税和消费税应该给予一定的优惠。例如自由港区内的企业在区内销售货物或提供加工、修理修配劳务,免征增值税;自由港区内的企业应缴纳的消费税,一律免征;自由港区的企业提供属于营业税征收范围的劳务,应按照税法规定征收营业税。同时企业所得税方面也可考虑予以一定的优惠。

Ⅵ 课程建设

6-1

关于《公共政策分析》教学指导纲要的几点说明*

本人作为全国 MPA 核心课程《公共政策分析》教学指导纲要的编写者，应全国 MPA 教学指导委员会之邀请担任"公共政策分析"课程培训班的主讲教师，对本课程教学指导纲要的编写及使用作如下说明，请大家批评指正。

一、课程简介

1. 课程性质

公共政策分析（Public Policy Analysis）是一门能综合运用各种知识和方法来解决社会或政策问题的学科。因此，该课程是属于理论、知识和方法的组合课程。

公共政策分析或政策科学是第二次世界大战后首先在西方兴起的一个全新的跨学科、应用性研究领域。公共政策分析或政策科学以其一系列独特、新颖的范式以及它对决策科学化、民主化和社会经济发展的促进作用，而备受各国学界和政界的共同关注，成为当代社会科学及管理科学一个重要而又充满活力的新跨学科领域。公共政策分析具有自身的学科特点和基本特色：

——公共政策分析将科学知识尤其是社会科学知识与政策过程密切联系起来，提倡以问题为中心，而不是以学科为中心的知识产生方式。

——公共政策分析是一门以实践为取向的学科，是适应人类利用已有知识和方法去改进公共决策系统、提高政策质量的需要而产生的。

——政策分析学科的研究对象是政策实践，政策系统及其运行（政策

---

* 本文是作者在 2014 年全国 MPA 核心课程《公共政策分析》师资培训班上的演讲稿。

过程),政策的性质、原因与结果;其目的是提供政策相关知识,为政策实践服务。

2. 课程地位

公共政策分析是公共管理学科的重要组成部分,是公共管理硕士(MPA)专业学位的主要学科基础、研究方向及核心课程之一。

20世纪70年代末80年代初,随着改革开放的伟大历史脚步,西方政策分析学科传入我国,一些学者注意到了国外社会科学中的这个新领域,着手进行介绍、引进和初步的研究工作。90年代初、中期,公共政策分析(或政策科学)课程被引入我国大学的行政学、政治学等学科专业的本科生和研究生培养方案之中(一些综合性大学也开始在行政学硕士点中设立了政策分析方向;世纪之交国务院学位委员会批准设立的第一、二、三批行政管理的博士点中大多设有公共政策分析研究方向)。

20世纪70年代之后,在国外尤其是MPA教育发祥地的美国,公共政策或政策分析构成MPA教育的重要方向及课程基础。我国于1998年开始论证、2001年开始招生公共管理硕士(MPA)专业学位。在1999年启动编写、2001年确定的全国MPA的首轮培养方案中,公共政策分析被确定为专业核心课程之一。另外,相当部分MPA试点院校都设有公共政策分析研究方向。

公共政策分析课程不同于MPA专业学位的其他课程。它以提供政策相关知识为目标,更注重思维方式以及方法论、方法及分析技术的学习与应用,强调实际政策问题分析和解决。

由于公共政策分析是一个跨学科综合性的课程领域,需要公共管理学、政治学、经济学和社会研究方法等课程领域的知识基础,所以最好开设的时间是在MPA二年级(第1学期或第2学期)。

3. 教学目标

我国MPA专业学位的培养目标强调学生公共管理与公共政策分析以及解决公共管理实际问题能力的养成。公共政策分析课程的目标正是要提高学生公共政策理论素养和实践技能,培养学生发现、分析和解决实际政策问题的能力。

——让学生掌握公共政策学的基本概念、理论、方法和技术,并学会将这些概念、理论、方法和技术用于实际的公共政策分析之中。

——培养学生发现、分析和解决实际政策问题的能力,增强学生的公共政策理论素养和实践技能,训练学生的自学、吸取知识、口头表达和独立思考等方面的能力,并培养学生的团队合作精神。

——培养学生的理性思维、辩证思维和批判反思的思维方式,追求公共价值、公共利益的公共精神,实事求是、求真务实的科学态度,正直、民主、公正的道德素养。

二、课程大纲

1. 需要考虑的几个关系

《公共政策分析》课程涉及的主题内容多且广泛,讲什么?内容如何取舍?这是这门课程教学遇到的难题之一。

目前国内外教材内容安排的大概有四种类型:

综合型。政策系统、过程和方法都讲。第一版的MPA《公共政策分析》教学大纲采用的就是这种体例,它是由政策系统篇、政策过程篇、分析方法篇和结论组成。

结合型。即把过程和内容结合起来,既讲政策过程的基本环节,又讲实质性政策尤其是基本国策。例如,托马斯·戴伊的《理解公共政策》;陈庆云的《公共政策分析》。

过程焦点型。以政策过程尤其是政策制定或规划为焦点,讲政策过程的若干环节及常用的方法。例如,邓恩的《公共政策分析导论》;帕顿和沙维奇的《政策分析和规划的初步方法》;詹姆斯·E. 安德森的《公共决策》。

方法焦点型。主要讲政策分析的方法和技术,如克朗的《系统分析与政策科学》。

教学内容选择和安排必须考虑的几个关系:

——理论原理与方法技术的关系;

——与其他核心课程和主要必修课程的关系;

——与公共政策领域其他课程的关系;

——基本理论与学科前沿的关系。

2. 课程大纲框架

基于上述思考,这次的课程大纲由如下三部分(共十章)所构成:

第一部分:总论(共3章):导论,涉及政策分析学科的范式、沿革和意义(第1章);政策系统及其运行,包括公共政策的本质、政策系统的构成、政策系统的运行过程等内容(第2章);政策活动者涉及政策行动者,涉及政策行动者的分类、思想库,政策活动者互动的解释框架等内容(第

3章)。

第二部分：政策过程（共5章）。这一部分包括政策制定、政策执行、政策评估与监控、政策终结和周期、政策变化（第4—8章）。涉及政策过程研究的各种途径，政策过程的各个基本阶段，中西方政策过程的差别，具有中国特色的政策制定与执行的基本经验等内容。

第三部分：政策分析方法与技术（共2章）。涉及政策分析的一般方法（或方法论），包括系统分析方法、经济学分析方法、伦理学分析方法、创造性思维方法（第9章）；政策分析的基本程序与政策分析过程常用的技术（第10章）。

通过这样一个理论框架能够较为系统地将目前国内外政策分析的研究成果吸收于其中，形成政策分析学科的较系统的教学理论体系。

3. 教学安排

本课程2—3学分，32—48学时（示例见下表）。

表6—1　　　　　　　　　　教学安排示例

课程名称《公共政策分析》　　　专业　MPA　年级＿＿＿＿

各章节及教学主要内容	教学形式	时间安排	第几周（次）	备注
第一章 导 论 1. 政策分析学科的范式、沿革和意义 2. 政策分析学科的沿革	理论讲授	2—3节	1	
第二章 政策系统及运行 1. 公共政策的本质 2. 政策系统的构成 3. 政策过程的功能环节	理论讲授	2—3节	2	
案例教学： 教师自主选择案例 （如"三峡工程决策"）	案例分析	2—3节	3	
第三章 政策活动者 1. 政策活动者的分类 2. 活动者互动解释框架 3. 思想库（智库）	理论讲授	2—3节	4	

续表

各章节及教学主要内容	教学形式	时间安排	第几周（次）	备注
专题研讨： "政策科学与智库建设：世界与中国"	研讨会（师生、校内外专家和官员参与）	2—3节	5	
第四章 政策制定 1. 议程确立 2. 方案规划 3. 政策合法化	理论讲授	2—3节	6	
案例教学： 教师自主选择案例（如经典案例"古巴导弹危机"）	案例分析	2—3节	7	
第五章 政策执行 1. "政策执行运动" 2. 政策执行过程	理论讲授	2—3节	8	
3. 政策执行中的工具选择 4. 影响政策有效执行的因素	案例分析	2—3节	9	
专题研讨："中国公共决策模式以及中国特色政策制定与执行的经验"	研讨会 （小组专题报告展示）	2—3节	10	
第六章 政策评估与监测 1. 政策评估研究的沿革 2. 政策评估过程和模式 3. 政策评估标准及指标 4. 政策监测及其方式	理论讲授	2—3节	11	
案例教学： 教师自主选择案例（如"城市公共服务质量评估"）	案例分析	2—3节	12	
第七章 政策终结与周期 1. 政策终结 2. 政策周期 3. 政治—经济周期	理论讲授 或 专家讲座	2—3节	13	

续表

各章节及教学主要内容	教学形式	时间安排	第几周（次）	备注
第八章 政策变迁 1. 政策变迁及其种类 2. 政策调整、常规政策变化与政策范式转移 3. 政策学习与政策创新	理论讲授 或 专家讲座	2—3 节	14	
案例教学： 教师自主选择案例（如"中国计划生育政策变迁"）	辩论会	2—3 节	15	
专题研讨： "决策科学化民主化与智库建设"	小组 专题报告	2—3 节	16	
第九—十章 政策分析方法与技术 系统分析、经济学分析、伦理学分析、创造性思维方法、常用的技术。	理论讲授 政策分析 练习		17—18	这两章可以分散到政策过程的各阶段或环节中去讲
复习考试	闭卷或开卷 考试	（考试时间：2 小时）	19	

（另外，可以安排学生课外阅读经典文献，写一篇读书心得体会或书评，作为课外作业）。

三、教学及考核方式

1. 教学方式

根据 MPA 培养方案的要求以及公共政策分析学科的特点，本课程的教学宜采取灵活多样的教学方式方法。

——如何在保留传统的理论讲授优势基础上，采用研讨式、启发式的教学方式尤其是案例教学法。

——案例教学法的基本理论问题探讨，包括案例教学法的目的、要求和特点，案例教学法的构成要素与过程，如何编写和讲授案例，学生如何适应和参与案例教学等方面。

——案例库建设问题。编写和制作案例教学材料，尤其做实证研究，通过调查研究，发现并编写案例，同时注重国外案例的引进和翻译工作，以适应多媒体教学的需要。

在教学方式上，提倡在保留传统的理论讲授基础上，采用案例教学、研讨会、辩论赛、现场模拟、角色扮演、实地考察等多种方式。也可以采用小组专题教学形式，将文献阅读、理论讲授、实际调研与案例分析、课堂研讨等环节有机地结合起来。小组专题教学方式要求学生阅读所指定的阅读书目，至少写一篇书评或读书心得，参加一个专题的研究与介绍，并分析一个以实际调研为基础的案例（专题报告和案例分析也可以采取小组作业的形式）。

2. 教学要求

课程教学的三个基本要求：第一，坚持以马克思主义和中国特色社会主义的战略、政策和策略理论作为指导；第二，注意了解和把握当代国内外的政策科学教学与科研发展的新趋势，吸取新的理论与方法成果，及时充实课程的教学内容；第三，立足于国情，紧密结合当前我国的政策实践进行教学，以我国的现实的政策实践、政策系统和政策过程作为考察对象，并注意总结具有中国特色的政策实践经验。

3. 考核方式

读书心得或书评（20%）；小组专题报告（20%）；期末闭卷或开卷考试（60%）。另外，课堂表现好的可以加分。

《公共政策概论》课程的教学要求和教学要点*

作为一个新的跨学科、综合性和应用性的社会科学学科,公共政策学(又称政策科学、政策分析和政策研究)是20世纪70年代以后公共管理学中出现的一个新的学科分支或新的研究方向。它将科学知识尤其是社会科学知识与政策过程密切联系起来,提倡以问题为中心,而不是以学科为中心的知识产生方式。它的倡导者们力图克服社会科学各学科将理论与实践相脱离,片面强调学术研究的局限性,提出一门能把各种知识和方法直接运用于解决社会问题的新学科。本课程的教学目标是让学生掌握公共政策学的基本概念、理论、方法和技术,并学会将这些概念、理论、方法和技术用于实际的公共政策分析之中;它要培养学生发现、分析和解决实际政策问题的能力,增强学生的公共政策理论素养和实践技能,训练学生的自学、吸取知识、口头表达和独立思考等方面的能力,并培养学生的团队合作精神。本课程的教学原则:第一,坚持以马克思主义特别是马克思主义中国化的成果(毛泽东思想、邓小平理论、"三个代表"重要思想、科学发展观)的战略、政策和策略理论作为指导;第二,注意了解和把握当代国内外的政策科学教学与科研发展的新趋势,吸取新的理论与方法成果,及时充实课程的教学内容;第三,立足于国情,紧密结合当前我国的政策实践进行教学,以我国现实的政策实践、政策系统和政策过程作为考察对象,并注意总结和传授具有中国特色的政策实践经验。在教学方式上,提倡在保留传统的理论讲授基础上,采用案例教学、研讨会、辩论赛、现场模拟、角色扮演、实地考察等多种方式。本课程建议学时数:64学时(4学分)。

《公共政策概论》课程各章(各专题)的教学要求和教学要点如下:

---

* 本文是作者2008年为全国公共管理类本科教学指导委员会提交的建议报告。

第一章 绪论

教学要求：
　　要求学生了解公共政策、政策系统和政策过程的概念，公共政策学的形成和发展，研究公共政策学的理论与实践意义；掌握公共政策学的学科范式，即它的研究对象、范围、性质和研究方法；能初步应用政策系统和政策过程的概念框架去分析当代中国的政策系统及其运行。

教学要点：
　　一、公共政策、政策系统和政策过程
　　1．公共政策
　　2．政策系统
　　3．政策过程
　　二、公共政策学的范式
　　1．公共政策学的兴起
　　2．公共政策学的学科范围
　　3．公共政策学的"范式"特征
　　4．公共政策学的研究途径
　　三、公共政策学的意义
　　1．政策分析的职业化
　　2．研究公共政策学的理由
　　3．研究公共政策学的现实意义

第二章 政策分析的基本框架

教学要求：
　　要求学生了解政策分析的不同模式、理论和方法论，政策分析过程中常用的方法及技术；掌握政策分析的构成因素、主要的分析框架、分析过程的基本步骤；并能初步应用其中的一种分析框架去分析实际的政策问题。

教学要点：
　　一、政策分析的不同模式、理论和方法论
　　1．政策分析的基本模式
　　2．政策分析的不同理论

3. 政策分析的多样化方法论
二、政策分析的构成因素
1. 问题
2. 目标
3. 备选方案
4. 效果
5. 标准
6. 模型
7. 政治可行性
三、政策分析的程序
1. 几种有代表性的框架
2. 政策分析过程的基本步骤
3. 政策分析过程中常用的方法及技术

第三章　问题界定

教学要求：
要求学生了解政策问题的内涵、特征和种类，问题界定与问题解决的关系，政策问题界定的步骤或阶段；掌握政策问题界定的基本方法及技术；并能够应用这些方法及技术去界定或分析实际的政策问题。

教学要点：
一、政策问题的性质
1. 什么是政策问题
2. 政策问题的特征
3. 政策问题的种类
二、问题界定的过程
1. 问题界定与问题解决
2. 问题界定的步骤或阶段
三、问题界定的方法
1. 边界分析
2. 类别分析
3. 层次分析
4. 综摄法

5. 头脑风暴法
6. 多视角分析
7. 假设分析
8. 论证图示
9. 问题文件法

第四章 目标、指标和标准

教学要求：

要求学生了解政策目标、政策指标和评估标准三个概念的含义及其联系和区别；掌握基本的政策目标、政策指标的种类、评估标准的基本类型，并在政策分析中能应用这些政策目标、政策指标和评估标准。

教学要点：

一、政策目标
1. 澄清目标的重要性
2. 基本的政策目标
3. 澄清和确定目标的困难
4. 澄清和确定目标的途径及方法

二、政策指标
1. 政策指标的含义
2. 经济指标
3. 社会指标
4. 政治指标

三、评估标准
1. 评估标准的概念
2. 确定评估标准的活动及其困难
3. 评估标准的基本类型

第五章 备选方案

教学要求：

要求学生了解备选方案的必要性与来源，拟定备选方案应注意的事项；掌握拟定备选方案的步骤与方法，并能在方案拟定中应用这些步骤和方法。

教学要点:
一、备选方案的必要性与来源
1. 备选方案的必要性
2. 备选方案的来源
二、备选方案产生的步骤与方法
1. 搜寻与发现
2. 设计与创造
3. 筛选
三、若干应注意的事项

第六章 未来预测

教学要求:
　　要求学生了解预测的含义、种类与意义,预测的过程及程序,预测的方法论基础及其逻辑依据;掌握外推预测、理论预测、直觉预测的基本方法及技术;并能够将这些方法及技术应用到政策未来或政策结果的预测之中。

教学要点:
一、未来预测概述
1. 预测的概念、种类与意义
2. 预测的过程及程序
3. 预测的方法论基础及其逻辑依据
二、外推预测
1. 古典时间序列分析方法
2. 回归分析方法
3. 外推预测技术的应用
三、理论预测
1. 理论图示
2. 因果模式
3. 回归分析在理论预测中的应用
四、直觉预测
1. 特尔斐技术
2. 交互影响分析
3. 情景描述法

第七章　方案比较与择优

教学要求：
　　要求学生了解方案比较的内容，掌握方案比较的三种常用方法（成本—效益分析、成本—效能分析、风险—效益分析）和主要的决策方式；并在实际的政策方案比较与择优中应用这些常用的方法和决策方式。

教学要点：
　　一、方案比较的内容
　　1. 技术可行性的比较
　　2. 经济可行性的比较
　　3. 政治可行性的比较
　　4. 行政可行性的比较
　　5. 方案选择应注意的事项
　　二、方案比较的方法
　　1. 成本—效益分析
　　2. 成本—效能分析
　　3. 风险—效益分析
　　三、方案抉择
　　1. 决策方式
　　2. 投票悖论
　　3. 过半数规则的变异形式
　　4. 决策方式的改进

第八章　政策执行与监测

教学要求：
　　要求学生了解政策执行研究的兴起、政策执行的若干理论模式、影响政策有效执行的诸因素，政策监测的种类、地位和作用；掌握政策执行中的工具选择的理论原理，政策监测的方式及技术；并能实际应用这些政策工具选择的理论原理和政策监测的方式及技术。

教学要点：
　　一、政策执行的基本理论

1. 政策执行研究的兴起
2. 政策执行的若干理论模式
3. 影响政策有效执行的诸因素
二、政策执行中的工具选择
1. 政策工具的研究途径
2. 政策工具的特性
3. 政策工具的分类
4. 政策工具的选择
三、政策执行中的监测
1. 政策监测的定义及种类
2. 政策监测的地位和作用
3. 政策监测的方式及技术

第九章　结果评估

教学要求：

要求学生了解政策评估和政策效果的概念，政策评估的意义与面临的困难，政策评估的模式，政策失败的一般原因；掌握政策评估的程序，并能实际应用政策评估的基本方法。

教学要点：

一、政策评估概述
1. 政策评估的概念
2. 政策效果的多样性
3. 政策评估的意义
4. 政策评估面临的困难
二、政策评估的过程和模式
1. 政策评估的过程
2. 政策评估的八种模式
3. 政策失败的一般原因
三、政策评估的方法
1. 前后对比法
2. 实验和准实验模型
3. 影子控制法

第十章 政策变迁

教学要求：
　　要求学生了解政策调整、政策终结、政策变化以及政策风格的概念原理；掌握政策调整的功能活动环节，政策终结的原因、类型和方式，政策变化的两种基本模式；能够在实际的政策过程中应用政策调整、政策终结和政策变化的理论原理、策略和方法。

教学要点：
　　一、政策调整
　　1．政策调整的内含
　　2．政策调整的原因和作用
　　3．政策调整的功能活动
　　二、政策终结
　　1．政策终结的含义与作用
　　2．政策终结的原因、类型与方式
　　3．政策终结的障碍
　　4．政策终结的策略
　　三、政策变化
　　1．政策变化的两种基本模式
　　2．常规的政策变化和政策风格
　　3．政策发展中的"范式"变化

6-3

"公共政策分析"课程教学内容改革[*]

一、成果简介及主要解决的教学问题

本项成果的主要内容包括:(一)作为全国公共管理硕士(MPA)专业学位研究生核心课程教研成果的《"公共政策分析"教学纲要》;(二)与课程纲要相配套的教材《公共政策分析导论》;(三)作为教学内容改革的研究基础的主要学术论文:(1)《寻求政策科学发展的新突破》(载《中国行政管理》2012年第4期);(2)《政策科学与智库建设》(载《中国行政管理》2014年第5期);(3)《中国政策科学的话语指向》(载《国家行政学院学报》2014年第5期);(4)《党中央治国理政政策思想与中国特色政策科学理论构建》(载《中国行政管理》2017年第2期);(四)本成果的推广应用:师资培训与大纲、教材的使用以及教学效果检验。

本成果主要解决的教学问题是全国公共管理硕士(MPA)专业学位研究生核心课程"公共政策分析"教学理论体系的构建。该成果根据国内外公共政策分析的理论与实践进展及其前沿,并考虑目前教学体系的现实需要来确立公共政策分析的教学理论体系。内容由如下三部分构成:(1)总论。涉及政策分析学科的范式、沿革和意义;政策系统及其运行,包括公共政策的本质,政策系统的构成,政策系统的运行过程等内容;政策活动者涉及政策行动者,涉及政策行动者的分类、思想库,政策活动者互动的解释框架等内容。(2)政策过程。这一部分包括政策制定、政策执行、政策评估与监控、政策终结和周期、政策变化,涉及政策过程研究的各种途径、政策过程

---

[*] 本文为作者申报 2017 年省校两级教学成果奖的报告。

的各个基本阶段、中西方政策过程的差别、具有中国特色的政策制定与执行的基本经验等内容。(3) 政策分析方法与技术。涉及政策分析的一般方法（或方法论），包括系统分析方法、经济学分析方法、伦理学分析方法、创造性思维方法；政策分析的基本程序与政策分析过程常用技术。

通过这样一个理论框架能够较为系统地将目前国内外政策分析的研究成果吸收于其中，形成有中国特色的公共政策分析课程的较为完整的教学理论体系。

二、成果解决教学问题的方法

公共政策分析是公共管理硕士（MPA）专业学位的主要学科基础及核心课程之一。2001年我国公共管理硕士（MPA）专业学位开办，首轮培养方案中就将公共政策分析确定为专业核心课程之一。笔者承担了该核心课程的第一个教学大纲及配套教材的编写工作，其教研成果是《公共政策分析》一书（中国人民大学出版社2003年版）。近十年来，随着全球化、信息化演进以及网络化、数据化和智能化时代的来临，全球公共政策的理论与实践——公共政策的实践模式、研究范式、知识体系发生了深刻的变化；我国改革开放和现代化建设尤其是国家治理转型急需公共政策与管理的创新研究与教学改革以及教材内容的更新。

在这一大背景下，该课程教学内容的改革就显得非常必要且迫切。2012年，全国公共管理硕士（MPA）教学指导委员会启动了MPA专业学位研究生培养方案修订与核心课程内容改革的研究工作。笔者承担了其中的"'公共政策分析'教学内容改革"项目的研究任务。2014年5月，作为教研成果的《"公共政策分析"教学纲要》收入《全国公共管理硕士（MPA）专业学位研究生核心课程教学纲要》一书由中国人民大学出版社出版；2015年5月，与课程纲要相配套的简明教程《公共政策分析导论》也由中国人民大学出版社出版。

——确立教学内容改革与教学理论体系建设的思路与原则。一是坚持以马克思主义和中国特色社会主义以及党中央治国理政政策思想中的战略、政策和策略理论作为指导；二是注意了解和把握当代国内外的政策科学教学与科研发展的新趋势，吸取新的理论与方法成果，及时充实课程的教学内容；三是立足于国情，紧密结合当前我国的政策实践进行教学，以我国的现实的政策实践、政策系统和政策过程作为考察对象，注意总结和传授具有中国特色的政策实践经验,突出中国特色公共政策分析(政策科学)的话语体系建设。

——注重对学科学术基础的探索。特别是对中国政策科学的发展方向与路径、当代中国公共政策的实践与中国政策科学的理论话语、国外政策科学的发展趋势等主题进行深入研究,在《中国行政管理》等权威刊物发表了《寻求政策科学发展的新突破》《政策科学与智库建设》《中国政策科学的话语指向》《党中央治国理政政策思想与中国特色政策科学理论构建》等多篇高水平论文,为教学内容改革与教学理论体系构建奠定了坚实的学术基础。

——重视成果的推广应用。特别是加强师资培训,推广新教学纲要及教材的使用。2014—2016年由全国公共管理硕士(MPA)教学指导委员会组织,笔者作为首席专家或主讲教师,分别在厦门大学、东北大学、中国科学技术大学、郑州大学和武汉大学进行了五轮的以"'公共政策分析'教学纲要"为核心的全国MPA核心课程"公共政策分析"师资培训班或研讨会,培训了全国480名该课程的任课教师。

——注意在本人课程教学中对本成果的验证(检验是否提高了学生公共政策理论素养和实践技能以及发现、分析和解决政策问题的能力)。在教学方式上,采用小组专题教学形式,将文献阅读、理论讲授、实际调研与案例分析、课堂研讨等环节有机地结合起来,展现新的教学内容体系,教学的效果好。

三、成果的创新点

这是一项创新性示范性强、国内领先的教研成果。本成果系统深入地论述公共政策的基本理论、方法论及分析技术,注重公共政策的学科范式与学科体系的探索,政策研究方法及分析方法和技术的开发,政策系统及其运行,充分吸收国内外政策分析的研究成果,形成一个比较成熟的"公共政策分析"课程的教学理论体系,较好地处理了理论与实践、国际化和本土化、理论原理与分析方法、基本理论与学科前沿等方面的关系。特别是突出中国政策科学的话语指向与话语体系建设,指出中西方政策系统及其运行过程的差别,总结提炼具有中国特色的政策制定与执行及评估和监控的基本经验。另外,配套教材深入浅出、简明精练、理论与实践及案例有机结合,知识与思考融为一体,富有启发性。具体的创新点主要有:

——公共政策分析学科范围与性质的描述,指出其四大特征:跨学科、交叉学科、综合性研究的取向，倡导以问题为中心的知识产生方式，致力于实践应用，注重价值分析与价值评价；学科范式演变与学科发展的最新趋势——后实证主义或后现代主义政策分析的概括与提炼；提出中国政策科学下一步发展的四大任务。

——分析政策活动者涉及政策行动者的构成因素，建构政策活动者互动的解释框架，提出推进中国特色新型智库建设的四大措施：完善中国特色新型智库体制机制，加强智库发展总体设计和协调，充分发挥智库作为沟通学界、政界及社会联系桥梁和纽带作用，加强智库政策分析者的培养与训练。

——描述政策过程研究路径的演变——从传统的阶段途径到各种新概念框架。论述政策过程的各个基本阶段——政策制定、政策执行、政策评估与监控、政策终结和周期、政策变迁与学习——的理论原理，特别指出中西方政策过程的差别，总结提炼具有中国特色的政策制定的六条经验与政策执行的五条经验。

——提出政策变迁是反映政策中长期变化的概念，指的是政策因外部环境或自身构成要素的变化而不断演化的过程，表现为政策学习、政策创新、政策扩散、政策移植、政策转移、政策维持等形式。解释政策为什么会发生变迁及政策如何发生变迁，以及国家或地区中长期政策变化的规律性及其形成的政策范式与政策风格。

——系统论述政策分析的方法论、一般方法（系统分析方法、经济学分析方法、伦理学分析方法、创造性思维方法），突出政策分析的价值分析与创造性思维方法的作用；确立政策分析的基本程序及与之相匹配而常用的分析技术。

四、成果的推广应用效果

本项教研成果已得到广泛的应用，效果好，在国内影响较大。这主要表现在如下几点：

第一，"公共政策分析教学指导纲要"及其配套教材《公共政策分析导论》为全国 MPA 专业学位研究生核心课程"公共政策分析"所通用（全国 245 家 MPA 培养单位全部采用该教学指导纲要，部分院校采用本教材）。

第二，《公共政策分析导论》（中国人民大学出版社）从 2015 年 4 月出版到 2017 年 1 月的一年多时间里已印刷 3 次，发行 12000 册；收入《"公共政策分析"教学纲要》的《全国公共管理硕士（MPA）专业学位研究生核心课程教学纲要》（中国人民大学出版社）从2014年5月出版到2017年1月，发行5000册。

第三，作为教学内容改革研究基础的系列学术论文特别是《中国政策科学的话语指向》（《国家行政学院学报》2014年第5期）一文获得较高的评价，被人民网、中国共产党新闻网（理论）转载（2014-12-12）；其摘要以"加强政策科学话语体系建设，推进决策的科学化民主化"为题，报送全国哲学社会科学话语体系建设协调会议办公室，被其采纳并以"特约撰稿"的形式刊载于《哲学社会科学话语权建设研究动态》2015年第7期（本期唯一文稿）。

第四，检验课程体系是否能提高学生公共政策理论素养和实践技能，提高学生发现、分析和解决政策问题的能力。展示新教学内容体系，教学效果较好。例如，在本课程教学过程产生的公共政策案例分析——"1984年一封基础通讯员来信的回响：'宁德模式'扶贫政策议程设置及公民参与的思考"获得首届"中国研究生公共管理案例大赛"的二等奖（2017年4月）。该赛事由全国公共管理硕士（MPA）教学指导委员会和教育部学位与研究生教育发展中心联合主办，是"全国研究生实践创新系列大赛"之一）。

《政策科学》课程建设的过程与体会*

政策科学（或公共政策分析）是第二次世界大战后在西方首先兴起的一个全新的跨学科、应用性研究领域，20世纪70年代以后成为公共管理尤其是政府管理领域的一个新课程领域方向。80年代末、90年代初，厦门大学政治学与行政学系自觉地跟踪政策科学这一前沿性、交叉性学科的发展，并将它及时纳入科研与教改之中。经过十余年的努力，本课程的教学与研究已比较成熟，建立起以本科生为基础，包含硕士、博士层次培养的较为完整的政策科学（公共政策分析）领域的课程体系，它已成为我校公共事务学院最有特色和优势的课程之一，特别是本科生阶段的《政策科学》分别被评为国家精品课程（2004）和福建省精品课程（2004），研究生阶段的《政策科学研究》列入福建省优质学位课程建设项目（2005）。

一、《政策科学》课程建设的过程

1990—1991学年度，我们在全国较早为本科生开出"政策科学"主干课，并编写讲义《政策科学原理》，1993年由厦门大学出版社正式出版发行（这是国内较早出版的系统性教材之一，1995年该书获得国家教委优秀教材奖）。

1993年年底，在行政学硕士点中，在国内率先设立政策分析专业方向。随后，"政策科学研究"课程进入硕士研究生培养层次；并在研究生及本科生中设立了政策科学系列课程，包括"政策分析方法"、"中国公共政策"、

---

* 本文是作者提交给"公共管理与公共政策教学与研究方法国际研讨会"（2005年10月25—27日·厦门）的论文。

"公共选择理论"和"公共政策专题研究"等课程（该项成果1997年获得厦门大学优秀教学成果奖）。

20世纪90年代中后期，本课程主讲人陈振明主持完成政策分析方面的多项国家或省部级的科研和教改课题，特别是国家教委面向21世纪教改计划项目"政策科学的教学内容改革研究"课题的研究（该项成果获得福建省优秀教学成果奖），主编《政策科学》（第1版），1998年由中国人民大学出版社出版（该书获得福建省优秀社科成果奖）。

进入21世纪，本课程主讲人加强了对公共政策的前沿研究、实证研究和教改研究，承担了教育部"十五"重点规划本科生教材《公共政策学》和全国MPA专业学位核心课程《公共政策分析》教学大纲的编写任务，并完成《政策科学》（第2版）的编写出版工作。同时，全面推行以案例分析为核心的教学改革。

近二三年，设立公共政策本科专业方向；并在行政管理博士点（以及2000年的科技哲学博士点）中，设立政策分析专业方向，"公共政策分析前沿专题"课程进入博士研究生培养层次。同时，注意跟踪国外政策科学及公共管理前沿（"《政策科学》课程建设项目"近期获得了厦门大学优秀教学成果奖）。

二、《政策科学》课程建设的主要举措

1. 重视政策科学的教改研究，进行政策科学教学理论体系创新。近几年承担了教育部、福建省和厦门大学的多项教改课题的研究（包括国家教委面向21世纪教改计划项目——"政策科学的教学内容改革研究"项目、教育部"十五"重点规划本科生教材《公共政策学》和全国MPA专业学位核心课程《公共政策分析》教学大纲的编写任务等）。对政策科学的教学体系与内容以及教学方式的改革进行了较为全面的研究，探索有中国特色的政策科学的新教学知识体系。

2. 加强教材建设。为巩固教研成果，探索公共管理人才培养新模式，提高教学质量，我们狠抓教材建设，陆续出版了"公共管理与公共政策"和"厦门大学公共管理系列"两套系列教材，以及组译"公共政策经典译丛""哈佛大学肯尼迪政府学院公共管理经典译丛"两套译丛。编写的主要教材有：

（1）《政策科学原理》，陈振明等主编，厦门大学出版社1993年版，

1991—1997年使用的教材（包括成书前的讲义），该教材1995年获得了国家教委第三届优秀教材中青年奖。

（2）《政策科学》（第1版），陈振明主编，中国人民大学出版社1998年版，1998—2002年使用的教材，该书2000年获得福建省第四届优秀社科成果三等奖、厦门市第四届优秀社科成果二等奖。

（3）《政策科学》（第2版），陈振明主编，中国人民大学出版社2003年版，2003年起使用的教材。

（4）《公共政策分析》（全国MPA专业学位核心课程教学大纲），陈振明编著，中国人民大学出版社2002年版；

（5）《公共政策学》（教育部"十五"重点规划教材），陈振明编著，中国人民大学出版社2004年版。

配套教材及扩充性资料还有：（1）《公共政策：转轨时期我国的基本经济社会政策研究》，朱崇实、陈振明主编，中国人民大学出版社1999年版，2000年获得厦门市第四届优秀社科成果奖；（2）《跨世纪的中国经济特区：政策回顾与展望》，朱崇实、陈振明等著，鹭江出版社1995年版，该书获得1998年福建省第三届优秀社科成果二等奖；（3）《政策分析方法》（讲义），陈振明编著，厦门大学政治学与行政学系印，1998年；（4）《公共政策分析教学案例》，陈振明主编，厦门大学MPA中心印，2002年。

所主编教材形成的有特色、较系统的政策科学教学理论体系以及所进行教学方式的改革，在全国起到了一定的示范作用。《政策科学》1998年出版后（第1版）多次重印，曾被国内许多大学指定为本科生或研究生及MPA的教材或教学参考书，并被许多相关的论著所引用；而《政策科学》（第2版，2003年）出版不久，便重印（"政策科学教学内容改革研究"成果获得2000年福建省优秀教学成果二等奖）。

3. 进行以案例教学法为核心的教学方式的改革。从2000年开始，在政策科学等课程中全面推行了以案例教学法为中心的教学方式改革，力求在保留传统的理论讲授优势基础上，全面采用现代化教学方式。采用国外研讨课的教学方式，应用多媒体技术，坚持研讨式、启发式教学；同时在"政策科学"等课程中引入案例教学法，先进行案例教学法的理论探讨和准备（主要是研究案例教学法的基本理论问题，包括案例教学法的目的、要求和特点，案例教学法的构成要素与过程，如何编写和讲授案例，学生如何适应和参与案例教学等方面），并编写和制作案例教学材料，尤其做实证研究，通过调查研究，发现并编写案例，同时注重国外案例的引进和翻译工作，以适应多媒体教学需要，已取得成效，教学成果好。

4. 加强公共政策与管理的前沿研究和实证研究。近几年，课程组先后承接多项国家和地方政府的公共政策与管理研究项目，及时将研究成果应用于课程教学之中，引导学生跟踪公共管理与公共政策学科发展趋势及新理论新成就，探讨现实重大的政治和政府管理的理论与实践问题。这些项目主要有：

——"与市场经济相适应的我国政府管理微观实践模式的建构"（国家自然科学基金项目）；

——"公共管理与政治学前沿研究"（教育部高校青年教师奖励基金）；

——"政府工具研究与政府管理方式转变"（国家社科基金项目）；

——"'三个代表'重要思想与深化行政管理体制改革研究"（省社科"十五"规划一期重点项目）；

——中央编委试点"晋江市深化公共行政体制改革方案设计"（晋江市委托）；

——国务院行政审批制度改革工作领导小组下达项目："建立严密完善的行政审批监督制约机制"（泉州市委托）；

——"强化政府社会管理职能研究"（2004年度中国行政管理学会重点课题）；

——"加快我省社会事业单位发展与构建社会主义和谐社会的研究"（省社科"十五"规划二期重点项目）；

——"福建省公共管理改革的市场化、企业化和社会化"（省委省政府咨询课题）；

——"厦门市公共决策数据库建设项目前期研究"（厦门市委办公厅、政策研究室委托）；

——"厦门社会事业体制创新及社会事业的产业化研究"（厦门市"十一五"规划招标课题）；

——"厦门市知识产权战略的框架研究"（厦门市知识产权局委托）；

——"厦门市思明区公共管理创新方案调研设计与实施的跟踪研究"（思明区委托）；

——"破解征地拆迁难题：民营经济与集美区新一轮建设开发互动研究"（集美区委托）。

5. 注意引导学生将课堂学习与社会实践及调查研究相结合，培养学生分析和解决实际问题的能力。特别是开展有针对性的社会实践活动，组织公共政策与公共管理的各种主题的调研活动,并开始取得成效。在 2003 年举行的第八届"挑战杯"全国大学生课外学术科技作品竞赛中,我们所指导的 2000 级行政管理专业的本科生课题组的调查报告《从"三农"问题透视乡镇政权建设》荣获一等奖。在今年第九届全国"挑战杯"竞赛中,2003 级研究生的作品《农民工社会养老保险模式选择与制度创新》和 2001 级本科生的作品《公用事业民营化的困境与出路》又分别获得了一等奖和二等奖。我们还与地方政府合作,建立起作为政策分析实验基地的思明发展研究院。

6. 加强教学硬件建设。尤其是 2001 年以来,学校与学院共同投资 1000 万元用于公共政策与公共管理、法律的学科的硬件建设,建成数字图书馆、案例制作实验室和多功能大型报告厅各 1 个,15 间多媒体案例教学室。最近,我院办公大楼搬迁,又进行了新一轮的硬件建设,建立起更先进的研究室、实验室、报告厅和多媒体教室。

三、《政策科学》课程建设的创新

1. 本课程的教学力求以马克思主义政策和策略理论作为指导,注意引进、消化和吸收当代国外的政策科学的研究成果;以我国的政策系统、政策过程以及政策实践作为研究对象,关注我国现实的重大政策问题。课程力求解决好政策科学的国际化与本土化的关系问题,即一方面,在政策科学的概念、理论、方法的表述上做到国际化、规范化;另一方面,又要立足于我国的国情,充分注意我国的政策系统、政策文化及意识形态的特点,研究我国的特殊问题,形成有自己特色的概念、理论和方法。

2. 本课程注重教学方式的更新。从 2000 年开始,课程中全面推行了以案例教学法为中心的教学方式改革,力求在保留传统的理论讲授优势基础上,全面采用现代化教学方式,引入多媒体技术,将理论讲授、案例教学、情景模拟、角色扮演和实习等教学方式结合起来。课程还特别注意对学生分析和解决问题能力的培养。

3. 重视学生的政策实践环节,并加大学生操作技能训练力度,努力提高学生分析和解决实际政策问题的能力。结合所讲授的相关课程,开展有针对性的实习或见习活动;利用寒暑假组织学生进行社会实践尤其是社会调查;通过案例分析、情景模拟、角色扮演等教学方式,学习政策经验,增强政策科学课程的现实性;鼓励学生参加教师所承担的科研课题研究及调研工作,从中得到分析和解决实际政策问题能力及科研写作能力的训练。

    4. 坚持不懈,不断探索。早在20世纪90年代初,政治学与行政学系就开全国之先河,将政策科学课程列为本科生的主要基础课。十多年来,该系一直将公共政策作为重点发展领域,该课程不断充实教学内容,完善教学体系,更新教学方法;培养起一支精干的教学团队,建立了从本科到硕士、博士不同层次的课程体系,进行该领域不同层次人才的培养。长期的探索使该课程逐步成为我校公共管理和政治学学科的特色和优势的课程领域。

6-5

国家级精品资源共享课"政策科学"建设*

笔者主讲的"政策科学"课程2004年被评为国家精品课程。本课程的教学团队开全国风气之先,并已建立了从本科、硕士到博士不同层次的课程体系。早在20世纪90年代初,政治学与行政学系就开全国之先河,将政策科学课程列为本科生的主要基础课。二十多年来,该系一直将公共政策作为重点发展领域,该课程不断充实教学内容,完善教学体系,更新教学方法;培养起一支精干的教学团队,建立了从本科到硕士、博士不同层次的课程体系,进行该领域不同层次人才的培养。该课程早已成为我校公共管理和政治学学科的特色和优势的课程领域。所主编的教材形成的有中国特色、较系统的政策科学教学理论体系以及所进行教学方式的改革,在全国起到了一定的示范作用。本课程的研究与教学在全国有较大的影响。本课程组承担国家教委面向21世纪教改计划项目——"政策科学的教学内容改革研究"课题的研究任务、教育部"十一五"重点规划本科生教材《公共政策学》和《中国公共政策》的编写任务以及全国MPA专业学位核心课程《公共政策分析》教学大纲的编写任务,可以说明这一点。

一、原国家精品课程持续建设与更新

课程建设发展的动力机制是持续不断的科研教学转化机制,"人本主义"的教学团队培养和成长计划,以及教学资源的持续建设和教学方法技术的不断提升。2004年获得国家精品课程后,课程建设和发展主要从以下几个方面下了功夫。

---

* 本节是作者在"国家级精品资源共享课"申报材料基础上形成的(陈芳对本文有贡献)。

1. 精品课程建设始终强调以扎实的学术研究成果作为教学的基础

坚持以科研促进教学,这是2004年课程获得国家精品课程立项之后继续在国内保持领先的持久的动力基础。近年来,课程负责人和教学团队成员不断在科研上取得丰硕的成果。在这期间,主讲教授获得国家自然科学基金重大项目1项,国家自然科学基金面上项目1项,国家社会科学基金1项及省部级科研项目多项;团队成员也先后获得国家社会科学基金和教育部社会科学研究基金的资助,并取得了较为丰硕的科研成果,教学团队在国内外重要学术期刊发表研究论文数十篇。

近年来,笔者带领团队特别加强公共政策及公共管理的应用研究,努力为政府的决策作研究与咨询,为社会经济建设服务。如笔者主持和参与了"厦门市建设工程经评审最低价中标办法的政策评估""厦门市收入分配状况与公平的收入分配政策取向研究""厦门市湖里区社会管理体制创新与公共服务有效提供研究""厦门市设立综合配套改革实验区方案研究"等调研与咨询课题。在这些国家和地方的课题研究过程中,结合精品课程的互动教学、参与式教学,带动学生参与社会调查和对公共政策的实践认知,结合课题调研的过程为学生开辟了丰富的第二课堂实践基地。在上述科研课题研究的基础上,本团队出版多部公共政策专著。

2. 教学团队培养建设

科研转化为教学成果并推动教学归根结底要落实于教学团队各成员,确保教学团队成长建设是课程发展的人本基础,把教师个人的学术成长和精品课程教学有机地结合起来。近年来学院大力加强公共政策的师资队伍建设,改善教师的知识和学历结构,提高教师的学术与教学水平。尤其是注意从国外引进获得公共政策博士学位的留学回国人员,每年外派1—2名教师到国外名校进修或参加国外的学术会议,扩大国际国内的学术交流,每年召开一次国际学术或教学研讨会,开拓教师的国际视野。精品课程人才团队基本依托于公共事务学院教学科研大团队,只有知识结构、年龄结构符合要求的科研能力强的教师才能进入该教学团队。同时新聘一批具有实践经验的领导者和管理者作为兼职教师。

本次精品课程的教学团队相比于上一期精品课程教学团队在知识结构、年龄结构等方面均有不同层次的提升和优化。引进了两位具有海外留学经历的博士青年教师替代两位已退休教师参与教学团队,这两位教师均在国外研习公共政策和政府治理,带回了国外相关的教学经验和方法,开始更多地结合公共政策科学丰富的外语教学资源开展双语教学,使学生能直接研习第一手外文著作和教材,深化了案例和互动教学的深度。不仅如此,精品课程还依托厦门大学公共事务学院学术交流的优势,聘请、聘任国内外著名专家学者及政府官员进课堂为学生授课。从学缘结构看,新团队承袭了老团队的学缘结构多样化交叉的特点,教师来自不同学校的公共管理、政治学、经济学、哲学、社会学等学科;从年龄结构看则更体现了年轻化,50岁以上的教师1人,40—49岁教师2人,30—39岁教师4人。新老教师在教学团队中能实现知识结构的交叉互补,适应了政策科学本身跨学科交叉的需要。三位教师近年取得相应的科研成果并获得晋升,同时教学经验进一步丰富,并进一步带动新教师参与精品课程建设。

3. 教学资源的持续建设和教学方法技术的不断提升

持续推进行教材建设。及时修订已有的教材(《公共政策学》《政策科学》《中国公共政策》等),编写几本新教材,包括《政策科学前沿专题》《比较公共政策》《社会政策导论》《社会保障政策》等;编写《公共政策案例集精选》《公共政策教学手册》《公共政策习题集》等教学参考资料;出版《公共政策经典译丛》第二批书目,推荐翻译出版5—8本反映国外政策科学新进展的专著或教材。

推进以案例教学和小组教学为核心的教学方式改革。将理论讲授与案例教学法,情景模拟、角色扮演等现代化教学方式密切地结合起来,采用现代化的教学技术,充分利用案例实验室、案例教学室及多媒体教室等硬件。一方面,进行案例教学法的理论探讨,研究案例教学法的基本理论问题,包括案例教学法的目的、要求和特点,案例教学法的构成要素与过程,如何编写和讲授案例,学生如何适应和参与案例教学等方面,争取在案例教学法的理论研究上有所突破,在实验环节上取得经验。另一方面,抓案例库的建设。搜集、整理和编写公共政策案例,尤其重视课题研究、政府部门调研过程中积累的实证研究案例,通过调查研究,发现并编写案例;同时注重国外案例的引进和翻译工作,目标是5年内积累案例300个(争取重要案例有音像材料)。

强化学生创新能力培养,优化教学管理。重视学生的实践环节,加大学生创新能力培养力度,鼓励学生参加教师所承担的科研课题研究及调研工作,提高创新和科研写作能力。通过学院的教学实习基地建设、学校的暑期社会实践平台,鼓励学生把精品课程的理论知识运用于实践,提高学生对公共决策和政府管理的实际认知。把精品课程强调的师生互动和正在推行的本科生导师制结合在一起,探索一种新型的公共政策及公共管理教学管理模式,建立一个反映公共政策及公共管理教学特点的规范化教学管理系统。以能力培养为核心的课程建设多年来取得了明显的教学实践效果,以精品课程教师团队作为指导老师,学生多次参加全国大学生课外科技知识竞赛("挑战杯")并获奖,每年厦门大学的暑期社会实践平台都有学生团队获得立项,很多学生的课外科技调研设计都取自精品课程的专题研讨题材。

二、课程转型升级的情况

2004年获批国家精品课程以后,课程建设着重向资源开放、资源共享、影响力辐射发展。目前主要通过两个途径来实现,一是通过课程资源上网建设,二是通过接收交流学生和进修教师人员及学术交流产生资源辐射效应。

1. 课程资源上网建设情况

2005年底已实现《政策科学》教学纲要以及课件上网;2006年新版《政策科学》(《公共政策学》)教材、《政策科学教学手册》和《政策科学习题集》以及《政策科学前沿》教学参考书已实现上网;2007年《政策科学案例库精选》和《政策科学案例教学法》实现上网;2008年部分《政策科学》课程教学录像及其他相关资料陆续上网。

升级为资源共享课程是一个系统工程。包括资源整合、人员培训、网络建设等各个环节,近年来学校和学院借助于国家"211"和"985"工程的项目投入,对精品课程的资源建设、资源使用、资源共享给予大力支持,并在全校范围内对省、国家精品课程进行统一的网络资源管理和人员培训。精品课程团队教师都系统接受了资源系统使用培训,在教学、科研过程中形成的新的教学资源能及时地进行更新和共享。

在学校统一的部署和指导下,精品课程团队近两年围绕着双语课程教学发展、情景教学、角色扮演教学过程中开发、使用的资源进行内部更新,到2013年9月双语教学模块资源将会完整地实现共享。同时,精品课程在互动教学、专题研讨教学过程中长期积累的一些反映学生知识运用和创造力提升的课件资源,也将实现网络共享。

2. 接收交流生和进修教师

由于政策科学及相关的教学模块的网络辐射效应的影响,近年来,我院开始接受国内及省内高校的20余名教师进修及课程学习,接待了数十批国内院校的学习和考察团,在许多场合介绍公共政策学或政策科学的教学框架、大纲和教学方法以及该学科发展的学术前沿。2005年10月,还专门举办过"公共管理与公共政策教学与研究方法国际研讨会暨全国 MPA《公共政策分析》课程师资培训班",进行公共政策教学方法的专门研讨。国内 53 所 MPA 试点院校的 90 位公共政策分析课程的教学骨干与会。

三、课程教学纲要

1. 课程定位

政策科学（或公共政策分析）是第二次世界大战后在西方首先兴起的一个全新的跨学科、应用性研究领域，20 世纪 70 年代以后成为公共管理尤其是政府管理领域的一个新课程领域方向。80 年代末、90 年代初，厦门大学政治学与行政学系自觉地跟踪政策科学这一前沿性、交叉性学科的发展，并将它及时纳入科研与教改之中。经过十多年的努力，该课程已成为我校公共管理和政治学学科最有特色和优势的课程之一。

——1990—1991 学年度，在全国较早为本科生开出"政策科学"主干课，并编写讲义《政策科学原理》，1993 年由厦门大学出版社正式出版发行（这是国内最早出版的系统性教材之一，曾获得国家教委优秀教材奖）。

——1993 年底，在行政学硕士点中，在国内率先设立政策分析专业方向。随后，"政策科学研究"课程进入硕士研究生培养层次；并在本科生和研究生中设立了政策科学系列课程，包括"政策分析方法"、"中国公共政策"、"公共选择理论"和"公共政策专题研究"等课程（该项成果 1997 年获得厦门大学优秀教学成果奖）。

——20 世纪 90 年代中后期，本课程主讲人陈振明主持完成政策分析方面的多项国家或省部级的科研和教改课题，特别是国家教委面向 21 世纪教改计划项目"政策科学的教学内容改革研究"课题的研究（该项成果获得省部级优秀教学成果奖），主编《政策科学》（第 1 版），1998 年由中国人民大学出版社出版（该书获得省级优秀社科成果奖）。

——进入 21 世纪，本课程主讲人加强了对公共政策的前沿研究、实证研究和教改研究，承担了教育部"十一五"重点规划本科生教材《公共政策学》和《中国公共政策》以及全国 MPA 专业学位核心课程《公共政策分析》教学大纲的编写任务，并完成《政策科学》（第 2 版）的编写出版工作。同时，全面推行以案例分析为核心的教学改革。

——2003 年，设立公共政策本科专业方向；并在行政管理博士点（以及原先的科技哲学博士点）中，设立政策分析专业方向，"公共政策分析前沿专题"课程进入博士研究生培养层次。

——跟踪国外政策科学及公共管理前沿,主译"公共政策经典译丛",2003年起陆续由中国人民大学出版社推出;主译"公共管理经典译丛"(确定由商务印书馆出版)。

——经过十余年的努力,本课程的教学与研究已比较成熟,处于全国前列,2004年获教育部批准成为国家级精品课程。

2. 课程内容

本课程包括五大部分的内容:

第一部分将讨论政策科学"研究纲领",包括政策科学的兴起,政策科学的"范式"(即政策科学的对象、性质、范围和方法),中国政策科学学科的建构等主题。

第二部分包括政策与政策系统、政策行动者、公共决策体制和公共政策工具四个主题。涉及公共政策的内容与实质,政策系统的构成及其划分,官方的和非官方的政策行动者以及思想库,公共决策体制的构成,中外公共决策体制比较,现代公共决策方式,政策工具等内容。

第三部分包括政策过程的概念框架、政策制定、政策执行、政策评估等主题。涉及政策过程研究的各种途径,政策过程的各个基本阶段,中西方政策过程的差别,具有中国特色的政策制定与执行的基本经验等内容。

第四部分涉及政策分析的过程及步骤,政策分析的各种模式、方法和技术。包括政策分析过程的基本框架、政策分析过程各步常用的方法、公共政策的经济学分析、公共政策的伦理学分析、系统分析方法和创造性思维方法等内容。

第五部分将总结全书,讨论如何改善公共决策系统,提高公共政策质量,即市场经济条件下公共决策的科学化、民主化和法制化问题。我们希望通过这样一个理论框架能够相对有系统联系地将目前国内外政策分析的研究成果吸收于其中。

3. 课程结构

(1)理论讲授(Lecture Part)

第一讲:走进政策科学——学科及课程介绍

一、政策科学的历史发展

二、政策科学的对象与性质

三、政策科学研究的意义

第二讲:中国政策科学三十年发展的回顾与展望

一、中国政策科学发展的成就

二、政策科学发展的困境与机遇

三、中国政策科学发展的下一步

Lecture 3 Concepts

Section 1 Policy Science

Section 2 Public Policy

Section 3 Policy analysis

Lecture 4 The Context of Public Policy

Section 1 The Basics

Section 2 Fundamental theories

Section 3 New changes

Lecture 5 Actors and Institutions

Section 1 Integrating Actors and Institutions

Section 2 International System

Section 3 Domestic System

Lecture 6 Decision Making

Section 1 Policy Definition

Section 2 Agenda Setting

Section 3 Decision Making

Lecture 7 Policy Implementation

Section 1 Basics

Section 2 Policy Tools

Section 3 Implementation Models

Lecture 8 Policy Evaluation

Section 1 Policy Evaluation and Affecting Factors

Section 2 Howlett & Ramesh's Classification

Section 3 Pal's Classification

（2）专题研讨及案例分析（Seminar Part）

专题一　公共政策研究的前沿问题

专题二　公共政策制定：政治制度、政策议程和交易费用

专题三　定量分析方法

专题四　政策执行：ACF 的实践应用

专题五　公共政策的伦理学分析

专题六　公共政策过程中的公民参与（一）
专题七　公共政策过程中的公民参与（二）
专题八　政策科学读书心得体会交流——小组讨论、汇报与点评
专题九　平潭综合试验区：建设两岸同胞共同家园

（3）教学方法

中英文教学。理论讲授部分主要采取英文教学的形式，目前政策科学的理论大部分基于国外的介绍和引进，基于英文原版资料的全英文讲授，让学生直接接触、阅读并讨论原文材料，可以帮助学生尽可能地准确理解政策理论知识；同时也训练并提升了学生使用英文原版资料学习和研究的能力。

专题研讨及案例分析。实践部分则采取专题研讨的教学形式。学生选择专题并进行实践调研，最终形成调研报告在课堂上展示，与其他学生和老师进行互动交流，从而加深对政策理论知识的理解，检验理论的实践应用性。

（4）考核方式

读书心得（20%）；小组专题作业（20%）；期末闭卷考试（60%）

四、课程改革的创新点

一是政策科学的教学体系及课程内容的创新。注意吸收当代国内外的教学及科研成果，聚焦中国现实的公共政策实践，确立有中国特色的公共政策学的新教学知识体系，为全国普通高校的政策科学（公共政策学）课程，以及全国 MPA 研究生"公共政策分析"核心课程确立了一个基本的教学框架及教学大纲。

二是推进以"小组专题教学法"为核心的教学方式改革以及采用中英文教学。小组专题教学法将教师的课堂讲授、答疑解惑、评点引导、总结提炼，学生的读书自学、专题研究、实际调研以及案例分析、情景模拟、角色扮演等方式有机地结合起来，引导学生进行自主性、创造性和开放性的学习，重视学生的学术基础训练，吸取知识和口头表达能力以及团队合作精神的培养。

三是以扎实的学术研究成果作为高水平教学的保障。重视相关领域的基础理论和应用咨询课题研究，及时将研究成果应用于课程教学以及教材建设之中，提高了教学水平，并引导学生注意跟踪公共政策与公共管理学科发展的新趋势及新成就。

四是注重教学实践环节和学生创新能力的培养。在提高课堂教学质量与

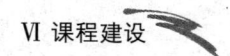

效果的同时，开展多种形式的社会实践、调研及课题研究活动，加大学生操作技能训练力度，努力提高学生的科研写作和学术创新能力以及发现、分析和解决实际问题的能力。

公共政策课程教学改革与学生创新能力培养*

近几年以来，笔者在公共政策（学）课程的教学中，全面推行教学改革，从教学理论体系、内容、过程和方式各个层面进行探索，在注意学生基础理论学习的同时，突出对学生创新能力以及发现、分析和解决问题能力的培养，取得显著成果。本项目的成果、创新和应用的要点是：

一、本项成果的主要内容

1. 公共政策（学）课程的教学理论体系建设和创新

针对目前我国公共政策（学）的教学体系的不完善和教学内容不够集中的问题，笔者大胆探索，着力进行公共政策学（公共政策分析或政策科学）的教学理论体系建设与创新。多年来承担了教育部、福建省教育厅和厦门大学的近十项教改课题的研究，特别是承担完成教育部面向21世纪教改计划项目"政策科学的教学内容改革研究"（成果为《政策科学》，中国人民大学出版社）、国家精品课程及福建省精品课程——《政策科学》建设、"十五"和"十一五"国家级规划教材《公共政策学》和《中国公共政策》（本科生用书），全国普通高校公共管理类专业课程"公共政策（学）"教学大纲和全国MPA专业学位核心课程《公共政策分析》教学大纲的编写任务。对公共政策学的教学体系与内容以及教学方式的改革进行了较为全面的研究，力求体现马克思主义为指导，注意引进、消化和吸收当代国内外的研究成果；以我国的政策实践作为研究对象，关注我国现实的重大的公共政策问题，确立有中国特色的公共政策学的新教学知识体系。

---

* 本文为作者申报2009年省校两级教学成果奖的教改报告。

2. 推行"小组专题教学法"的综合性教学方式改革

针对现有普遍采用的理论讲授加案例分析的教学方式的不足，推进综合性的教学方式改革。从 2004 年开始，申请者在公共政策的课程中深化教学方式改革，力求在保留传统的理论讲授优势的基础上，采用多媒体技术，坚持研讨式、启发式教学方式。笔者采用了一种由自己命名的"小组专题教学法"的综合性的教学方式，将教师的课堂讲授、答疑解惑、评点引导、总结提炼，学生的读书自学、专题研究、实际调研以及案例分析、情景模拟、角色扮演等方式有机地结合起来。在课程第一阶段教师对本课程的理论框架与主题做全面而简要讲授之后，将学生分成 10—12 个学习和调研小组进行课程教学，引导学生进行自主性、创造性和开放性的学习。小组专题教学法的主要环节是：教师提供一个必读书目（30 本），要求学生阅读专业文献，写出读书笔记和书评，并交流读书心得；要求每个小组对某一个专题进行文献综述和案例分析，进行深入的专题研究及实际调研，完成并提交一个专题研究报告，并在课堂上进行专题介绍和全班研讨（此外，作为课程的必要补充，请校内外专家或官员开设专题讲座，以拓宽学生的视野，增强对理论前沿及实践问题的了解）。这使学生在掌握基础知识的同时，得到吸取知识的能力、思考与口头表达能力、创新思维和科研写作能力、团队合作精神的训练。

3. 坚持用新的学术与调研成果来充实教学内容

为了提高教学质量，多年来，笔者以扎实的学术与调研成果作为教学的基础，坚持以科研促进教学，用新的学术与调研成果来充实教学内容。笔者完成了 3 项国家自然科学基金和国家社会科学基金项目以及 5 项省社科规划课题的研究工作；出版了相关的 5 部专著，在《中国社会科学》、《新华文摘》、《管理世界》和《中国行政管理》等杂志发表 70 余篇学术论文；主译"公共政策经典译丛"（中国人民大学出版社）等译著。近几年笔者先后承接了 12 项国家和地方政府的调研和咨询项目，完成了十几份研究与咨询报告。这些研究成果大多被及时地应用于相关课程的教学以及教材建设之中，提高了教学水平，也引导学生关注学科前沿，参与课题研究，探讨现实重大实践问题。

4. 注重对学生的创新能力以及发现、分析和解决问题能力的培养

针对学生解决实际问题以及科研能力得不到切实锻炼的问题，本项教学改革成果的一个着力点是：注重教学实践环节和学生的创新能力培养，加大学生操作技能训练力度，努力提高学生发现、分析和解决实际政策与管理问

题的能力。在课程教学中,组织学生进行专题调研,并开展有针对性的实习或见习活动;利用寒、暑假组织学生进行社会实践尤其是社会调查;通过案例分析、情景模拟、角色扮演等教学方式,学习政策经验,增强公共政策课程的现实性;鼓励学生参加教师所承担的科研课题研究及调研工作,进行科研写作能力的训练,增强创新能力。这些活动成效显著。

二、本项成果的创新点

一是公共政策(学)的教学体系及课程内容的创新。注意吸收当代国内外的教学及科研成果,聚焦中国现实的公共政策实践,确立有中国特色的公共政策学的新教学知识体系,为全国普通高校的"公共政策学"(政策科学)课程,以及全国MPA研究生"公共政策分析"核心课程确立了一个基本的教学框架及教学大纲。

二是推进以"小组专题教学法"为核心的教学方式改革。该方式将教师的课堂讲授、答疑解惑、评点引导、总结提炼,学生的读书自学、专题研究、实际调研以及案例分析、情景模拟、角色扮演等方式有机地结合起来,引导学生进行自主性、创造性和开放性的学习,重视学生的学术基础训练,吸取知识和口头表达能力以及团队合作精神的培养。

三是以扎实的学术研究成果作为高水平教学的保障。重视相关领域的基础理论和应用咨询课题研究,及时将研究成果应用于课程教学以及教材建设之中,提高了教学水平,并引导学生注意跟踪公共政策与公共管理学科发展的新趋势及新成就。

四是注重教学实践环节和学生创新能力的培养。在提高课堂教学质量与效果的同时,开展多种形式的社会实践、调研及课题研究活动,加大学生操作技能训练力度,努力提高学生的科研写作和学术创新能力以及发现、分析和解决实际问题的能力。

三、本项成果的应用

第一,本项成果以国家精品课程及福建省精品课程——《政策科学》的建设为主要平台,教学改革的主要成果通过网络展示、教材和教学大纲的出版、教研论文的发表、教学研讨会的举行以及青年教师的培养等途径,在全国范围内产生示范性影响。

第二，已编写出版的《政策科学》（面向 21 世纪教改计划项目成果）、《公共政策学》（"十五"及"十一五"国家级规划教材）、全国普通高校公共管理类专业课程"公共政策（学）"教学大纲、《公共政策分析》（全国 MPA 专业学位核心课程教学大纲）等教材或教学大纲，为全国本科生的"公共政策学"（政策科学）专业课程、全国 MPA 研究生"公共政策分析"核心课程确立了一个基本的教学框架和理论体系，在全国范围内使用，发行量大，并被广泛引用，多次获奖。

第三，"小组专题教学法"的教学方式改革取得显著进展，教学成果丰硕，并在学院教学式改革中产生了示范性效应。这种教学方式大大地激发了学生学习的积极性，提高了教学质量，培养学生的学术基础、创新思维、科研写作能力和团队合作精神。特别是近三届的本科生普遍反映《政策科学》（《公共政策学》）采用"小组专题教学法"收获大、有启发，能够得到多方面能力的锻炼。

第四，学生创新能力培养成果凸显，带动全院学生重学术、重调研和重创新等良好风气的形成。在第八、九、十届全国"挑战杯"赛（全国大学生课外学术科技作品竞赛）中，笔者所指导的学生的作品连续 3 届获得一等奖（还有 1 个作品获得二等奖；另获得 10 个校、省级的一、二、三等奖），并三次获得全国"挑战杯"项目"优秀指导教师"称号；而在 2007 年首届全国大学生创新项目的立项中，笔者所指导的 2 个学生创新项目入选（另有 1 项入选本校创新项目）。